21世纪应用型本科管理系列规划教材

Human Resource Management

# 人力资源管理概论

（第三版）

肖琳／主编

张颖 赵丽丽 田君／副主编

东北财经大学出版社
Dongbei University of Finance & Economics Press
大连

**图书在版编目（CIP）数据**

人力资源管理概论 / 肖琳主编．—3版．—大连：东北财经大学出版社，2022.8（2024.1重印）
（21世纪应用型本科管理系列规划教材）
ISBN 978-7-5654-4570-5

Ⅰ.人…　Ⅱ.肖…　Ⅲ.人力资源原理-高等学校-教材　Ⅳ.F243

中国版本图书馆CIP数据核字（2022）第129472号

东北财经大学出版社出版
（大连市黑石礁尖山街217号　邮政编码　116025）
网　　址：http：//www.dufep.cn
读者信箱：dufep@dufe.edu.cn
大连图腾彩色印刷有限公司印刷　东北财经大学出版社发行

幅面尺寸：185mm×260mm　字数：429千字　印张：18
2022年8月第3版　2024年1月第6次印刷
责任编辑：孙晓梅　吴　奂　责任校对：孙　平　蔡　丽
封面设计：冀贵收　版式设计：原　皓

定价：56.00元

教学支持　售后服务　联系电话：（0411）84710309

如有印装质量问题，请联系营销部：（0411）84710711

# ↘第三版前言

在竞争日益激烈的21世纪，人力资源已成为企业核心竞争力之一，在企业战略中占据重要地位。成功的管理者普遍认识到企业进一步发展的动力是人才，人才的全球化竞争使企业人力资源管理面临前所未有的挑战，企业只有更好地吸引、留住和发展其所需人才，才能拥有竞争优势而立于不败之地。

党的二十大报告指出："教育、科技、人才是全面建设社会主义现代化国家的基础性、战略性支撑。必须坚持科技是第一生产力、人才是第一资源、创新是第一动力，深入实施科教兴国战略、人才强国战略、创新驱动发展战略，开辟发展新领域新赛道，不断塑造发展新动能新优势。我们要坚持教育优先发展、科技自立自强、人才引领驱动，加快建设教育强国、科技强国、人才强国，坚持为党育人、为国育才，全面提高人才自主培养质量，着力造就拔尖创新人才，聚天下英才而用之。"

从学科角度分析，人力资源管理是一门由理论知识与实务技术交叉构成的应用性学科。其培养出的人才不仅要求在理念上善于接纳和创新，而且需要在实践上善于操作和运用。基于上述情形，我们将本书定位为技术应用型教材，区别于传统的、以理论教学为主的研究型教材。

本书的编写立足于高等学校应用型人才培养的要求和特点，编写中注重理论与实际的融合、教学与应用的结合。全书在体系结构上体现出创新性、新颖性及系统性，在内容上增强了可读性和实用性，力求使读者在学习本书后，提高其知识水平和实际应用能力，从而达到高等院校管理类专业人才的培养目标。

具体而言，本书有如下特点：

1.体系新。全书依据人力资源管理学科的内在逻辑，对人力资源管理的课程体系进行重新构架，科学、全面地阐释人力资源管理各环节的内容。

2.内容新。全书吸收和借鉴了大量人力资源管理领域理论和实践的新内容以及编者在本领域的研究成果，由浅入深地凝练和丰富各章节内容，以满足教学和实际应用的需求。

3.融入思政。全书编写过程中，在正文和思政视野、文化故事、红色力量等栏目中有效地融入课程思政内容和党的二十大精神，极大地增强了思政教育的说服力与感染力。

4.善用图表。全书采用文、图、表有机结合的方式展示教材内容，累计编排图表148例，以图表突出操作性，图文并茂，增强了教材的可读性，便于读者深入理解和掌握。

5.应用性强。全书在内容编排上强调理论与实践的联系，基本技能及操作方式说明贯穿教材始终，力求将基本理论知识与实用技能相结合，突出了教材的实用性和可操作性。

6.案例生动。全书各章均精选编排多个具体、生动的历史故事、管理案例与应用实例，引发读者的学习兴趣，引导读者进行探究式学习，并把理论和实践结合起来，从而增强教学效果。

7.习题丰富。全书每章章后均设有练习题，从知识巩固到技能强化，进而达到能力提升。各章均编排多种形式的训练题型，既包括填空题、单项选择题、判断题、思考题这些传统题型，又设计编排了“讨论交流”“应用设计”“数据分析与材料解析”等技能训练题型，突显了教学内容的实用性。

8.体例新颖。全书每章章首设有思政视野、教学目标、导入案例，使读者了解本章概要，引发学习兴趣。每章正文穿插“文化故事”“红色力量”“走进管理”“应用实例”，还有以二维码形式呈现的“拓展阅读”，使读者能把理论与实践紧密结合起来。章后附有训练题，训练题由浅入深地设计了两个层次：知识巩固训练、技能强化训练，强调实操能力培养，具有较高的实战特征。

本书各章结构如下：

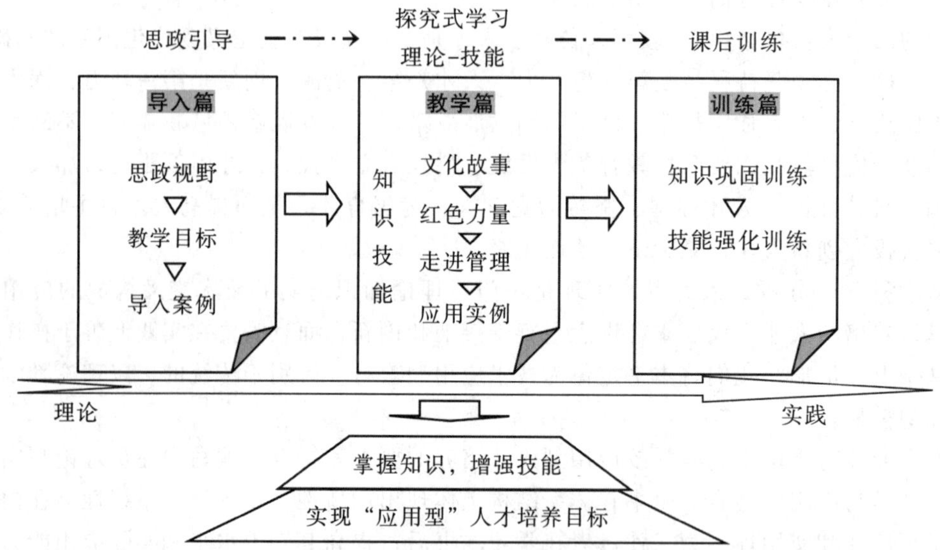


本书由肖琳担任主编，张颖、赵丽丽和田君担任副主编。全书共分九章，具体分工如下：第一、三、四章由张颖编写，第二、五、六章由赵丽丽编写，第七、九章由田君编写，第八章由肖琳编写。PPT由肖琳制作，全书由肖琳统稿。

本书在编写和修订过程中，参阅、借鉴和引用了国内外众多学者的研究成果，在此向他们表示衷心的感谢和崇高的敬意。由于不具备广泛且深入地查询馆藏资料的条件，以及电子数据资源的覆盖范围有限，可能没有列全资料来源，或者所列的不是原创作者的作品，请相关作者谅解并与我们联系，我们愿意为引用您的作品提供相应的报酬。尽管编者在编写过程中尽心尽力，但由于水平、经验有限，书中难免存在不足和疏漏之处，恳请专家、读者予以批评指正。

编　者

2022年6月

（2023年8月修订）

# ↘目　录


**第1章　人力资源管理导论　/1**

思政视野　/1
教学目标　/1
导入案例　/1
第一节　人力资源概述　/2
第二节　人力资源管理概述　/6
第三节　人力资源管理的理论基础　/10
第四节　人力资源管理的演变和发展　/17
【知识巩固训练】　/24
【技能强化训练】　/26

**第二章　人力资源规划　/30**

思政视野　/30
教学目标　/30
导入案例　/30
第一节　人力资源规划概述　/31
第二节　人力资源需求预测　/38
第三节　人力资源供给预测　/44
第四节　人力资源供给与需求的平衡　/50
第五节　人力资源规划的编制与实施　/53
【知识巩固训练】　/56
【技能强化训练】　/58

**第三章　工作分析与工作评价　/61**

思政视野　/61
教学目标　/61
导入案例　/61
第一节　工作分析概述　/62
第二节　工作分析的方法　/68
第三节　工作说明书的编写　/74
第四节　工作评价　/80
【知识巩固训练】　/86

【技能强化训练】 /87

**第四章 员工招聘与录用 /91**

思政视野 /91
教学目标 /91
导入案例 /91
第一节 员工招聘与录用概述 /92
第二节 员工招聘与录用的程序 /95
第三节 员工招聘的途径和选拔方法 /100
第四节 员工录用与招聘评估 /111
【知识巩固训练】 /116
【技能强化训练】 /118

**第五章 员工培训与开发 /121**

思政视野 /121
教学目标 /121
导入案例 /121
第一节 员工培训与开发概述 /122
第二节 员工培训与开发的程序 /126
第三节 员工培训与开发的方法 /139
【知识巩固训练】 /143
【技能强化训练】 /145

**第六章 绩效管理 /148**

思政视野 /148
教学目标 /148
导入案例 /148
第一节 绩效管理概述 /149
第二节 绩效管理的基本流程 /154
第三节 绩效考核 /165
【知识巩固训练】 /177
【技能强化训练】 /179

**第七章 薪酬管理 /183**

思政视野 /183
教学目标 /183
导入案例 /183
第一节 薪酬管理概述 /184
第二节 薪酬设计 /194
第三节 工资制度与激励薪酬 /202

第四节 福 利 /211
【知识巩固训练】 /215
【技能强化训练】 /217

**第八章 职业生涯管理 /220**
思政视野 /220
教学目标 /220
导入案例 /220
第一节 职业生涯管理概述 /221
第二节 职业生涯相关理论 /224
第三节 组织职业生涯管理 /231
【知识巩固训练】 /242
【技能强化训练】 /244

**第九章 劳动关系管理 /247**
思政视野 /247
教学目标 /247
导入案例 /247
第一节 劳动关系管理概述 /248
第二节 劳动合同 /252
第三节 劳动争议及处理 /269
【知识巩固训练】 /273
【技能强化训练】 /275

**参考文献 /278**

[第1章]

# 人力资源管理导论

## 思政视野

我们比历史上任何时期都更加接近实现中华民族伟大复兴的宏伟目标，也比历史上任何时期都更加渴求人才。综合国力竞争说到底是人才竞争。人才是衡量一个国家综合国力的重要指标。国家发展靠人才，民族振兴靠人才。

——习近平在中央人才工作会议上发表重要讲话

## 教学目标

| 知识目标 | 能力目标 | 素质目标 |
| --- | --- | --- |
| ▶ 掌握人力资源管理的概念、特点和职能<br>▶ 掌握人力资源与人力资本的区别<br>▶ 掌握现代人力资源管理理论<br>▶ 掌握人力资源管理的发展历史 | ▶ 能够阐述人力资源管理在组织中的作用<br>▶ 能够分析人力资源与其他资源的关系<br>▶ 能够识别人力资源管理的职能<br>▶ 能够讲述人力资源管理的发展历史 | ▶ 培养学生良好的学习态度和习惯<br>▶ 培养学生科学管理的思维意识<br>▶ 培养学生以开阔的视角看待人力资源问题<br>▶ 培养学生从事人力资源管理工作的素养 |

**导入案例**

**人对了，世界就对了**

一天早上，一位牧师正在准备明天的讲道词，他的儿子小约翰却哭着嚷着要去迪士尼乐园。为了转移儿子的注意力，牧师将一幅色彩缤纷的世界地图撕成许多小碎片，然后对儿子说："小约翰，如果你能把这张世界地图拼起来，我就带你去迪士尼乐园。"牧师以为这件事会让小约翰花费一上午的时间，但不到10分钟，小约翰便拼好了。只见每一片碎纸都整整齐齐地排列在一起，整张世界地图又恢复了原状。牧师很吃惊，问道："孩子，你怎么拼得这么快？"小约翰回答："很简单呀！地图的另一面是一个人的照片，我先把这个人的照片拼到一块，然后把它翻过来。我想，如果这个人拼对了，那么，这张世界地图也该是对的。”牧师忍不住笑了起来，决定马上带儿子去迪士尼乐园，因为儿子给了他明天讲道的题目：人对了，世界就对了。

资料来源：化雨. 别为小事痛苦［M］. 北京：中国戏剧出版社，2006.

“人对了，世界就对了”是一个古老的命题，而在知识经济社会，这个故事便有了新的内涵。企业的基本资源是人、财、物、信息和时间，但就其性质而言，就是人的资源和物的资源这两大类。人是活的，能动的；物是死的，被动的。一切物的因素只有通过人的因素才能加以开发利用。在一定的生产力条件下，人是企业生存和发展的决定性因素。从这个意义上说，人力资源是企业的第一资源。那么，究竟什么是人力资源？如何管理和开发人力资源，发挥人力资源的潜能呢？这一系列的问题正是本章所要讲述的。

# 第一节　人力资源概述

## 一、人力资源的基本概念

**（一）资源的概念**

资源是人类赖以生存的物质基础。从经济学角度来说，资源泛指社会财富的源泉，具体是指能给人们带来新的使用价值或价值的客观存在物。对于一个组织而言，其所能运用的资源主要有三种：物质资源、财务资源和人力资源。其中，物质资源包括土地、原料、机器等，财务资源包括金钱与融资信用等，人力资源则包括服务于组织的各种人才。

**（二）人力资源的概念**

人力资源（Human Resource，HR）是由管理大师彼得·德鲁克于1954年在其著作《管理的实践》中首次提出的概念。德鲁克认为，人力资源与其他资源相比，唯一的区别就是人。人力资源具有其他资源所没有的一种特性，就是协调能力、整合能力、判断能力和想象能力。自德鲁克引入人力资源概念至今，学术界对人力资源概念的界定主要有两大类：

第一类认为，人力资源是指一个国家或地区具有劳动能力的人口的总和，包括具有智力劳动能力和体力劳动能力的人口的总和。这种观点是从构成的角度来定义人力资源的，并认为人力资源与劳动力资源是等同的。

第二类认为，人力资源是包含在人体内的一种能够推动整个经济和社会发展的生产能力。这种观点是从本质的角度来定义人力资源的。

本书认为，从能力的角度出发来理解人力资源的含义更接近它的本质。资源是社会财富的源泉，人对财富的形成能起到的贡献作用就是人所具有的知识、经验、技能、体能等，从这个意义上讲，人力资源的本质就是能力。由此，我们得知人力资源就是指人所具有的、对价值创造起贡献作用的并且能够被组织所利用的体力和脑力的总和。

## 二、人力资源的构成

人力资源由数量和质量两个方面构成。

### （一）人力资源数量

人力资源数量是指被考察范围内（一个国家或地区）拥有劳动能力的人口数量，可以用绝对数量和相对数量两种指标来表示。绝对数量是指一个国家或地区具有劳动能力、从事社会劳动的人口总和。人力资源绝对数量由八个部分组成，如图1-1所示。

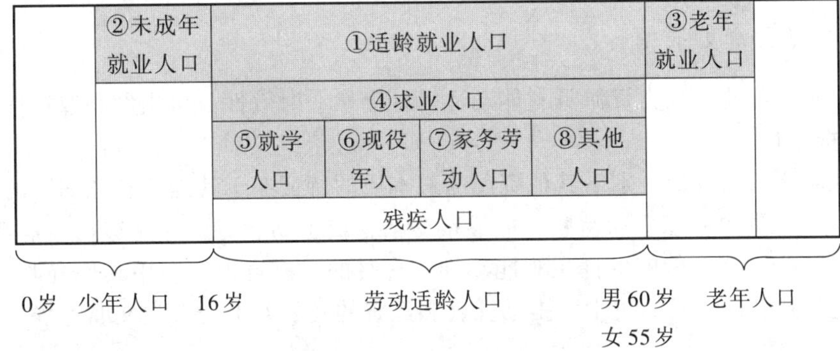


**图1-1　人力资源数量的构成**

注：①处于劳动年龄之内的社会劳动人口，即“适龄就业人口”；

②尚未达到劳动年龄，实际已从事社会劳动的人口，即“未成年就业人口”；

③已经超过法定劳动年龄，实际仍在从事社会劳动的人口，即“老年就业人口”；

以上几部分相加为人力资源主体，亦称“就业人口”。

④处于法定劳动年龄以内，有能力、有愿望参加社会劳动，但是实际上并未参加社会劳动的人口，亦称“求业人口”；

⑤处于法定劳动年龄以内的“就学人口”；

⑥处于法定劳动年龄以内的“现役军人”；

⑦处于法定劳动年龄以内的“家务劳动人口”；

⑧处于法定劳动年龄以内的“其他人口”。

这几部分由于未构成现实社会的劳动力供给，故可称为“潜在人力资源”。

人力资源的相对数量即人力资源率，指人力资源的绝对量占总人口的比率。一个国家或地区的人力资源率越高，表明可投入生产过程的劳动力数量越多，由此产生的国民收入就越高。人力资源率从侧面反映了一个国家或地区的经济实力。

### （二）人力资源质量

人力资源质量是一定范围内（国家、地区或企业等）的劳动力素质的综合反映。它是一定范围内人力资源所具有的体质、智力、知识、技能和劳动意愿，一般体现在劳动力人口的体质水平、文化水平、专业技术水平和劳动的积极性上。人力资源质量主要包括人力资源能力质量和人力资源精神质量，具体见表1-1。

表1-1　**人力资源质量的分类**

| 序号 | 类型 | 解释说明 |
|---|---|---|
| 1 | 人力资源能力质量 | 体现在知识、工作技能、创造能力、对岗位的适应能力、流动能力、管理能力等能力水平上。其中，知识水平与技能水平是人力资源能力质量中最主要、最为人们所关心的两个方面 |
| 2 | 人力资源精神质量 | 体现在思想素质、心理状态上。人力资源精神质量包含思想、心理素质以及道德因素，它决定人的工作态度和动机，是影响人力资源群体关系、组织凝聚力、微观和宏观经济效益的重要因素 |

与人力资源数量相比，其质量更为重要。人力资源数量能反映可以推动物质资源的人的规模，人力资源质量则反映可以推动哪种类型、哪种复杂程度和多大数量的物质资源。一般来说，复杂劳动只能由高质量人力资源来从事，简单劳动则可以由低质量人力资源从事。经济越发展，技术越现代化，对人力资源的质量要求就越高。

## 三、人力资源的特点

与其他资源相比，人力资源具有能动性、社会性、时效性、再生性和双重性的特点。

### （一）能动性

能动性是指人力资源区别于其他资源的最本质的特征在于其是“有意识”的。与物质资源相比，人力资源有思想和情感，能够接受教育或主动学习，并能够自主地选择职业。更重要的是，人力资源能够发挥主观能动性，有目的、有意识地利用其他资源进行生产，能够不断地创造新的工具、技术，推动社会和经济的发展，推动人类文明进步。

### （二）社会性

社会性是指人力资源处于特定的社会和时代中，不同的社会形态、不同的文化背景，都会反映和影响人的价值观念、行为方式、思维方法。从本质上说，人力资源是一种社会资源。人力资源的社会性要求在开发过程中应注意社会政治制度、国家政策、法律法规以及文化环境的影响，此外还应特别注意开发措施的人群针对性。

### （三）时效性

时效性是指人力资源的形成、开发和使用都具有时间方面的限制，这是同人的生命年龄有直接关系的。人的生命一般会经过婴幼儿期、青壮年期、老年期，不同年龄阶段表现出不同的资源效力。同时，每个人都有其才能发挥的最佳时期、最佳年龄段。因此，人力资源的开发和使用必须及时，把握住关键期，以取得最大效益。

### （四）再生性

资源分为可再生性资源和不可再生性资源两大类。人力资源是一种可再生性资源，在开发过程中，不会像不可再生性资源（如矿石资源）那样因为使用而减少，相反，还可能因为使用而提高水平、增强活力。人力资源的再生性有两层含义：一是指人口的再生产和劳动力的再生产；二是指人力资源的知识和技能可以通过教育和培训不断丰富和提高，并在工作实践中得到锻炼和积累。

### （五）双重性

双重性是指人力资源既是创造社会财富的生产者，又是社会财富的消费者，因此，具有生产性和消费性。生产性是指人力资源是物质财富的创造者，为组织的生存与发展提供了条件；消费性是指人力资源为了维持其本身的存在，必须消耗一定数量的其他资源，比如粮食、织物、水、能源等。

## 四、人力资源与其他资源的关系

人们容易与人力资源混淆的概念有人口资源和人才资源。

人口资源是指一个国家或地区所拥有的人口总量，它是一个最基本的底数，一切人力资源、人才资源皆产生于这个最基本的资源中，它主要表现为人口的数量。

人才资源是指一个国家或地区中具有较多科学知识、较强劳动技能，在价值创造过程中起关键或重要作用的那部分人。人才资源是人力资源的一部分，即优质的人力资源。

这三个概念的本质是有所不同的，人口资源和人才资源的本质是人，而人力资源的本质则是脑力和体力，从本质上来讲，它们之间并没有什么可比性。就人口资源和人才资源来说，它们关注的重点不同，人口资源更多的是一个数量概念，而人才资源更多的是一个质量概念。

但是，这三者在数量上存在一种包含关系。在数量上，人口资源是最多的，它是人力资源形成的数量基础，人口资源中具备一定脑力和体力的那部分才是人力资源；而人才资源又是人力资源的一部分，是人力资源中质量较高、数量最少的那部分。在比例上，人才资源是最小的，它是从人力资源中产生的，而人力资源又是从人口资源中产生的。人口资源、人力资源与人才资源的关系如图1-2所示。

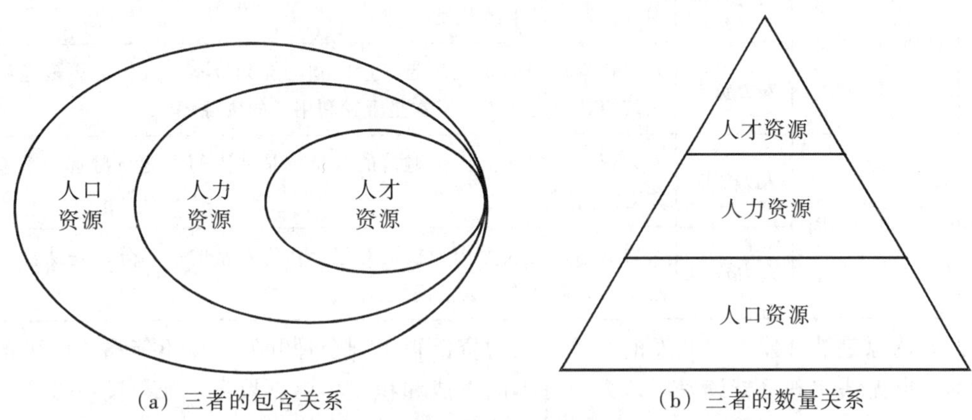


(a) 三者的包含关系　　(b) 三者的数量关系

**图1-2 人口资源、人力资源与人才资源的关系图**

## 五、人力资源与人力资本

### （一）人力资本的概念

人力资本的提出，实质上是资本概念的扩展，是资本概念在人身上的应用。按经济学的观点，资本是可以带来剩余价值的价值。人力资本把人当作一种可以增值的资本，这时人就与其他资本一样，具有了资本的特性。

在理论界，通常将美国著名经济学家舒尔茨看作人力资本理论的创立者，他的主要观点是人力资本是通过对人力资源投资而体现在劳动者身上的体力、智力和技能，它是另一种形态的资本，而它的有形形态就是人力资源。舒尔茨认为，对人的投资渠道主要有五种，即营养及医疗保健费用、学校教育费用、在职人员培训费用、择业过程中所发生的人事成本和迁徙费用。

人力资本理论挣脱了传统理论中资本只是物质资本的束缚，将资本划分为人力资本和物质资本。物质资本是指体现在物质产品上的资本，包括厂房、机器、设备、原材料、土地、货币和其他有价证券等。

归纳起来，可以将人力资本定义为：体现在人身上的资本，即对人进行投资所形成的蕴含于人身上的各种知识、技能、经验、态度、创造力和健康素质的存量总和。

### （二）人力资源与人力资本的区别

人力资源和人力资本这两个概念很容易混淆，二者之间的主要区别表现在三个方面，具体见表1-2。

表1-2 人力资源与人力资本的区别

| 序号 | 区别点 | 类别 | 解释说明 |
|---|---|---|---|
| 1 | 关注焦点不同 | 人力资源 | 人力资源关注的是价值问题。作为资源，人人都想要最好的，钱越多越好，技术越先进越好，人越能干越好 |
| | | 人力资本 | 人力资本关注的是收益问题。作为资本，人们就会更多地考虑投入与产出的关系，会在乎成本，会考虑利润 |
| 2 | 性质不同 | 人力资源 | 人力资源反映的是存量问题。提到资源，人们会更多地考虑寻求与拥有。资源是未经开发的资本 |
| | | 人力资本 | 人力资本反映的是流量与存量问题。提到资本，人们会更多地考虑如何使其增值生利。资本是开发利用了的资源 |
| 3 | 研究角度不同 | 人力资源 | 人力资源是将人力作为财富的源泉，是从人的潜能与财富关系来研究人的问题 |
| | | 人力资本 | 人力资本是将人力作为投资对象，作为财富的一部分，是从投入与效益的关系来研究人的问题 |

人力资源是被开发、待开发的对象。人力资源得不到合理开发，就不能形成强大的人力资本，也无法实现可持续发展。人力资本的形成和积累主要靠教育。如果没有教育，人力资源就得不到合理开发。现代企业仅将人力作为资源还不够，还应将人力资源合理开发利用和有效配置后变成人力资本。与人力资源相比，人力资本的先进之处主要在于，人力资源只是立足于人的现有状况来挖掘其潜力，而人力资本则更偏重人的可持续发展，重视通过培训和激励等多种“投资”手段来提高人的价值。

## 第二节 人力资源管理概述

### 一、人力资源管理的概念

#### （一）国内外学者关于人力资源管理概念的界定

人力资源管理（Human Resource Management，HRM）是研究如何最有效、最合理地管理和使用企业所拥有的最宝贵的资源——员工的才能与热情，从而实现企业的既定目标，使其经济效益和社会效益最大化。对于它的含义，国内外的学者们给出了诸多解释，综合起来，可以将这些概念归纳为五类：

第一类，根据人力资源管理的目的进行定义，认为它是借助对人力资源的管理来实现组织目标的。

第二类，从人力资源管理的过程或承担的职能出发进行解释，把人力资源管理看成一个活动过程。

第三类，解释了人力资源管理的实体，认为它就是与人有关的制度和政策等。

第四类，从人力资源管理的主体出发解释其含义，认为它是人力资源部门或人力资源管理者的工作。

第五类，从目的、过程等方面出发综合地进行解释。

**（二）本书关于人力资源管理概念的界定**

结合国内外各学术观点及我国人力资源管理的实践发展，本书认为：人力资源管理是指企业为了获取、开发、保持和有效利用在生产和经营过程中的人力资源，通过运用科学、系统的技术和方法，进行各种相关的计划、组织、领导和控制活动，以实现企业既定目标的管理过程。企业进行人力资源管理的目的是充分发挥人的主观能动性，实现人尽其才、事得其人、人事相宜的管理目标。

## 二、人力资源管理的功能

人力资源管理的功能和职能本质上是不同的，人力资源管理的职能是它所要承担或履行的一系列活动，例如人力资源规划、职位分析、招聘录用等；而人力资源管理的功能是指它自身应该具备或发挥的作用。人力资源管理的功能是通过其职能来实现的。人力资源管理的功能体现在五个方面：获取、维持、整合、开发和调控。

**（一）获取**

人力资源管理工作的第一步是获取人力资源。这是根据组织目标，确认组织的工作要求及人数等条件，通过工作分析、人力资源规划、招聘和录用等环节，选拔与目标职位相匹配的任职者的过程。

**（二）维持**

维持功能主要体现在建立并维持有效的工作关系上。通过一系列薪酬管理、绩效考核和晋升管理等活动，保持企业员工的稳定性和有效工作的积极性，以及安全健康的工作环境，提高员工满意度，从而使其安心工作。

**（三）整合**

整合是指使员工了解和接受组织的宗旨与价值观，使员工之间和睦相处、协调共事、取得群体认同的过程，即通过组织文化、价值观和技能培训，增强人与组织的凝聚力，从而达到人与事、人与人、人与组织和谐发展的目的。

**（四）开发**

开发是提高员工能力的重要手段。通过组织内部一系列管理活动，提高员工的知识水平、专业技能和基本素质，提高员工的工作能力，使员工的潜能得到充分发挥，最大限度地实现其个人的价值和人力资源对组织的贡献，以达到个人与组织共同发展的目的。

**（五）调控**

调控功能是指企业对员工实施合理、公平的动态管理，对员工的工作表现、潜质和工作绩效进行评估和考核，可以为企业做出人力资源奖惩、升降和去留等决策提供依据。其具体表现为晋升、调动、工作轮换、离退休和解雇等。

这五项基本功能是相辅相成、彼此互动的，它们共同构成了完整的人力资源管理功能体系。获取是基础，维持是途径，整合是保障，调控是手段，开发是目标。组织在对工作岗位进行深入研究的基础上，通过各种渠道不断地获得人力资源，并把得到的人力资源整合到组织中并融为一体，维持他们对组织的忠诚与积极性，提高他们的工作绩效并做出相应的调整，尽量开发他们的潜能，以支持组织目标的实现。

## 三、人力资源管理的职能

### （一）人力资源规划

人力资源规划是系统地、全面地分析和确定组织人力资源需求的过程，以确保组织在需要时能够得到一定数量和质量的员工，来满足企业现在及将来各个岗位的需要。在制定人力资源规划时，首先要评估组织的人力资源现状及发展趋势，收集并分析人力资源供求信息和有关资料，预测人力资源供求的发展趋势，结合实际制定组织的人力资源使用、培训和发展规划。

### （二）工作分析

工作分析也叫职务分析，是全面了解一项具体工作或具体职务的管理活动。工作分析是对组织中各个工作岗位的目的、任务或职责、权力、隶属关系、工作条件、任职资格等相关信息进行收集与分析，以便对该工作做出明确的规定，并确定完成该工作所需要的行为、条件、人员的过程。

### （三）员工招聘与录用

员工招聘与录用是指根据人力资源规划和职务分析要求，为组织获得所需要的人力资源的过程。招聘与录用是人力资源管理的首要环节，具体地说，是指根据组织内部的岗位需要，利用各种方法和手段从组织内部或外部吸引应聘人员，并通过各种方法进行筛选，确定人选并予以录用的过程。

### （四）培训与开发

培训与开发是指为了满足组织不断发展的需要，为了提高员工的知识水平和专业技能，改善员工的工作态度，使员工能胜任本职工作并不断有所创新，在综合考虑组织的发展目标和员工个人发展目标的基础上，对员工进行的一系列有计划、有组织的学习与训练活动。

### （五）绩效管理

绩效管理是指为实现组织发展战略目标，采用科学的方法，通过对员工个人或组织的综合素质、态度行为和工作业绩的全面监测分析与考核评价，不断激励员工，改善组织行为，提高综合素质，充分调动员工的积极性、主动性和创造性，挖掘其潜力的活动过程。

### （六）薪酬管理

薪酬管理是组织吸引和留住人才、激励员工努力工作、发挥人力资源效能最有力的杠杆之一。薪酬管理是指企业在经营战略和发展规划的指导下，综合考虑内外部各种因素的影响，确定自身的薪酬水平、薪酬结构和薪酬形式，并进行薪酬调整和薪酬控制的整个过程。

### （七）职业生涯管理

职业生涯管理是企业帮助员工制订个人发展计划，并及时监督和考察，使个人的发展与企业的发展相协调，满足个人成长的需要，同时，使员工有归属感，激发其工作积极性和创造性，进而提高组织的效益，促进组织的发展。

### （八）劳动关系管理

劳动关系管理主要是建立与维护健康的劳动关系，建立企业管理层与员工之间互相信任、互相尊重的良好工作环境，让员工在安全、健康的环境中有效地工作，给企业带来长期的利益。人力资源管理涉及劳动关系的各个方面，如劳动时间、劳动报酬、劳动保护、劳动争议等。劳动关系是否健康和融洽，直接关系到人力资源管理活动能否有效开展。

## 四、传统人事管理与现代人力资源管理的区别

现代人力资源管理由传统人事管理演变而来，具有与传统人事管理相似的职能，但由于指导思想的转变，造成了二者从形式、内容到效果上有着根本性的区别。二者的区别见表1-3。

表1-3 传统人事管理与现代人力资源管理的区别

| 比较内容 | | 传统人事管理 | 现代人力资源管理 |
|---|---|---|---|
| 管理内容 | 特征 | 以“事”为中心 | 以“人”为中心 |
| | 解释说明 | 主要工作是管理档案、人员调配、职务职称变动、工资调整等具体的事务性工作 | 将人作为一种重要资源加以开发、利用和管理，重点是开发人的潜能、激发人的活力，使员工能积极、主动、创造性地工作 |
| 管理形式 | 特征 | 静态管理 | 动态管理 |
| | 解释说明 | 员工进入企业后，完全是被动性地工作、自然发展 | 强调整体开发，员工进入企业后，企业还要根据组织目标和个人状况，为其做好职业生涯设计，不断培训，不断进行横向及纵向的岗位调整，充分发挥个人才能，量才使用，人尽其才 |
| 管理方法 | 特征 | 命令式、控制式 | 强调民主、参与 |
| | 解释说明 | 采取制度控制和物质刺激手段 | 采取人性化管理，考虑人的情感、自尊与价值，以人为本，多激励、少惩罚，多表扬、少批评，多授权、少命令，发挥每个人的特长，体现每个人的价值 |
| 管理策略 | 特征 | 组织短期目标的实现 | 组织和员工利益的共同实现 |
| | 解释说明 | 侧重于近期或当前人事工作，就事论事，只顾眼前，缺乏长远目标，属于战术性管理 | 不仅注重近期或当前具体事宜的解决，更注重人力资源的整体开发、预测与规划，根据组织的长远目标，制定人力资源开发战略，属于战术性与战略性相结合的管理 |
| 管理技术 | 特征 | 简单僵化，技术含量低 | 专业技术和方法，技术含量高 |
| | 解释说明 | 照章办事，机械呆板 | 追求科学性和艺术性，不断采用新的技术和方法，完善考核系统、测评系统等现代人力资源管理手段 |
| 管理体制 | 特征 | 封闭、被动适应 | 开放、主动开发 |
| | 解释说明 | 多为被动反应型，按部就班，强调按领导意图办事 | 多为主动开发型，根据组织的现状、未来，有计划、有目标地开展工作 |
| 管理手段 | 特征 | 人工为主 | 软件系统 |
| | 解释说明 | 手段单一，以人工为主，日常的信息检索、报表制作、统计分析多为人工进行，很难保证及时、准确，并浪费人力、物力和财力 | 报表制作、核算、测评、招聘等均由计算机自动生成结果，及时、准确地提供决策依据 |
| 管理层次 | 特征 | 执行层 | 战略层 |
| | 解释说明 | 往往只是上级命令的执行部门，很少参与决策 | 处于决策层，直接参与单位的计划与决策，为单位最重要的高层决策部门之一 |

传统人事管理与现代人力资源管理虽然在内容上有相通之处，但在本质上存在明显差异。传统人事管理模式是旧管理体制下的产物，弊病很多，影响很广，必须进行大刀阔斧的实质性改革，创建崭新的人力资源管理机制。现代人力资源管理是一种比传统的人事管理更为深入、更具战略性的新型管理模式，它要求企业必须突破传统的“人事”定位，建立起以能力为基准、以人为本的管理体系，以更宏观的视角，从发展战略的角度出发，开展和完善企业的人力资源管理。

拓展阅读1-1：人力资源管理的基本原理

**红色力量1-1**

**淮海战役——战争史上以少胜多的奇迹**

1948年11月6日至1949年1月10日，我华东野战军和中原野战军在地方部队的配合和广大人民群众的支援下，历时66天，在以徐州为中心，东起海州、西至商丘、北自临城、南达淮河的广大区域内，发起了伟大的淮海战役。战役首歼黄伯韬兵团，继歼黄维兵团，再歼杜聿明集团，解放军以伤亡13.4万余人的代价，歼灭国民党军5个兵团、22个军、56个师，共计55.5万余人，创造了战争史上以少胜多的奇迹。淮海战役是解放战争战略决战中历时最长、规模最大、歼敌数量最多的一次战役。淮海战役的伟大胜利，解放了长江以北华东和中原的大部分地区，使国民党统治中心南京和上海直接暴露在人民军队的铁拳面前，加速了解放全中国的历史进程。广大人民群众不怕牺牲，义无反顾地投入战争之中，为淮海战役的胜利做出了永不磨灭的伟大贡献。

资料来源：李兵. 淮海战役——战争史上以少胜多的奇迹［J］. 党史文苑，2009（1）：4-12.

## 第三节　人力资源管理的理论基础

### 一、人性假设理论

人性假设是对人的本质需求的某种假设，它是管理理论与实践中的一个重要问题。不同的人性观对应着不同的管理方法和管理手段。美国行为科学家埃德加·沙因在总结和发展前人研究成果的基础上，将人性假设归结为四类，即经济人假设、社会人假设、自我实现人假设和复杂人假设。

#### （一）经济人假设

经济人假设理论认为，人是“经济人”、“实利人”或“唯利人”。它假设人的行为动机就是为了满足自己的私利，人在本质上是追求最大的经济利益，工作目的是获得物质上的报酬。经济人假设的核心内容可概括如下：

（1）人的本性是不喜欢工作的，只要有可能，人就会逃避工作。

（2）由于人天性不喜欢工作，对于绝大多数人，必须加以强迫、控制、指挥，才能迫使他们为组织目标去工作。

（3）一般人愿意受人指挥，希望逃避责任，很少有野心，对安全的需要高于一切。

（4）人是非理性的，本质上不能自律，易受他人影响。

（5）一般人都是为了满足自己的生理需要和安全需要才参加工作的，只有金钱和其他的物质利益才能激励他们努力工作。

以经济人假设为指导思想，必然导致严密控制和监督式的管理方式，采取任务管理措施，管理工作重点在于提高劳动生产率，而不考虑人的思想感情。泰勒是经济人假设理论的典型代表。任务管理就是在科学管理理论指导下提出的。

**（二）社会人假设**

社会人又称社交人。社会人假设是由梅奥等人在霍桑实验的基础上提出来的。社会人假设是假设人们在工作中得到物质利益固然可以受到鼓舞，但不能忽视人是高级的社会动物，与周围其他人的人际关系对人的工作积极性会产生很大影响。这一假设的核心思想就是：驱使人们工作的最大动力是社会、心理需要，而不是经济需要，人们追求的是保持良好的人际关系。社会人假设的核心内容可概括如下：

（1）人们工作的主要动机是社会需求，而不是经济需要。社交需要是人类行为的基本激励因素，人际关系是形成人们身份感的基本因素。

（2）从工业革命中延续下来的机械化，使工作变得单调和无意义，因此必须从工作的社交关系里寻找工作的意义。

（3）与管理者所采用的奖酬和控制因素相比，员工更看重因工作而形成的非正式组织中的社交因素。

（4）员工对管理者的期望是员工的归属需要、被人接受的需要以及身份感的需要能被满足。

霍桑实验启发了越来越多的管理学家，使他们认识到，工人生产积极性的发挥和工效的提高，不仅受物质因素的影响，更重要的是受社会和心理因素的影响。于是，管理理论开始从过去的“以人适应物”转向“以人为中心”，在实践中一反过去层层控制式的管理，转而注重调动员工参与决策的积极性。

**（三）自我实现人假设**

自我实现人假设是根据美国心理学家马斯洛的自我实现理论提出的，它假设人性是善的，只要能充分发挥人性的优点，就可以把工作搞好。自我实现人假设认为，人都有自我激励与自我实现的需要，人参加工作的主要动机是社会需要。自我实现人假设的核心内容可以概括为：

（1）人的动机可归结为由多种动机组成的一个层次系统，有低级与高级之分，人参加工作的目的是满足自我实现的需要。

（2）人们力求在工作上有所成就，实现自治和独立，发展自己的能力和技术，以便适应环境。

（3）人们能够自我激励和自我控制，外部激励和外部控制会对人产生威胁，造成不良后果。

（4）个人的自我实现与组织目标的实现并不冲突，只要适当调节，就能使二者达到一致。

在自我实现人假设理论下，管理者的主要任务是寻找什么工作对什么人最具有挑战性，最能满足人自我实现的需要。人有自动的、自治的工作特性，因而管理制度应保证员工能充分施展自己的才能，充分发挥他们的积极性和创造性，主张下放权力，建立决策参与制度、提案制度、劳资会议制度，把个人的需要同组织的目标结合起来。

#### （四）复杂人假设

复杂人假设是美国薛恩教授等人在20世纪70年代初提出的。他们认为，无论是经济人假设、社会人假设，还是自我实现人假设，都有合理性的一面，但都不适用于一切人。复杂人假设认为，人是复杂的，不能简单地归结为某种类型。一方面，人的个性因人而异，价值取向是多种多样的，没有统一的追求；另一方面，同一个人也会因环境、条件的不断变化产生多种多样的需要，各种需要互相结合，形成了动机和行为的多样性。所以，复杂人假设并不是单纯的某一种人，是掺杂着善与恶的一种人性理论。复杂人假设的核心内容可以概括为：

（1）人的工作动机不但是复杂的，而且变动很大。每个人都有许多不同的需要。人的动机结构不仅因人而异，而且同一个人的动机也会因时而异。各种动机之间交互作用而形成复杂的动机模式。

（2）一个人在组织中可以形成新的需要和动机，因此，一个人在组织中表现出的动机模式是他原来的动机与组织经验交互作用的结果。

（3）人在不同的组织和不同的团体中可能表现出不同的动机模式。在正式组织中与别人不能和谐相处的人，在非正式组织中可能是合群的，从而满足其社会需要。在某些复杂的组织中，各个部门可以利用不同的动机来实现其目标。

（4）一个人是否感到心满意足，肯为组织尽力，取决于他本身的动机结构和他同组织之间的相互关系。工作性质、本人的工作能力和技术水平、动机的强弱、人际关系的好坏，都可能产生影响。

（5）人可以通过自己的动机、能力及工作性质对不同的管理方式做出不同的反应，因此没有一种适合任何时代、任何人的管理方式。

### 二、古典人力资源管理理论

#### （一）泰勒的科学管理理论（1903）

弗雷德里克·W.泰勒（Frederick W.Taylor），美国古典管理学家，主要著作有《科学管理原理》（1911）和《科学管理》（1912）。实施科学管理的结果是提高了生产效率，而高效率是雇员和雇主实现共同富裕的基础。因此，泰勒认为，只有用科学化、标准化的管理替代传统的经验管理，才是实现最高工作效率的手段。

泰勒的科学管理理论的主要内容包括：

（1）进行动作研究，确定操作规程和动作规范，确定劳动时间定额，完善科学的操作方法，以提高工效。

（2）对工人进行科学的选择，培训工人使用标准的操作方法，使工人在岗位上成长。

（3）制定科学的工艺流程，使机器、设备、工艺、工具、材料、工作环境尽量标准化。

（4）实行计件工资，超额劳动，超额报酬。

（5）管理和劳动分离。

科学管理理论应用的成功案例：利用甘特图表进行计划控制，创建了世界第一条福特汽车流水生产线，实现了机械化的大工业，大幅度提高了劳动生产率，出现了高效率、低成本、高工资和高利润的局面。

**（二）吉尔布勒斯夫妇的动作研究（1907）**

弗兰克·B.吉尔布勒斯（Frank B.Gilbreth），美国动作研究之父。吉尔布勒斯夫人，美国历史上第一位心理学博士，被尊称为美国"管理学第一夫人"。吉尔布勒斯夫妇的主要著作有《动作研究》《管理心理学》《疲劳研究》《时间研究》。

吉尔布勒斯夫妇采用观察、记录和分析的方法进行动作研究，以确定标准工艺动作，提高生产效率。同时，他们制定了生产流程图和程序图，至今仍被广泛应用。他们主张，通过动作研究，可以开发工人的自我管理意识；他们开创了疲劳研究的先河，对保障工人健康和提高生产效率的影响持续至今。

**走进管理1-1**

**论"打"更便宜**

吉尔布勒斯夫妇可以说是管理学史上绝无仅有的真正"志同道合"的伴侣，他们追随泰勒，忠实信奉效率原则，在诸多方面特别是在自己的家庭生活实践中将效率原则发挥到了"极致"——他们一生"高效率"地生养了12个孩子。

丈夫弗兰克·B.吉尔布勒斯作为一个"效率专家"，将效率原则真正运用到自己的日常生活当中。据他研究，扣衣扣时，自下而上扣只需要3秒，而如果自上而下扣则需要多用4秒；刮胡子时，同时用两把刷子涂肥皂和用两把剃刀刮胡子，可以节省44秒，但他后来放弃了这种做法，因为这样做的话就需要包扎伤口，而这需要花2分钟的时间——使他恼火的不是伤口，关键是浪费了时间。

妻子莉莲·吉尔布勒斯的高效率和能干更是让人由衷地佩服。她不仅在丈夫去世后一个人养育了从2周岁到19周岁不等的12个孩子，而且获得了布朗大学"应用管理"哲学博士学位，成为工业工程协会、机械工程协会的女性成员，以及几所大学工程学院的第一位女性管理学教授，成为名副其实的"管理学第一夫人"。

资料来源：雷恩. 管理思想的演变［M］. 李柱流，赵睿，肖聿，等译. 北京：中国社会科学出版社，2000：187-200.

**（三）韦伯的组织理论（1911）**

马克斯·韦伯（Max Weber），德国著名社会学家，也被尊称为"组织理论之父"。其主要著作有《新教伦理与资本主义精神》《一般经济史》《社会和经济组织的理论》等。

韦伯认为，社会上有三种权力：一是传统权力，依传统惯例或世袭而来而拥有；二是超凡权力，来源于自然崇拜或追随；三是法定权力，是通过法律或制度规定的权力。

对经济组织而言，应以合理合法权力为基础，才能保障组织连续和持久的经营目标。而规章制度是组织得以良性运作的保证，是组织中合法权力的基础。韦伯构建的理想官僚组织模式为：

（1）组织依据合法程序产生，有明确的目标和完整的规章制度。

（2）组织的结构是层控体系，组织中的人依据其职位的高低和正式的工作职责行使职权。

（3）人与人的关系是人对工作的关系，而不是人对人的关系。

（4）按职位需求，公开选拔适岗人才。

（5）对人员进行合理分工，并进行专业培训，以提高生产效率。

（6）按职位和贡献付酬，并建立升迁奖惩制度，以提高工人的事业心和成就感。

韦伯理性地、创造性地提出了行政组织科学的组织理论和组织准则，这是他在管理思想史上最大的贡献。

**（四）法约尔的一般管理理论（1916）**

亨利·法约尔（Henry Fayol），法国管理学家，与韦伯、泰勒并称为西方古典管理理论的三位先驱，并被尊称为管理过程学派的开山鼻祖。其代表作是《工业管理与一般管理》。

法约尔提出了管理的五大职能说，即管理就是计划、组织、指挥、协调和控制五大职能，并提出14项管理原则，分别为劳动分工、权力与责任、纪律、统一指挥、统一领导、个人利益服从整体利益、人员报酬、集中、等级制度、秩序、公平、人员稳定、创新和团队精神。

法约尔的一般管理理论凝练出了管理的普遍原则，至今仍被作为企业日常管理的指南。

## 三、现代人力资源管理理论

**（一）马斯洛的需求层次理论（1943）**

亚伯拉罕·马斯洛（Abraham H.Maslow），美国心理学家，代表作为《人类动机理论》。马斯洛于1943年在《人类动机理论》一书中提出人类需求层次理论。书中将人类需求像阶梯一样从低到高按层次分为五种，分别是生理需求、安全需求、社交需求、尊重需求和自我实现需求。马斯洛需求层次理论具体如图1–3所示。

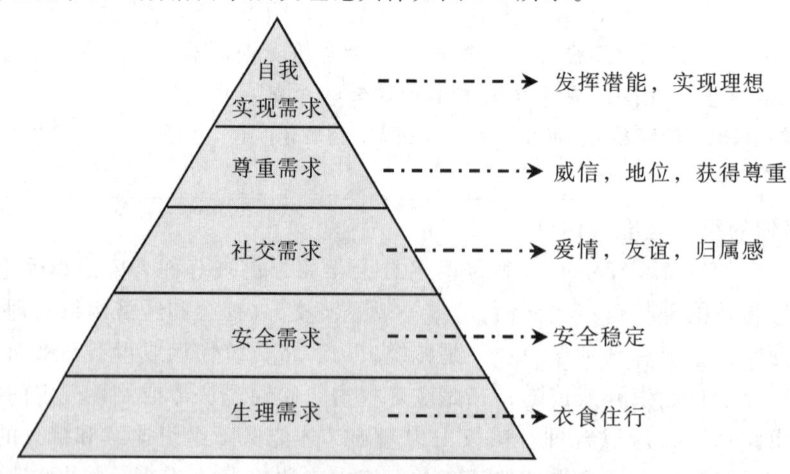


**图1–3 马斯洛需求层次理论图**

根据图1–3，马斯洛需求层次理论可以通俗地理解为：假如一个人同时缺乏食物、安全、爱和尊重，通常他对食物的需求是最强烈的，其他需求则显得不那么重要。此时，人的意识几乎全被饥饿所占据，所有能量都被用来获取食物。在这种极端情况下，人生的全部意义就是吃，其他什么都不重要。只有当人从生理需求的控制下解放出来时，才可能出现更高级的、社会化程度更高的需求，如安全的需求。

**（二）麦格雷戈的人性假设与管理方式理论（1960）**

道格拉斯·麦格雷戈（Douglous McGregor），美国著名行为科学家，代表作为《企业的人性方面》（1957），他提出了著名的X理论和Y理论。麦格雷戈称传统的管理观点为X理论，并提出了人性假设和管理方式，他提出的相对于X理论的则是Y理论。X-Y理论如图1-4所示。

| X理论 | Y理论 |
| --- | --- |
| 1.人生而好逸恶劳，所以常常逃避工作<br>2.人生而不求上进，不愿负责，宁愿听命于人<br>3.人生以个人为中心，漠视组织需要<br>4.人习惯于保守，反对改革，把个人的安全看得高于一切<br>5.只有少数人才有解决组织问题所需要的想象力和创造力<br>6.缺乏理性，容易受骗，随时被煽动者当作挑拨是非的对象，做出一些不合适宜的行为 | 1.人并不懒惰，他对工作的喜欢和憎恶取决于这个工作对他是一种满足还是一种惩罚<br>2.条件适当时，人都愿意承担责任。逃避责任并非人的天性，而是经验的结果<br>3.在解决组织管理问题上，多数人具有高度的创造力和想象力<br>4.个人追求满足欲望的需要与组织需要没有矛盾<br>5.人的天性并非讨厌工作<br>6.人对自己所参与的目标能实行自我控制和指挥 |

**图1-4　X-Y理论示意图**

X理论的观点与我国古代的性恶论相似，认为“人之初，性本恶”。在这种理论的指导下，必会形成严格控制的管理方式，以金钱作为激励人们努力工作的主要手段，对消极怠工的行为进行严厉的惩罚，以权力或控制体系来保护组织本身和引导员工。

Y理论的观点与我国古代的性善论相似，认为“人之初，性本善”。以这一理论为指导，管理的方式方法必然也会不同。管理者的重要任务不再是监督控制，而是创造一个使人得以发挥才能的工作环境，发挥出员工的潜力，使员工在完成组织目标的同时也达到自己的个人目标；同时，对人的激励主要是来自工作本身的内在激励，让员工从事具有挑战性的工作，担负更大的责任，满足其自我实现的需要。

**（三）赫兹伯格的双因素理论（1966）**

弗雷德里克·赫兹伯格（Frederick Herzberg），美国行为科学家，主要著作有《工作的激励因素》《工作与人性》《管理的选择：是更有效还是更有人性》等，双因素理论是他最主要的成就。赫兹伯格的双因素理论如图1-5所示。

激励因素是指能给工作带来积极态度、较多满意感和激励作用的因素，多为工作内容或工作本身的因素，如成就感、同事认可、上司赏识、更大的职责或更广阔的成长空间等。

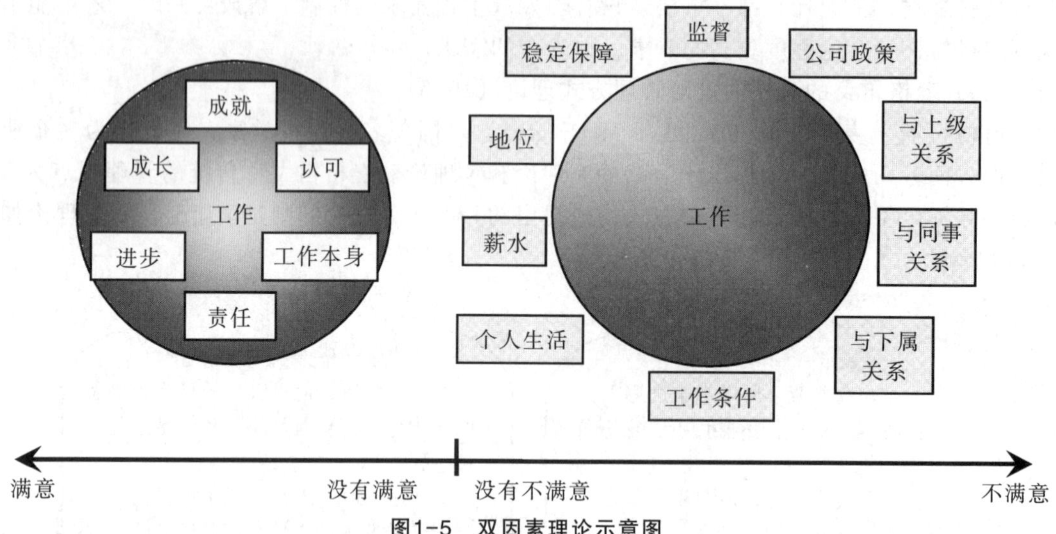


**图1-5 双因素理论示意图**

保健因素是指能使员工感到不满意的，属于工作环境或工作关系方面的因素，如公司政策、管理措施、监督、人际关系、工作条件、工资福利等。保健因素的满足对员工产生的效果类似于卫生保健对身体健康所起的作用。它不是治疗性的，而是预防性的。这些因素恶化到一定水平以下时，就会使员工对工作不满意。但是，当员工认为这些因素很好时，它们只是消除了不满意，并不会导致积极的态度，这就形成了某种既非满意又非不满意的中间状态。

管理者应该认识到保健因素是必需的，但只有激励因素才能使员工更努力地工作。对于激励因素，如果员工得到满足，往往会使员工感到满意，使他们具有较高的工作积极性和主动性；当这些因素缺乏时，员工的满意度会降低或消失，但并不会出现不满意的情况。也就是说，激励因素只会产生满意，不会导致不满。保健因素与激励因素是相对独立的。

**（四）威廉大内的Z理论（1981）**

威廉大内，美国日裔学者，代表作为《Z理论》。他认为，一切企业的成功离不开信任、敏感和亲密，因此企业完全可以以坦白、开放、沟通作为原则进行民主管理。建立Z型组织的过程是：

（1）培养每个人正直、善良的品行。

（2）领导者和管理者共同制定新的管理战略，明确共同的经营宗旨。

（3）通过高效协作、弹性激励措施来贯彻执行公司目标。

（4）培养管理人员的沟通技巧。

（5）有稳定的雇佣制度。

（6）有合理、长期的考核和晋升制度。

（7）岗位轮换，培养、拓宽员工的职业发展之路。

（8）鼓励雇员、工会参与公司管理，并扩大参与领域。

(9) 建立员工个人和组织的全面整体关系。

**(五) 彼得·圣吉的学习型组织理论 (1990)**

彼得·圣吉 (Peter Senge)，美国“学习型组织理论”的创始人，当代最杰出的新管理大师。其代表作是《第五项修炼——学习型组织的艺术与实务》。他认为，企业持续发展的源泉是提高企业的整体竞争优势，提高整体竞争能力。未来真正出色的企业是使全体员工全心投入并善于学习、持续学习的组织——学习型组织。通过营造学习型组织的工作氛围和企业文化，引领员工不断学习、不断进步、不断调整观念，从而使组织更具长盛不衰的生命力。学习型组织的特点是：

(1) 全体成员有共同的愿望和理想。

(2) 善于不断学习。

(3) 扁平式的组织结构。

(4) 员工的自主、自觉性管理。

(5) 员工家庭与事业之间的平衡。

(6) 领导者的新角色改变为设计师、仆人和教师。

**文化故事 1-1**

**孔子的理想**

孔子生活在动荡不止、变乱纷呈的春秋末期，他一生周游列国，希望推行自己的治国之道，然而却四处碰壁，颠沛流离。于是他渴望“大道之行也，天下为公，选贤与能，讲信修睦。故人不独亲其亲，不独子其子，使老有所终，壮有所用，幼有所长，矜、寡、孤、独、废疾者皆有所养，男有分，女有归。货恶其弃于地也，不必藏于己；力恶其不出于身也，不必为己。是故谋闭而不兴，盗窃乱贼而不作，故外户而不闭，是谓大同”。

西汉礼学家戴圣将此辑录在《礼记·礼运》之中，它以生动、优美而又有力的笔触描述了孔子心目中“天下大同”的理想社会。人力资源管理的很多功能在一定程度上部分实现了这一理想。比如，“选贤与能”(把品德高尚的人、能干的人选拔出来)、“讲信修睦”(培养和谐、信任、和睦的社会氛围)、“老有所终”(使老年人能终其天年)、“壮有所用”(壮年人能为社会效力)、“幼有所长”(让年幼的孩子有可以健康成长的地方)、“矜、寡、孤、独、废疾者皆有所养”(让老而无妻的人、老而无夫的人、幼而无父的人、老而无子的人、残疾人都能得到社会的供养)、“男有分，女有归”(男子有工作，女子有归宿)、“力恶其不出于身也，不必为己”(人们都愿意为公众之事竭尽全力，而不一定为自己谋私利)。

资料来源：周施恩，刘俐伶，唐军，等. 人力资源管理导论 [M]. 北京：首都经济贸易大学出版社，2021：25.

## 第四节 人力资源管理的演变和发展

### 一、西方人力资源管理发展历史

在西方学者的视野中，人力资源管理的产生和发展大致可以划分为四个阶段：福利人事管理阶段、科学管理阶段、人际关系管理阶段和人力资源管理阶段，具体如图1-6所示。

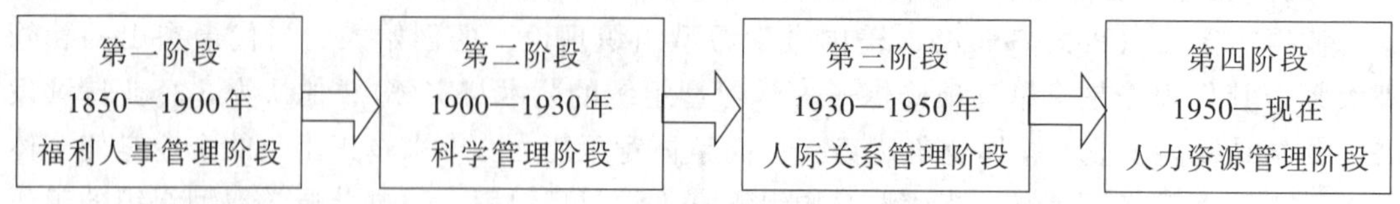


**图1-6 人力资源管理的演变过程**

### （一）福利人事管理阶段

在工业革命之前，家庭手工业占主导地位，这种产业结构不需要专门的人事管理。18世中叶到19世纪中叶，英国及其他一些资本主义国家出现了产业革命，导致机器大工业代替家庭手工业，引发了生产力水平的提高，以及生产方式的重大变革。随着工业革命在欧洲的兴起，大量的农村人口涌入城市，出现了产业工人，雇佣劳动也随之产生。在这一时期，企业规模不大，生产力水平低下，刚刚脱离土地走向城市工厂的农民，对城市的生活方式和工厂的劳动方式并不习惯。为使员工能够安于工作，雇主或是故作姿态，诱以高薪，或是以“皮鞭”“棍棒”等惩罚手段强制工人服从。企业主兼管理者普遍重视增加产量，把人视为“会说话的工具”，仅凭个人的主观经验和臆断指挥工人干活，完全无视工人的感受和心理需要，而工人常用怠工、捣毁机器甚至罢工等手段来对抗企业主的压榨，于是出现了劳工问题。

劳工问题的解决措施导致福利人事概念的形成与发展。福利人事是在“关心员工”和“改善工人境遇”的观念基础上建立起来的，由企业单方面提供改善企业员工及其家庭成员工作与生活条件的一系列活动。1897年，美国全国现金公司首次设立了一个叫做“福利工作”的部门，此后，“福利部”“福利秘书”“社会秘书”等名称相继出现。设立这些部门或职位的主要目的是改善工人的境遇，听取并处理工人的不满，提供娱乐和教育活动，安排工人的工作调动，管理膳食，照顾未婚女工等。然而，它的作用在实践中并没有得到很好的体现，不过这种关心工人福利的主张是现代人力资源管理思想的来源之一。

### （二）科学管理阶段

19世纪末，随着产业革命的完成，资本主义自由竞争向垄断过渡，企业规模越来越大，员工人数越来越多，生产技术和劳动分工也日趋复杂。同时，员工的对抗性情绪不断增强，工作积极性和劳动效率低下。于是，如何化解员工的对抗性情绪，发挥其劳动潜力，就成为企业关注的焦点。这一时期企业从福利人事管理开始向科学管理过渡。

科学管理的创始人是弗雷德里克·W.泰勒，他在1878—1890年是位于费城的伯利恒钢铁公司的工程师。为解决工人消极怠工问题，他对工人的工作效率进行了研究，试图找到一种最好的、能最快完成工作的方法。他在对工作进行动作研究和时间研究的基础上，提出了最优工作方法，并且进一步强调要挑选一流的工人，对工人进行培训，倡导劳资合作等，他还发明了著名的差别计件工资制。泰勒主张科学管理要正确处理劳资关系，使双方融洽相处，互助互利。他既反对雇主尽量压低工人工资，也反对工人少干活而多得工资，主张付给“第一流工人”以高工资，鼓励工人在遵守规则的条件下高效率地工作。他还认为，“第一流的工人”是提高效率的基础，管理部门的任务就是要为工人找到最合适的工作，帮助他们成为“第一流的工人”。

泰勒的科学管理涉及职位分析、人员招聘、培训开发、绩效管理、薪酬管理等多个方面，对人力资源管理概念的产生与发展具有举足轻重的影响。“泰勒制”的推行使美国当时的劳动生产率提高了3倍。在泰勒提出科学管理思想后不久，企业中便开始出现了人事部门，负责企业员工雇佣、挑选和安置。这些都标志着人力资源管理思想的初步形成。

**（三）人际关系管理阶段**

科学管理的本质就是通过科学的工作方法来提高人的劳动效率，它把人作为一种纯粹的生产工具。随着管理者与工人矛盾的日益加剧，科学管理越来越不适应管理实践的发展要求，正是在这时，人际关系学说悄然兴起。

人际关系学说和人际关系运动是对人力资源管理的发展做出贡献的另外一支力量。它起源于1924—1933年间，哈佛大学的两位研究人员埃尔顿·梅奥和弗雷兹·罗尔西斯伯格，在位于芝加哥郊外的西方电气公司霍桑工厂中进行了一系列研究。研究的目的本来是确定照明对于工人及其产出的影响，但最后得出的结论是，社会互动以及工作群体对于工人的产出以及满意度有着非常重要的影响。以霍桑实验为代表的人际关系学派的一系列研究，更深入地了解员工的需求，并对需求加以分析，为员工激励提供了科学的依据。霍桑实验证明：员工的生产率不仅受工作设计和员工报酬的影响，而且受许多社会和心理因素的影响。霍桑实验提供了有史以来最著名的员工行为研究结果，也是人力资源管理发展中具有里程碑意义的事件。

梅奥的霍桑实验之后，又有许多学者致力于从心理学和社会学角度对劳动生产率进行研究。研究发现，人际关系理论建立在简单的员工行为分析基础上，它强调组织在了解员工需求的前提下，才能提高员工的满意度和生产力，而组织中员工的行为是多种多样、复杂多变的，不能仅仅认为组织中员工的行为就是人际关系，于是组织行为学逐渐兴起。如马斯洛的需求层次论、麦格雷戈的X理论和Y理论、赫兹伯格的双因素理论、斯金纳的强化理论等，这些理论将工人设想为有各种需求的“社会人”“自我实现人”，把人作为影响劳动生产率的一个重要因素。这些理论的提出，对企业的雇佣关系管理均具有划时代的意义。组织行为学的发展，使得人事管理对个体的研究扩展到了对群体与组织整体的研究，人事管理的研究也更加丰富了。

**（四）人力资源管理阶段**

自20世纪50年代彼得·德鲁克提出“人力资源”概念后，人们对人力资源越发关注起来，一些专家学者从不同的角度和深度探讨人、环境和管理的相互关系。20世纪60年代初期，美国著名人力经济学家舒尔茨提出了“人力资本”学说，即美国国民生产总值的快速增长不仅靠物质资本，人力资本的投入也是促进经济发展的重要因素。从此，人事管理开始向人力资源管理转变。人力资源管理以人为中心，注重员工的发展需要，以开发人的内在潜力、发挥人的积极性为原则。它强调人与工作相适应，从战略的角度思考人力资源管理问题。

人力资源管理的出现标志着人事管理职能发展到了一个新的阶段。它的内容已经全面覆盖了人力资源战略与规划、职位分析、员工招募与甄选、绩效评估与管理、培训与开发、薪酬福利与激励计划、员工关系与劳资关系等各项职能。“人力资源管理”这一概念对“人事管理”概念的取代，并不仅仅是名称上的改变和内容上的进一步丰富，也是一种管理观念上的根本性变革。

目前，在发达国家，人力资源管理已经成为一门相当成熟的学科。经过长期的企业人力资源管理实践经验积累以及大学、科研机构、咨询公司等的研究和探索，不仅人力资源管理的总体框架比较完整，理念相对成熟，而且很多人力资源管理的工具和技术手段也日趋完善。

## 二、我国人力资源管理的发展历史

我国人力资源管理相比国外的发展，起步晚、时间短、发展还不成熟。从我国人力资源管理的发展来看，大体上可以分为以下四个阶段：

### （一）计划经济体制下的劳动人事管理（1949—1977年）

1949年中华人民共和国建立初期一直到1978年之前，中国实行的是计划经济。计划经济体制与市场经济体制是两种完全不同的资源配置形式。市场经济体制主要是以价格信号为依据进行各种资源包括人力资源的配置。而在计划经济体制下，各种资源配置都是通过计划和行政命令完成的，不存在真正意义上的市场，企业和劳动者之间的匹配基本上是强制性的行政分配的结果。在这一时期，与经济体制相适应，我国实行“统包统配”的就业制度，企业没有用人自主权，不能自行招聘所需的人员；人员只进不出，没有形成正常的退出机制。在企业内部，对于工人的工作没有考核，大家干好干坏一个样，干多干少一个样；工资分配中存在严重的平均主义，与工作业绩和工作岗位没有任何关系，人事管理还停留在简单的档案管理和资料统计阶段，与现代人力资源管理相去甚远；同时，人们对“人力资源”也没有任何概念。可以说，这个时期我国根本就没有真正意义上的“人力资源管理”体系。

在这一阶段，企业对员工的激励主要是一种政治激励和思想激励，而不是一种经济激励或利益激励；企业生产率的提高主要依靠的是政治和社会压力，而不是利益引导和报酬刺激。一方面，由于计划经济体制中不存在真正意义上的市场，企业没有任何市场竞争的压力，所以企业在强化内部管理、提高生产效率方面的动力大多不足；另一方面，企业也缺乏能够对员工真正产生正向和负向激励的有效手段和足够空间，因此，计划经济体制下我国企业的生产效率很低，劳动生产率的增长速度也非常缓慢。

### （二）从计划经济体制向市场经济体制转型中的劳动人事管理（1978—1992年）

1978年，党的十一届三中全会胜利召开，拉开了中国改革开放的序幕。我国首先通过实施农村联产承包责任制，将一大批农村富余劳动力从土地上释放出来，不久乡镇企业异军突起，吸收了大量农村富余劳动力就业，丰富了城乡供给，为农村地区脱贫致富和拉动经济快速增长起到了关键性作用；1988年，第七届全国人民代表大会第一次会议通过宪法修正案，从法律上确立了民营企业的地位，推动民营企业迅速向前发展；1979—1988年，我国先后设立了5个经济特区和14个沿海开放城市，外资企业从1980年开始进入中国。与此同时，城市经济体制尤其是国有企业改革逐步展开。从放权让利到承包经营，再到厂长（经理）负责制以及扩大经营自主权等，国有企业改革一直在探索过程之中，但亏损逐渐增大。

在这一阶段，企业在内部人员管理上获得了一定的自主权，但是由于总的经济体制没有发生根本性的变革，所以传统的企业劳动管理以及人事管理的烙印仍然很深，管理的方式方法也很难有大的突破。1978年，国营企业开始恢复此前被废除的奖金制度；1980年，开始在中外合资经营企业中实行劳动合同制；1982年，在全国试行劳动合同制；1986年，在国营企业中全面推行劳动合同制；1992年，国务院颁布《全民所有制工业企业转换经营机制条例》，真正开始落实企业用工自主权，企业可以自主决定招工的时间、条件、方式、数量。国有企业这一阶段的改革是以所谓的"破三铁"为主线的，即试图打破铁饭碗、铁交椅、铁工资。这一时期，虽然乡镇企业在内部劳动人事管理方面比较灵活，但是大多不太规范，而外商投资企业和一些中外合资企业在员工管理方面相对先进，给中国的企业管理带来了一些新的内容。

**（三）市场经济培育和发展期的人力资源管理（1993—2007年）**

1993年以后，社会主义市场经济体制正式在中国确立。1993—2007年，中国大致经历了三个阶段：一是1992年的经济高速增长以及政府为防止经济过热从1993年开始实施宏观调控；二是为应对1997—1998年的亚洲金融危机以及2001年美国网络泡沫破灭带来的负面影响而实施积极的财政政策；三是从2003年开始直到2007年，开启新一轮两位数高速经济增长。这一时期，我国改革开放进程进一步加快，市场环境逐渐优化，国际化步伐不断加快，外商投资不断增多。国有企业改革不断深化，外资企业和民营、私营企业的数量急剧扩张。与此同时，计算机、通信等新兴技术领域和第三产业取得快速发展，新浪、网易、搜狐三大门户网站于2000年先后登陆纳斯达克，从2003年起中国互联网就已明显摆脱美国互联网泡沫破灭的影响，逐渐找到了适合中国国情的盈利模式。初创于20世纪80年代的联想、海尔、华为、美的、平安保险等一批世界知名的中国企业在这一时期迅速成长起来，腾讯（1998年）、阿里巴巴（1998年）、百度（2000年）等一批新兴互联网企业也开始了创业之路。

这一时期，国家宏观环境为企业成长和发展提供了前所未有的有利市场条件。正是在这个大背景下，中国企业对竞争和市场的概念有了更深入的理解，同时对人力资源管理对于企业的作用有了更明确的认识，不断提升人力资源管理水平成为很多企业越来越关注的问题。市场中一些专业性比较强的人力资源管理图书开始出现，各种专业化的人力资源管理培训和咨询机构纷纷涌现，一些公司的人事、劳资部门也迅速更名为"人力资源部"。1993年，中国人民大学率先将原来的"人事管理"专业正式更名为"人力资源管理"专业，这一专业名称的确立第一次将"人力资源管理"的概念正式在全社会范围内推广，对于中国人力资源管理的发展来说是一个里程碑式的事件。

在这一时期，我国政府对人力资源和人才问题日益重视，并加强了与劳动力市场有关的立法工作。1995年1月1日，中华人民共和国成立以来的首部劳动法——《中华人民共和国劳动法》（以下简称《劳动法》）正式颁布实施，同时正式推行最低工资制度。此外，政府还在这一时期逐步建立并完善了符合社会主义市场经济体制要求的养老、医疗、工伤、失业以及生育等方面的社会保障制度，这些都为劳动力市场的运行及作用发挥创造了条件。

**（四）规范和调整中的人力资源管理（2008年至今）**

2008年，美国次贷危机引发了国际金融危机，中国经济也深受国际经济形势的影响，增长速度明显下降，很多企业尤其是出口加工业、对外贸易以及制造业等类型的企业面临经营困境。在这种情况下，裁员、降薪、重组等成为相当一部分中国企业尤其是传统行业人力资源管理的主题词，由此引起的劳资纠纷包括集体劳资冲突数量大大上升。

在这一时期，中国互联网行业开始取得令人瞩目的成绩。2008年，中国网民数量首次大幅超过美国，跃居世界首位；2009年，移动互联网开始兴起；2012年，中国的移动互联网用户首次超过电脑用户，中国网络购物规模直逼美国，成为全球互联网购物的第二大市场；2014年10月，阿里巴巴在美国纽约股票交易所成功上市，成为中国互联网企业繁荣发展的新证明。这一时期，中国的传统企业与互联网企业开始走向融合共生。可以说，中国开始全面进入互联网时代。互联网行业的特征决定了互联网企业的人力资源与传统企业的人力资源存在较为明显的差异，知识型员工密集、创新能力和自我意识强、流动率高等成为这个行业人力资源的典型特征，因此，互联网企业的人力资源管理就必须探索与过去不同的新理念和新方法。而互联网企业的崛起也引起了整个社会对于移动互联网时代的人力资源管理新模式的兴趣。

在这一时期，中国政府进一步加强了对于劳动力市场的监管以及企业用工行为的规范。比如，第一部《中华人民共和国劳动合同法》（以下简称《劳动合同法》）从2008年1月1日起正式生效。该法对劳动合同的订立、履行和变更、解除和终止以及集体合同、劳务派遣、非全日制用工、试用期等做出了具体规定。2012年，国家对该法做了修订，在一些方面制定了更加明确的或严格的规定，对企业的用工施加了很大的约束。此外，第一部《中华人民共和国社会保险法》于2010年通过，从2011年7月1日起正式施行，它使国家关于社会保险方面的规定上升到法律层面，意味着企业如果不承担为员工缴纳社会保险的责任将会面临更为严重的后果。正是由于劳动合同和社会保险等方面的立法及其广泛宣传，广大员工利用法律武器保护个人以及群体合法权益的能力和动机都大大加强。

现在，人力资源管理在我国得到了蓬勃发展，人力资源管理的政治、经济、法律和社会环境有了很大的改善，人力资源管理理念得到广泛普及，企业对人力资源管理的重视达到了前所未有的地步。但是，我们也应清醒地认识到，人力资源管理在我国的发展可以说是机遇与挑战并存，未来需要人力资源管理理论工作者和实际工作者共同努力、积极探讨，不断提高我国人力资源管理的理论水平和实践能力，应对由于国际竞争加剧、中国产业结构升级、人口红利消失、劳动力成本上升等现实性压力给我国人力资源管理领域带来的挑战。

**文化故事1-2**

**我国古代的人事管理思想**

中国有五千年文明史，在古代文化典籍中蕴藏着丰富的人事管理思想，对有关人才的重要性、如何选拔人才、如何用好人才等方面都有精辟的论述。

（1）有关人才的重要性方面，唐太宗的名言“为政之要，惟在得人”就把“得人”看做“为政”的关键。康熙更是将人才提到治国的首要位置，认为“致治之道，首重人才”。

（2）有关如何选拔人才方面，汉朝的王符指出：“德不称其任，其祸必酷，能不称其位，其殃必大”，强调人员的品行和能力必须与其职位相符，否则会造成严重的后果。

（3）有关如何用好人才方面，诸葛亮曾说：“古之善将者，养人如养己子，有难，则以身先之；有功，则以身后之；伤者，泣而抚之；死者，哀而丧之；饥者，舍食而食之；寒者，解衣而衣之；智者，礼而录之；勇者，赏而劝之。将能如此，所向必捷矣。”这段话说明作为将军，如果能爱兵如子，以心换心，以情感人，满足每个士兵不同的需要，就能调动士兵的积极性，军队必将战无不胜。宋代政治家王安石指出“一人之身，才有长短，取其长则不问其短”，强调应用人之长。这些思想对于今天企业的人力资源管理者来说依然具有借鉴之处。

资料来源：董克用. 人力资源管理概论［M］. 4版，北京：中国人民大学出版社：2015.

## 三、人力资源管理的新趋势

随着知识经济时代的来临，信息技术发展迅猛，技术更新速度加快。在新经济和新技术革命等影响下，人力资源管理也呈现出新的发展趋势，主要体现在以下四个方面：

### （一）进入人才管理时代

目前，在全球领域，组织间的竞争由产品、财力的竞争逐渐发展为智力资本的竞争。组织只有取得了优于竞争对手的人才资源，才能在竞争中取胜并保持优势。在这种形势下，组织的人力资源管理开始向人才管理或人才资源管理转变，这也意味着正在进入人才资源管理时代。这一时代的到来，使员工和企业的关系发生了转变，从雇佣关系转变为合作关系。不再只是老板“炒掉”员工，也有不少员工“炒掉”老板，例如一些高科技行业的员工离职率居高不下，且有持续上升的趋势。在这种情况下，企业一方面需要加强雇主品牌建设，把好入门关，真正找到符合企业业务属性的优质人才；另一方面还应当加强文化建设，以某种民主协商的氛围把员工留下来，让他们有条件开拓创新。

### （二）人才开始成为资本中最重要的部分

在投入-产出涉及的诸多生产要素中，人们曾格外重视土地，之后资本的重要性被提出，而现在人们关注的重点逐渐转向人才。这种价值排序也预示着“知本主义”的真正到来。人才已成为资本，是当代人们已经比较普遍具有的认识。由此，出现了两种趋势：其一，人力资本进入股权化时代，从资本雇用人才到人才雇用资本，这是“知本主义”的重要表现；其二，从动态角度看，人们也越来越注重向关键人才资本投资，以其来引领财务资本。

### （三）组织管理的思维正在变革

随着经济全球化的深入，国际交流日益频繁，组织管理的思维也在不断变革。一方面，全球范围融合开放的新经济带来了大范围、跨组织、跨区域协作的可能性；另一方面，企业要进一步强化与员工的情感联系，让员工真正具有主人公地位。现在越来越多的企业开始推行平台型战略、生态型组织，它们需要同时具备两种管理思维：一种是开放的、动态的组织观；另一种是基于全社会、全球范围的大人才观。二者结合，需要建立开放的人才生态圈。

### （四）互联网手段大量运用

在当今的信息时代，将互联网手段引入人力资源管理的各个领域中，是适应人力资源新环境、新趋势的客观需要，这有利于打破各种界限，优化人力资源的配置，最大程度发挥人力资源的价值。大数据是近年来的新范畴，它正在成为各项研究与管理的重要手段。大数据可以大量应用到人力资源管理的规划、招聘、培训、绩效、薪酬、福利、关系等各个领域。依据数据对员工进行个性化管理，将是未来的发展趋势。

拓展阅读 1-2：互联网时代人力资源管理的十大新思维

**走进管理 1-2**

**小米公司的用人之道**

1. 团队第一，产品第二。
2. 创始人最重要的工作之一就是找人。
3. 合伙人制：八个各当一面的合伙人。
4. 用最好的人：一个靠谱的工程师顶一百个一般的工程师。
5. 寻找最合适的人：要有创业心态。
6. 天理即人欲：给足团队利益，让员工“爽”。
7. 解放团队：忘掉关键绩效指标（KPI），组织结构扁平化。
8. 让员工成为粉丝，让粉丝成为员工。
9. 人比制度重要：让员工发自内心热爱工作。
10. 人是环境的孩子：用环境塑造人。

资料来源：黎万强. 参与感：小米口碑营销内部手册［M］. 北京：中信出版社，2014.

## 【知识巩固训练】

### 一、填空题

1. 对于一个组织而言，其所能运用的资源主要有三种：物质资源、财务资源和________。

2. 人力资源的概念是由管理大师________于________年在其著作《管理的实践》中首次提出的。

3. 企业中人力资源管理的对象是企业所拥有的________。

4. 人力资源是指在一个国家或地区中，________、________和________但具有劳动能力的人口之和。

5. 人力资源由________和________两方面构成。

6. 人力资源________质量，即思想素质、心理状态，它决定人的工作态度和动机。

7. 在理论界，通常将美国著名经济学家________看作人力资本理论的创立者、人力资本之父，他的代表作是________。

8. 传统人事管理的特点是以为________中心，而现代人力资源管理是以________为中心。

9. 人力资源管理中的________职能，是指系统地、全面地分析和确定组织人力资源需求的过程，以确保组织在需要时能够得到一定数量和质量的员工，满足企业现在及将来各个岗位的需要。

10.________假设的特点是人们力求在工作上有所成就，实现自治和独立，发展自己的能力和技术，以便适应环境。

**二、单项选择题**

1.在理论界，通常将（　　）看作人力资本理论的创立者。

A.威廉·配第　B.亚当·斯密　C.马歇尔　D.舒尔茨

2.现代人力资源管理与传统人事管理的主要区别是（　　）。

A.现代人力资源管理以“人”为中心，管理的根本出发点是“着眼于人”

B.现代人力资源管理把人作为一种成本，将人当作一种“工具”，注重的是投入、使用和控制

C.现代人力资源管理是某一职能部门单独使用的工具，与其他职能部门的关系不大

D.现代人力资源管理以“事”为中心

3.（　　）是指一个国家或地区中具有较多科学知识、较强劳动技能，在价值创造过程中起关键或重要作用的那部分人。

A.人口资源　B.人力资源　C.人才资源　D.劳动力资源

4.人力资源的（　　）特点，使人力资源能够发挥主观能动性，有目的、有意识地利用其他资源进行生产，能够不断地创造新的工具、技术，推动社会和经济的发展。

A.社会性　B.能动性　C.再生性　D.时效性

5.（　　）即对人进行投资所形成的蕴含于人身上的各种知识、技能、经验、态度、创造力和健康素质的存量总和。

A.人才资源　B.人力资源　C.人力资本　D.劳动力资源

6.人力资源管理的（　　）功能，是指借助培训、教育等手段实现员工社会化的过程。

A.获取　B.维持　C.整合　D.开发

7.人力资源管理中的（　　）职能，是指建立企业管理层与员工之间互相信任、互相尊重的良好工作环境，让员工在安全、健康的环境中有效地工作，给企业带来长期的利益。

A.人力资源规划　B.绩效管理　C.培训与开发　D.劳动关系管理

8.人际关系理论是由（　　）提出来的。

A.泰勒　B.梅奥　C.麦格雷戈　D.赫兹伯格

9.（　　）理论认为，人的行为动机就是为了满足自己的私利，人在本质上是追求最大经济利益的，工作目的是获得物质上的报酬。

A.经济人假设　B.社会人假设　C.自我实现人假设　D.复杂人假设

10.以下哪种现象不能在需求层次理论中得到合理的解释？（　　）。

A.一个饥饿的人会冒着生命危险去寻找食物

B.穷人很少参加排场讲究的社交活动

C.在陋室中苦攻“哥德巴赫猜想”的陈景润

D.一个安全需求占主导地位的人，可能因为担心失败而拒绝接受富有挑战性的工作

**三、判断题**

1.一个国家或地区的人力资源率越高，表明可投入生产过程的劳动数量越少。（　　）

2.人力资源精神质量体现在知识、工作技能、创造能力等能力水平上。（　　）

3.经济越发展，技术越现代化，对人力资源的质量要求就越高。（ ）

4.在所有的资源中，人力资源是第一资源，也是一种能动资源。（ ）

5.人力资源的形成、开发和使用，不具有时间方面的限制。（ ）

6.人力资源是一种不可再生性资源。（ ）

7.人力资本的核心是教育投资。（ ）

8.人力资源管理工作的第一步是维持人力资源。（ ）

9.现代人力资源管理以“事”为中心。（ ）

10.自我实现人假设认为人的个性因人而异，价值取向是多种多样的，没有统一的追求。（ ）

**四、思考题**

1.什么是人力资源？人力资源有哪些特征？

2.什么是人力资源管理？人力资源管理有哪些职能？

3.传统人事管理与现代人力资源管理有哪些区别？

4.你如何看待未来人力资源管理的发展趋势？

## 【技能强化训练】

**一、讨论交流**

1.结合下列材料，谈谈你的理解和认识

中国有五千年文明史，在古代文化典籍中蕴藏着丰富的人事管理思想，对有关人才的重要性、如何选拔人才、如何用好人才等方面都有过精辟的论述。

（1）唐太宗李世民认为“为政之要，惟在得人，凡事皆须务本，国以人为本”。

（2）康熙认为“致治之道，首重人才”。

（3）汉朝王符指出：“德不称其任，其祸必酷，能不称其位，其殃必大。”

（4）诸葛亮曾说：“古之善将者，养人如养己子，有难，则以身先之；有功，则以身后之；伤者，泣而抚之；死者，哀而丧之；饥者，舍食而食之；寒者，解衣而衣之；智者，礼而录之；勇者，赏而劝之。将能如此，所向必捷矣。”

（5）宋代政治家王安石指出：“一人之身，才有长短，取其长则不问其短。”

2.结合下列材料，谈谈你对HR从业人员职业素质要求的认识

中国人力资源开发网、《管理@人》和中国人民大学劳动人事学院曾在联合举办的年度人力资源机构和人物评选活动中，提出了十大CEO评选标准，除行业经验需要3年以上外，他们提出了如下“六力”要求：

影响力：对企业整体发展、战略制定产生积极影响。

创新力：能为企业的人力资源管理开发建立一个合理、规范和有序的平台，有助于引进新的管理理论、方法和技术。

执行力：成功执行企业各项制度和决策。

公信力：处事公正客观，对上下级同事都能做到讲诚信，以诚待人。

亲和力：尊重、理解、关心和信任企业员工，善于倾听，保持良好的人际关系，能妥善处理劳资关系。

学习力：能及时更新知识，不断提高自身职业素养。

## 二、应用设计

1.部门辩护内容设计

假设你在一个中等规模的制造公司（年销售额为1亿零1美元）的人力资源管理部门工作，虽然公司多年来没有组成工会，但是从没发生过罢工。公司总裁刚刚要求所有部门为下一个财政年度制定一份预算，并准备为自己的预算进行辩护。

要求：作为这次辩护的一部分，你的上司（即人力资源管理部经理）让你准备一份至少10个理由的清单，用以说明为什么人力资源管理部和它的绩效对整个公司的成功是重要的。

2.人力资源管理职能识别

下列内容是一家公司的部分人力资源管理政策：

（1）正常情况下，每年1月份调整工资一次；

（2）加班须办理加班审批手续；

（3）体检是必经程序，传染性疾病患者将被拒绝；

（4）签订劳动合同；

（5）主管级以上人员的试用期为6个月，其余人员为3个月；

（6）试用期间双方可以随时解除劳动合同；

（7）保持公司在劳动力市场上的人才竞争力；

（8）不追求同工同酬；

（9）工资相互保密，攀比工资永远带来失望；

（10）试用期不调整工资；

（11）唯才是举，公平竞争，亲属回避，身份合法；

（12）工资通过银行活期存折支付人民币；

（13）逐年增加培训费用；

（14）每年参加境外培训的职工比例不低于20%；

（15）所有的培训课程都由公司内部提供；

（16）职工在公司工作满3年，可获得房屋补贴金；

（17）违约离职的职工不享受当年的福利储金；

（18）在公司工作满一年的职工，可享受每年15个工作日的年假；

（19）不提倡职工加班；

（20）不提倡内部职工推荐朋友来公司应聘；

（21）公司给予加班者相应时间的补休或支付加班费，由职工自己选择；

（22）职工对公司正常的岗位调动应予以理解和服从；

（23）职工有权拒绝自认为不适当的岗位调动——解除劳动合同并要求赔偿；

（24）跨区调动必须经调入、调出和人力资源部三方共同批准；

（25）没有拿到内部调动通知书不要行动；

（26）杜绝安置性和因个人原因的调动；

（27）基层职工原则上不跨区调动；

（28）日常工作必须按流程进行；

(29) 每个人都应该成为自己业务领域的专家；

(30) 每项职务都必须有明确的任职资格与条件。

要求：请按人力资源管理的职能进行分类，并将分类结果填入表1-4中。

表1-4 **某公司人力资源管理政策分类统计表**

| 人力资源管理职能 | 人力资源管理政策 |
|---|---|
| 人力资源规划 | |
| 工作分析 | |
| 员工招聘与录用 | |
| 培训与开发 | |
| 绩效管理 | |
| 薪酬管理 | |
| 劳动关系管理 | |

## 三、数据分析与材料解析

1.人力资源结构分析

某大型国有企业员工年龄结构见表1-5。

表1-5 **某大型国有企业员工年龄结构**

| 年龄段 | 25岁及以下 | 26～30岁 | 31～35岁 | 36～40岁 | 41～45岁 | 46～49岁 | 50岁及以上 |
|---|---|---|---|---|---|---|---|
| 员工人数 | 32 | 85 | 252 | 326 | 98 | 45 | 16 |

要求：请运用所学知识，根据表1-5分析该公司人力资源现状及存在的问题。

2.人力资源管理思想分析

韩愈说："世有伯乐，然后有千里马。"作为中国家电行业排头兵的海尔集团在市场经济形势下明确提出：所谓"用人不疑，疑人不用"是对市场经济的反动，主张"人人是人才，赛马不相马"，即为海尔人提供公平竞争的机会和环境，尽量避免"伯乐"相马过程中的主观局限性和片面性。海尔集团创始人张瑞敏认为，企业领导者的主要任务不是发现人才，而是建立一个可以出人才的机制，并维持这个机制健康持久地运行。这种人才机制应该给每个人相同的竞争机会，把静态变为动态，把相马变为赛马，充分挖掘每个人的潜质，并且每个层次的人才都应接受监督，压力与动力并存，方能适应市场的需要。另外，海尔管理层的最大特色是年轻，平均年龄仅26岁，其中海尔冰箱公司和空调公司的总经理才31岁，松下电器公司负责人到海尔参观时，曾戏称此为"毛头小子战略"。

要求：

(1) 对于传统的用人观念"用人不疑，疑人不用""世有伯乐，然后有千里马"，你怎样看待？请全面评价一下海尔的人力资源管理思路。

(2) 一位企业家曾说："你要想搞垮一个企业很容易，只要往那里派一个具有40年管理经验的主管就行了。"请结合海尔集团的人力资源管理，谈一谈你对这句话的理解。

3.人力资源管理评价分析

## 高管访谈录

作为一名督导，我的职责是在商场检查营业人员的在岗状态和工作情况。有一天刚上班半小时，我就发现一名营业员在试衣间里坐岗（并未按要求站岗），于是我对她的行为进行了判断：是故意违纪还是有什么情况？

在询问之前我先作了情绪调整，在确定自己可以很平静地说话时，开始了与营业员的交流："怎么才上班就感到很累了？"我的眼神里没有丝毫的责备。营业员抬起头，眼睛红红地告诉我："主管，我家孩子被诊断出患有肺癌，我该怎么办？"我和她聊了近一小时，在我的劝说下，她重新看见了孩子康复的希望，解开了心里的疙瘩并连声道谢，还主动承认今天的坐岗行为是违纪的。其实，我也在心里默默地感谢她，是她让我知道有效的管理绝不是简单地用规章制度去对照员工的工作行为，而是应深入员工内心，了解他们的需要，这比开罚单有用多了。

要求：

（1）该高管是以一种什么样的人性观来对待员工的？

（2）此案例体现了一种什么样的人力资源管理方式？它的作用何在？

（3）你认为该高管的做法是否妥当？还有哪些方面需要改进？

［第二章］

# 人力资源规划

## 思政视野

我们的目标是：到2025年，全社会研发经费投入大幅增长，科技创新主力军队伍建设取得重要进展，顶尖科学家集聚水平明显提高，人才自主培养能力不断增强，在关键核心技术领域拥有一大批战略科技人才、一流科技领军人才和创新团队；到2030年，适应高质量发展的人才制度体系基本形成，创新人才自主培养能力显著提升，对世界优秀人才的吸引力明显增强，在主要科技领域有一批领跑者，在新兴前沿交叉领域有一批开拓者；到2035年，形成我国在诸多领域人才竞争比较优势，国家战略科技力量和高水平人才队伍位居世界前列。

——习近平在中央人才工作会议上发表重要讲话

## 教学目标

| 知识目标 | 能力目标 | 素质目标 |
|---|---|---|
| ▶掌握人力资源规划的概念、种类和程序<br>▶掌握人力资源规划的内容<br>▶掌握人力资源供需预测的方法<br>▶掌握人力资源供求关系的平衡措施 | ▶能进行人力资源规划流程的设计<br>▶能运用不同的方法进行人力资源需求与供给预测<br>▶能采取有效措施解决人力资源供需不平衡问题<br>▶能结合企业实际情况编制人力资源规划书 | ▶培养学生凡事要有计划、做规划的意识<br>▶培养学生的危机意识和全局观念<br>▶培养学生从系统角度理解和分析问题的思维方式<br>▶培养学生统筹开展工作的意识 |

**导入案例**

**少年与老板间的距离**

一位成功的商人来到一个偏僻的山村里度假，遇见一个敦厚的少年，决定带他出去闯闯。商人问少年想不想将来当大老板，少年说不想，因为他不知道什么是老板。商人对少年耐心地解释什么是老板，并循循善诱，说了许多当老板的好处。少年心动，随商人离开了小山村。过了半年，少年说自己想当老板，商人问他知不知道老板要做什么，少年回答："在大办公室里签字，坐高级轿车去吃饭。"商人觉得很失败，认为是自己教导不够，从此让少年跟随自己，亲眼看看老板要做些什么。又过了半年，少年再次提出想自己当老板，商人又问了同样的问题，少年朗朗而答："老板就是Boss，要分析信息、进行决策、制订计划、组织资源、领导员工、监督执行、协调内部、联系外界、处理突发事件……"少年足足说了半小时，商人认为少年已经很清楚老板应该做什么，便将一个子公司交给少年经营管理。然而不到一年，子公司不得不宣布停业整顿。商人质问少年："你不是知道应该做些什么吗？"少年怯懦地说："我只知道要做什么，但我并不知道该如何去做呀。"商人顿时醒悟，要将一个无知少年变成一个成功的老板，必须让他知道老板是什么、要做什么以及如何去做。

世间道理相通，如果想成功地制定一个人力资源规划，就需要先了解这三个方面——人力资源规划是什么、人力资源规划要做什么、如何开展人力资源规划。

资料来源：肖润松，董杰．现代市场营销［M］．武汉：华中科技大学出版社，2009.

上述故事中，少年之所以把子公司经营失败了，是因为他虽然知道企业老板应该做什么，但不知道具体该如何做。世间的道理相通，企业要想在市场中稳步经营，立于不败之地，就需要有明确的人力资源规划。那么，究竟什么是人力资源规划？人力资源规划要做什么？如何开展人力资源规划？这正是本章要讲述的内容。

## 第一节　人力资源规划概述

### 一、人力资源规划的概念

人力资源规划（Human Resource Planning）是指根据组织的发展战略、目标以及组织内外部环境的变化，运用科学的方法对组织人力资源的需求和供给进行预测，制定相应的政策和措施，从而使组织人力资源供给和需求达到平衡，实现人力资源合理配置，有效激励员工的过程。具体理解如图 2-1 所示。

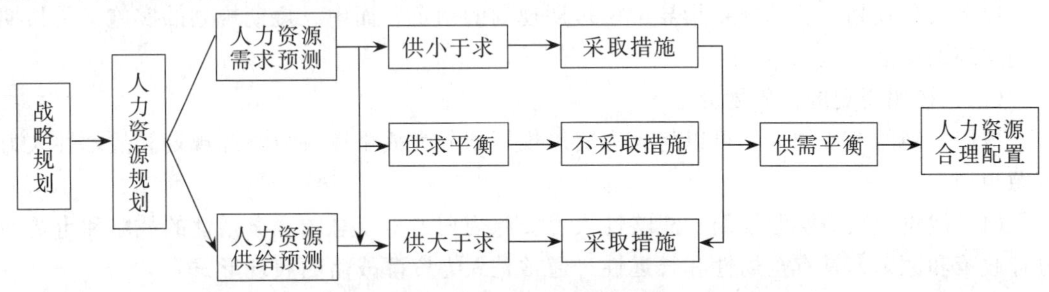


**图2-1　人力资源规划示意图**

人力资源规划以追求人力资源平衡为目的，它关注的是人力资源供求之间的数量、质量与结构的匹配。理解人力资源规划的定义可以从以下四个方面把握：

（1）人力资源规划的制定必须依据组织的发展战略和目标。组织的发展战略和目标发生变化时，人力资源规划也随之发生变化。组织的发展战略和目标是制定人力资源规划的基础。

(2) 人力资源规划要适应组织内外部环境的变化。组织环境是一个动态的变化过程，会对人力资源需求和供给方面造成影响。组织内外都环境的改变，将导致组织结构和员工配置的变化，从而导致组织对人力资源的数量、质量和结构的需求变化。

(3) 制定必要的人力资源政策和措施是人力资源规划的主要工作。人力资源规划的制定实质上就是在人力资源供求预测的基础上制定相应的政策和措施，从而实现人力资源的供求平衡。

(4) 人力资源规划的目的是使组织人力资源供求平衡，保证组织长期持续发展和员工个人利益的实现。

党的二十大报告指出："培养造就大批德才兼备高素质人才，是国家和民族长远发展大计。功以才成，业由才广。坚持党管人才原则，坚持尊重劳动、尊重知识、尊重人才、尊重创造，实施更加积极、更加开放、更加有效的人才政策，引导广大人才爱党报国、敬业奉献、服务人民。"企业在进行人力资源规划时，要创造良好的条件，充分发挥每个员工的积极性、主动性和创造性，提高工作效率，从而实现组织的目标。同时，组织也要关心每一个员工的利益和要求，帮助他们在为组织做出贡献的同时实现个人目标。只有这样，才能吸引和招聘到组织所需要的人才，满足组织对人力资源的需求。

## 二、人力资源规划的种类

### (一) 按照规划的时间长短划分

按照规划的时间长短划分，可以将人力资源规划分为长期规划、中期规划和短期规划。

(1) 长期规划。长期规划是指五年或五年以上的规划，长期规划是对总的发展方向、总的原则和方针政策的概括性说明，是指导性规划。长期规划没有十分具体的行动方案和措施，只有方向性的论述。

(2) 中期规划。中期规划介于长期规划和短期规划之间，是指一年以上五年以内的规划，中期规划包括对未来发展趋势的判断和对发展的总体要求。这类规划所确定的方针政策比较明确，但没有短期规划那样的具体措施。

(3) 短期规划。短期规划是指一年或一年以内的规划。短期规划通常为具体的工作规划，这类规划要求任务明确，措施具体。

以上三种规划，长期规划指导中、短期规划的制定，而中、短期规划的实施又是长期规划实现的保证。

### (二) 按照规划的性质划分

按照规划的性质划分，可以将人力资源规划划分为战略性人力资源规划和战术性人力资源规划。

(1) 战略性人力资源规划。战略性人力资源规划着重于总的、概括性的战略和重要的方针政策和原则，具有全局性和长远性，通常是人力资源战略的表现形式。

(2) 战术性人力资源规划。战术性人力资源规划一般指具体的、短期的、具有专门针对性的业务规划。战术性人力资源规划具有内容具体、要求明确、措施可行和容易操作的特点。

### (三) 按照规划的范围划分

按照规划的范围划分，可以将人力资源规划划分为总体人力资源规划、部门人力资源规划和某项业务或者工作的人力资源规划。

## 三、人力资源规划的内容

人力资源规划的内容包括两个方面，即总体规划和业务计划。

### （一）人力资源总体规划

人力资源总体规划是对计划期内人力资源规划结果的总体描述，包括预测的需求和供给分别是多少，做出这些预测的依据是什么，供给和需求的比较结果是什么，企业平衡需求与供给的指导原则和总体政策是什么等。

人力资源总体规划中最主要的是供求的比较结果，也可以称为净需求。这项指标既是预测的重要结论，也是制定人力资源政策和措施的重要依据。人力资源总体规划中的人力资源净需求可以在人力资源需求预测与人力资源供给预测的基础上求得。通常可以编制两类人力资源净需求：第一类是按部门编制的净需求；第二类是按工作类别编制的净需求。前者可表明组织未来人力资源规划的大致情况，后者可为后续的业务计划使用。表2-1与表2-2是这两类净需求的示例。

表2-1　　**按部门编制的人力资源净需求评估表**

| | 类　别 | 第一年 | 第二年 | 第三年 | 第四年 | 第五年 |
|---|---|---|---|---|---|---|
| 需求 | （1）年初人力资源需求量 | 120 | 140 | 140 | 120 | 120 |
| | （2）预测年内需求增加 | 20 | — | -20 | — | — |
| | （3）年末总需求 | 140 | 140 | 120 | 120 | 120 |
| 内部供给 | （4）年初拥有人数 | 120 | 140 | 140 | 120 | 120 |
| | （5）招聘人数 | 5 | 5 | — | — | — |
| | （6）人员损耗 | 20 | 27 | 28 | 19 | 17 |
| | 其中：退休 | 3 | 6 | 4 | 1 | 3 |
| | 调出或升迁 | 15 | 17 | 18 | 15 | 14 |
| | 辞职 | 2 | 4 | 6 | 3 | — |
| | 辞退或其他 | — | — | — | — | — |
| | （7）年底拥有人数 | 105 | 118 | 112 | 101 | 103 |
| 净需求 | （8）不足或有余 | -35 | -22 | -8 | -19 | -17 |
| | （9）新进人员损耗总计 | 3 | 6 | 2 | 4 | 3 |
| | （10）该年人力资源净需求 | 38 | 28 | 10 | 23 | 20 |

注：“—”表示当期没有发生。

表2-2　　**按类别编制的人力资源净需求评估表**

| 主要工作类别（按职务分类） | 现有人员 | 计划人员 | 余缺 | 预期人员的流失 | | | | | | | 本期人力资源净需求 |
|---|---|---|---|---|---|---|---|---|---|---|---|
| | | | | 调职 | 升迁 | 辞职 | 退休 | 辞退 | 其他 | 合计 | |
| （1）高层主管 | | | | | | | | | | | |
| （2）部门经理 | | | | | | | | | | | |
| （3）部门管理人员 | | | | | | | | | | | |
| ⋮ | | | | | | | | | | | |
| 合计 | | | | | | | | | | | |

### （二）人力资源业务规划

人力资源业务规划是总体规划的分解和具体化，包括人力资源补充计划、分配计划、提升计划、教育培训计划、工资计划、保险福利计划、劳动关系计划和退休计划等。这些业务规划之间相互联系、相互支撑，同时每项规划都有相应的目标、任务和实施步骤。人力资源业务规划的有效实施是总体规划得以实现的重要保证。表2-3是人力资源业务规划的具体内容。

表2-3 人力资源业务规划的具体内容

| 计划类型 | 目　标 | 政　策 | 预　算 |
|---|---|---|---|
| 总体规划 | 总目标（绩效、人力资源总量、素质和员工满意度等） | 基本政策（扩大、收缩、保持稳定等） | 总预算：××万元 |
| 人员补充计划 | 对人力资源素质结构及绩效的改善等 | 人员素质标准、人员来源范围、起点待遇等 | 招聘选拔费用 |
| 人员分配计划 | 人力资源结构优化及绩效改善、人员能岗匹配、职位轮换幅度等 | 任职条件、职位轮换范围及时间 | 按使用规模、差别及人员状况决定的工资和福利预算 |
| 人员接替和提升计划 | 后备人才数量保持，提高人才结构及绩效目标 | 选拔标准、晋升比例和晋升人员的安置等 | 职务变动引起的工资变动 |
| 培训计划 | 提高素质、技能，改善技巧，转变态度和作风等 | 培训时间的保证、培训效果的评估等 | 培训投入及脱产培训的费用 |
| 薪酬激励计划 | 人才流失减少、提高士气、绩效改进等 | 工资政策、激励政策、激励重点等 | 增加的工资奖金总额预算 |
| 劳动关系计划 | 降低非期望离职率、劳资关系改进、减少投诉、提高员工参与度等 | 鼓励员工积极参与管理、加强沟通 | 法律诉讼费 |
| 退休解聘计划 | 编制合理、降低劳务成本、提高劳动生产率 | 退休政策及解聘程序 | 退休人员安置费、人员重置费 |

## 四、人力资源规划的程序

**走进管理2-1**

**王经理忙碌的一天**

一天上午，A公司分管人力资源部的副总经理为了中层领导的接任问题，找到人力资源部王经理："小王啊，老张已到退休年龄啦，有合适的接班人选吗?"

下午，市场开发部的李经理为了招收新人的问题，也找到王经理："小王啊，我要的人招到了吗?"

晚上，财务部门的刘总监为了合理分工和去除冗员的事，又给王经理打电话说："质检部就那么点工作，人数却和我们部门一样多，我们公司真是忙的忙死，闲的闲死。”

这就是A公司人力资源部王经理忙忙碌碌的一天，他一直是公司里最忙的人。可是王经理救火队长式的工作并没有取得相应的成果，人力资源的事总是干完一件又来两件，甚至三件。虽然总经理并没有说什么，而且对王经理的敬业精神还是颇为认可的，但是王经理清楚，这样下去肯定是不行的。在请教了一位人力资源专家后，王经理认识到出现这些问题是因为公司没有进行人力资源规划，从而导致人力资源工作缺乏计划性，严重影响工作效率。

王经理面临的状况在许多企业都或多或少存在，人力资源部经理被日常事务所累，忽视了人力资源规划的作用，结果落得事倍功半。

其实，只要解决了人力资源规划问题，并能够切实执行，其他的人力资源问题也就迎刃而解了。那么如何制定人力资源规划呢？

制定人力资源规划的目的是通过人员管理获得和保持企业竞争优势。制定人力资源规划不仅要了解企业现状，更要认清企业的战略方向和内外部环境的变化趋势；不仅要了解现实的表现，更要认清人力资源的潜力和问题。因此，人力资源规划需要按照一定的程序来进行。

人力资源规划的过程一般包括以下四个步骤：调查、分析、准备阶段，供给与需求预测阶段，规划制定与实施阶段和规划评估与反馈阶段。下面结合这四个步骤对人力资源规划的整个过程进行简要的说明。

**（一）调查、分析、准备阶段**

人力资源规划的调查、分析、准备阶段，主要收集有关信息资料。企业首先要把握影响企业战略目标的宏观环境和行业环境；其次利用企业的人员档案资料来估计目前的人力资源技术、能力、潜力，并分析目前这些人力资源的利用状况；最后对于外在的人力资源环境，如劳动力市场结构、市场供给与需求状况、人口与教育的社会状况和劳动力择业心理等有关影响因素，做专门的深入调查和分析。需要指出的是，在这一阶段，组织内外人员流动的状况需要特别分析。人员流动可分为组织内流动和组织外流动两大类，其中组织外流动包括各种形式的离职和招聘。由于员工离职的不确定性较大，因此离职信息难以准确把握，这给人力资源供求预测带来了不确定性。

**（二）供给与需求预测阶段**

供给与需求预测阶段是人力资源规划中较具技术性的部分，是在收集人力资源信息基础上，对人力资源的供给和需求进行预测。预测可以采用主观经验判断、各种统计方法及预测模型，并与所实施或假定的人力资源政策相关，这对组织的管理风格和传统往往会产生重大影响。

**（三）规划的制定与实施阶段**

在规划的制定与实施阶段，企业首先要形成人力资源战略，根据人力资源战略制定总体规划，再制订各项具体的业务计划以及相应的人事政策，使各部门贯彻执行。人力资源规划的制定要保持各项计划和政策的一致性，确保通过计划的实施使人力资源战略的目标得以实现。

人力资源规划的方案最终要在方案执行阶段付诸实施。方案执行阶段的关键在于，必须要有实现既定目标的组织保证。除了要分派负责执行的具体人员外，还要保证实现这些目标所需要的权力和资源。

**（四）规划的评估与反馈阶段**

人力资源规划是一个持续的动态过程，它具有滚动的性质。组织将人力资源的总体规划和各项业务计划付诸实施后，要对实施的结果进行评估，并及时对评估结果进行反馈，从而修正人力资源规划。

对人力资源规划的评估与反馈可以采用定期报告执行进展的形式。通过定期的报告和检查，确保所有的方案都能够在既定的时间里执行到位，并且确保方案执行的初期成效与预测的情况是一致的。

有些企业只重视人力资源规划的制定与实施，而忽视人力资源规划的评估工作，这可能导致人力资源规划流于形式，最终导致战略目标无法实现。对人力资源规划的实施结果进行评估，可以明确规划的有效性，了解问题所在，促使规划更好地得到落实。

人力资源规划程序中每个阶段的具体工作，可以简化为一个人力资源规划模型，具体见表2-4。

表2-4 **人力资源规划模型**

| | |
|---|---|
| Ⅰ.收集信息 | |
| A.外部环境信息 | B.企业内部信息 |
| 1.宏观经济形势和行业经济形势 | 1.企业战略 |
| 2.技术的变化 | 2.业务计划 |
| 3.竞争 | 3.人力资源现状 |
| 4.劳动力市场 | 4.辞职率和员工流动性 |
| 5.人口和社会发展趋势 | |
| 6.政府管制情况 | |
| Ⅱ.人力资源需求预测 | |
| A.短期预测和长期预测 | B.总量预测和各个岗位预测 |
| Ⅲ.人力资源供给预测 | |
| A.内部供给预测 | B.外部供给预测 |
| Ⅳ.具体项目的计划与实施 | |
| A.扩大或缩小劳动力规模 | B.改变技术组 |
| C.开展管理职位的接班人计划 | D.实施员工职业生涯规划 |
| Ⅴ.人力资源规划的反馈 | |
| A.计划是否符合环境和战略的需要 | B.实施的项目是否达到要求 |

## 五、人力资源规划的作用

**（一）满足企业总体战略发展的要求**

在市场竞争激烈的环境中，企业只有不断地开发新产品，引进新技术，才能确保在竞争中立于不败之地。而不同的企业、不同的生产技术条件，对人力资源的数量、质量和结构等方面的要求是不一样的。新产品、新技术的开发和利用造成企业机器设备与人员配置比例发生变化，而人力资源规划能对企业所有的人力资源进行不断调整，从而满足企业总体战略发展的要求。

**（二）促进企业人力资源管理活动的开展**

在企业的人力资源管理活动中，有很多工作，如确定各岗位人员需求量和人员配置等，如果不通过人力资源规划是很难做到的。人力资源规划是企业具体的人力资源管理工作的依据，它为企业的招聘、录用、晋升、培训、人员调整以及人工成本的控制等人力资源管理活动提供准确的信息和依据，使企业人力资源管理工作更加有序、科学、准确、客观。

**（三）协调人力资源管理的各项计划**

人力资源规划作为企业的战略性决策，是企业制定各种人事决策的依据和基础。企业通过人力资源规划，可以将人员招聘计划、员工培训计划、薪酬福利计划和激励计划等有机结合起来。

**（四）提高企业人力资源的利用效率**

人力资源规划可以调节企业的人员结构，从而避免企业在发展过程中因人力资源浪费而造成人工成本过高，也可以保证企业利用结构科学合理的、稳定的员工队伍去实现生产经营目标。

**（五）使组织和个人发展目标相一致**

现在以人为本的管理思想在企业管理中的地位越来越重要。人本管理理论要求企业在管理中，既要注重生产经营效益，又要兼顾员工个人的利益和员工的发展。在进行人力资源规划的前提下，员工对自己在企业中的努力方向和发展方式是明确的，从而在工作中表现出较强的积极性和创造性，能进一步促进员工个人目标与组织发展目标的一致性。

拓展阅读2-1：人力资源规划中常见问题及解决途径

**红色力量2-1**

**延安时期中国共产党人才集聚形成的“投奔潮”**

延安时期是中国共产党历史上第一次在全国范围内大规模集聚人才的时期。人才投奔延安的现象，集中发生在1937—1945年，其中又以西安事变和皖南事变前后为盛。延安时期的人才集聚是中华民族抗日救亡的需要、中国共产党诚挚渴求人才的需要以及人才自身发展的需要，为夺取抗日救亡伟大斗争的胜利提供了重要的人才资源。

抗战时期，民族矛盾上升为当时社会的主要矛盾，中华民族处在生死存亡的关键时刻，人民群众抗日救国的愿望十分急迫，尤其是以知识分子为代表的人才群体，更是希望能在一个先进组织的带领下，将自己的真才实学和报国热忱发挥出来。中国共产党顺应历史潮流，代表了全民族的最高利益和最广大人民群众的呼声，率先举起全民族抗战旗帜，倡导建立最广泛的抗日民族统一战线。1935年，毛泽东同志在党的活动分子会议上提出，“党的任务是把红军的活动和全国的工人、农民、学生、小资产阶级、民族资产阶级的一切活动汇合起来，成为一个统一的民族革命战线”。

由此，延安成为全中国的希望，不断吸引全国各地各阶层的人才，尤其是一大批追求进步的青年人才奔赴延安，从而形成了人才集聚的“投奔潮”。据任弼时同志1943年12月在中共中央书记处工作会议上的发言，抗战爆发以来，到延安的知识分子总共4万余人，71%为初中以上水平（高中以上19%，高中21%，初中31%），其中海归华侨约600人。

资料来源：马抗美，易明. 中国共产党人才集聚的四个高峰期及其启示［J］. 学理论，2021（09）：1-4.

# 第二节　人力资源需求预测

## 一、人力资源需求预测的概念

人力资源需求预测是根据组织的发展战略规划和内外部条件选择预测技术，对未来某个时期组织需要人员的数量、质量和结构进行预测。

## 二、影响人力资源需求的因素

影响人力资源需求的因素主要有以下几个：

### （一）内部因素

1.技术、设备条件的变化

企业生产技术水平的提高、设备的更新，一方面会使企业所需要的人员数量减少；另一方面对人员知识、技术与技能的要求随之提高。

2.企业规模的变化

企业规模的变化主要来自两个方面：一是在原有的业务范围内扩大或压缩规模；二是增加新的业务或放弃旧的业务。这两个方面的变化都会对人力资源需求的数量和结构产生影响。企业规模扩大，需要的人力资源就会增加，新的业务更需要掌握新技能的人员；企业规模缩小，需要的人力资源也将减少，于是就会发生裁员、工人失业。

3.企业经营方向的变化

企业经营方向的调整并不一定导致企业规模的变化，但对人力资源的需求会发生改变。比如，军工企业转为生产民用产品，就必须增加市场销售人员，否则将无法适应多变的民用市场。

### （二）外部因素

外部因素对企业人力资源需求的影响，多是通过影响内部供给或者内部因素而起作用的。影响人力资源需求的外部因素主要包括经济环境、技术环境和竞争对手等。经济环境的变化会影响企业的规模和经营方向，技术环境的变化会影响企业的技术和设备，这就间接地影响了企业的人力资源需求。竞争对手之间的人才竞争则会造成企业间的人才流动，流出人才的企业就会产生新的需求。

## 三、人力资源需求预测的方法

人力资源需求预测的方法包括定性预测法和定量预测法两大类。

### （一）定性预测法

1.管理者经验预测法

管理者经验预测法是企业的各级管理者根据自己工作中的经验和对企业未来业务量增减情况的考虑，自下而上地确定未来所需人员的方法。具体做法是：首先，由基层管理者根据自己的经验和对未来业务量的估计，计算出本部门各类人员的需求量；其次，由上一级管理者估算平衡，再报更上一级管理者，直到最高层管理者做出决策；最后，由人力资源管理部门制订出具体的执行方案。这是一种非常简便、粗放的人力资源需求预测方法，主要适用于短期预测。如果企业规模小，生产经营稳定，发展较均衡，它也可以用来预测中、长期的人力资源需求。

2.德尔菲法

德尔菲法又称专家判断法，是有关专家对企业某一方面发展的观点达成一致的结构性方法。使用该方法的目的是通过综合专家的意见来预测企业某一方面的发展。

德尔菲法的特征是：

（1）吸引专家参与预测，充分利用专家的经验和学识；

（2）采用匿名或背靠背的方式，使每一位专家独立、自由地做出自己的判断；

（3）预测过程多次反馈，使专家的意见逐渐趋同。

德尔菲法的以上特点使它成为一种最为有效的判断预测法。德尔菲法的操作程序可简要地概括为四步：

首先，做预测准备工作。预测准备工作包括确定预测的主题、设立负责预测组织工作的临时机构、选择若干名熟悉预测主题的专家。

其次，由专家进行预测。组织者把包含预测内容的预测表及有关背景材料交给各位专家，各位专家以匿名方式独自对问题做出判断或预测。

再次，进行统计与反馈。专家们的意见汇总后，组织者对各位专家的意见进行统计分析，综合成新的预测表，并把它再分别交给各位专家，由专家们对新预测表做出第二轮判断或预测。如此反复，经过几轮（通常为3～4轮），专家们的意见趋于一致。

最后，达成预测结果。组织者把经过几轮专家预测而形成的结果以文字或图表的形式表示出来。德尔菲法的预测过程如图2-2所示。

德尔菲法的优点是可以集思广益，并且可以避免群体压力和某些人的特殊影响力，对影响人力资源需求各个方面的因素可以有比较全面、综合的考虑。其缺点是花费时间较长、费用较大。所以，这种方法适用于长期的、趋势性的预测，不适用于短期的、日常的和比较精确的人力资源需求预测。

### （二）定量预测法

1.比率分析法

比率分析法是基于对员工个人生产效率的分析来进行的一种预测方法。进行预测时，首先要计算人均生产效率，然后再根据企业未来的业务量预测对人力资源的需求，用公式表示为：

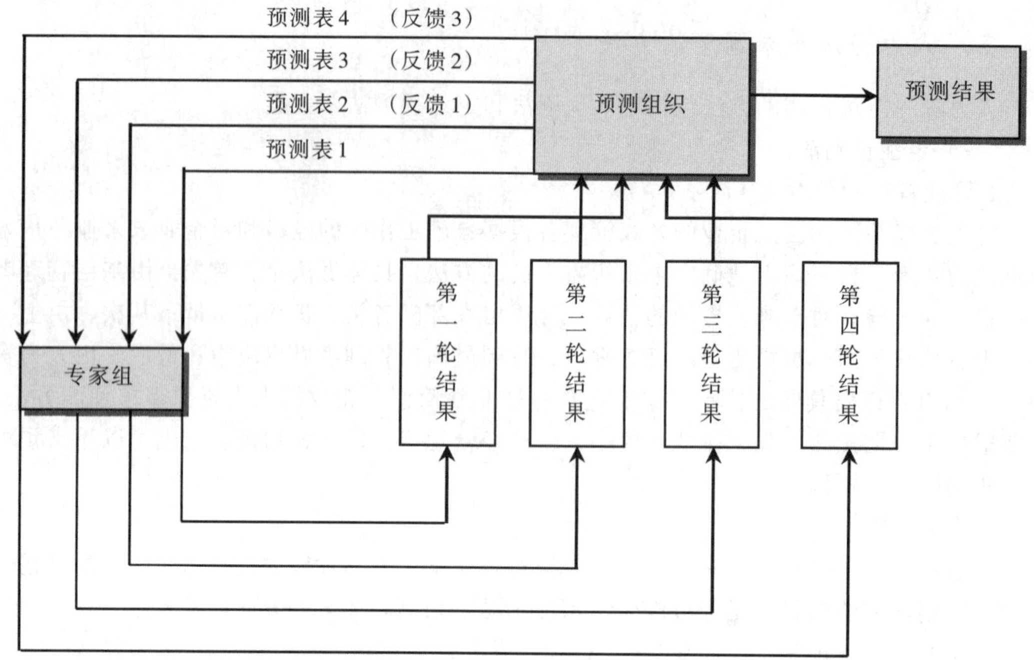


**图2-2 德尔菲法的预测过程**

$$所需的人力资源=\frac{未来的业务量}{人均生产效率}$$

例如，对于一所学校来说，目前一名老师能够承担40名学生的工作量，如果明年学校准备让在校学生达到4 000人，那么就需要100名老师。如果考虑到生产效率的变化，可以将计算作如下修改：

$$所需的人力资源=\frac{未来的业务量}{目前的人均生产效率\times(1+生产效率的变化)}$$

例如，某电视机公司在2022年的年产量为50 000台，基层生产员工为1 000人，2023年计划增产16 000台，估计生产效率的增长为0.1，假设该公司福利良好，基层生产人员不流失，那么，2023年该公司至少应招聘多少名基层生产人员？

解：$2023年所需员工数量=\frac{50\,000+16\,000}{50\times(1+0.1)}=1\,200$（名）

2023年该公司至少应招聘200名基层生产人员。

使用比率分析法进行预测时，需要对未来的业务量、人均生产效率及其变化做出准确的估计，这样对人力资源需求的预测才会比较符合实际，而这往往是难以做到的。

2.工作负荷法

工作负荷法是根据历史数据，先算出每一个员工在其工作岗位上每单位时间的工作负荷，再根据未来的生产量目标计算出所需完成的总工作量，然后根据前面的单位时间工作负荷折算出所需人力资源。其计算公式为：

$$人员需要量=\frac{为完成生产任务所需总工时}{平均每位员工全年有效工作时间}=\frac{全年工作量}{全年每位员工所能完成工作量}$$

例如，某工厂新设一车间，其中有A、B、C、D四类工作。现拟预测未来3年这一车间所需的最低人力资源。

第一步：根据现有资料得知，A、B、C、D四类工作分别所需的标准任务时间为0.5小时/件、2.0小时/件、1.5小时/件、1.0小时/件。

第二步：估计未来3年每一类工作的工作量（即产量），见表2-5。

表2-5　**某新设车间的工作量估计**　数量单位：件

| 类　别 | 效率（小时/件） | 时　间 | | |
|---|---|---|---|---|
| | | 第一年 | 第二年 | 第三年 |
| A | 0.5 | 12 000 | 12 000 | 10 000 |
| B | 2.0 | 95 000 | 100 000 | 120 000 |
| C | 1.5 | 29 000 | 34 000 | 38 000 |
| D | 1.0 | 8 000 | 6 000 | 5 000 |

第三步：折算为所需工作时数，见表2-6。

表2-6　**某车间的工作时数估计**　数量单位：小时

| 类　别 | 效率（小时/件） | 时　间 | | |
|---|---|---|---|---|
| | | 第一年 | 第二年 | 第三年 |
| A | 0.5 | 6 000 | 6 000 | 5 000 |
| B | 2.0 | 190 000 | 200 000 | 240 000 |
| C | 1.5 | 43 500 | 51 000 | 57 000 |
| D | 1.0 | 8 000 | 6 000 | 5 000 |
| 总　计 | | 247 500 | 263 000 | 307 000 |

第四步：根据实际的每人每年可工作时数，折算所需人力资源。假设每人每年工作小时数为1 800小时，根据表2-6可知，未来3年所需的人力资源分别为138人、147人和171人。

3.趋势分析法

趋势分析法就是首先分析企业在过去一段时间里的变化趋势，然后以此为依据对企业未来的人力资源需求做出预测。采用这种方法进行预测时，一般以时间或产量等单个因素作为自变量，以人力资源需求量作为因变量，且假设其他一切因素保持不变或者变化的幅度保持一致。

趋势分析法的具体步骤为：

首先，一般以时间（或产量等）作为自变量，以人力资源需求量作为因变量，根据历史数据，在坐标轴上绘出散点图；

其次，由图形直观判断应采用的趋势线（直线或曲线），从而建立相应的趋势方程；

再次，用最小二乘法求出方程系数，确定趋势方程；

最后，根据趋势方程对未来某一时间的人力资源需求进行预测。

例如，已知某企业过去12年的人力资源数量（见表2-7），预测未来第三年的人力资源需求量为多少？

表2-7 **某企业过去12年的人力资源数量**

| 年度 | 1 | 2 | 3 | 4 | 5 | 6 | 7 | 8 | 9 | 10 | 11 | 12 |
|---|---|---|---|---|---|---|---|---|---|---|---|---|
| 人数（人） | 510 | 480 | 490 | 540 | 570 | 600 | 640 | 720 | 770 | 820 | 840 | 930 |

根据表2-7，将年度作为横坐标、人数作为纵坐标，绘制出散点图，如图2-3所示。

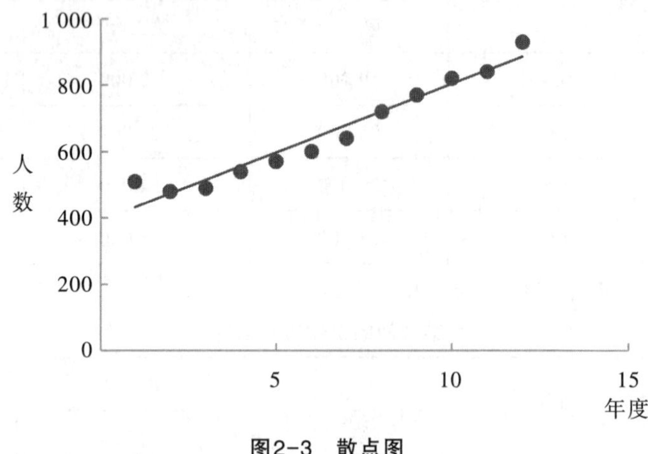


**图2-3 散点图**

由图2-3可建立直线趋势方程：

$$Y = a + bX$$

式中：Y——人数；

X——年度。

利用最小二乘法，可以得出a、b的计算公式：

（1）$a = \overline{Y} - b\overline{X}$

（2）$b = \dfrac{\sum_{i=1}^{n}(X_i - \overline{X})(Y_i - \overline{Y})}{\sum_{i=1}^{n}(X_i - \overline{X})^2}$

（3）$\overline{Y} = \dfrac{\sum_{i=1}^{n} Y_i}{n}$

（4）$\overline{X} = \dfrac{\sum_{i=1}^{n} X_i}{n}$

代入数据可得：

$a = 390.7$，$b = 41.3$，$Y = 390.7 + 41.3X$

所以，未来第三年的人力资源需求量为：

$Y = 390.7 + 41.3 \times 15 = 1\,010$（人）

趋势分析法作为一种初步预测方法很有价值，但它有很大的局限性，因为组织人力资源需求不可能只受单个因素的影响，例如，组织管理的改进可能减少员工需求，组织成本预算会使组织人力资源需求受到更多的限制。在使用趋势分析法时，一定要注意前提条件是假定组织比较稳定，如组织生产技术不变，单位产品的人工成本大致保持不变，才可以根据时间（或产量等）来预测员工需求量。这种方法一般只适合中期预测或组织比较稳定时的预测。

4.回归预测法

回归预测法是从统计学中借鉴过来的一种方法。由于人力资源需求总是受到多种因素的影响，回归预测法的基本思路就是找出那些与人力资源需求关系密切的因素，并依据过去的相关资料确定它们之间的数量关系，建立一个回归方程。然后，再根据这些因素的变化，以及确定的回归方程来预测未来的人力资源需求。根据回归方程中变量的数目，可以将回归预测法分为一元线性回归预测和多元线性回归预测两种。一元线性回归预测只有一个变量，而多元线性回归预测涉及多个变量。

（1）一元线性回归预测

只有在某一因素与人力资源需求量具有高度相关关系时，才运用一元线性回归预测。一元线性回归预测比较简单，可以用公式来计算。

例如，已知某医院病床数和所需护士数的历史记录（见表2-8），根据医院的发展计划，要将床位数增至700张，那时将需要多少名护士？

表2-8　**某医院病床数和所需护士数的历史记录**

| 床位数（张） | 200 | 300 | 400 | 500 | 600 | 650 |
|---|---|---|---|---|---|---|
| 护士数（人） | 250 | 270 | 450 | 490 | 640 | 670 |

根据表2-8，将护士数作为纵坐标、床位数作为横坐标，绘制出散点图，如图2-4所示。

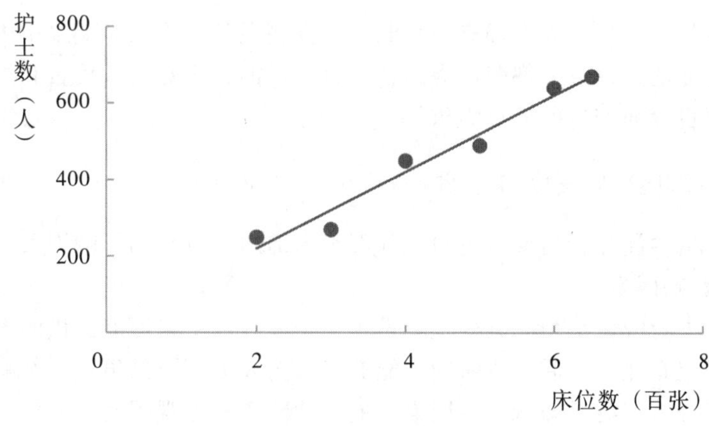


**图2-4　散点图**

由图2-4建立二元一次方程：

$$Y = a + bX$$

式中：Y——护士数；

X——床位数。

利用最小二乘法，可以得出a、b的计算公式：

① $a = \overline{Y} - b\overline{X}$

② $b = \dfrac{\sum_{i=1}^{n}(X_i - \overline{X})(Y_i - \overline{Y})}{\sum_{i=1}^{n}(X_i - \overline{X})^2}$

③ $\overline{Y} = \frac{\sum_{i=1}^{n} Y_i}{n}$

④ $\overline{X} = \frac{\sum_{i=1}^{n} X_i}{n}$

代入数据可得：

a = 20，b = 1，Y = 20 + X

所以，如果床位数增加到700张，需要的护士数为：

Y = 20 + 700 = 720（人）

（2）多元线性回归预测

在实际工作中，往往是由多种因素共同决定企业人力资源需求量的，因此需要进行多元线性回归预测，其原理以及方法与一元线性回归预测并没有什么不同，只是多了一些解释变量。多元线性回归预测中系数的计算公式相当复杂，但是当今的一些计量经济学软件和统计软件都可以自动计算这些系数的估计值。同样，根据未来的解释变量的估计值，就可以预测未来的员工数量。

## 第三节　人力资源供给预测

### 一、人力资源供给预测的概念

人力资源供给预测也称人员拥有量预测，是预测在某一未来时期组织内部所能供应的或经培训可以补充的，以及外部劳动力市场可以提供的一定数量、质量和结构的人员，以满足企业为实现目标而产生的人员需求。

### 二、影响人力资源供给的因素

人力资源供给预测分析需要考虑组织外部和内部两个方面的影响因素。

**（一）外部影响因素**

企业外部人力资源供给预测分析主要是预计企业外部未来可能提供的人力资源供给数量和结构，以确定企业在今后一段时间内能够获取的人力资源供给量。影响外部人力资源供给的因素可以分为三类，即行业性因素、地区性因素和宏观因素。

1.行业性因素

行业性因素包括企业所处行业的景气程度、行业发展前景、行业内竞争对手的数量和实力、竞争对手在吸引人才方面采取的措施，以及企业在行业中所处的地位等。行业的景气程度直接决定人力资源供给的数量和价格。

2.地区性因素

地区性因素包括公司所在地和附近地区的人口密度，就业水平，就业观念，科技、文化、教育水平，公司所在地对人力资源的吸引力，公司当地临时工人的供给状况等。因此，企业在进行人力资源供给预测时，不仅应预测劳动力市场可供给的人力资源，而且要预测企业所需人员在劳动力市场中实际的供给情况。

3.宏观因素

宏观因素包括今后一段时间国家的经济发展状况、技术发展的趋势、全国劳动人口的增长趋势、处于变动中的劳动力结构和模式、各类学校毕业生规模与结构、教育制度改革、国家就业法规与政策的变动以及其他影响人们进入和退出劳动力队伍的因素等。

**（二）内部影响因素**

企业必须清楚自己内部的劳动力状况，特别是员工的构成和类型；否则，就无法制定切合实际的人力资源政策和活动项目，从而无法实现理想的员工构成和类型。分析内部影响因素，可以帮助企业预测已有员工的损失数量和吸引新员工的数量。

1.企业战略

从内部劳动力市场来看，企业的战略选择会影响人力资源的供给，而对人力资源可供给数量的预测则是以当前在职人员为基础的。

2.组织结构

随着企业纵向管理层次的减少，员工沿层级升迁的机会也在减少，这时横向职位的变动将越来越受到重视。例如，在沿用直线职能结构的企业中，职位提升往往都是单向的。在事业部制或矩阵式企业中，升迁阶梯变成了多维框架，既有上升，也有大量水平变动，有时还有向下调整的情况。当新技术出现或自动化程度提高时，劳动密集型企业的一般劳动力将过剩；相反，技术型生产人员和研发人员的供给则会减少。

3.企业人员流动率

在收集和分析有关内部人力资源供应数据时，企业内部人员流动率将对人力资源供给产生很大影响。企业人员的流动率可以根据历史数据与人力资源管理经验来预测，通过分析规划期内可能流出和注入的人数与相应类型及企业内部劳动力市场的变动情况，可以判断未来某个时点或时期企业内部可提供的人力资源数量。

## 三、人力资源供给的预测方法

人力资源需求分析是研究组织内部对人力资源的需求，而供给分析则需要研究组织内部供给和组织外部供给两个方面。一般来说，在供给分析中，首先考察组织现有的人力资源供给；若内部劳动力市场没有足够的供给，就需分析外部劳动力市场。

**（一）人力资源内部供给预测方法**

企业常用的人力资源内部供给预测方法有四种，即技能清单法、人员替换法、人力资源水池模型法和马尔科夫转换矩阵法。

1.技能清单法

技能清单是一张记录员工的教育水平、培训背景、以往经历、技能、特长以及主管评价等一系列信息的图表，它能够清晰地反映员工的工作能力和竞争力。人力资源规划人员可以根据技能清单的内容来预测哪些员工可以补充到可能出现的空缺岗位，从而保证每个岗位都有合适的员工。

技能清单通常包括三方面的内容：员工过去的信息、员工现在的信息和员工未来的信息。不同的技能清单所包含的内容可能有较大差异，它既可能是一份简单的档案，也可能是一个庞大的数据库。由于员工的工作兴趣、发展目标、绩效水平等因素是不断变化的，因此技能清单在编制完成后应及时进行更新维护。表2-9是某企业员工技能清单的示例。

表2-9 员工技能清单示例

| | |
|---|---|
| 过去技能情况 | (1) 在过去2~5年内工作的职位和工作内容描述：①目前的工作单位；②过去的工作单位 |
| | (2) 在这些岗位上所需的技能：①体力；②理解力；③创造力 |
| | (3) 教育状况：①大学主修、辅修课程；②培训课程 |
| | (4) 过去3年的主要成果：①目前单位成果；②过去单位成果 |
| 目前技能情况 | (1) 同技能相关的成果：①过去3年业绩考评情况；②其他成果 |
| | (2) 员工对目前工作的自我评价 |
| | (3) 上级的评价 |
| 未来信息 | (1) 员工个人职业目标：①1年目标；②3年目标；③明确的职业期望 |
| | (2) 上级对员工未来的预期 |
| | (3) 未来的培训计划：①在职培训计划；②业余培训计划；③实践计划 |

2. 人员替换法

人员替换法是对企业现有人员的状况做出评价，然后对他们晋升或者调动的可能性做出判断，以此来预测企业潜在的内部供给，当企业某一职位出现空缺时，就可以及时进行补充。为了直观起见，一般将这种替换制作成图形或表格。图2-5是一个较为典型的人员替换图，表2-10是人员替换表的示例。

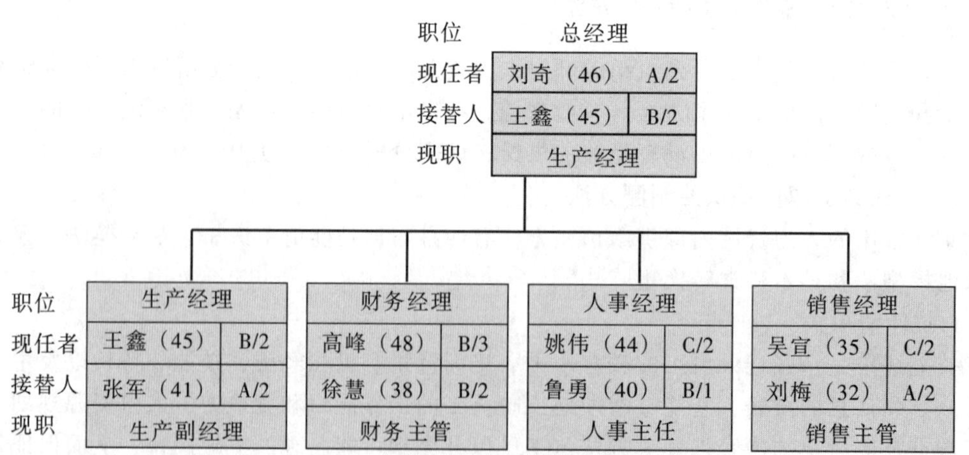


注：括号内的数字表示员工的年龄；竖线右边的字母和数字表示对该员工绩效和晋升可能性的评估。
A——现在就可提拔；B——还需要一定的开发；C——职位不合适。
1——绩效表现突出；2——优秀；3——一般；4——较差。

图2-5 人员替换图

表2-10　　人员替换表示例

| 员工 | | | | | | | 接替人员 | | | | | | | |
|---|---|---|---|---|---|---|---|---|---|---|---|---|---|---|
| 职务 | 任职者姓名 | 任职时间 | 级别 | 业绩表现 | 潜能 | 特殊群体 | 姓名 | 职务 | 任职时间 | 目前情况 | | 潜能 | 特殊群体 | 处所或单位 |
| | | | | | | | | | | 业绩 | 级别 | | | |
| | | | | | | | | | | | | | | |
| | | | | | | | | | | | | | | |
| | | | | | | | | | | | | | | |
| | | | | | | | | | | | | | | |
| | | | | | | | | | | | | | | |
| | | | | | | | | | | | | | | |

图2-5中的职位可以继续向下延伸。通过人员替换图可以清楚地看到组织中职位的空缺及员工补充的情况，从而为内部人力资源供给预测提供依据。

3.人力资源水池模型法

水池模型法是指在预测组织内部人员流动的基础上来预测人力资源的内部供给，与人员替换法类似。不同的是，人员替换法是从员工出发来进行分析，而且预测的是一种潜在的供给；水池模型法则是从职位出发进行分析，预测的是未来某一时间现实的供给。该方法的具体步骤如下：

首先，由各部门管理人员依据本部门以往有关工作岗位的输入和调出情况，以及本单位内部变动的情况进行测算；

其次，由人力资源规划人员根据各部门的预测结果，再预测出组织内现有或未来某一时期可提供的各种人员的数量。

这种方法适用于相对稳定的环境或短期预测。由于它针对具体的部门、职位层次或职位类别来进行，要在现有人员的基础上通过计算流入量和流出量来预测未来的供给，就好比是计算一个水池未来的蓄水量，因此称之为水池模型，具体如图2-6所示。运用水池模型法进行预测的公式为：

未来的供给量=现有的人员数量+流入人员的数量-流出人员的数量

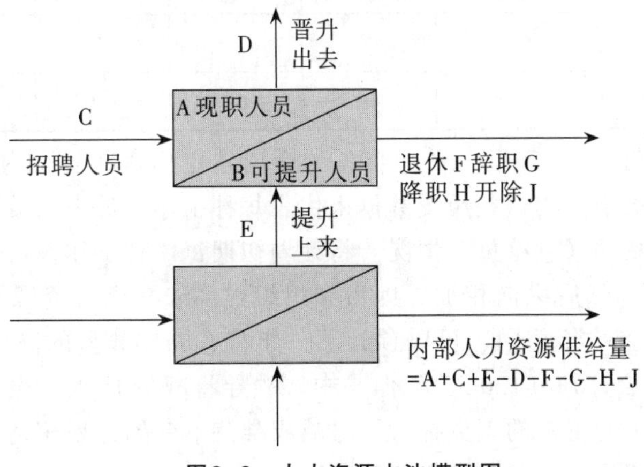


图2-6　人力资源水池模型图

例如，某岗位上现有员工数量为50人，外部招聘3人，提升上来5人，辞职2人，开除1人，降职1人，退休6人，晋升7人，各类人员对应的符号如图2-6所示。那么这个岗位的内部人力资源供给量可用下式计算：

某岗位内部人力资源供给量=A+C+E-D-F-G-H-J=50+3+5-7-6-2-1-1=41（人）

4.马尔科夫转换矩阵法

马尔科夫转换矩阵法是一种运用统计学原理预测组织内部人力资源供给的方法。马尔科夫转换矩阵法的基本思想是找出过去人员流动的规律，以此推测未来的人员流动趋势，其基本假设是过去内部人员流动的模式和概率与未来大致相同。

运用这种方法预测人员供给时，首先需要建立人员变动矩阵表，它主要是指某个人在某段时间内，由一个职位调到另一个职位（或离职）的概率。一般以5～10年为周期来估计概率。周期越长，根据过去人员变动所推测的未来人员变动就越准确。马尔科夫转换矩阵可以清楚地分析企业现有人员的流动（如晋升、调换岗位和离职）的情况。表2-11、表2-12为某公司人力资源供给情况的马尔科夫转换矩阵示例。

表2-11 **某公司人力资源供给情况的马尔科夫转换矩阵（a）**

| 项　目 | 人员调动的概率 | | | | |
|---|---|---|---|---|---|
| | E | M | S | Y | 离职 |
| 高层领导（E） | 0.80 | | | | 0.20 |
| 中层领导（M） | 0.10 | 0.70 | | | 0.20 |
| 高级会计师（S） | | 0.05 | 0.80 | 0.05 | 0.10 |
| 会计员（Y） | | | 0.15 | 0.65 | 0.20 |

表2-12 **某公司人力资源供给情况的马尔科夫转换矩阵（b）**

| 项　目 | 初始人员数量 | E | M | S | Y | 离职 |
|---|---|---|---|---|---|---|
| 高层领导（E） | 40 | 32 | | | | 8 |
| 中层领导（M） | 80 | 8 | 56 | | | 16 |
| 高级会计师（S） | 120 | | 6 | 96 | 6 | 12 |
| 会计员（Y） | 160 | | | 24 | 104 | 32 |
| 预计的人员供给量 | | 40 | 62 | 120 | 110 | 68 |

表2-11表明，在任何一年里，平均80%的高层领导仍留在公司内，另外20%退出，余下的人员类别依次类推。用这些历史数据来代表每种工作人员中人员变动的概率，就可以推测出未来的人员变动（供给量）情况。将计划初期每一种工作人员数量与每一种工作人员的变动概率相乘，然后纵向相加，即得到组织内部未来人力资源的净供给量，见表2-12。如果下一年与上一年相同，可以预计下一年将有同样数量的高层领导人（40人），以及同样数量的高级会计师（120人），但是中层领导将减少18人，会计员将减少50人。将这些人员变动的数据与正常的人员扩大、缩减或维持不变的计划相结合，就可以用来决策怎样使预计的人力资源供给与需求相匹配。

### （二）人力资源外部供给预测方法

招聘和录用新员工对所有公司来说都是必不可少的，无论是由于生产规模扩大，还是由于劳动力自然减员，公司都要从劳动力市场获得必要的人力资源。因此，对人力资源外部供给进行预测将直接影响企业人力资源战略的制定。人力资源外部供给预测方法一般有市场调查法和相关因素预测法。

1.市场调查法

市场调查法是企业人力资源管理人员通过市场调查，在掌握第一手劳动力市场信息资料的基础上，经过分析和推算，预测劳动力市场的发展规律和未来趋势的一类方法。它不仅要调查企业所在地域的人力资源供给状况，还要调查同行业或同地区企业对人力资源的需求情况。

由于市场调查法强调数据来源要有一定的客观性，在一定程度上避免了人为的主观判断，所以，有人称市场调查法是客观市场预测法。市场调查法主要有以下几种：

（1）文献研究法。企业可以通过各种渠道收集信息。例如，通过互联网、各类经济信息报刊、国家和地区的统计资料、市场行情资料以及产品目录等文献资料，可以了解市场的一般状况。

（2）直接调查法。企业根据自己所关注的人力资源状况，对调查对象进行询问或要求对方填写询问表以取得答案。例如，通过对应聘人员和在岗人员进行调查分析，得出对未来人力资源供给状况的估计。

（3）通过企业本身积累的资料进行调查。许多企业积累了本企业内部人力资源供给和外部人力资源供给方面的大量统计资料，而且数据比较准确，查阅比较方便。

（4）经验法。企业依靠有经验的市场调查或市场研究人员，对市场进行直接观察，从而判断市场状况。

（5）会议调查法。通过各种各样的会议收集市场信息，也是一种行之有效的市场调查法。

2.相关因素预测法

相关因素预测法是通过调查和分析，找出影响劳动力市场供给的各种因素，分析各种因素对劳动力市场发展变化的作用方向和影响力度，从而预测未来劳动力市场的发展规律和趋势。影响外部人力资源供给的因素有很多，通常要对主要因素进行分析，这些因素包括行业状况、行业整体劳动生产率等。其计算方法与人力资源需求预测中的回归方法相同。

**文化故事2-1**

**唐太宗用人**

房玄龄处理国事总是孜孜不倦，知道了就没有不办的，于是唐太宗任用房玄龄为中书令。中书令的职责是：掌管国家的军令、政令，阐明帝事，调和天人；入官禀告皇帝，出官侍奉皇帝；管理万邦，处理百事，辅佐天子而执大政。这正适合房玄龄“孜孜不倦”的特性。

魏徵常把谏诤之事放在心中，耻于国君赶不上尧舜，于是唐太宗任用魏徵为谏议大夫。谏议大夫的职责是专门向皇帝提意见，这是个很奇特的职位，既无足轻重又重要无比，虽无尺寸之柄但又权力很大，而这一切都取决于谏议大夫的意见皇帝是听还是不听，像魏徵这样敢于直谏的人是再合适不过了。

李靖文才武略兼备，出去能带兵，入朝能为相，太宗就任用李靖为刑部尚书兼检校中书令。刑部尚书的职责是：掌管全国刑法和徒隶、勾覆、关禁的政令，这些都正适合李靖才能的发挥。

房玄龄、魏徵、李靖共同主持朝政，取长补短，发挥了各自的优势，共同构建起大唐的上层组织。

除此之外，唐太宗还把房玄龄和杜如晦合理地搭配起来。李世民在房玄龄研究安邦定国时，发现房玄龄能提出许多精辟的见解和具体的办法来。但是，房玄龄对自己的想法和建议不善于整理。他的许多精辟见解，很难决定颁布哪一条。而杜如晦虽不善于想事，但善于对别人提出的意见做周密的分析，精于决断，什么事经他一审视，很快就能变成一项决策、律令，提到唐太宗面前。于是，唐太宗就重用了这二人，把他们两人搭配起来，密切合作，形成合力，辅佐自己，从而形成了历史上著名的“房（玄龄）谋杜（如晦）断”的人才结构。

资料来源：李兴军，徐文胜. 人力资源管理［M］. 北京：中国人民大学出版社，2017：5.

## 第四节　人力资源供给与需求的平衡

### 一、人力资源供求关系的平衡

人力资源规划的目的就是使人力资源供求达到平衡；当它们不平衡时，就需要制定相应的政策和措施，以实现组织未来人力资源供求平衡。在对人力资源供给与需求进行预测后，往往会出现三种供求不平衡的结果：人力资源供给大于需求；人力资源供给小于需求；人力资源供求总量平衡，结构不平衡。一般来说，组织的人力资源总是处于失衡状态，供求完全平衡状态在实践中很难出现。组织需根据供求预测得到的不同结果，采取相应的人力资源规划措施。

**（一）人力资源供给大于需求**

人力资源供给大于需求，员工过剩，结果是组织内部人浮于事，内耗严重，生产或工作效率低。人力资源供给大于需求时，一般应该采取如下措施来解决：

（1）开拓新业务。通过开拓新的业务增长点来吸收过剩的人力资源，例如扩大经营规模、开发新产品等。

（2）再培训。通过培训引导富余人员走向新的工作岗位。

（3）缩短工作时间。缩短工作时间可降低工资水平，这是解决企业临时性人力资源过剩的一种方式。

（4）裁员。裁员是组织解决人力资源过剩的最直接的办法。裁员可以有效地降低组织的人工成本，但也可能带来一些负面影响。人力资源管理部门应做好各方面的思想工作。

（5）提前退休。制定一些优惠措施鼓励员工提前退休。实行提前退休计划，不仅可以减少预期出现的人员过剩，还可以降低组织的成本。

（6）合并或关闭一些臃肿的机构，减少人力资源供给，并提高人力资源的使用效率。

**（二）人力资源供给小于需求**

人力资源供给小于需求，员工短缺，结果是企业设备闲置，固定资产利用率低，是一种浪费。人力资源供给小于需求时，一般可以采用如下措施来解决：

（1）内部调整。把内部相对富余的人员经过培训后安排到人员短缺的岗位上去。

（2）技术创新。进行技术创新，增添新设备，以提高劳动生产率，降低对人力资源数量的需求。

（3）加班。在符合《中华人民共和国劳动法》等有关法律、法规、政策的前提下，增加员工的工作时间和工作量，并给予相应的报酬，以应对员工的短期不足。

（4）招聘。根据组织的具体情况，面向社会招聘所需人员，可以录用一些正式员工、兼职员工和临时员工。

（5）员工培训。对组织的现有员工进行技能培训，提高劳动效率，使其不仅能适应当前的工作，还能适应更高层次的工作，并为职务的升迁做好准备。

（6）外包。组织根据自身情况，将部分工作任务整个承包给外部的组织去完成。通过外包，组织可以将任务交给那些更有比较优势的外部代理人去做，从而提高效率，降低成本，减少组织内部对人力资源的需求。

**（三）人力资源供求总量平衡，结构不平衡**

人力资源供求结构上的不平衡，是指组织中某些部门或岗位人员过剩，而另一些部门或岗位人员短缺。对于这种供求失衡，可采取如下措施来解决：

（1）通过组织内部人员的合理流动来满足空缺岗位对人力资源的需求；

（2）对过剩员工进行有针对性的培训，提高他们的工作技能，将他们补充到空缺岗位上；

（3）通过组织内外部人力资源的流动，平衡人员的供求，即从组织外部招聘合适的人员并补充到相应的岗位上，同时清除另一些岗位上冗余的人力资源。

**（四）人力资源规划供求平衡措施的比较**

人力资源规划采取的不同的平衡措施，实施效果差别很大，而且对企业和员工常常具有不同的含义。例如，在解决供给过剩问题方面，裁员要比自然减员速度快得多，因而对企业更有利；但对员工来说，裁员所带来的经济和心理方面的损害要比自然减员严重得多，因而可能会遭到员工的强烈反对。表2-13、表2-14对人力资源规划各种供求平衡措施的效果进行了比较。

表2-13　**人力资源规划供求平衡措施比较表（a）**

| 项　目 | 措　施 | 解决问题的速度 | 员工受伤害的程度 |
|---|---|---|---|
| 供给大于需求 | 裁员 | 快 | 大 |
| | 减薪 | 快 | 大 |
| | 降级 | 快 | 大 |
| | 工作分享或工作轮换 | 快 | 中等 |
| | 提前退休或自然减员 | 慢 | 小 |
| | 再培训 | 慢 | 小 |

表2-14 **人力资源供求平衡措施比较表（b）**

| 项 目 | 措 施 | 解决问题的速度 | 员工撤回的程度 |
|---|---|---|---|
| 供给小于需求 | 加班 | 快 | 高 |
| | 临时雇用 | 快 | 高 |
| | 外包 | 快 | 高 |
| | 培训后换岗 | 慢 | 高 |
| | 减少流动数量 | 慢 | 中等 |
| | 外部雇用新人 | 慢 | 低 |
| | 技术创新 | 慢 | 低 |

在制定平衡人力资源供求的政策过程中，不可能是单一的供大于求、供小于求，最可能出现的是某些部门人力资源供过于求，而另外几个部门供不应求。例如，高层次人员供不应求，而低层次人员的供给远远超过需求。所以，应具体情况具体分析，制定出相应的人力资源部门规划或业务规划，使人力资源在数量、质量、结构和层次等方面达到协调平衡。

总之，组织人力资源的供求平衡不仅是保持员工需求和供给的总量上的平衡，更重要的是实现员工在质量、层次和类别等供需结构上的平衡。

## 二、人力资源总体规划与各项子计划之间的平衡

人力资源总体规划是人力资源活动的基础，人力资源总体规划又通过人力资源的开发、招聘、使用、激励、培训以及绩效评价等各项子计划得以实施，因此，应当平衡好人力资源总体规划与人力资源各项子计划之间的关系。例如，人力资源补充计划与培训计划之间、人力资源开发计划与评价激励计划以及培训计划之间，都需要衔接和协调。当组织需要补充某一类员工时，如果信息能及早到达培训部门并列入培训计划，则这类员工就不必从组织外部补充。当组织需要提高员工的整体素质、实施人力资源发展计划时，既要通过评价和激励来调动员工的积极性，又要给员工提供培训的机会，使他们提高知识和技能水平。

**走进管理2-2**

**阿里巴巴和华为的企业文化是如何落地的**

阿里巴巴软激励营造开放的文化氛围：

1.尊重员工意愿，提供表达空间；

2.实施赛马机制，激发创新冲动；

3.自由晋升和转岗，不拘一格。

华为双重激励建设艰苦奋斗的团队：

1.物质激励：增强员工归属感；

2.精神激励：为员工提供动力之源。

资料来源：唐贵瑶，魏立群. 战略人力资源管理［M］. 北京：机械工业出版社，2018：41.

# 第五节 人力资源规划的编制与实施

## 一、人力资源规划的编制

人力资源规划的编制是人力资源规划中比较具体细致的工作，应根据组织战略目标及本组织员工的净需求量编制人力资源规划，包括总体规划和各项业务计划。编制人力资源规划时，要注意总体规划和各项业务计划及各项业务计划之间的衔接和平衡，提出调整供给和需求的具体政策和措施。一个典型的人力资源规划应包括：规划的时间段、规划达到的目标、情景分析、具体内容、规划的制定者以及制定时间。

**（一）规划的时间段**

规划的时间段即具体写出规划的制定是从什么时候开始，到何时结束。若是长期人力资源规划，可以长达5年以上；若是短期人力资源规划，如年度人力资源规划，则为1年。

**（二）规划达到的目标**

规划达到的目标也是人力资源供需平衡目标，确定达到的目标要与组织的战略目标紧密联系起来。规划目标要具体，即用数据说话，不能泛泛而谈，同时要简明扼要，方便记忆。

**（三）情景分析**

情景分析包括两部分，即目前情景分析和未来情景分析。

（1）目前情景分析：主要是在收集信息的基础上，分析组织目前人力资源的供需状况，进一步指出制定该规划的依据。

（2）未来情景分析：在收集信息的基础上，在规划的时间段内，预测组织未来的人力资源供需状况，进一步指出制定该规划的依据。

**（四）具体内容**

（1）项目内容。要求十分具体，如某公司招聘5名高级工程师、解雇20名流水线操作工等。

（2）执行时间。从启动到完成的日期，如20××年3月1日—20××年8月30日。

（3）负责人。负责人是负责执行具体项目的责任人，如人力资源部经理刘林。

（4）检查人。检查人是负责检查该项目的执行情况的人，如分管人力资源管理的副总裁李东。

（5）检查日期。检查的具体日期与时间，如20××年3月31日上午10点。

**（五）规划的制定者**

规划的制定者可以是一个人（如某公司人力资源部经理），也可以是一个部门（如某公司的人力资源部），还可以是外部顾问或咨询专家等。

**（六）规划的制定时间**

规划的制定时间即该规划正式确定的日期，如董事会通过的日期、人力资源部经理批准的日期或经理工作会议通过的日期。

应用实例2-1

## 某公司2021—2025年度人力资源战略规划

一、规划时间段

长期的人力资源规划：2021—2025年。

二、规划达到的目标

1.房地产开发面积再增加××万平方米。

2.实现经营性收入××亿元。

3.物业管理达到行业最高资质。

4.夯实公司扎根东莞的基石。

5.把业务拓展到资源较好的二线城市，争取有一到两个项目在操作。

6.内部管理在这5年时间内要做到核心岗位人才稳定，业务流程模式化，组织设置合理，建立起一个有良好的职业操守、积极向上的工作心态的员工队伍，和谐发展的企业文化氛围，在业内和客户群中有相当知名度的公司品牌形象。

三、情景分析

（一）目前情景分析

1.基于未来公司组织设置的调整，中高级管理人员的岗位空缺：运营中心总监、投资分析部经理、法律事务部经理、对外公共关系部经理、信息情报资料部经理、工程项目经理、物业管理经理等。

2.专业人才在满足公司战略发展需求方面的缺岗：高级项目策划营销人员、宣传推广软文写手，工程项目作为业主方所应配备的土建、水电、园林等工程师。

3.增加项目开发所需要的后期物业管理人员：维修工程师、机电设备工程师、客户关系代表、保安、保洁人员。

4.现有各岗位正常员工流动（如晋升、调岗、离职）所应采取的补位。

（二）未来情景分析

1.如前所述，公司为了实现未来战略目标，必须进行组织设置调整，而新增设运营中心的职能包括的投资分析、战略规划、审计监察、法律事务、对外公共关系、信息情报资料等部门或岗位人员，目前公司内部均无法提供，须采用外部引进方式满足。

2.现有的工程现场管理、预决算、项目开发以及营销人员，按房地产开发18个月的周期计算，该部分人力资源可投入到下一轮新项目开发施工管理中。按公司战略目标要求，仍然有部分缺岗需求，需引进外部人员。

3.内部培养供给主要体现在专业技术人才岗位。我们可以在招聘的专业对口的应届大学毕业生中以老带新、有目的、有计划地培养，虽然会有相应的成本支出，但这是一种行之有效的、对公司与员工个人职业生涯发展都有益的方式，是实现公司与员工一起成长的企业文化理念的具体表现。

4.通过对公司核心岗位以及中高层管理人员的胜任力素质模型建设，以公司培养和员工自学为中高层管理岗位和核心技术岗位提供后备人才的来源，确保人力资源战略对公司未来经营管理目标实现的强力支撑作用。

四、具体内容（见表2-15）

表2-15 某公司人力资源规划具体内容

| 项目编号 | 项目内容 | 执行时间 | 负责人 | 检查人 | 检查日期 |
|---|---|---|---|---|---|
| 1 | 招聘运营中心总监一名 | 2021年2月1日到2021年5月31日 | 人力资源部经理张××先生 | 分管人力资源管理副总裁何××先生 | 2021年6月10日上午10点 |
| 2 | 招聘投资分析部经理、法律事务部经理、对外公共关系部经理、信息情报资料部经理、工程项目经理、物业管理经理各一名 | 2021年2月1日到2022年2月1日 | 人力资源部经理张××先生 | 分管人力资源管理副总裁何××先生 | 2022年2月10日上午10点 |
| 3 | 招聘高级项目策划营销人员、宣传推广软文写手各10名 | 2023年2月1日到2023年5月31日 | 人力资源部招聘主管王××女士 | 人力资源部经理张××先生 | 2023年6月10日上午10点 |
| 4 | 招聘土建、水电、园林等工程师各50名 | 2024年2月1日到2024年5月31日 | 人力资源部招聘主管王××女士 | 人力资源部经理张××先生 | 2024年6月10日上午10点 |
| 5 | 招聘维修工程师、机电设备工程师、客户关系代表、保安、保洁人员各100名 | 2025年2月1日到2025年5月31日 | 人力资源部招聘主管王××女士 | 人力资源部经理张××先生 | 2025年6月10日上午10点 |

五、规划制定者

人力资源部。

六、规划制定时间

董事会批准日期：2020年11月11日。

资料来源：杨喜梅，蔡世刚，王梅. 人力资源管理［M］. 大连：大连理工大学出版社，2013：76-77.

## 二、人力资源规划的实施

人力资源规划的实施是人力资源规划的实际操作过程，要注意协调好各部门、各环节之间的关系，在实施过程中需要注意以下几点：

（1）必须有专人负责既定方案的实施，要赋予负责人保证人力资源规划方案实现的权力和资源。

（2）要确保不折不扣地按规划执行。

（3）在实施前要做好准备。

（4）实施时要全力以赴。

（5）要定期报告实施进展状况，确保规划能够与组织目标保持一致。

## 三、人力资源规划的监控和评估

人力资源规划的监控和评估不仅是对人力资源规划实施的过程进行监督和控制，还是对人力资源规划实施的结果进行评价的过程。

对人力资源规划进行监控和评估主要有两个目的：一是保证人力资源规划得到有效的实施，对此过程中产生的偏差和问题及时进行纠正和解决；二是检测人力资源规划的制定是否科学可行，以便完善人力资源规划本身。

人力资源规划执行过程的监控和评估一般采用目标评定法，即对人力资源规划的执行确定明确的预期目标，再对这些目标的实现程度定出可计量的标准，在监控和评估时，以原定的目标为依据，一一对照，逐项予以评价，最后对评价结果进行分析，确定人力资源规划执行中所产生的偏差的程度、原因，并提出调整的初步方案。

拓展阅读2-2：人力资源规划的动态调整

# 【知识巩固训练】

### 一、填空题

1.人力资源规划是指根据组织内外部环境的变化，对组织的________和________进行预测，制定相应的政策和措施，实现组织目标的过程。

2.人力资源规划的目的是使组织人力资源________，保证组织长期持续发展和员工个人利益的实现。

3.按规划的时间长短划分，人力资源规划可分为________、________和________。

4.人力资源总体规划具体包括________、________和________。

5.人力资源需求预测是根据组织的发展战略规划和内外部条件选择预测技术，对未来某个时期组织需要人员的________、________和________进行预测。

6.按照规划的性质划分，可以将人力资源规划划分为________和________。

7.企业的各级管理者根据自己工作中的经验和对企业未来业务量增减情况的考虑，自下而上地确定未来所需人员的方法，被称为________。

8.人力资源供给预测包括________和________。

9.人力资源需求预测方法中，________法是指有关专家对企业某一方面发展的观点达成一致的结构性方法。

10.人力资源供给预测方法中，________法的基本思想是找出过去人员流动的规律，以此推测未来的人员流动趋势。

### 二、单项选择题

1.人力资源需求预测方法中的专家判断法又称（　　）。

A.管理者经验预测法　　　　B.回归分析法

C.德尔菲法　　D.马尔科夫转换矩阵法

2.(　　)是指依据行业特点、企业规模、战略重点发展的业务及业务模式，对企业人力资源进行分层、分类，设计和定义企业职位种类与职位责权界限的综合计划。

A.人力资源数量规划　　B.人力资源素质规划

C.人力资源结构规划　　D.人力资源业务规划

3.(　　)是基于对员工个人生产效率的分析来进行的一种人力资源需求预测方法。

A.比率分析法　　B.趋势分析法　　C.工作负荷法　　D.统计预测法

4.(　　)是通过职位置换图来预测企业内部人力资源供给的一种简单而有效的方法。

A.技能清单法　　B.人力资源水池模型法

C.马尔科夫转换矩阵法　　D.人员替换法

5.导致组织内部人浮于事，内耗严重，生产或工作效率低的人力资源供求情况是(　　)。

A.人力资源供求平衡　　B.人力资源供给大于需求

C.人力资源供给小于需求　　D.无法确定

6.当企业出现人力资源供给大于需求的情况时，采取(　　)措施对员工的伤害程度比较大。

A.工作轮换　　B.提前退休　　C.裁员　　D.再培训

7.德尔菲法预测的优点是(　　)。

A.集思广益　　B.花费时间短

C.花费较低　　D.适用于短期的、精确的预测

8.影响人力资源供给预测的内部因素是(　　)。

A.行业发展前景　　B.组织结构　　C.就业观念　　D.国家就业政策

9.管理者经验预测法是企业的各级管理者，根据自己工作中的经验和对企业未来业务量增减情况的考虑，(　　)地确定未来所需人员的方法。

A.管理者直接　　B.自上而下　　C.背对背　　D.自下而上

10.企业进行人力资源规划时，(　　)主要收集有关信息，估计目前的人力资源技术、能力、潜力，并分析目前这些人力资源的利用状况。

A.调查分析准备阶段　　B.供给与需求预测阶段

C.规划的制定与实施阶段　　D.规划的评估与反馈阶段

**三、判断题**

1.人力资源规划以追求人力资源平衡为目的，它关注的是人力资源供求之间的数量匹配。　(　　)

2.人力资源规划的中期规划是指2～5年的规划。　(　　)

3.进行人力资源规划时，调查分析准备阶段主要进行人力资源供给和需求预测。　(　　)

4.人力资源规划制定好后实施即可，不需要进行评估与反馈。　(　　)

5.德尔菲法采用匿名或背靠背的方式，使每一位专家独立自主地做出自己的判断。　(　　)

6.人力资源供给预测受组织内部和外部两个方面因素的影响。　(　　)

7.当企业人力资源供给大于需求时，可采取提前退休的方式。　(　　)

8.当企业人力资源供给小于需求时，可采取减少工作时间和外包的方式。　(　　)

9.企业采取减薪的方式，解决人力资源供给大于需求的速度比较快，员工受伤害的程度为中等。 ( )

10.比率分析法是利用组织的历史资料，根据某个因素的变化趋势预测相应的人力资源需求。 ( )

**四、思考题**

1.什么是人力资源规划？

2.简述人力资源规划的程序。

3.人力资源需求预测有哪些方法？

4.什么是德尔菲法？

5.人力资源供给预测的方法有哪些？

## 【技能强化训练】

**一、交流讨论**

顺达机械公司由于销量减少而费用没有降低，导致公司上半年发生了亏损。公司总经理郭福在没有和任何人商量的情况下，决定在全公司范围内裁员，所有部门都必须裁减10%的员工。这招致了公司核心盈利部门主管麦坚的强烈反对，并扬言要是非得裁员，就从他开始。麦坚带领的部门是公司最赚钱的部门，解雇他会给公司的经营带来很大的影响。总经理郭福陷入了困境当中。

要求：如果你是总经理郭福，你将如何处理呢？

**二、应用设计**

1.人力资源规划编制

唐禾公司是一家大型国有机械制造企业，近些年发展迅速，今年该公司准备投资一条新的设备生产线。为此，该公司人力资源部决定起草一份“年度人力资源发展规划”，并将此项工作交给规划专员小张。

要求：假如你是唐禾公司的小张，请运用所学知识，拟定一份完整的人力资源规划书纲要，并言简意赅地描述各个部分的基本工作。

2.人力资源规划政策制定

假设已经确定了人力资源目标——在未来两年里将人员流动比率降低到10%以内，请你制定相应的政策和措施，并列出进行评估的主要问题。

3.人力资源管理费用预算

伍德公司是一家建筑企业，过去人力资源管理费用预算按传统经验估算方法制定，使公司无法有效控制费用支出。人力资源部为有效节约费用，控制成本，拟编制2023年度人力资源管理费用预算。

要求：假如你是该公司的人力资源部经理助理，请对企业人力资源管理费用包括的基本项目以及人力资源管理费用预算的基本程序和方法进行设计。

**三、数据分析与材料解析**

1.人员供给预测

南方公司有四类工作人员：高级管理人员、中层管理人员、班组长和操作工。已知

2022年年初这四类人员数量分别为400人、80人、120人和160人。假设这四类人员每年的流动情况为：高级管理人员有80%留下，其余的离职；中层管理人员有70%留下，10%成为高级管理人员，有20%离职；班组长有80%留下，5%成为中层管理人员，5%成为操作工，10%离职；操作工有65%留下，15%成为班组长，20%离职。

要求：请运用马尔科夫转换矩阵法，求出2023年南方公司这四类人员的供给情况。

2.人员需求预测

向日公司是一家中型企业，其产品在市场上销售量占30%以上。公司多年的实践证明，公司的销售额与公司的员工总人数之间有着高度相关的正比例关系。今年，向日公司的销售额、人员情况见表2-16。根据以前的销售额和初步的预测，向日公司估计明年的销售额为6 300万元。

表2-16　**向日公司的销售情况统计表**

| 年　度 | 销售额（万元） | 员工人数 |
| --- | --- | --- |
| 今年 | 5 600 | 1 200 |
| 明年（预测） | 6 300 | |

公司各类人员的比例从2015年至今变化不大，而且根据预测，在未来10年中基本上保持这一比例不变。表2-17所显示的是各岗位的员工人数。

表2-17　**今年向日公司各类员工分布情况统计表**

| 人员分类 | 高层管理人员 | 中层管理人员 | 主管人员 | 生产人员 | 总数 |
| --- | --- | --- | --- | --- | --- |
| 数量（人） | 100 | 200 | 300 | 600 | 1 200 |

要求：

（1）根据以上数据，请计算明年向日公司的员工总数要达到多少才能完成预期的销售额。

（2）向日公司各类员工的数量会有哪些变化？

3.工作负荷法需求预测

某企业预计明年产品总销量为5 000 000件，销售人员每人每日平均销量为46件，根据以往经验，销售人员每销售一件产品需要0.174小时，销售人员的年平均出勤率为95%。

要求：根据以上数据预测该企业明年需要的销售人员数量。

4.人力资源规划因素

张勇是一位人力资源顾问，一天，他的一位朋友，一家大型造纸公司新任命的总经理给他打来了电话：

总经理：我在这个职位上快一个月了，而我要做的所有事情似乎只是与人们面谈和听取人事问题。

张勇：你为什么总要与人面谈？你们没有人力资源部吗？

总经理：当然有，然而，人力资源部招聘高层管理人员。我一接管公司，就发现两个副总经理要退休，而我们还没有一个代替他们的人。

张勇：你招聘什么人了吗？

总经理：聘了一位，而这就是问题的一部分。我从公司外部招聘了一位，但我一宣布这个决定，就有一个部门经理来辞职，她说她想得到副总经理的位置已经8年了。她因为我们从外面聘人而生气。我又怎么知道她想得到这个位置呢？

张勇：对另一个副总经理的位置，你们做了什么？

总经理：什么也没做，因为我怕又有其他人因为没能得到这个位置而辞职，但这只是问题的一半。我刚刚发现在最年轻的专业人员——工程师和会计师中，在过去3年中有80%的流动率。他们是我们这里最容易得到提升的人。如你所知，我是一个机械工程师，我就是这样开始在这家公司工作的。

张勇：有人问过他们离开的原因吗？

总经理：问过，他们都给出了基本相同的回答，他们说感觉到这里没有前途。也许我应该把所有的人都召集到一起，并解释我将怎样使公司取得进步。

张勇：你考虑过实施一个人力资源规划系统吗？

总经理：人力资源规划？那是什么？

要求：

（1）假设你是张勇，你会如何回答总经理的问题？

（2）在这个公司中建立人力资源规划系统需要考虑什么因素？

（3）该公司的人力资源管理部门存在哪些问题？

5.人力资源规划方案

合兴公司是一家仅有36人的小公司，主要业务是为客户装配特定规格的印刷线路板。客户中包括电视机、音响、汽车和计算机等制造商。公司有3条不同的装配生产线，由30个工人操作，每条生产线的设备都是根据特定客户对线路板所要求的技术规格配备的。目前公司一天只开一班。

最近，KKC公司向合兴公司订购了10 000个电路板，这是公司争取了两年才获得的订单。如果合兴公司生产的产品符合KKC公司的质量要求，并且能按时交货，对方承诺将再订一批货，这样公司的年产量将翻一番。但公司目前的人手不能保证按时保质交货。

公司经理拟订了3个解决人手不足问题的方案：

第一个方案：招聘并培训一批新工人，上马第四条装配生产线；

第二个方案：委托加工或雇用临时工；

第三个方案：加班生产，给生产线工人发150%的加班工资。

要求：

（1）合兴公司经理应该选择哪个方案？为什么？

（2）合兴公司经理在做出决定时需要考虑哪些因素？

（3）长期来看，合兴公司应该如何解决人手不足的问题？

[第三章]

# 工作分析与工作评价

## 思政视野

加强标准化工作，实施标准化战略，是一项重要和紧迫的任务，对经济社会发展具有长远的意义。他还指出，标准决定质量，有什么样的标准就有什么样的质量，只有高标准才有高质量。谁制定标准，谁就拥有话语权；谁掌握标准，谁就占据制高点。

## 教学目标

| 知识目标 | 能力目标 | 素质目标 |
|---|---|---|
| ▶掌握工作分析的概念和基本流程<br>▶掌握工作分析的常用分析方法<br>▶掌握工作说明书的编制<br>▶掌握工作评价的概念和评价方法 | ▶能进行工作分析流程的设计<br>▶能运用不同的方法进行工作分析<br>▶能独立设计工作分析提纲、问卷<br>▶能运用多种方法开展工作评价 | ▶培养学生与人沟通协作的精神<br>▶培养学生收集信息、分析信息的能力<br>▶培养学生文字语言表达能力<br>▶培养学生科学严谨、精益求精的工作作风 |

**导入案例**

**猴子取食的三种命运**

加利福尼亚大学的学者做了这样一个实验：把6只猴子分别关在3间空房子里，每间两只。房子里分别放着一定数量的食物，但放的位置、高度不一样。第一间房子的食物就放在地上，第二间房子的食物分别从易到难悬挂在不同高度的适当位置上，第三间房子的食物悬挂在房顶。数日后，第一间房子的猴子一死一伤，第二间房子的猴子活得好好的，第三间房子的两只猴子死了。

究其原因，第一间房子的两只猴子一进房间就看到了地上的食物，为了争夺唾手可得的食物而大动干戈，结果一死一伤。第二间房子的两只猴子先是各自凭着自己的本能蹦跳取食，最后，随着悬挂食物高度的增加，难度增大，两只猴子只有合作才能取得食物，于是，一只猴子托起另一只猴子跳起取食。这样，每天都能取得够吃的食物，很好地活了下来。第三间房子的猴子虽做了努力，但因食物太高，难度过大，够不着，被活活饿死了。

资料来源：黎航，任惠．成功操练大全——破除思维定势及思维多样化练习专辑［M］．上海：上海三联书店，2003.

在上述故事中，虽然学者做的是猴子取食的实验，但在一定程度上说明了人才与岗位的关系。在企业工作中，岗位难度过低，体现不出能力与水平，反倒会导致内耗式位置争斗甚至残杀，其结果无异于第一间房子里的两只猴子。而岗位难度太大，会使员工即便努力工作也不能达到目标，严重时甚至会抹杀人才，如第三间房子里两只猴子的命运。所以，企业设置岗位时，难度要适当，要循序渐进，如同第二间房子的食物。这样才能真正体现出员工的能力，发挥员工的能动性。那么对于企业来说，什么是岗位和岗位分析？如何做好岗位分析？本章将围绕这些内容进行讲述。

## 第一节　工作分析概述

一般而言，人与事、人与人、人与组织、人与物等一系列关系都是现代人力资源管理研究与调整的对象。虽然人力资源管理的主要活动都是围绕人来展开的，但都是以对组织中的各种“工作”的研究与分析为起点的。这也决定了工作分析在现代人力资源管理中的基础地位。

### 一、工作分析的概念

一个组织的建立最终会导致一批工作的出现，而这些工作需要由特定的人员来承担。工作分析就是与此相关的一道程序。通过对工作内容与工作责任的资料汇集、研究和分析，可以确定该项工作的任务、性质和相对价值，以及哪些类型的人适合从事这一工作。工作分析的过程主要是调研完成工作的要求、周期和范围，并着眼于工作本身的特点，而不是工作者的状况。工作分析的直接结果是工作说明书。为此，我们给工作分析定义如下：

工作分析又称职务分析、岗位分析或职位分析，是指对组织各项工作的性质、任务、责任以及所需人员的资格、条件等进行周密的调查、研究、分析，并加以科学、系统的描绘，最后做出规范化记录的过程，即制定工作描述和任职资格的系统过程。

工作分析主要涉及两方面内容：一是工作本身，即工作岗位的研究。研究每一个工作职位的设置目的、所承担的工作职责、工作任务、工作权利、隶属关系以及工作条件等。二是人员特征，即任职资格的研究。研究能胜任该项工作的任职者必须具备的条件和资格，如工作经验、知识、能力、身体条件、特殊技能及心理素质等。工作分析的主要内容如图3-1所示。

### 二、工作分析相关术语

在进行工作分析时，会有若干专门术语在分析过程中反复出现，必须在进行工作分析之前充分理解。这些术语包括：

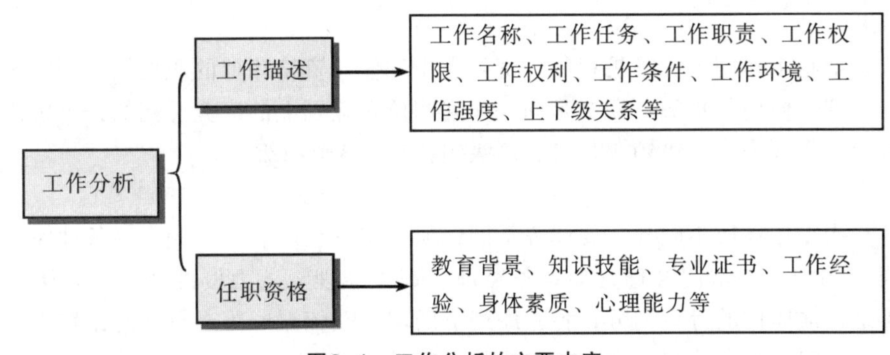


图3-1　工作分析的主要内容

**（一）工作要素**

工作要素是指工作中不能分解的最小动作单位。例如，搬运行李的工作要素是将行李搬到行李车上、推车到指定地点、搬下行李、放到指定位置。

**（二）任务**

任务是指工作中为了达到某种目的而进行的一系列活动。任务可以由一个或多个工作要素构成。例如，给瓶子贴标签只有一个工作要素，而上述搬运行李有4个工作要素。

**（三）职责**

职责是指任职者为实现一定的组织职能或完成工作使命而进行的一个或一系列工作。例如，打字员的职责包括打字、校对、简单维修打字机等任务。

**（四）职位**

职位也称岗位，担负一项或多项职责的一个任职者所对应的位置就是一个职位。一般来说，有多少个岗位就有多少个任职者。

**（五）职务**

职务由一个或一组主要职责相似的职位组成。一项工作可以只有一个职务，也可以有多个职务，如销售部经理（只有一个）、销售代表（可以有多个）等。

**（六）职业**

职业是指在不同组织中从事相似活动的一系列职务，如教师、工程师等。

**（七）职位分类**

职位分类是指将所有的工作岗位（职位），按其业务性质分为若干职组、职系，然后按责任大小、工作难易程度和技术高低又分为若干职级、职等。

1.职系

职系也称职种，是指工作性质相同，而责任轻重和困难程度不同的一系列职位的集合。每个职系是一个职位升迁的系统。例如，财税行政、保险行政、社会管理行政、人事行政等属于不同的职系。

2.职组

职组也称职群，是指工作性质相近的若干职系的集合。例如，人事行政和社会行政可并入“普通行政”职组，财税行政和保险行政可并入“专业行政”职组。职组的作用在于方便职位分类。

3.职级

职级是指将工作内容、难易程度、责任大小和任职资格相似的职位划为同一职级，实行同样的管理、使用与报酬。职级是同一序列职位在级别上的区分。例如，销售代表职位可分为普通销售代表、中级销售代表、高级销售代表3个职级。

4.职等

职等是指工作性质不同或主要职务不同，但其困难程度、职责大小等条件完全相同的职级归类。例如，各部门经理（如财务经理、销售经理、人力资源经理等）属于同一职等。职等是针对职位的等级划分，各个序列下的职位，依据职等进行横向比较。

职系、职组、职级、职等之间的联系与区别具体见表3-1。

表3-1 职系、职组、职级、职等之间的联系与区别

| 职组 \ 职系 \ 职级 \ 职等 | | Ⅴ | Ⅳ | Ⅲ | Ⅱ | Ⅰ |
|---|---|---|---|---|---|---|
| | | 员级 | 助级 | 中级 | 副高职 | 正高职 |
| 高等教育 | 教师 | | 助教 | 讲师 | 副教授 | 教授 |
| | 科研人员 | | 助理工程师 | 工程师 | 高级工程师 | |
| | 实验人员 | 实验员 | 助理实验师 | 实验师 | 高级实验师 | |
| | 图书、档案 | 管理员 | 助理馆员 | 馆员 | 副研究馆员 | 研究馆员 |
| 科学研究 | 研究人员 | | 研究实习员 | 助理研究员 | 副研究员 | 研究员 |
| 医疗卫生 | 医疗、保健 | 医士 | 医师 | 主治医师 | 副主任医师 | 主任医师 |
| | 护理 | 护士 | 护师 | 主管护师 | 副主任护师 | 主任护师 |
| | 药剂 | 药士 | 药师 | 主管药师 | 副主任药师 | 主任药师 |
| | 其他 | 技士 | 技师 | 主管技师 | 副主任技师 | 主任技师 |
| 企业 | 工程技术 | 技术员 | 助理工程师 | 工程师 | 高级工程师 | 正高工 |
| | 会计 | 会计员 | 助理会计师 | 会计师 | 高级工程师 | |
| | 统计 | 统计员 | 助理统计师 | 统计师 | 高级统计师 | |
| | 管理 | 经济员 | 助理经济师 | 经济师 | 高级经济师 | |
| | 校对 | 三级校对 | 二级校对 | 一级校对 | | |

## 三、工作分析的意义

**走进管理3-1**

**这项工作谁来做？**

一个机床操作工把大量的液体洒在机床周围的地板上，车间主任叫操作工把洒在地板上的液体打扫干净，而操作工拒绝执行，理由是任职说明书里并没有包括清扫的规定。车间主任顾不上去查任职说明书的原文，就找来一名服务工做清扫工作，但服务工同样拒绝，他的理由是任职说明书里同样也没有包括这一类工作的规定，这项工作应该由清杂工来完成，因为清杂工的责任之一是做好清扫工作。车间主任威胁服务工说要解雇他，因为这种服务工是分配到车间来做杂务的临时工。服务工勉强同意，但是干完以

后立即向公司投诉。

有关人员看了投诉以后，审阅了机床操作工、服务工和清杂工的任职说明书。机床操作工的任职说明书规定操作工有责任保持机床的清洁，使之处于可操作状态，但并未提及清扫地板；服务工的任职说明书规定服务工有责任以各种方式协助操作工，如领取原料和工具，随叫随到，即时服务，但也没有包括清扫工作；清杂工的任职说明书确实包括了各种形式的清扫工作，但他的工作时间是从正常工人下班以后开始。

资料来源：魏光丽. 人力资源管理：理论与实务［M］. 北京：中国工商出版社，2013.

有效地进行工作分析是企业进行人力资源开发与管理的基础，工作分析的各项文件能够应用于人力资源管理以及整个企业管理的各个方面。只有做好工作分析，才能据此完成企业人力资源规划、绩效评估、职业生涯设计、薪酬管理、招聘等工作。图3-2说明了工作分析在人力资源管理中的地位和作用。

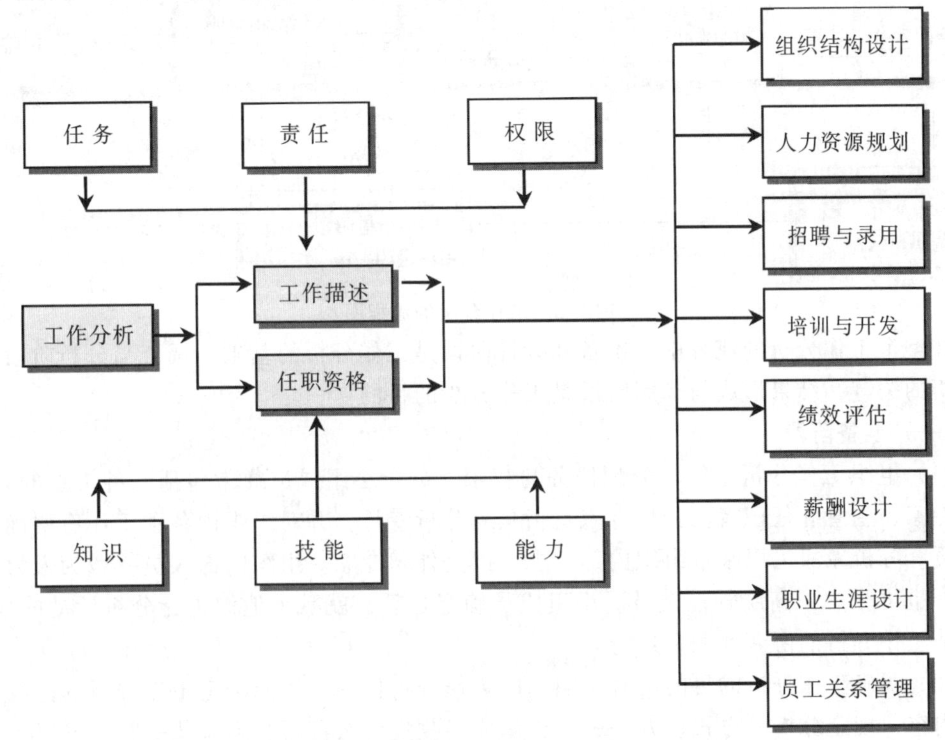


图3-2　工作分析与其他人力资源管理活动的关系

具体地说，工作分析的意义可以归纳为以下几个方面：

**(一) 现代企业人力资源管理的基础**

有效地进行工作分析是现代企业人力资源开发与管理科学化的基础。在人力资源管理的每一个环节，包括人力资源规划、招聘、培训、绩效评价、薪酬制度等方面，工作分析都起到了基础性作用。如在人力资源规划方面，规划者要分析一个组织对人力资源的需求，就必须获得各种工作对于知识、技能、能力的要求的信息，而工作分析就能提供这方面的信息。

**(二) 更合理地使用员工**

进行工作分析，使组织可以更合理地使用员工，避免员工使用过程中的盲目性。组织通过工作分析，能清楚地掌握每个职务的工作职责和要求、员工应具备的基本条件，这样就可以根据每个员工的实际情况做出合理安排，从而把员工安排在最合适的岗位上，最大限度地发挥每个员工的工作积极性和潜力。

**（三）有利于明确职责，提高工作效率**

进行工作分析，可以明确组织中每个岗位的工作职责，并理顺该工作与其流程上下环节的关系，从而能提高员工个人和部门的工作效率，消除由于职位设置或者工作界定的原因所导致的流程不畅、效率低下、工作重叠、劳动重复等问题。

## 四、工作分析的基本流程

工作分析是一项技术性很强的工作，必须有一个科学、合理的操作程序。整个工作分析的流程如图3-3所示。

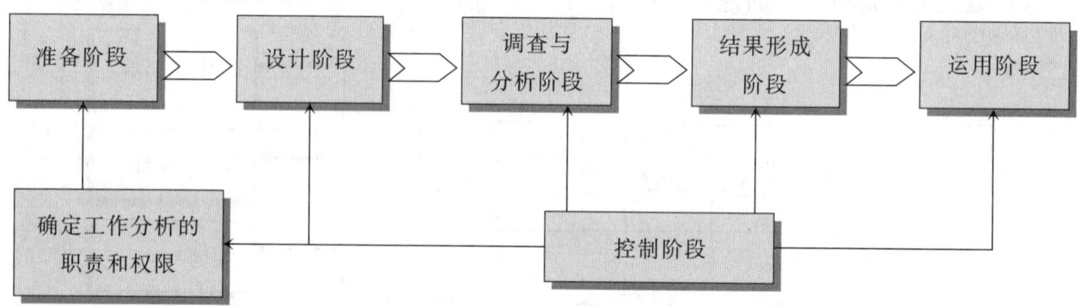


**图3-3 工作分析的流程图**

在整个工作分析的流程中，准备和设计阶段是工作分析的基础，调查与分析阶段是工作分析的关键，结果形成与运用阶段是工作分析的目的。

**（一）准备阶段**

（1）组织工作分析小组，分配任务与权限。分析小组成员通常包括三种类型的人员：分析专家、主管和任职者。分析专家是指具有分析专长，并对组织内各项工作有明确概念的人员。分析专家可以来自组织内部，也可以是外聘专家。组织内部人员一般为人力资源专员，也可为中、高层管理人员。小组成员确定之后，就赋予他们进行分析活动的权限，以保证工作分析的协调和顺利进行。

（2）明确工作分析的目的。有了明确的工作分析目的，才能确定工作分析的范围、对象和内容，规定分析的方式、方法，并弄清应当收集什么资料、到哪儿去收集资料、用什么方法去收集资料等。

**（二）设计阶段**

（1）制订工作分析计划。工作分析计划包括整个工作的进程、企业内应进行分析的各个职位的名称和任职者人数、估计需要的工时和分析人员人数、所需费用和其他条件、分析过程中各个环节的责任划分等。

（2）确定工作分析的范围。要明确是对所有的岗位都进行分析，还是对部分岗位进行分析。

（3）选择分析方法与人员，编制工作进度表。

（4）确定信息来源。工作信息来源一般有以下几种：工作者、主管者、顾客、分析专家、文献汇编等。

**（三）调查阶段**

（1）编制各种调查问卷和提纲。

（2）根据具体的对象进行调查。

（3）收集有关工作的特征及需要的各种数据。

**（四）分析阶段**

（1）仔细审核已收集到的各种信息。

（2）分析的内容主要有：职务名称分析、职务规范分析（对工作任务、工作责任、工作关系、劳动强度等的分析）、工作环境分析和任职资格分析。

（3）利用现有文件与资料对工作的主要任务、主要责任、工作流程进行分析总结。

（4）提出原工作说明书主要条款存在的不清楚、模棱两可的问题，或指出新岗位工作说明书要解决的主要问题。

**（五）结果形成阶段**

工作分析的直接结果就是产生工作描述和任职资格，形成工作说明书。工作说明书是对工作目的、职责、任务、权限、任职者等基本条件的书面描述。工作说明书的内容来源于书面材料、现场观察、与基层管理者及任职人员谈话中获得的信息，对此进行分析、归类，并最终写出的综合性的工作描述和任职资格，就是工作说明书。这一阶段的工作相当繁杂，需要大量的时间对信息进行分析和研究，必要时，还要采用适当的分析工具与手段。在工作说明书编制完成后，应充分征求组织成员的意见，并根据发现的问题对工作说明书进行修订。

**（六）运用与控制阶段**

运用与控制阶段要根据工作分析的结果，制定人力资源管理的各种应用文件，并培训文件的使用者。这些应用文件主要包括招聘录用文件、人员培训文件、人员发展和晋升文件、薪酬规划文件等。

控制活动贯穿于整个工作分析的始终，是一个不断调整的过程。工作说明书在发布实施后，随着组织与岗位的变化，应及时对其进行维护，使工作分析成为组织的一项常规性工作，保证工作说明书的管理基础作用有效发挥，控制和纠正可能出现的各种偏差。

**红色力量3-1**

**邓小平给食堂定标准**

1949年11月30日，中国人民解放军二野刘邓大军解放并接管了西南重镇——重庆。

进城以后，刘伯承、邓小平还带着从大别山出来的炊事员老程，每餐一荤一素外加一个咸菜和一个榨菜汤。后来，老程回老家去了，换了新炊事员，菜的花样多了，数量也多了，开始是四个菜，后来是六个菜，最后成了八个菜，鸡鸭鱼全有。

刘伯承和邓小平都生气了。邓小平问后勤部长："我和刘司令员是个啥子伙食标准？"后勤部长不明就里，随口说道："没有标准。按照供给制，实报实销，吃多少报多少，都可以。"

邓小平发火了："你这个同志有意思。没有标准，地主老财吃饭都要量入为出，我没有标准，我都把地主老财比下去了！你要知道，我们国家还很穷，好些人在挨饿，我不能没有标准。"

“那就请政委定一个标准吧。”后勤部长红着脸说。“今后，按团级标准吃四菜一汤，一荤三素，不得超支！”

几天后，后勤的同志又来请示邓小平，说考虑到刘司令员的身体状况，这个标准太低了，是不是再提高一下？邓小平考虑了一下说：“就按师一级的标准，不能再提了。”

自1948年1月毛泽东下达《关于建立报告制度》的指示后，邓小平不仅在大别山区的紧张战斗环境中严格执行这一指示，在新中国成立后的和平建设时期仍然一以贯之。主政西南期间，邓小平把不定期汇报和定期汇报结合起来，除严格履行每两个月向中央作一次综合报告的工作惯例外，事关重大、复杂或敏感性问题都在第一时间向中央汇报。邓小平在西南工作的32个月内，报送给毛泽东或中共中央的文电共计99份，平均每个月至少报送3份。

资料来源：廉正．老一辈革命家的规矩意识［J］．新湘评论，2016（06）：34-35.

## 第二节　工作分析的方法

### 一、工作分析的常用方法

工作分析的重要性要求组织在进行工作分析时，要根据工作分析的目的、不同方法的利弊，以及不同人员的工作，选择不同的分析方法。工作分析的方法多种多样，主要有文献分析法、观察法、访谈法、关键事件法、工作日志法、工作参与法、问卷调查法等。

**（一）文献分析法**

文献分析法是通过对现存的与工作相关的文档资料进行系统性分析，来获取工作信息的方法。其适用于已实施岗位责任制的组织，或人事档案较为完整的岗位，一般用于收集工作的原始信息，编制任务清单初稿。这种方法成本低、效率高，但收集的信息不一定全面，且时效性差，无法验证原始资料的真伪。

**（二）观察法**

观察法即通过观察获得员工的职务信息。这种方法一般适用于工作周期比较短的员工。在不影响员工正常工作的前提下，通过对被调查员工进行观察，将有关工作的全部信息真实地记录下来，然后对所收集的信息进行分析、归纳，制定出职务说明书。

观察法一般是由有经验的人，通过直接观察的方法记录某一时期工作的内容、形式和方法，并在此基础上分析有关的工作因素，达到工作分析的目的。其流程包括：

（1）制订观察方案和设计观察记录表；

（2）选择不同的工作者，并在不同的时间内进行观察；

（3）记录所有主要的工作内容与形式；

（4）对记录内容进行归类和分析；

（5）偏差检验与修正。

表3-2为生产企业生产管理人员工作分析观察提纲示例。

**（三）访谈法**

访谈法是与担任有关工作职务的人员一起讨论工作的特点和要求，通过访问任职者，了解他们所做的工作内容、为什么这样做与怎样做，从而获得有关信息。进行工作分析时，可以先查阅和整理有关工作职责的现有资料。在大致了解职务情况的基础上，访问担任这些职务的人员，一起讨论工作的特点和要求。表3-3为工作分析访谈提纲示例。

表3-2　**工作分析观察提纲示例**

| 观察者姓名 | | 日　期 | |
|---|---|---|---|
| 被观察者姓名 | | 观察时间 | |
| 具体工作项目 | | 观察地点 | |

观察内容：
1.什么时候开始正式工作？
2.上午工作多少小时？
3.上午休息几次？
4.第一次休息时间从________到________。
5.第二次休息时间从________到________。
6.上午完成产品多少件？
7.平均多长时间完成一件产品？
8.与同事交谈几次？
9.每次交谈约多长时间？
10.室内温度多少度？
11.上午抽了几支烟？
12.上午喝了几次水？
13.什么时候开始午休？
14.出了多少次品？
15.搬了多少次原材料？
16.工作场地噪声分贝是多少？

表3-3　**工作分析访谈提纲示例**

| 访谈人员 | | 被访谈人员 | |
|---|---|---|---|
| 被访谈人员职位 | | 访谈时间 | |

访谈内容：
一、基本信息
1.您目前正在从事的工作，在本部门从事相同工作的岗位共有（　　）个。
2.您的直接上级主管的岗位名称是（　　）。
3.您是否有直接的下属？有几个？他们分别是（　　）。
二、工作信息
1.请您用一句话概括您的职位在本公司中存在的价值、它要完成的主要工作内容和要达成的目标。
2.与您进行工作联系的主要人员有哪些？联系的主要方式是什么？
3.您认为您的主要工作职责是什么？请至少列出8项职责。
4.对于这些职责您是怎样完成的？在执行过程中遇到的主要困难和问题是什么？
5.请您指出以上各项职责在工作总时间中所占的比重。(指出其中耗费时间最多的3项工作)
6.请您指出您的以上职责中最为重要、对公司最有价值的工作是什么。
7.组织赋予您的最主要的权限有哪些？您认为这些权限有哪些是合适的，哪些需要重新界定？
8.请您就以上职责，谈谈评价这些职责出色地完成的标准是什么。
9.您认为在工作中您需要其他部门、其他职位为您提供哪些方面的配合、支持与服务？在这些方面，目前做得好的是什么？尚待改进的是什么？
10.您认为要出色地完成以上各项职责需要什么样的学历和专业背景？需要什么样的工作经验（类型和工作年限）？在外语和计算机方面有什么要求？您认为要出色地完成以上职责需要具备哪些能力？
11.您认为要出色地完成以上各项职责需要具备哪些专业知识和技能？您认为要出色地完成以上各项职责需要什么样的个性品质？
12.您在工作中自主决策的机会有多大？工作中是否经常加班？工作繁忙是否具有很大的不均衡性？工作中是否精力高度集中？工作负荷有多大？

访谈法可分为三种方式：管理人员访谈、个别访谈和集体访谈。管理人员访谈即与该工作的主管访谈，个别访谈即与从事该工作的每个员工交谈，集体访谈即与从事相同工作的员工群体交谈。

访谈法适用范围分别为：个别访谈适用于员工工作有明显差别、工作分析时间比较充分的情况，集体访谈适用于多个员工从事相同或相近的工作情况，管理人员访谈可以对该职位进行深度分析。

访谈法的优点是方便、准确、沟通顺畅，特别适合对文字理解有障碍的人。其缺点是耗费时间和精力，需要过滤无用信息。

**（四）关键事件法**

关键事件法是请管理人员和工作人员回忆、报告对他们的工作绩效来说比较关键的工作特征和事件，从而获得工作分析资料。关键事件法是一种常用的行为定向方法。这种方法要求管理人员、员工以及其他熟悉工作职务的人员记录工作行为中的“关键事件”，也就是使工作成功或者失败的行为特征或事件。在大量收集关键事件以后，可以对它们做出分析，并总结出职务的关键特征和行为要求。关键事件法一般适用于工作中特别有效或无效的行为，用于了解工作行为准则，但归纳事件需要耗费大量时间，容易遗漏一些不显著的工作行为，难以把握整个工作实体。表3-4、表3-5为关键事件描述记录单示例。

表3-4 **关键事件描述记录单示例（a）**

<table>
<tr><td colspan="2">行为者</td><td>王欣</td><td>地　点</td><td>公司市场部</td></tr>
<tr><td colspan="2">观察者</td><td>总经理</td><td>时　间</td><td>4月15日</td></tr>
<tr><td rowspan="3">有效行为</td><td>事情发生的背景</td><td colspan="3">17：30左右，公司市场部接到一个营销策划方案（该策划方案主要是针对“五一”假期而设计的促销方案）被公司总部驳回的通知单</td></tr>
<tr><td>行为者的行为</td><td colspan="3">市场部核心骨干王欣下班后，重新认真研究了提交的那份营销策划方案，发现了方案的不足之处，并提出了一份较为完善的新策划方案，直至21：30完成工作后才离开公司</td></tr>
<tr><td>行为后果</td><td colspan="3">市场信息瞬息万变，王欣快速地解决公司遇到的问题，抓住商机，为公司创造了更多的价值</td></tr>
</table>

表3-5 **关键事件描述记录单示例（b）**

<table>
<tr><td colspan="2">行为者</td><td>市场部经理</td><td>地　点</td><td>公司市场部</td></tr>
<tr><td colspan="2">观察者</td><td>总经理</td><td>时　间</td><td>4月15日</td></tr>
<tr><td rowspan="3">无效行为</td><td>事情发生的背景</td><td colspan="3">17：30左右，公司市场部接到一个营销策划方案（该策划方案主要是针对“五一”假期而设计的促销方案）被公司总部驳回的通知单</td></tr>
<tr><td>行为者的行为</td><td colspan="3">由于临近下班时间，市场部经理想等明天上班后再作处理，于是下班离开了</td></tr>
<tr><td>行为后果</td><td colspan="3">这样的行为可能会使公司失去很多潜在的商机，给公司造成重大的损失</td></tr>
</table>

**（五）工作日志法**

工作日志法是让员工用工作日记的方式记录每天的工作活动，就是按时间顺序详细记录工作内容与工作过程，然后经过归纳提炼，对所需信息进行提取，作为工作分析资料。这种方法要求员工在一段时间内对自己工作中所做的一切进行系统的记录。如果这种记录记得很详细，采取逐日或在工作活动后及时记录，就可以避免遗漏，收集到最详尽的资料。它适用于管理或其他随意性大、内容复杂的岗位分析。但是，工作日志法也存在以下缺点：（1）员工可能会在夸张或隐藏某些活动的同时掩饰其他行为；（2）费时、成本高且干扰员工工作；（3）记录者可能会带有主观色彩；（4）将注意力集中于活动过程，而不注重结果；（5）整理信息的工作量大，归纳工作烦琐；（6）填写者因不认真可能会漏填某些内容，从而影响分析后果。表3-6为某公司公关宣传部经理的工作日志。

表3-6　**工作日志示例**

部门：公关宣传部　　职务：经理　　姓名：

| 6月9日星期二 | | | 工作活动 |
|---|---|---|---|
| 开始时间 | 结束时间 | 所用时间（分钟） | |
| 8:31 | 9:30 | 60 | 审阅企业宣传专员交来的最新一期《好生活》稿件，对稿件的内容和排版设计提出意见 |
| 9:31 | 11:30 | 120 | 与广告公司协商广告有关事宜，品牌管理专员同时参加 |
| 11:31 | 12:00 | 30 | 继续阅读稿件 |
| 13:01 | 14:30 | 90 | 到集团公司主任办公室谈话，讨论关于举办大型广场晚会的问题 |
| 14:31 | 15:30 | 60 | 向公共关系专员传达集团办公室对广场晚会的意见，并讨论有关具体实施的问题，让公共关系专员草拟具体的实施计划 |
| 15:31 | 16:00 | 30 | 与几个媒体的朋友通电话，讨论广告宣传的有关问题 |
| 16:01 | 17:30 | 90 | 与企业宣传专员讨论对最新一期《好生活》杂志的意见，并进一步讨论对今后该杂志发展的意见 |

### （六）工作参与法

工作参与法是工作分析人员亲自参加工作活动、体验工作的整个过程，从中获得工作分析资料的一种方法。通过实地考察，可以细致、深入地体验、了解和分析某种工作的心理因素及工作所需的各种心理品质和行为模型。从获得工作分析资料的质量方面而言，这种方法比前几种方法效果好。但是，由于它要求工作分析人员具备从事某项工作的技能和知识，因而有一定的局限性。现代社会和生产中的工作职务日益专门化，即使有些工作分析人员能够参与一部分工作，也很难像熟练员工那样完成工作职责。因此，工作参与法只适用于比较简单的工作职务分析，不适合需长期训练及高危险的工作。

### （七）问卷调查法

问卷调查法是通过问卷来获取工作分析信息、实现工作分析目的的一种方法。

问卷调查法的优点包括：（1）规范化、数量化，适合于用计算机对结果进行统计分析；（2）调查范围广，可用于多种目的的工作分析；（3）费用低、速度快；（4）节省时间，不影响工作；（5）容易进行，且可同时分析大量员工；（6）员工有参与感，有助于双方对计划的了解。

问卷调查法的缺点包括：（1）它的设计比较费工，也不像访谈法那样可以面对面地交流信息，不容易了解被调查对象的态度和动机等较深层次的信息。（2）不易唤起被调查对象的兴趣，除非问卷设计得很长，否则不能获得足够详细的信息。(3) 调查之前，需要说明；否则，会因为对问题的理解不同，产生信息误差。表3-7为工作分析调查问卷示例。

表3-7 **工作分析调查问卷示例**

工作分析调查问卷

亲爱的同事：

您好！

为规范公司人力资源管理工作，为各部门提供更好的人力支持，我们设计了这套调查问卷，希望通过对公司各岗位进行分析来完善公司职位信息及工作说明书，从而进一步推动其余各项人力资源工作科学有序地开展。现需要耽误您一些时间来协助我们完成本次调查工作。

请您认真分析您所在岗位的工作，并真实、客观、完整地填写以下内容。谢谢！

第一部分 基本信息

您的姓名： 岗位名称： 所属部门：

入职时间： 从事本岗位工作时间：

您的直接上级岗位： 您的直接下属岗位：

第二部分 工作情况

1.简要描述一下您目前的主要工作内容和职责。

2.列举您有建议权、审核权、决策权的工作项目（人事、业务、财务等方面）。您认为除了这些权限之外，您还需要别的权限来支持您的工作吗？

3.简要描述您的上级如何指导和监督您的日常工作。

4.简述一下您直属下级的人数及主要工作内容。

5.除您的上级和下级之外，您和公司内部哪些部门和岗位会有工作联系和沟通？

6.除了公司内部的联络沟通外，您和外部哪些单位有工作联系和沟通？对方联络人通常会是什么岗位？

7.请列举您目前的所有绩效考核项目，并请按主次顺序说明哪些是公司重点考核项目。另请谈谈您对这些考核项目的看法。

8.按照公司规定，您正常的工作时间应该是怎样的？您会加班吗？如果加班，通常是在什么时段？因为什么原因？这种情况多不多？您对此有什么看法？

第三部分 岗位要求

1.您认为需要什么样的专业技能才能胜任这份工作？

2.您认为本岗位对于性别和年龄有限制吗？如果有，您认为应该是什么？

3.您认为要胜任本岗位工作有什么样的学历要求？为什么？

4.您认为本岗位需要有工作经验吗？如果需要，您觉得多长时间的工作经验比较合适？为什么？

5.您觉得新加入公司的员工如果要较好地胜任工作，需要岗前培训吗？如果需要的话，您觉得培训多长时间比较合适？为什么？

6.您觉得什么性格和品质的人能够更好地胜任本岗位工作？

第四部分 其他信息

1.您觉得公司是否给您提供了职业发展的通道？您对自己在公司的职业发展是怎么规划的？如果晋升的话，您觉得自己会晋升至什么岗位？

2.您对您所在部门的工作分配及职责划分有何建议？您对您自己这个岗位的工作安排有何建议？

3.对于本问卷调查未提及的问题，您觉得有必要提及的，请写出来：

填写人：

年 月 日

## 二、工作分析信息收集方法的比较

工作分析信息收集方法多种多样，各有优劣，各种方法的比较具体见表3-8。

表3-8　**工作分析信息收集方法的比较**

| 方　法 | 优　点 | 缺　点 | 适　用 |
| --- | --- | --- | --- |
| 资料分析法 | 成本低；工作效率高 | 信息不全；不能单独使用，要与其他方法结合使用 | 有现成相关资料的工作 |
| 观察法 | 工作分析人员能较全面深入地了解工作要求 | 不适合以脑力活动为主的工作和处理紧急情况的间歇性工作，不能得到任职资格的要求，被观察者可能会反感 | 标准化、任务周期较短、以体力活动为主的工作 |
| 访谈法 | 能了解到工作者的工作态度和工作动机等深层次的内容；收集信息简单、迅速、具体，有助于缓解工作压力 | 访谈者要接受专门训练；费时；成本高；信息易于失真 | 任务周期长、工作行为不易被直接观察的工作 |
| 关键事件法 | 行为标准明确；能更好地确定每一行为的利益和作用 | 费时费力；无法描述工作职责、任务、背景、任职资格等；对中等绩效员工难以涉及 | 以招聘选拔、培训、绩效评估等为目的的工作分析 |
| 工作日志法 | 便于获取工作职责、内容与关系、劳动强度等信息，费用低，分析复杂工作时比较经济有效 | 关注过程而非结果；整理信息量大；存在误差；可能影响正常工作 | 任务周期较短、工作状态稳定的工作 |
| 工作参与法 | 便于深入了解、获取工作职责、内容与关系、劳动强度等信息 | 存在因分析人员素质、认知、参与程度等差异而导致的对于工作特征和任职资格要求的不同认识 | 任务周期较短、工作状态稳定的工作 |
| 问卷调查法 | 成本低；速度快；适用范围广；结果可量化 | 问卷设计费时；员工与调查者之间交流不足 | 各种类型的工作；样本数量较大的场合 |

**文化故事3-1**

**扁鹊的医术**

有一次名医扁鹊给魏文王治病，魏文王问扁鹊说："你们家兄弟三人，都精于医术，到底哪一位的医术最好呢？"扁鹊回答说："大哥最好，二哥次之，我最差。"魏文王再问："那么为什么你最出名呢？"扁鹊答说："我大哥治病，是治病于病情发作之前。由于一般人不知道他能事先铲除病因，所以他的名气无法传出去，只有我们家里的人才知道。我二哥治病，是治病于病情刚刚发作之时。一般人以为他只能治轻微的小病，所以他只在我们的村子里才小有名气。而我治病，是治病于病情严重之时。一般人看见的都是我在经脉上穿针管来放血等大手术，所以他们以为我的医术最高明，因此名气响遍全国。”

人们往往只能看到表面的浅层次的技能，对深层次的能力却难以评估。在人力资源管理的过程中，准确、有效地评价员工的能力与素质，对企业和员工的发展都至关重要。

资料来源：张娟. 扁鹊的医术［J］. 人才资源开发，2014（14）：108.

## 第三节　工作说明书的编写

### 一、工作说明书的含义

工作说明书也称职务说明书或岗位说明书，是工作分析人员根据某项职务工作的性质和环境特点，对工作人员必须具备的生理和心理需求进行详细说明而形成的书面文件。工作说明书的编写无固定的模式，需要根据本企业工作岗位分析的特点、目的与要求具体确定编写的条目。

### 二、工作说明书包括的项目

工作说明书是工作分析的直接结果，通常包括工作描述和任职资格两部分内容。

**（一）工作描述**

工作描述具体说明了某一工作的性质和环境特点，主要包括以下几个方面：

1.工作标识

工作标识也称职位基本信息，包括工作的名称、工作所属部门、直接上级、定员、部门编码、职位编码，以及工作说明书的编写日期、编写人与审核人等。

2.工作概述

工作概述是描述工作的总体性质，即列出主要工作的特征以及主要工作范围。其重点描述从事该职位的工作人员所要完成或达到的工作目标，以及该职位的主要职责权限等，标准词汇为“负责”“确保”“保证”等。应尽量避免在工作概述中出现笼统的描述，如“执行需要完成的其他任务”。

3.工作内容

工作内容是工作说明书最主要的内容，此栏详细描述该职位所从事的具体工作，应全面、详尽地写出完成工作目标所要做的每一项工作，包括所要完成的工作任务、职位责任、所使用的工具和机器设备、工作流程、与其他人的联系方式、所接受的监督以及所实施的监督等。

4.绩效标准

工作说明书还需包括有关绩效标准的内容，绩效标准即完成某些任务或工作量所要达到的标准。这部分内容说明组织期望员工在执行工作任务时所要达到的标准，以及如何根据工作完成情况进行考核，具体内容通常与该组织的考核制度结合起来。

5. 工作权限

工作权限包括工作人员决策的权限和行政人事权限、对其他人员实施监督权以及审批财务经费和预算的权限等。有时，工作权限分为专业的权限、人事的权限与财务的权限。

6. 工作条件与物理环境

简要地列出有关的工作条件，包括工作地点的温度、湿度、光线、噪声程度、安全条件、地理位置等。

7. 工作联系

工作联系是指职位任职者在工作过程中，与组织内部和外部各单位之间的工作联系，包括联系的对象、联系的方式、联系的内容和联系的频次等。

8. 聘用条件

聘用条件包括工作时数、薪酬结构、支付工资的方法、福利待遇、该工作在组织中的正式位置、晋升的机会、工作的季节性、进修的机会等。

表3-9为某企业招聘专员工作描述示例。

表3-9 **某企业招聘专员工作描述示例**

一、基本信息

| 岗位名称 | 招聘专员 | 岗位等级 | | 岗位编号 | |
|---|---|---|---|---|---|
| 所属部门 | 人力资源部 | 直接上级 | 人力资源经理 | 直接下属 | |

二、岗位目的

依据人力资源规划和年度人力资源需求计划，做好人才招聘与储备工作，满足公司发展所需的人才需求

三、岗位工作概述

招聘渠道开拓、招聘信息发布、应聘信息收集及应聘人员的初试

四、工作职责

| 职责类别 | 工作职责及目标 | 发生频率（次/日、周、月） | 重要程度（1～5级） | 估计占时间的百分比 |
|---|---|---|---|---|
| 1 | 依据公司发展战略协助领导制定人力资源战略规划，根据其规划和年度人力资源需求计划，做好人才招聘与储备工作 | 不定期 | 5 | 20% |
| 2 | 根据现有编制及业务发展需求，协助上级确定招聘目标，汇总岗位需求数目和人员需求数目，制订并执行招聘计划 | 1/月 | 4 | 5% |
| ⋮ | ⋮ | ⋮ | ⋮ | ⋮ |

续表

| 五、工作权限 | | | | |
|---|---|---|---|---|
| 1 | 招聘信息发布，招聘渠道开拓的权力 | | | |
| 2 | 对应聘者进行初试的权力 | | | |
| ⋮ | ⋮ | ⋮ | ⋮ | ⋮ |

六、岗位关键业绩指标（KPI）

| 业绩指标 | 考核标准 |
|---|---|
| 招聘渠道开拓、信息发布情况 | 保证招聘信息通过正规渠道准确发布 |
| 月度招聘任务完成情况 | 保证月度招聘任务完成90%以上 |
| ⋮ | ⋮ |

七、工作环境

| 工作场所 | 影响安全健康的因素 | 使用的设备及常用工具 |
|---|---|---|
| 室内/室外 | 外出交通 | 电脑、电话、传真、投影仪 |

八、沟通关系

1.公司内部各部门及生产厂区；2.全国范围内设立相关专业各高校的就业办；3.××省人才市场

九、职业发展

| 可晋升的岗位 | 招聘主管 | 可轮换的岗位 | 绩效薪酬专员 |
|---|---|---|---|

### （二）任职资格

任职资格主要说明担任某一职务的人员应具备的基本资格和条件，主要包括以下几个方面：

1.一般要求

一般要求包括担任某一职务的人员的年龄、性别、学历、工作经验。

2.教育背景

教育背景是指从事工作应具有的最低学历要求，而不一定是当前在职员工的学历。

3.心理要求

心理要求包括任职者应具有的观察能力、学习能力、解决问题的能力、语言表达能力、人际交往能力、性格特点、品格气质、兴趣爱好等。

4.身体要求

身体要求包括健康状况、力量与体力、运动的灵活性、感觉器官的灵敏度。对于体力劳动型的工作，这几项要求非常重要。

5. 专业技能、证书与其他能力

专业技能、证书与其他能力是指从事该职位应具有的基本技能、能力以及应获得的证书。

6. 专门培训

专门培训是指从事该职位前应进行的基本的专业培训，具体是指员工在具备了一定的教育水平、工作经验、工作技能之后，还必须接受的培训。

7. 工作经历

工作经历是指从事该职位之前应具有的最起码的工作经验要求，一般包括两方面：一是专业经历要求，即相关的知识经验背景；二是本组织内部的工作经历要求，尤其针对组织中的一些中、高层管理职位。

表3-10为某企业招聘专员任职资格示例。

表3-10　**某企业招聘专员任职资格示例**

<table>
<tr><th colspan="4">任职资格</th></tr>
<tr><td rowspan="7">（1）教育、工作经历</td><td>项　目</td><td>最低要求</td><td>理想要求</td></tr>
<tr><td>学历</td><td>大专以上</td><td>本科以上</td></tr>
<tr><td>专业</td><td>行政管理</td><td>人力资源管理</td></tr>
<tr><td>工作经验</td><td>6个月以上</td><td>1年以上</td></tr>
<tr><td>职称</td><td>无</td><td>无</td></tr>
<tr><td>职业资格</td><td>无</td><td>助理人力资源管理师</td></tr>
<tr><td rowspan="2">（2）知识</td><td colspan="3">专业知识：了解企业文化，熟悉人力资源六大模块，尤其是招聘</td></tr>
<tr><td colspan="3">通用知识：熟练掌握Office等办公自动化软件</td></tr>
<tr><td>（3）综合能力</td><td colspan="3">公文写作能力、协调能力、沟通能力、分析判断力及相关的心理学知识</td></tr>
<tr><td>（4）个人品质</td><td colspan="3">①诚实可信，沉稳踏实<br>②具有较强的服务意识、良好的为人处世能力、敏锐的洞察力，能够进行有效的分析与判断<br>③具有团队合作精神，吃苦耐劳，有较强的责任感</td></tr>
</table>

## 三、工作说明书的编写要点

工作说明书通常以表格的形式表述有关内容，具体形式与内容可根据组织需要灵活选择。在编写工作说明书时，应注意以下几个事项：

（1）清晰。在工作说明书中，对工作的描述应清晰透彻，任职人员看过以后，可以明白其工作性质和内容，无须再询问或查看说明材料，专业难懂的词汇需要解释清楚。

（2）具体。在措辞上，应尽量选用一些具体的动词，如安装、加工、传递、分析等。应指出工作的种类、复杂程度，需任职者具备的具体技能、技巧，应承担的具体责任范围等。一般来说，由于基层工人的工作更为具体，其工作说明书中的描述也更具体、详细。

**应用实例3-1**

某单位人力资源经理工作说明书示例见表3-11。

表3-11 **某单位人力资源经理工作说明书示例**

<table>
<tr><td>文件编号</td><td colspan="2"></td><td colspan="2">版次：A/0</td><td>页次：1/1</td></tr>
<tr><td>作成部门</td><td colspan="2">人力资源部</td><td colspan="2">制定日期</td><td>2021/12/6</td></tr>
<tr><td>制作：张丽丽</td><td>审核：</td><td>批准：</td><td colspan="2">生效日期</td><td>2022/1/1</td></tr>
<tr><td>岗位名称</td><td colspan="5">人力资源经理</td></tr>
<tr><td>所属部门</td><td colspan="3">人力资源部</td><td>岗位定员</td><td>1人</td></tr>
<tr><td>直接上级</td><td colspan="3">总经理</td><td>所辖人数</td><td>3人</td></tr>
<tr><td>直接下级</td><td colspan="3">人力资源主管、人事专员、培训及员工关系专员</td><td>工作性质</td><td>人力资源管理</td></tr>
<tr><td colspan="6">职责综述：<br>全面负责公司人力资源部的工作，参与制定公司人力资源发展目标和规划，在制度、岗位、人才招聘选拔、培训、薪资、绩效、员工关系等方面进行管理并组织实施，保证公司人力资源供给和人力资源的高效利用</td></tr>
<tr><td rowspan="11">岗位职责</td><td>职责表述</td><td colspan="3">工作任务</td><td>频次</td></tr>
<tr><td rowspan="3">负责起草公司有关人力资源管理制度，经批准后组织实施并进行监督</td><td colspan="3">负责起草公司相关人力资源管理制度，负责上报总经理审批</td><td>不定期</td></tr>
<tr><td colspan="3">制度经总经理批准后，负责制度的执行和监督</td><td>日常</td></tr>
<tr><td colspan="3">对公司人力资源管理制度进行跟踪研究，提出制度修改建议，并上报总经理审批</td><td>不定期</td></tr>
<tr><td rowspan="6">根据公司年度经营计划，组织开展部门的计划管理，制定部门及各岗位的业绩目标、工作计划，经总经理审定后组织实施并进行监督</td><td colspan="3">根据公司年度经营指标和经营计划，组织制定部门的业绩目标分解、工作计划和实施步骤，并报总经理审批</td><td>1次/年</td></tr>
<tr><td colspan="3">组织制订部门的月度工作计划，并细化分解到部门内各个岗位</td><td>12次/年</td></tr>
<tr><td colspan="3">指导下属人员制订各自的周工作计划，并进行统一的审核</td><td>每周</td></tr>
<tr><td colspan="3">组织部门人员完成年度、月度及周工作计划</td><td>每周</td></tr>
<tr><td colspan="3">监督部门各项计划的执行情况，并完成工作总结</td><td>日常</td></tr>
<tr><td colspan="3">指导下属进行员工劳动合同管理</td><td>日常</td></tr>
<tr><td>⋮</td><td colspan="3">⋮</td><td>⋮</td></tr>
<tr><td rowspan="4">工作权限</td><td colspan="5">对公司人力资源管理制度的建议权、建立权和修订权</td></tr>
<tr><td colspan="5">有对公司员工的招聘录用转正的建议和审核权</td></tr>
<tr><td colspan="5">有对公司员工的人事任免及人员调配的建议和审核权</td></tr>
<tr><td colspan="5">⋮</td></tr>
</table>

续表

<table>
<tr><td rowspan="4">关键绩效指标</td><td colspan="2">绩效指标</td><td colspan="2">考核方式</td></tr>
<tr><td colspan="2">部门绩效管理</td><td colspan="2">各岗位KPI达成率，≥85%</td></tr>
<tr><td colspan="2">制度建设完善性</td><td colspan="2">按规划考核，100%</td></tr>
<tr><td colspan="2">⋮</td><td colspan="2">⋮</td></tr>
<tr><td rowspan="2">工作关系</td><td>内部</td><td colspan="3">各部门人员</td></tr>
<tr><td>外部</td><td colspan="3">人力资源和社会保障局、人才市场、招聘网站、培训机构等</td></tr>
<tr><td rowspan="11">任职资格</td><td>性别要求</td><td>不限</td><td>年龄要求</td><td>30～50岁</td></tr>
<tr><td>学历要求</td><td>大学本科（含）以上</td><td>专业</td><td>人力资源、企业管理等相关专业</td></tr>
<tr><td>工作经验</td><td>5年以上相关工作经验，3年以上管理工作经验</td><td>执业资格要求</td><td>人力资源管理师</td></tr>
<tr><td>技能要求</td><td colspan="3">熟悉Office办公软件</td></tr>
<tr><td>知识要求</td><td colspan="3">熟悉现代人力资源管理知识、劳动法知识及相关地方法律、法规，了解财务会计知识和管理能力开发等方面的知识</td></tr>
<tr><td>核心能力</td><td colspan="3">协调能力、沟通能力、培养指导下属能力、计划能力、组织能力、控制能力</td></tr>
<tr><td>核心特质</td><td colspan="3">心理承受力强、忠诚、有全局意识、人际敏感性强、责任心</td></tr>
<tr><td>培训要求</td><td colspan="3">人力资源管理体系、工具和方法等相关知识的培训</td></tr>
<tr><td>体能要求</td><td colspan="3">身体健康</td></tr>
<tr><td>其他特殊要求</td><td colspan="3">机密级</td></tr>
<tr><td colspan="4" style="display:none"></td></tr>
<tr><td rowspan="2">职业通道</td><td>可迁升岗位</td><td colspan="3">人力资源总监</td></tr>
<tr><td>可调整岗位</td><td colspan="3">行政管理类岗位</td></tr>
<tr><td rowspan="3">其他</td><td>工作设备</td><td colspan="3">一般办公自动化设备（电脑、电话、打印机、复印机、网络等）</td></tr>
<tr><td>工作环境</td><td colspan="3">一般工作环境，有时需外出办理外联事宜</td></tr>
<tr><td>工作时间</td><td colspan="3">正常工作时间，加班另计</td></tr>
</table>

拓展阅读3-1：岗位说明书描述的五大误区

## 第四节 工作评价

党的二十大报告指出："全面建设社会主义现代化国家，必须有一支政治过硬、适应新时代要求、具备领导现代化建设能力的干部队伍。坚持党管干部原则，坚持德才兼备、以德为先、五湖四海、任人唯贤，把新时代好干部标准落到实处。"在一个组织中，常常需要确定一个职位的价值。如一个企业的财务经理、销售经理和人力资源部经理，这三者相比较，谁对企业的贡献最大？谁应该获得更高的报酬？如何确定某个职位的价值？对不同职位之间的贡献价值如何进行衡量和比较？要回答这些问题，就需要进行工作评价。

### 一、工作评价的概念

工作评价又称职位评价、职位评估等，是在工作分析的基础上，依据某一客观标准对公司内部职位的相对价值进行评估的管理方法。

工作评价就是要评定工作价值，制定工作等级，以确定工资的计算标准。因此评价对象是职位，而非任职者。工作评价反映的只是职位的相对价值，而不是绝对价值。工作评价的结果将直接应用于薪酬体系中，作为划分薪酬等级的依据，其目的是提供薪酬结构调整的标准程序。

### 二、工作评价的意义

（1）工作评价是确定职位等级的手段。通过工作评价，可以清楚地衡量职位间的相对价值。

（2）工作评价是建立薪酬内部公平性的基础。工作评价的目标就是建立一种公平、平等的薪酬结构，使员工在工作中体现的能力、绩效与辛苦程度可以在收入上得到相应的回报。通过工作评价得出职位等级，确定职位工资的差异。

（3）工作评价能强化员工对权责体系的认识，并指导自己的行为。工作评价是连接职位与职位报酬的桥梁。通过工作评价提供的信息，在报酬的激励作用下，能够更好地被员工所接受。

（4）一个科学的工作评价方案以及实施过程能够有效引导员工行为，提高员工对薪酬体系的满意度，避免员工对职位间报酬差别的不满和争端，从而提高流程运行效率。

### 三、工作评价的方法

工作评价的方法有很多，主要有工作排序法、工作分类法、因素比较法和要素计点法。

**（一）工作排序法**

工作排序法是根据各种工作的相对价值或它们各自对组织的相对贡献由高到低地进行排列。工作评价中的排序法与员工绩效评价中的排序法在性质上非常相似，唯一的区别是员工绩效评价中的排序法关注的是员工的工作绩效，而工作评价的排序法排列的对象是工作本身。

1.工作排序法的形式

工作排序法的具体形式主要有三种：直接排序法、交替排序法和配对比较法。

（1）直接排序法，是最简单的职位评价方法，即评价人员根据自己在工作中长期累积的经验，通过主观判断的方法，按照职位的说明，对职位的相对价值从高到低或从低到高进行排序。

（2）交替排序法，是直接排序法的进一步延伸，即评定人员先从所需排序的职位中选出相对价值最高的排在第一位，再选出相对价值最低的排在倒数第一位，然后从剩下的职位中选出相对价值最高的排在第二位，接着从剩下的职位中选出相对价值最低的排在倒数第二位，以此类推，一直持续到所有职位排序完毕为止。交替排序法的操作步骤如图3-4所示。

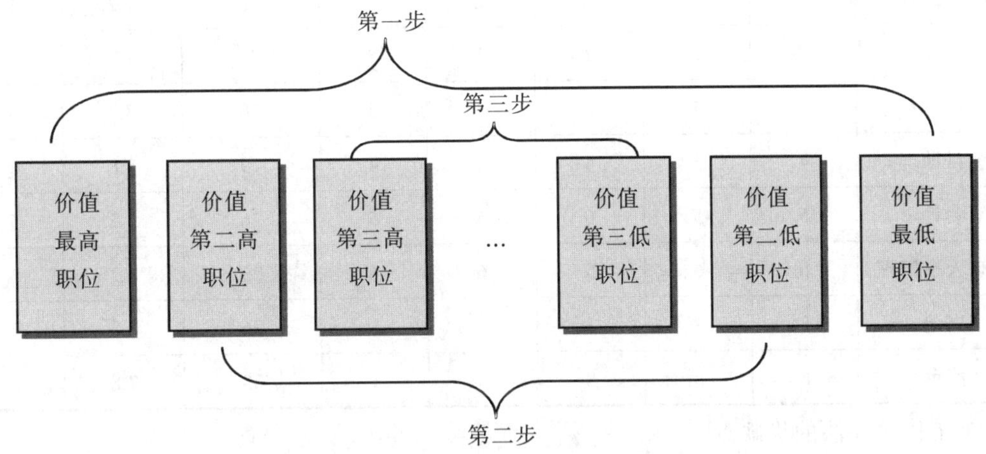


**图3-4　交替排序法的操作步骤**

（3）配对比较法，是指将企业中待评价的工作职位两两配对比较。价值较高者记为2分，价值相当者记为1分，价值较低者记为0分。最后将各职位所得分数相加，再按分数高低将职位进行排序，划定工作岗位等级。表3-12是配对比较法示例。

表3-12　**配对比较法示例**

| 工作职位 | A | B | C | D | E | 总分 | 职位相对价值排序 |
|---|---|---|---|---|---|---|---|
| A | — | 2 | 2 | 1 | 2 | 7 | 1 |
| B | 0 | — | 2 | 1 | 1 | 4 | 3 |
| C | 0 | 0 | — | 0 | 0 | 0 | 5 |
| D | 1 | 1 | 2 | — | 2 | 6 | 2 |
| E | 0 | 1 | 2 | 0 | — | 3 | 4 |

2.工作排序法的实施程序

（1）工作分析。由有关人员成立工作评价小组，通过工作分析而获得与工作相关的信息，并制成工作说明书。

（2）工作排序。选定参与排序的工作职位，当组织中的职位比较少的时候，可能不需要进行选择，直接对所有职位进行排序即可。评价人员根据工作说明书和自己的经验进行判断，对排序的标准达成共识，采取上述三种排序方法，将职位按照一定标准进行排序，确定职位顺序。

（3）结果汇总。通常对职位的排序是根据对各个评价人员的意见进行汇总整合而成的，以确定最终的职位序列。用各个评价人员对职位评价的序号之和除以人数而得到每一职位的平均序数，按平均序数的大小，由小到大评定出职位相对价值的次序。

表3-13是某公司职位排序结果，其中包括评价者的排序和最终结果。

表3-13 某公司的职位排序结果

| 职　位 | 评估者1 | 评估者2 | 评估者3 | 评估者4 | 评估者5 | 评定序数和 | 平均序数 | 名次 |
|---|---|---|---|---|---|---|---|---|
| 项目经理 | 1 | 1 | 1 | 2 | 1 | 6 | 1.2 | 1 |
| 市场经理 | 2 | 2 | 2 | 1 | 2 | 9 | 1.8 | 2 |
| 市场专员 | 3 | 4 | 3 | 3 | 3 | 16 | 3.2 | 3 |
| 项目助理 | 4 | 3 | 4 | 4 | 4 | 19 | 3.8 | 4 |
| 会计 | 5 | 5 | 6 | 5 | 5 | 26 | 5.2 | 5 |
| 行政人事助理 | 6 | 6 | 5 | 6 | 6 | 29 | 6.2 | 6 |
| 出纳 | 7 | 7 | 7 | 7 | 8 | 36 | 6.8 | 7 |
| 前台 | 8 | 8 | 8 | 8 | 7 | 39 | 7.8 | 8 |

3.工作排序法的优缺点

工作排序法的优点是操作简单，省时省力，最容易被员工理解和解释。其缺点是主观随意性大，容易出现误差，并且它只能得出职位高低顺序，却难以判断两个相邻职位之间职位价值的具体差距大小。

### （二）工作分类法

工作分类法又称职位归级法，是对工作排序法的改革。它是在工作分析的基础上，先制定出一套职位等级标准，然后将职位与标准进行比较，将它们归到各个级别中去。工作分类法是以职位为对象、以事为中心的一种分类方法。

工作分类法最关键的一项工作就是确定职位等级标准。通常是先将组织中的职位大致划分为若干类型，如管理工作类、事务工作类、技术工作类及营销工作类等。每类职位再分为若干等级，如高级管理人员、中级管理人员、基层管理人员等。对每个等级的职位，要挑选一个具有典型性的关键职位，附上相应的职位描述，这些关键职位描述便构成了比较标准。

工作分类法的优点是操作简单、灵活性强、易行、容易理解，适用于大型组织。其缺点是：（1）很难划分和界定职位等级，有一定的主观性；（2）分类法只对工作进行整体的综合性评价，不作因素分解，难以进行精确的评比。

表3-14是运用工作分类法对办事员岗位进行工作分类的示例。

### （三）因素比较法

因素比较法是一种比较计量性的工作评价方法，与工作排序法比较相似，因此可以看作改进的工作排序法。因素比较法与工作排序法的第一个重要区别是，工作排序法只从一个综合的角度比较各种工作；因素比较法是选择多种报酬因素，然后按照每种因素分别排列名次。第二个区别是因素比较法是根据每种报酬因素得到的评估结果设置一个具体的报

表3-14 办事员工作类别体系

| | |
|---|---|
| 第一级 | 简单工作，没有监督责任，不需要与公众交往 |
| 第二级 | 简单工作，没有监督责任，需要与公众交往 |
| 第三级 | 中度的工作复杂性，没有监督责任，需要与公众交往 |
| 第四级 | 中度的工作复杂性，有监督责任，需要与公众交往 |
| 第五级 | 复杂工作，有监督责任，需要与公众交往 |

酬金额，然后计算出每种工作在各种报酬因素上的报酬总额，并把它作为这种工作的薪酬水平；工作排序法是根据各种工作的相对价值或它们各自对组织的相对贡献由高到低地进行排列。

因素比较法的基本实施步骤如下：

第一，在每一类工作中选择标尺性工作作为比较的基础。所选择的标尺性工作应该是那些在很多组织中都普遍存在、工作内容相对稳定、市场流行工资率公开的工作。标尺性工作的基本工资是固定的，其他报酬根据基本工资的水平进行调整。

第二，把一个工作类别中包括各种工作的共同因素确定为补偿因素，包括责任、工作、环境、精力消耗、体力消耗、教育水平、技能和工作经验等因素。

第三，根据标尺性工作所包括的各种补偿因素的规模，确定各种标尺性工作在各种补偿因素上应该得到的基本工资，其水平应该参照市场标准，以保证企业报酬体系外部公平性的实现。各种标尺性工作在各种补偿因素上应该得到的报酬金额的总和，就是这种标尺性工作的基本工资。

第四，将非标尺性工作同标尺性工作的补偿因素逐个进行比较，确定各种非标尺性工作在各种补偿因素上应该得到的报酬金额。这一步骤确保了各种工作之间的内部公平性。

第五，将非标尺性工作在各种补偿因素上应该得到的报酬金额相加，就是这些非标尺性工作的基本工资。

表3-15是运用因素比较法进行工作评价的量表示例。

表3-15 因素比较法量表示例

| 小时工资率（元） | 技　能 | 努　力 | 责　任 | 工作条件 |
|---|---|---|---|---|
| 0.50 | | | 工作1 | |
| 1.00 | 工作1 | | | 工作2 |
| 1.50 | | 工作2 | | |
| 2.00 | | 工作1 | 工作X | |
| 2.50 | 工作2 | | | 工作3 |
| 3.00 | 工作X | | | |
| 3.50 | | 工作X | 工作3 | 工作X |
| 4.00 | 工作3 | | | |
| 4.50 | | | 工作2 | |
| 5.00 | | 工作3 | | 工作1 |

在本例中，工作的补偿因素包括技能、努力、责任和工作条件。工作1、工作2和工作3是标尺性工作。工作1的小时工资率为1+2+0.5+5=8.5（元），工作2的小时工资率为9.5元，工作3的小时工资率为15元。如果现在需要评价工作X，它在各种补偿因素上的地位见表3-14，就可以知道工作X的小时工资率为12元。需要指出的是，因素比较法在应用上非常繁杂，还需要不断根据劳动力市场的变化进行更新。因此，这种工作评价方法是一种应用最不普遍的方法。

**（四）要素计点法**

要素计点法是目前国内外最广泛应用的一种工作评价方法，这种方法也是一种定量化的工作评价方法。所谓要素计点，就是选取若干关键性的薪酬要素，并对每个要素的不同水平进行界定，同时给各个水平赋予一定的分值，这个分值也被称为点数，然后按照这些关键的薪酬要素对职位进行评估，得到每个职位的总点数，以此决定职位的薪酬水平。

要素计点法的实施步骤如下：

第一，进行工作分析，并成立工作评价委员会。

第二，选择薪酬要素。所谓薪酬要素，是指能够为各种工作的相对价值的比较提供依据的工作特性，如岗位责任、岗位要求技能、劳动强度、劳动条件等。

第三，对每个薪酬要素赋予不同的分值（点数），分值的大小视这个因素在全部薪酬要素中所占的重要性而定，即每个要素的权重是不同的。然后，对每一薪酬要素进行分级，给出每档所对应的分值，建立结构化量表。

第四，根据量表对职位在各个要素上的表现进行评估，得出职位在各个要素上的分值，并汇总成总的点数。

第五，按照一定的归级标准（例如每25分相差一级），得出每一职位的具体等级。

表3-16和表3-17是要素计点法薪酬要素的结构化量表。

表3-16 **要素计点法中的点数分配**

| 补偿因素 | | 等级分值 | | | | | 最大可能的分值合计 |
|---|---|---|---|---|---|---|---|
| | | 第一级 | 第二级 | 第三级 | 第四级 | 第五级 | |
| 技能 | 教育 | 14 | 28 | 42 | 56 | 70 | 250 |
| | 经验 | 22 | 44 | 66 | 88 | 110 | |
| | 知识 | 14 | 28 | 42 | 56 | 70 | |
| 努力 | 体力要求 | 10 | 20 | 30 | 40 | 50 | 75 |
| | 心理要求 | 5 | 10 | 15 | 20 | 25 | |
| 责任 | 设备/程序 | 5 | 10 | 15 | 20 | 25 | 100 |
| | 材料/产品 | 5 | 10 | 15 | 20 | 25 | |
| | 他人安全 | 5 | 10 | 15 | 20 | 25 | |
| | 他人工作 | 5 | 10 | 15 | 20 | 25 | |
| 工作条件 | 工作条件 | 10 | 20 | 30 | 40 | 50 | 75 |
| | 危险 | 5 | 10 | 15 | 20 | 25 | |

表3-17　　职务分值与工资级别转换表

| 分值范围 | 工资级别 | 月工资（元） |
|---|---|---|
| 101 ~ 150 | 1 | 2 020 ~ 3 000 |
| 151 ~ 200 | 2 | 3 020 ~ 4 000 |
| 201 ~ 250 | 3 | 4 020 ~ 5 000 |
| 251 ~ 300 | 4 | 5 020 ~ 6 000 |
| 301 ~ 350 | 5 | 6 020 ~ 7 000 |
| 351 ~ 400 | 6 | 7 020 ~ 8 000 |
| 401 ~ 450 | 7 | 8 020 ~ 9 000 |
| 451 ~ 500 | 8 | 9 020 ~ 10 000 |

要素计点法的优点是：（1）主观随意性较小，可靠性强；（2）相对客观标准使评价结果易于接受；（3）比较通俗，容易推广。虽然要素计点法的设计比较复杂，但是一旦设计出来以后，则应用起来十分方便。

要素计点法的缺点是：（1）设计中需要投入大量的人力和财力；（2）评价要素定义和权重的确定有一定的技术难度；（3）要素的选择、等级的定义和要素权重的确定都不可避免地带有主观因素。

拓展阅读3-2：海氏工作评价法

**走进管理3-2**

**华为素质模型的应用领域**

华为素质模型的应用领域如下：

第一，职位描述。如果做了素质模型，可以直接运用到职位说明书的任职资格一栏。例如，一个职位需要什么素质，需要几级素质，都可以直接写出来，与任职资格进行对接。

第二，招聘选拔。在招聘选拔中运用素质模型可以提高招聘选拔的依据性、针对性与有效性，降低企业后续培训成本。

第三，任职资格管理。素质模型以能力为基础，而任职资格以职位为基础，但是也有交叉。

第四，后备干部管理。在华为后备干部选拔标准中，素质是一项非常重要的考察内容，而这里的素质一般直接依据该职位的素质模型来确定。

第五，报酬。素质已经成为国际领先的薪酬模式中的一项非常重要的付酬要素。

第六，培训。根据素质模型确定培训需求，这是提高培训目标性与效果性的关键，可以大大降低成本，形成明确的培训目标，使培训有依有据。

资料来源：陈国海，马海刚. 人力资源管理学［M］. 2版. 北京：清华大学出版社，2021.

## 【知识巩固训练】

### 一、填空题

1.工作分析又称________、岗位分析或________，是指对组织的各项工作的________________、________、________以及所需人员的资格和条件等进行周密的分析，最后做出规范化记录的过程，即制定________和________的系统过程。

2.工作分析的直接结果是________。

3.担负一项或多项职责的一个任职者所对应的位置被称为________。

4.工作性质相近的若干职系的总和称为________。

5.________是指工作性质不同或主要职务不同，但其困难程度和职责大小等条件充分相同的职级的归类。

6.________是通过对现存的与工作相关的文档资料进行系统性分析，来获取工作信息的方法。

7.________是请管理人员和工作人员回忆、报告对他们的工作绩效来说比较关键的工作特征和事件，从而获得工作分析资料。

8.与从事相同工作的员工群体交谈来获取信息的方法被称为________法。

9.工作评价的对象是________，而非________。

10.工作评价的方法中，________的优点是操作简单，省时省力，最容易被员工理解；缺点是随意性大，容易出现差错。

### 二、单项选择题

1.（　　）是指一些工作性质相同而责任轻重和困难程度不同的职位系列。

A.职级　　B.职等　　C.职组　　D.职系

2.（　　）是指工作中为了达到某种目的而进行的一系列活动，任务可以由一个或多个工作要素构成。

A.任务　　B.职责　　C.职位　　D.职务

3.（　　）是与担任有关工作职务的人员一起讨论工作的特点和要求，了解他们所从事的工作内容。

A.观察法　　B.文献分析法　　C.访谈法　　D.工作日志法

4.（　　）是工作分析人员亲自参加工作活动、体验工作的整个过程，从中获得工作分析的资料。

A.工作日志法　　B.文献分析法　　C.问卷调查法　　D.工作参与法

5.（　　）是描述工作的总体性质，即列出主要工作的特征以及主要工作范围。

A.工作标识　　B.工作概述　　C.工作内容　　D.工作条件

6.（　　）是根据各种工作的相对价值或它们各自对组织的相对贡献来由高到低地进行排列。

A.工作排序法 B.工作分类法 C.因素比较法 D.要素计点数法

7.工作评价时，（ ）的优点是操作简单，适用于大型组织，但缺点是难以编写分类或分级说明。

A.配对比较法 B.工作分类法 C.交替排序法 D.因素比较法

8.“具有支配30万元资金的权限”，这是对（ ）的描述。

A.职责 B.任务 C.职权 D.职位

9.下列不属于工作分析结果表述形式的是（ ）。

A.工作说明书 B.工作分析计划 C.工作描述 D.工作规范

10.避免员工因为工作内容定义不清而产生抱怨和争议的方法是（ ）。

A.工作设计 B.工作评价 C.工作分类 D.工作分析

**三、判断题**

1.工作分析只有在新组织建立时才能进行。（ ）

2.工作分析的设计阶段的主要内容是仔细审核已收集到的各种信息。（ ）

3.工作说明书是工作分析人员根据员工必须具备的生理和心理需求进行的详细说明而形成的书面文件。（ ）

4.个别访谈是指工作分析人员与从事该工作的员工进行交谈。（ ）

5.关键事件法要求员工记录工作行为中的“关键事件”，也就是使工作成功或者失败的行为特征或事件。（ ）

6.访谈法的优点是成本低、工作效率高。（ ）

7.观察法适合以脑力活动为主的工作。（ ）

8.工作条件包括工作人员决策的权限以及审批财务经费和预算的权限等。（ ）

9.编写工作说明书时要注意对工作的描述清晰、具体。（ ）

10.工作评价就是要评定工作的价值、制定工作的等级，因此评价对象是任职者。（ ）

**四、思考题**

1.什么是工作分析？

2.工作分析的意义是什么？

3.工作分析的基本流程是什么？

4.工作分析的方法有哪些？

5.什么是工作评价？

## 【技能强化训练】

**一、讨论交流**

1.从工作分析的角度如何理解“三个和尚没水吃”与“三个臭皮匠，顶个诸葛亮”？请谈一谈你的认识。

2.如果工作分析过程中，工作分析岗位上员工不配合或有抵触情绪，这时候，工作分析小组人员该如何解决？

3.在工作说明书执行的过程中，如果员工有异议，或者说根本就不同意你对他所在岗位下的规定，那么人力资源部该怎么做？

## 二、应用设计

1.访谈提纲和调查问卷设计

假设你是你所在学校人力资源部的工作人员，现在领导安排你采用访谈法和问卷调查法，对学校教师岗位进行工作分析，请你结合实际情况，设计一份访谈提纲和调查问卷。

2.工作评价分级标准设计

某机械制造企业为了进行岗位工资制度设计，拟对生产岗位进行综合评价。请您对“安全生产责任”和“原材料消耗责任”两项重要评价指标的分级标准做出设计，填入表3-18和表3-19中（要求：评价标准划分为5级，并对每个等级做出明确的界定）。

表3-18 **安全生产责任指标分级标准表**

| 等　级 | 分级定义 |
|---|---|
| 1 | |
| 2 | |
| 3 | |
| 4 | |
| 5 | |

表3-19 **原材料消耗责任指标分级标准表**

| 等　级 | 分级定义 |
|---|---|
| 1 | |
| 2 | |
| 3 | |
| 4 | |
| 5 | |

3.工作分析调查方案设计

小张所在单位拟进行工作岗位分析，在准备阶段需要设计岗位调查方案，请你帮助小张拟订一份工作岗位分析调查方案。

## 三、数据分析与材料解析

1.工作岗位评价

某企业岗位评价表见表3-20，请你计算岗位A、B的岗位评价结果。

表3-20　　**某企业岗位评价表**

| 薪酬要素 | 权重 | 等级 | | | | |
|---|---|---|---|---|---|---|
| | | 一 | 二 | 三 | 四 | 五 |
| 1.知识经验 | 10 | 2 | 4 | 6 | 8 | 10 |
| 2.对决策的影响 | 15 | 2 | 5 | 8 | 11 | 15 |
| 3.监督管理 | 20 | 2 | 6 | 11 | 16 | 20 |
| 4.职责 | 15 | 3 | 6 | 9 | 12 | 15 |
| 5.解决问题的能力 | 15 | 2 | 6 | 10 | 15 | — |
| 6.沟通 | 10 | 2 | 6 | 10 | — | — |
| 7.工作环境 | 15 | 4 | 8 | 15 | — | — |
| 合计 | 100 | — | — | — | — | — |

具体说明：

（1）岗位评价总点值为800分，表中的权重是指薪酬要素占总点值的权重；

（2）岗位A经过评价，结果为：知识经验4等、对决策的影响3等、沟通1等、监督管理1等、职责4等、解决问题的能力4等、工作环境1等；

（3）岗位B经过评价，结果为：知识经验2等、对决策的影响1等、沟通1等、监督管理2等、职责2等、解决问题的能力2等、工作环境3等。

2.岗位评价要素计算

A公司在岗位评价过程中，采取了百分比系数法。以B岗位为例，其评价要素（$E_i$）及其权重（$P_i$）、评价指标（$E_{ij}$）及其权重（$P_{ij}$）、评价指标得分（$X_{ij}$）见表3-21。

表3-21　　**B岗位综合合计分标准表**

| 评价要素（$E_i$） | 评价指标（$E_{ij}$） | 评价指标评定 | | | 评价要素得分 | | |
|---|---|---|---|---|---|---|---|
| | | $X_{ij}$ | $P_{ij}$（%） | $X_{ij} \cdot P_{ij}$ | $X_i$ | $P_i$（%） | $X_i \cdot P_i$ |
| 任职资格 | 专业知识水平 | 80 | 40 | | | 30 | |
| | 工作检验 | 80 | 60 | | | | |
| 能力要求 | 组织协调能力 | 80 | 40 | | | 30 | |
| | 沟通能力 | 80 | 40 | | | | |
| | 创造能力 | 60 | 20 | | | | |
| 责任与强度 | 工作复杂程度 | 60 | 20 | | | 40 | |
| | 工作责任 | 80 | 30 | | | | |
| | 监督责任 | 80 | 25 | | | | |
| | 工作强度 | 60 | 25 | | | | |
| 工作岗位评价总分 | | | | | | | |

要求：

1. 填写表3-20，计算出B岗位各评价要素指标的得分（$X_i$）以及评价总分。

2. 说明设计各评价要素和指标权重的基本要求。

3. 对话分析

A：“你总是希望我用有限的人员来做更多的事情。如果你老是给我派活儿，你就应该给我安排更多的人。”

B：“你总是要求增加人。如果我满足你的人数要求，那么你所用的人将占公司人数的70%。依我看，现在你的人手已经饱和了。”

A：“我可以给你列出一连串我们在超负荷运转的理由。”

B：“我倒偏向于给每一项工作充分的职权，让员工对工作真正负责。”

要求：通过上面对话，你看出了什么问题？你对职务分析是如何认识的？

4. 案例分析

某市城建档案管理办公室每天上午8点上班。员工有一个主任、两个秘书、两个打字员和3个档案管理员。到上一年为止，由于均衡的工作量和明确的责任，该办公室一直运转平稳。

大约从去年开始，主任注意到打字员和档案管理员之间的争执多了起来。当他们找主任讨论这些争执时，可以确定是由对岗位职责的误解所引起的。一方面，打字员认为档案管理员有过多的空闲时间处理私事和进行社交，因此表现出强烈的不满；另一方面，秘书和打字员必须经常加班，做那些他们认为档案管理员很容易承担起来的工作。而档案管理员强调他们不应该承担任何额外的工作，因为他们的薪水没有反映这些额外的工作。

这个办公室中的每一个人都有一份几年前编写的一般工作说明书。然而，在那以后，由于计算机系统的普及应用，绝大多数职位的本质都发生了很大的变化。但这些变化一直未被写到书面材料中。主任以前曾召开全体员工会议讨论办公室出现的问题，然而，这几个月以来没有召开过任何会议。

要求：

（1）你会建议这个主任采取哪些行动？

（2）你认为工作说明书为什么在许多组织里没有被更新？

[第四章]

# 员工招聘与录用

## 思政视野

要用好用活各类人才，对待急需紧缺的特殊人才，要有特殊政策，不要求全责备，不要论资排辈，不要都用一把尺子衡量，让有真才实学的人才英雄有用武之地。广大人才要继承和发扬老一辈科学家胸怀祖国、服务人民的优秀品质，心怀“国之大者”，为国分忧、为国解难、为国尽责。

——习近平在中央人才工作会议上发表重要讲话

## 教学目标

| 知识目标 | 能力目标 | 素质目标 |
| --- | --- | --- |
| ▶掌握员工招聘与录用的程序<br>▶掌握员工招募的渠道和方法<br>▶掌握员工选拔的方法和技术<br>▶掌握录用决策与招聘评估的方法 | ▶能进行招聘信息收集并制订招聘计划<br>▶能根据招聘岗位选择不同的招募渠道<br>▶能根据不同的招聘岗位运用适宜的招聘方法<br>▶能科学做出录用决策并进行招聘评估 | ▶培养学生敏锐的观察、判断与识别能力<br>▶培养学生公正正直、爱才惜才的品德<br>▶培养学生高效、细心、全面考虑问题的习惯<br>▶培养学生实事求是、坦诚相待的职业素质 |

**导入案例**

**刘邦成功“逆袭”的用人智慧**

在中国封建社会的皇帝中，刘邦是一个十分特殊的人物。他出身微贱，不喜欢读书，开始“创业”时年岁也偏大，与他的劲敌、对手和其他天下豪杰相比，实在没有太多的优势，但他最终战胜群雄，荡平天下。刘邦的成功“逆袭”，可从他过人的用人智慧上窥见端倪。

把最优秀的人才放在最合适的位置上。汉五年（公元前202年）二月初三，55岁的刘邦在山东定陶汜水之阳举行登基大典，定国号为汉，刘邦在洛阳的南宫开庆功宴上，和众人总结楚汉战争胜败的经验教训。他总结了自己取胜的原因：

夫运筹策帷帐之中，决胜于千里之外，吾不如子房。镇国家，抚百姓，给馈饷，不绝粮道，吾不如萧何。连百万之军，战必胜，攻必取，吾不如韩信。此三者，皆人杰也，吾能用之，此吾所以取天下也。(《汉书·高帝纪》)

刘邦最大的优点就是知人善任。张良、萧何、韩信，都堪称人中龙凤，每一个人都各有所长，且其特殊才能都远在刘邦之上，刘邦均将他们罗致麾下，而且不嫉贤妒能，不弹压掣肘，能用其所长，把每一个人放在最合适的位置上，为每个人淋漓发挥自己所长创造了条件。张良定国策谋大计，萧何理国事抓经济，韩信统大军略城地，三人均有出色表现。试想，如果让张良理国事抓经济，让萧何统兵冲锋陷阵，让韩信定国策谋大计，结果就只能令人扼腕叹息了。

资料来源：张小锋．刘邦成功“逆袭”的用人智慧［EB/OL］．（2013-10-09）［2022-06-30］．http://theory.people.com.cn/n/2013/1009/c112851-23139647.html.

上述以弱胜强的历史故事，说明了得人才则兴，失人才则衰。这对于当今社会的企业来说，同样如此。可以说，人才是企业生存发展的关键，选好人才、用好人才是企业经营发展的重要环节。党的二十大报告指出：“树立选人用人正确导向，选拔忠诚干净担当的高素质专业化干部，选优配强各级领导班子。坚持把政治标准放在首位，做深做实干部政治素质考察，突出把好政治关、廉洁关。”那么，企业在招聘时，又将如何选拔录用人才？如何进行招聘评估？这正是本章要讲述的内容。

## 第一节　员工招聘与录用概述

人力资源管理的一项重要功能就是为企业培养合格的人力资源，尤其是在人才竞争日趋激烈的今天，能否吸引并选拔到优秀的人才已成为企业生存和发展的关键。因此，人力资源管理的吸纳功能就显得愈发重要，而这项功能正是通过招聘来实现的。作为人力资源管理的一项基本职能，员工招聘是人力资源进入企业或者具体职位的重要入口，它的有效实施不仅是人力资源管理系统正常运转的前提，也是整个企业正常运转的重要保证。

### 一、员工招聘与录用的概念

员工招聘，也称为招募、招收或招雇，包含两层意思：一是企业获取人力资源的方法；二是选拔最合适员工的过程。员工招聘与录用是指组织为了生存和发展，根据组织人力资源规划和工作分析的数量和质量要求，采取科学的方法寻找和吸引具备资格的个人到本企业来任职，从中选拔出适宜人员并予以录用的管理过程。招聘过程实质上就是从应聘者中选择最适合特定工作岗位要求人员的过程。

招聘的直接目的就是获取与企业空缺岗位相匹配的人才，实现员工个人与岗位的有效匹配。表面上看是企业主动选择应聘者的过程，实际上是一个企业与应聘者个人之间双向选择和匹配的动态过程。企业选择应聘者，应聘者同时选择企业，在这一过程中，企业和应聘者均应扮演着积极的角色。

## 二、员工招聘与录用的原则

员工招聘工作是人力资源管理的一项基本活动，为了提高招聘工作的效率，招聘到符合标准的员工，企业应在招聘工作中遵循以下原则：

**（一）公开原则**

公开原则是指招聘单位应将招聘岗位的种类和数量，应聘的资格、条件，考试的方法、科目和时间均面向社会公告周知，公开进行。一方面，给予社会上的人才以公平竞争的机会，达到广招人才的目的；另一方面，使招聘工作置于社会的公开监督之下，防止招聘工作中的暗箱操作等不正之风。

**（二）竞争原则**

竞争原则是指通过考试竞争和考核鉴别确定人员的优劣和人选的取舍。为了达到竞争的目的，一要动员和吸引较多的人报考，即建立足够大的“后备人才池”；二要严格考核程序和手段，以潜在员工的个体能力和技能作为选拔的标准，而不以关系和血缘等作为标准，保证人与组织匹配。

**（三）平等原则**

平等原则是指对所有报考者一视同仁，为应聘者提供平等竞争的机会。企业不应人为地制造各种不平等的限制或条件（如地域、相貌、民族或性别等方面的歧视）和各种不平等的优先和优惠政策，而应根据企业实际需要录用合适的人才。

**（四）能级对应原则**

能级对应原则是指被录用人的能力和录用岗位的需要相互适应和适合。这里所说的“能”，指能力、才能和本事；所说的“级”，就是职位、职务和职称。员工招聘与录用应当以提高企业效率、提高企业竞争力和促进企业发展为根本目标，为企业人力资源管理奠定一定的基础。招聘人员，不一定要最优秀的，而应量才录用，做到人尽其才、用其所长、职得其人，这样才能持久和高效地发挥人力资源的作用。

**（五）全面考核原则**

全面考核原则是指对应聘人员从品德、知识、能力、智力、心理、过去工作的经验和业绩进行全面考试、考核和考查。因为一个人能否胜任某项工作或发展前途如何，是由多方面因素决定的，并不仅仅取决于知识的储备量，而且许多岗位所要求的非智力因素在其将来的业绩中起着决定性作用。

**（六）效率优先原则**

企业在招聘过程中需要花费大量的费用，企业应用尽可能低的招聘成本录用到最佳人选。具体要求是在组织招聘工作时要根据不同的招聘要求，灵活地选用适当的招聘途径和招聘手段，在保证招聘质量的基础上，尽可能降低招聘成本。

## 三、员工招聘与录用工作的分工

在招聘过程中，传统的人事管理和现代人力资源开发与管理的工作职责分工是不同的。在过去，员工招聘的决策与实施完全由人事部负责，用人部门的职责仅仅是负责接收人事部门招聘的人员及安排工作，完全处于被动的地位。而在现代组织中，起决定性作用的是用人部门，它直接参与整个招聘过程，并在其中有计划、初选与面试、录用、人员安置与绩效评估等决策权，完全处于主动地位。人力资源部门只在招聘过程中起到组织和服务的功能。表4-1是招聘过程中人力资源部门和用人部门职责分工。

表4-1 招聘过程中人力资源部门和用人部门职责分工

| 人力资源部门工作内容和职责 | 用人部门工作内容和职责 |
|---|---|
| 1.负责增员计划的统计和复核<br>2.负责招聘计划的拟订和报批<br>3.负责招聘广告的拟订和报批<br>4.负责招聘广告的发布<br>5.负责应聘信件的登记<br>6.负责应聘人员的资格审查和初选<br>7.负责笔试、面试等测评活动的组织和公司情况介绍<br>8.负责应聘人员的身体检查和背景调查<br>9.负责录用通知的寄发<br>10.负责劳动合同的签订<br>11.负责报到手续的办理<br>12.负责试用期的管理<br>13.负责招聘活动的评估 | 1.负责增员计划的编制和报批<br>2.负责新岗位工作说明的撰写<br>3.负责笔试考卷的设计<br>4.参加面试和其他测评活动<br>5.负责候选人员以及最终录用人员的确定<br>6.负责试用期的考核<br>7.协助招聘活动的评估 |

**红色力量4-1**

**毛泽东：唯才是举，不拘一格**

许多人才在年轻时就表现出了超凡的才干和能力，这时能否把人才放在相应的岗位上并大胆任用和精心培育，不仅影响到人才的后期发展，也体现出领导者识才任人的水平与智慧。毛泽东大胆任用粟裕，就充分体现出了唯才是举、不拘一格的识才爱才艺术。

抗战时期，30多岁的粟裕已显露出卓越的军事指挥才华，他所率领的部队仅在1938年至1943年就歼灭日伪军多达10万人，这使毛泽东坚信：这位从士兵成长起来的将领有能力指挥更多的军队。1945年9月，毛泽东任命粟裕担任华中军区副司令员兼华中野战军司令员。山东军区司令员陈毅是粟裕的老上级，粟裕率部到山东后，军事指挥如何协调？1946年10月15日，毛泽东致电陈毅等人，山东、华中两大野战军会合后，在陈毅的领导下，大政方针共同决定，战役指挥交粟裕负责。这种非同寻常的关照，反映了毛泽东对后起之秀的器重。1948年5月，陈毅去中原工作一段时间，毛泽东又提出让粟裕担任华东野战军司令员兼政委；在粟裕提出谦让后，仍令粟裕任代理华东野战军司令员兼政委，统帅40万大军。此后，粟裕指挥华东野战军在豫东战役中歼敌8.6万人，首创一次战役歼敌2个整编师的纪录；济南战役中又歼敌10万，在全军率先突破了带有决战性的攻坚战这一关。正是由于毛泽东能够慧眼识才，并不拘一格地重用，使粟裕成为我军历史上一名杰出的高级将领。

资料来源：刘辉. 毛泽东的识才爱才艺术［J］. 湖北教育（领导科学论坛），2010（6）：75.

## 第二节　员工招聘与录用的程序

员工招聘与录用是一个复杂、完整和连续的程序化操作过程，也是一项极具科学性与艺术性的工作。根据招聘活动本身的规律性，可以把招聘与录用过程划分为几个相互独立而又相互联系的阶段，招聘程序就是按照这些阶段来进行招聘的计划安排。目前，我国企业员工招聘与录用的程序一般包括以下几个方面：制订招聘计划、员工招募、人员选拔、人员录用和招聘评估，如图4-1所示。

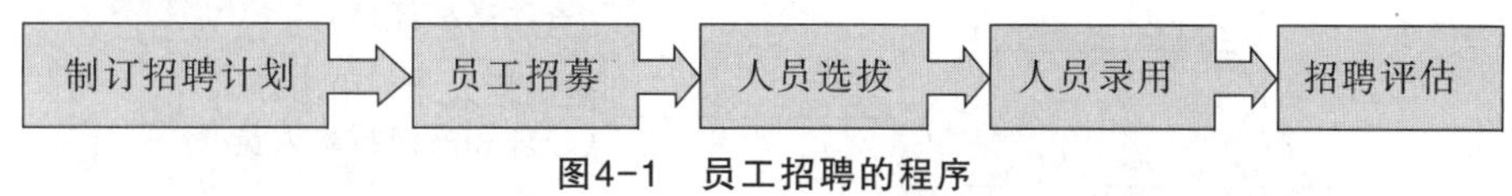


**图4-1　员工招聘的程序**

### 一、制订招聘计划

招聘的首要环节是制订招聘计划。根据工作分析确定工作任务、人员要求、工作规范等，这只是工作分析第一层次的目标。招聘需求确定后，还需要结合具体岗位的工作分析和组织总体人力资源规划来制订详细的招聘计划。通过招聘计划把对职位空缺的需求变成一系列目标，并把这些目标具体为相关的应聘者的数量和类型。一般来说，招聘计划的主要内容包括：招聘的规模、招聘的范围、招聘的时间和招聘的预算等。

**（一）招聘的规模**

招聘的规模是指企业准备通过招聘活动吸引多少数量的应聘者。招聘活动吸引的人员数量既不能太少，也不能太多，而应控制在一个合适的规模。企业可以通过招聘录用金字塔模型（如图4-2所示）来确定招聘规模。使用这一模型确定的招聘规模，取决于两个因素：一是企业招聘录用的阶段，阶段越多，招聘的规模相应地就越大；二是各个阶段通过的比例，这一比例的确定需要参考企业以往的历史数据和同类企业的经验，每一阶段的通过比例越低，招聘的规模就越大。

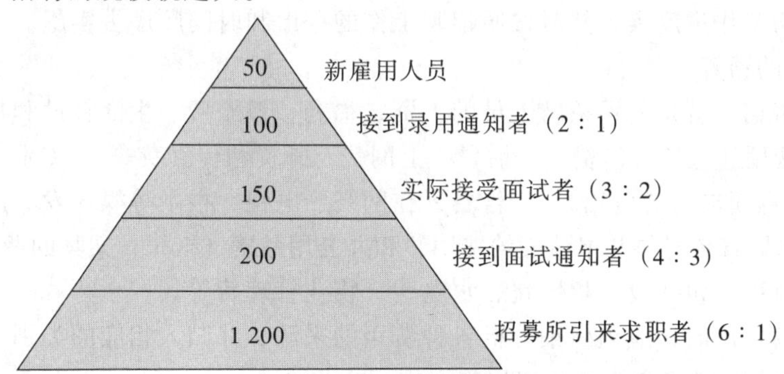


**图4-2　招聘录用金字塔模型**

**（二）招聘的范围**

招聘的范围是指企业要在多大的地域范围内进行招聘活动。从招聘的效果考虑，范围越大，效果会越好；但是随着范围的扩大，企业的招聘成本也会增加。因此，对于理性的企业来说，招聘的范围应当适度，既不能太大，也不能太小。

企业在确定招聘范围时，总的原则是到与招聘人员直接相关的劳动力市场上进行招聘。这通常需要考虑以下两个主要因素：一是空缺职位的类型。一般来说，层次较高或性质特殊的职位，需要在较大的范围内进行招聘；层次较低或者比较普通的职位，在较小的范围内进行招聘即可。图4-3是企业招聘范围的示意图。二是企业当地的劳动力市场状况。如果当地的劳动力市场比较紧张，相关职位的人员供给比较少，招聘的范围就要扩大；相反，当劳动力市场宽松时，在本地进行招聘就可以满足需求。

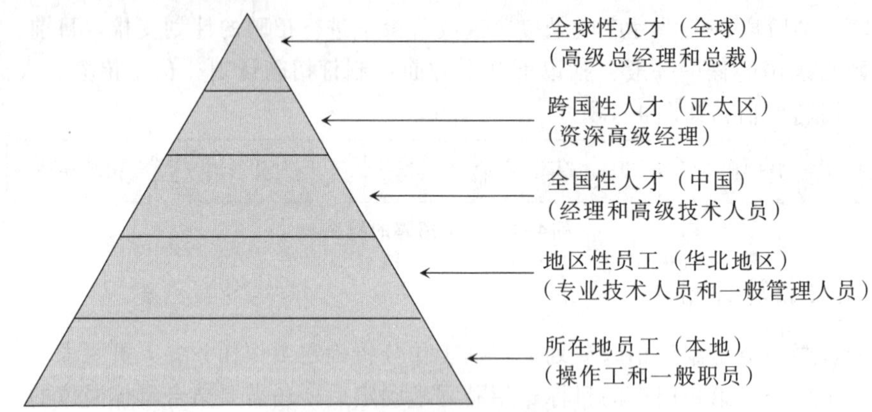


**图4-3 企业招聘范围的示意图**

### （三）招聘的时间

由于招募工作本身需要耗费一定的时间，再加上选拔录用和岗前培训的时间，因此填补一个职位空缺往往需要相当长的时间。为了避免企业因缺少人员而影响正常运转，企业要科学、合理地确定自己的招聘时间，以保证职位空缺的及时填补。一般来说，可以用一个公式计算出招聘所需的时间：

招聘时间=用人时间-（招聘设计+培训时间）

在条件允许的情况下，招聘信息应尽早发布，这样有利于缩短招聘进程，使更多的人获取信息，使应聘人数增加。这就需要对招聘过程中各个阶段所需的时间有一个比较准确的了解，以此准确估算信息发布的时间，及时进行招聘信息的发布。有经验的企业一般都预先编制好招聘工作进度表，然后按照招聘工作的程序和时间顺序去实施。

### （四）招聘的预算

（1）人工费用，就是公司招聘人员的工资、福利、差旅费、生活补助和加班费等。

（2）业务费用，包括通信费（电话费、上网费、邮资和传真费等）、专业咨询与服务费（为获取中介信息而支付的费用）、广告费（在网络、电视、报纸等媒体发布广告的费用）、资料费（公司印刷宣传材料和申请表的费用）和办公用品费（纸张、文具的费用）等。

（3）其他费用，包括设备折旧费、水电费、物业管理费等。

在计算招聘费用时，应当仔细分析各种费用的来源，并归入相应的类别中，以避免出现遗漏或重复计算。表4-2为某公司招聘费用预算表。

## 二、员工招募

招聘决策完成后，就进入到员工招募环节。所谓员工招募，就是指寻找员工可能的来源和吸引他们到组织应征的过程。在这一阶段，企业要将招聘信息通过多种渠道向社会发布，向社会公众告知用人计划和要求，确保有更多符合要求的人员前来应聘，以供筛选。

表4-2 **某公司招聘费用预算表**

| 招聘时间 | | 招聘地点 | | 招聘日期 | |
|---|---|---|---|---|---|
| 招聘人员数量 | | 负责部门 | | 具体负责人 | |

招聘费用预算

| 序号 | 费用名称 | 费用金额（元） | 备 注 |
|---|---|---|---|
| 1 | 材料制作费用 | 1 200 | 企业广告制作费用、宣传材料制作费用等 |
| 2 | 报刊招聘费用 | 1 500 | 在某报纸上刊登招聘广告的费用 |
| 3 | 网络招聘费用 | 1 000 | 在某招聘网站上发布职位信息的费用 |
| 4 | 招聘会参展费用 | 600 | 参加大型现场招聘会的费用 |
| 5 | 办公费用 | 400 | 办公用品、办公设备、水电费用等费用 |
| 6 | 人工成本 | 600 | 招聘人员的工资、福利、补助等 |
| 7 | 交通费用 | 100 | 招聘人员的交通费用 |
| 8 | 食宿费用 | 300 | 外地求职者的食宿费用 |
| 9 | 其他费用 | 300 | 其他各项费用开支及不可预见费用 |
| | 费用合计 | 6 000 | |
| | 人均招聘费用 | | |
| 预算审核人（签字）： | | | 公司主管领导审批（签字）： |

制表人： 制表日期： 年 月 日

一般来说，信息发布面越广、越及时，接收到信息的人越多，应聘者就越多，组织的选择余地也就越大，但相应的信息发布费用就越高；反之，则相反。从理论上说，能来应聘的人越多越好，企业挑选余地就越大。

## 三、人员选拔

人员选拔是指组织根据一定的条件和标准，运用科学的方法和手段，对应聘者进行严格的审查、比较和选择，发现和获得组织所需要员工的过程。员工选拔是员工招聘的关键环节，其目的在于判断求职者未来的工作绩效，录用符合职位要求的人选，淘汰不符合职位要求的人选。员工选拔的程序一般包括以下几个方面：

### （一）申请与资格审查

求职者的应聘申请是选拔的基础。求职者通常需要填写招聘企业统一印制的应聘申请表。申请表是用来记录求职者个人背景信息的书面材料。资格审查是对求职者是否符合职位的基本要求的一种审查，人力资源管理部门通过审阅求职者的个人简历和应聘申请表对求职者进行审查，挑选出较为优秀的应聘者参加下一轮测试。

企业对求职者提交的所有申请材料（申请表、推荐函和证明材料等）进行资格审查。

在资格审查过程中，选拔人员需要做出如下判断：①求职者是否符合招聘的基本条件，如年龄、学历和专业等；②求职者提供的个人信息是否真实，是否需要进行必要的核实与调查；③初步判断求职者是否胜任岗位，以决定求职者是否可以进入下一个选拔程序。一般情况下，为了避免判断失误而导致人才误舍，在资格审查过程中应尽量减少淘汰的人数。

**（二）面试**

面试是一种非常普遍和常用的选拔方法，许多企业将面试的资料作为取舍申请者的依据。面试一直是在评价申请人时采用的主要方法，几乎所有企业实际上都在采用这种方式，并把面试看作最有决定性的选择程序。通过面试，了解应聘者的语言表达能力、反应能力、个人修养、逻辑思维能力、业务知识水平和工作经验等综合情况，并根据面试情况判断应聘者是否适合企业的用人要求；同时，应聘者可以通过将个人期望和现实情况相比较，判断企业是否适合自己的发展。

**（三）测试**

许多企业都把各种形式的测试作为选拔程序的一部分。与面试相比，测试可以客观地甄别申请者的能力、学问和经验。测试具有操作简便、客观标准明确、易评判、公正和客观等优点，在人力资源管理中得到了广泛的运用。测试作为一种比较可靠和准确的选拔手段也有其局限性。测试也许可以准确地预计一个人的工作能力，但不能说明一个人想把工作做到什么程度。此外，涉及个性测试、个人爱好等问题时，选拔的成败取决于求职者是否诚实。求职者可能有强烈的动机使其对问题做出不真实的回答，或提供他认为是企业所期望的答案。即便是采用设计完善的测试，仍会发生录用了不合格的人却拒绝了合格的人这种错误。因此，在选拔过程中不宜单独使用测试，最好与其他工具结合起来使用。

**（四）背景调查**

对申请人的背景和资格进行审查时，可以从不同角度出发，还能发掘出一些在常规面试中难以发现的信息。这样做不仅可以证实申请人的工作能力、表现、性格、优点和缺点等信息是否真实，还可以审核申请人的学历、工作经验的证明文件及推荐信是否真实。此法适用于聘用中高级人才和关键性职位人才。进行背景调查的方式主要有电话调查、正式商业信函、与应聘者提供的证明人进行面谈。其中，电话会谈是比较经济和便捷的方式；正式商业信函有书面的记录确认，便于归档；与前单位负责人进行面谈，则可更加深入和全面地了解应聘者的能力及原绩效表现情况，不过成本也最高。

**（五）体检**

体检是看应聘者的身体状况是否适合其所谋求的职务和环境。体检可以保证每一位被录用的员工身体健康和体能符合工作要求，如视力正常、能举起重物和能站立工作等。这样可以避免员工投诉企业的工作环境危害健康而要求赔偿，并且可以防止疾病传播。在选拔过程中，体检一般放在后期进行，因为这项程序费用较高，待其他不合格的申请者被淘汰之后再进行体检，可以降低成本。

**文化故事4-1**

**毛遂自荐**

战国时期，秦军在长平一战，大胜赵军。秦军主将白起领兵乘胜追击，包围了赵国都城邯郸。

大敌当前，赵国形势万分危急。平原君赵胜奉赵王之命，去楚国求兵解围。平原君把门客召集起来，准备挑选20个文武全才一起去。经过挑选，最后还缺一个人。他门下有一个叫毛遂的人走上前来，向平原君自我推荐说："听说先生将要到楚国去签订'合纵'盟约，约定与门客20人一同前往，而且不到外边去寻找。现在还少1个人，希望先生就以毛遂凑足人数出发吧！"平原君说："先生来到我门下几年了？"毛遂说："3年了。"平原君说："贤能的人处在世界上，就好比锥子处在囊中，它的尖梢立即就能显现出来。现在，您在我的门下已经3年了，左右的人们对您没有称道，我也没听到赞语，这是因为先生没有什么才能的缘故。所以先生不能一道前往，请留下！"毛遂说："我不过是今天才请求进到囊中罢了。如果我早就处在囊中的话，一定会像锥子那样，整个锋芒都会露出来，不仅是尖梢露出来而已。"平原君终于同意与毛遂一道前往。

到了楚国，楚王只接见平原君一个人。两人坐在殿上，从早晨谈到中午，还没有结果。毛遂大步跨上台阶，远远地大声叫起来："出兵的事，非利即害，非害即利，简单而又明白，为何议而不决？"楚王非常恼火，问平原君："此人是谁？"平原君答道："此人名叫毛遂，乃是我的门客！"楚王喝道："赶紧退下！我和你主人说话，你来干吗？"毛遂见楚王发怒，不但不退下，反而又走上几个台阶。他手按宝剑，说："如今十步之内，大王性命在我手中！"楚王见毛遂那么勇敢，没有再呵斥他。毛遂就把出兵援赵有利于楚国的道理，作了精辟的分析。毛遂的一番话，说得楚王心悦诚服，答应马上出兵。不几天，楚、魏等国联合出兵援赵，秦军撤退了。平原君回到赵国后，待毛遂为上宾。他很感叹地说："毛先生一至楚，楚王就不敢小看赵国。"

成语"毛遂自荐"由此而来，比喻不经别人介绍，自我推荐担任某一项工作。

资源来源：唐彩萍，舒敏．课本里的成语故事［M］．福州：福建少年儿童出版社，1998：77-78.

## 四、人员录用

应聘者经过各种筛选环节后，下一个步骤就是录用与就职。人员录用是指从招聘选拔阶段层层筛选出来的候选人中选择出符合组织需要的人，并做出最终录用决定、通知其报到并办理就职手续的过程。人员录用对组织来说至关重要，有效的人员录用可以为组织节省费用，降低员工辞退与辞职的风险。

虽然不同的企业录用程序差异很大，但一般来讲，人员录用工作主要包括做出录用决策、确定并公布录用名单、办理录用手续、通知应聘者、签订试用合同、新员工入职、新员工培训、新员工试用期考核、新员工转正并签订正式劳动合同等环节。人员录用的一般程序如图4-4所示。

## 五、招聘评估

招聘评估是招聘工作的最后一项工作，也是招聘过程必不可少的一个环节，但这一点很多企业并不重视。所谓招聘评估，是指在完成招聘过程中各阶段工作的基础上，对整个招聘活动的过程及结果进行评价与总结，检查是否达到预期的招聘目的，以便不断改进招聘工作和提高招聘水平。招聘评估一般包括招聘工作的定性评估、定量评估和招聘工作的信度与效度评估。招聘评估的具体内容将在本章第四节进行详细阐述。

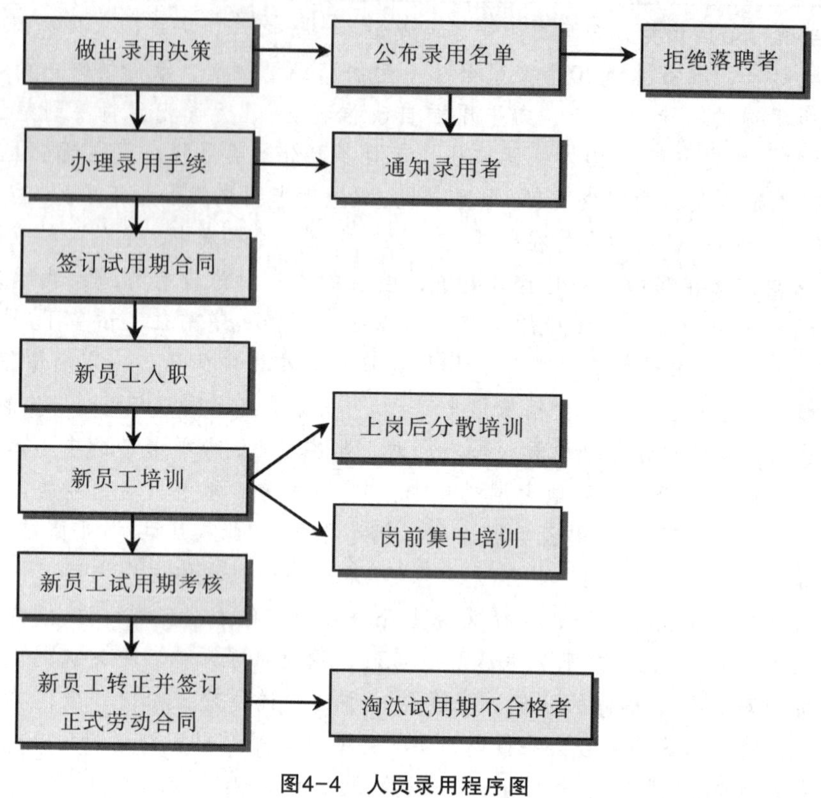


图4-4 人员录用程序图

**文化故事4-2**

**晋商用人唯贤**

“得人者兴，失人者衰，认真查看者得之，不认真查看者不得之。”这是山西商人的经验之谈。

晋商当时的管理方式与现代委托–代理机制相仿，这种机制的形成很大程度上基于东家与掌柜之间的信任。聘用掌柜之前，先由东家对此人进行严格的考察，确认其有所作为，能守能攻，多谋善变，德才兼备，可以担当掌柜之重任，便以重礼招聘，委以全权，并始终恪守用人不疑、疑人不用之道。

光绪二十年，高钰被任命为大德通票号的总经理，引起轩然大波。面对众人的质疑，乔东家不为众言所动，将号内资本、人事全权委托给高钰负责。高钰在大德通票号逐渐地树立了绝对的权威。甲午战争时期，当不少票号开始收缩业务时，大德通却继续大张旗鼓地扩张业务，最终提高了信誉，赢得了大批顾客的信赖，生意更加红火起来。这证明了高钰的高瞻远瞩和真知灼见，也让众人心服口服。

资料来源：陈国海，马海刚. 人力资源管理学［M］. 2版. 北京：清华大学出版社，2021：172.

## 第三节 员工招聘的途径和选拔方法

员工招募或选拔的过程都是关于个人与企业匹配的活动，只是本质不同。招募的过程是组织就职缺的特性与个人的需求相匹配，由应征者决定是否满足需求。选拔的过程则是求职者的能力与企业所需人才的条件匹配，由企业来决定是否匹配。而无论是招募还是选拔，其基本含义都在于组织、职务与个人之间的匹配度。对组织而言，若无法吸引和找出合适的人员担任职务，则组织将付出不必要的招募选拔成本、培训成本和薪资成本等，使组织绩效无法提升。由此可见，招募与选拔的重要性是不容忽视的。

## 一、员工招募的渠道和方法

员工招募就是通过各种途径和方法获取候选人的过程。招聘工作的成败在很大程度上取决于有多少人来应聘，应聘的人越多，企业选出优秀人才的可能性就越大。员工招聘的目标，就是要吸引尽可能多的、符合企业需求的人来应聘。

### （一）招募的渠道

与人力资源供给的来源相对应，员工招募的渠道有两种：内部招募和外部招募，这也是企业招聘人员的两个来源。职位空缺的填补，无论是经内部选拔来实现，还是经外部招聘来实现，都各有利弊，这两种招募渠道的利弊分析见表4-3。事实上，内部招募和外部招募对组织人力资源的获取具有同等重要的地位。某一项工作究竟是由组织内部人员还是外部人员承担，要视市场供给、组织人力资源政策和工作要求而定。

表4-3　**两种招募渠道的利弊分析**

| 项目 | 优　势 | 劣　势 |
| --- | --- | --- |
| 内部招募 | 1.有利于提高员工的士气和发展期望<br>2.对组织工作的程序、企业文化、领导方式等比较熟悉，能够迅速地开展工作<br>3.对企业目标认同感强，辞职可能性小，有利于个人和企业的长期发展<br>4.风险小，对员工的工作绩效、能力和人品有基本的了解，可靠性较高<br>5.节约时间和费用 | 1.容易引起同事间的过度竞争，发生内耗<br>2.竞争失利者感到心理不平衡，难以安抚，容易降低士气<br>3.新上任者面对的是“老人”，难以建立起领导的声望<br>4.容易产生“近亲繁殖”问题，思想因循守旧，思考范围狭窄，缺乏创新与活力 |
| 外部招募 | 1.为企业注入新鲜的“血液”，能够给企业带来活力<br>2.避免企业内部相互竞争所造成的紧张气氛<br>3.给企业内部人员以压力，激发他们的工作积极性<br>4.选择的范围比较广，可以招募到优秀的人才 | 1.对内部人员是一个打击，感受到晋升无望，会影响工作热情<br>2.外部人员对企业情况不了解，需要较长的时间来适应<br>3.对外部人员不是很了解，不容易做出客观的评价，可靠性比较差<br>4.外部人员不一定认同企业的价值观和企业文化，会给企业的稳定造成影响 |

### （二）内部招募的来源和方法

内部招募的来源主要有两种：一是下级职位上的人员，主要通过晋升的方式来填补空缺职位；二是同级职位上的人员，填补空缺职位的方式主要是工作调换或工作轮换。内部招募的方法主要有两种：一是工作公告法；二是档案记录法。

1.工作公告法

工作公告法是一种内部招募方法，就是通过向员工通报现有工作空缺，从而吸引相关人员来申请这些空缺职位。工作公告中应包括空缺职位的各种信息，如工作内容、资格要求、上级职位、工作时间以及薪资等级等。

2.档案记录法

企业人力资源部一般都存有员工的个人资料档案，从中可以了解到员工在教育、培训、经验、绩效等方面的信息。通过这些信息，企业高层和人力资源部门就可以筛选出符合空缺职位要求的人员。档案记录法的优点是可以在整个组织内发掘合适的工作应聘者；同时，技能档案包含的信息比较全面，采用这种方法比较便利和省时。使用这种方法进行内部招聘时要注意两个问题：一是档案资料的信息必须真实可靠、全面详细、及时更新，这样才能保证被选中人员的质量；二是确定出人选后，应当征求本人的意见，看其是否愿意服从调配。

随着计算机和网络技术的发展，现在很多企业都建立起了人力资源信息系统，对员工的个人信息进行动态化和规范化的管理，利用档案记录进行内部招聘的效率和效果都得到了大幅度的提高。

**（三）外部招募的来源和方法**

外部招募是根据一定的标准和程序，从组织外部寻找员工可能的来源和吸引他们到组织应聘的过程。外部招募的人员来源较多，如职业学校、学院和大学、竞争对手、退伍转业军人、个体劳动者、老年劳动者等。在制订招聘计划时，要以招收职位的素质要求为基础；同时，考虑企业的发展状况、培训能力、正式上岗的迫切性、人力成本预算等因素，选择恰当的招聘来源。不恰当的招聘来源将导致招聘工作效率低下，甚至可能会使不合格的员工进入企业。

由于外部招募的来源都在企业外部，因此招募方法的选择非常重要；否则，潜在的应聘者就无法获知企业的招聘信息。外部招募的方法主要有以下几种：

1.广告招聘

广告是企业进行外部招募时最常用的一种方法。借助广告进行招募时，需要考虑两个问题：一是广告媒体的选择；二是广告内容的构思。目前通行的广告媒体主要有报纸、杂志等，企业应当根据具体的情况来选择最合适的媒体。

2.校园招聘

校园招聘是指企业通过在校园中举办招聘会等形式，招聘一些即将毕业的大中专院校学生。大中专院校学生，特别是一些名校或紧俏专业的学生，由于他们具备最新的知识、较高的素质和能力，并具有较强的可塑性，因此这些人往往是各大企业争夺的对象，对他们的获取一般都通过校园招聘的途径。最常见、最节约的校园招聘方法就是派人到学校开设就业讲座，介绍企业的情况和政策，让学生对企业有更多的了解，吸引学生到企业来应聘。

校园招聘是组织获得潜在管理人员及专业技术人员的一条重要途径，也是宣传企业形象的一种非常便利的手段；但同时要注意到校园招聘持续时间长，确定的候选人要等到毕业才能被雇用。另外，由于毕业生就业之初离职或跳槽的情况比较多，工作稳定性差，所以组织的招聘、选拔和培训成本较高。

3.人才中介机构招聘

企业招聘人员可借助各种职业介绍机构，如猎头公司、职业介绍所、人才交流中心等。

（1）就业服务机构。这是指专门进行人力资源搜索、筛选，并向企业提供各类所需人才的机构。它往往担任着双重角色：既为组织择人，也为求职者择业。通过就业服务机构，企业往往可以较快地招聘到合适的人员。企业通过与合适的专业机构进行接触，告知所需工作应具备的资格；专业机构承担寻找和筛选求职者的工作，向企业推荐优秀的求职者，以便进一步筛选。在我国，就业服务机构是指各种职业介绍所（包括政府主办的公共职业介绍机构、私人或民间的职业介绍所）、人才交流中心等。这种方法一般适用于企业招聘中低层员工。

（2）招聘洽谈会。人才交流中心或其他人才机构每年都要举办多场人才招聘洽谈会。在洽谈会中，用人企业和应聘者可以直接进行接洽和交流，节省了企业和应聘者的时间。随着人才交流市场的日益完善，洽谈会呈现出向专业方向发展的趋势，如中高级专业人才洽谈会、应届生双向选择会等。洽谈会由于应聘者集中，所以企业的选择余地较大，但招聘高级人才还是较为困难的。通过参加招聘洽谈会，企业招聘人员不仅可以了解当地人力资源的素质和走向，还可以了解同行业其他企业的人事政策和全国各地的人才需求情况。

（3）猎头公司。这是指那些以受托招聘为主要业务的公司。在国外，猎头服务早已成为企业求取高级人才和高级人才流动的主要渠道之一。我国的猎头服务近些年来发展迅速，越来越多的企业逐渐接受了这一招聘方式。猎头服务的一大特点是推荐的人才素质高。猎头公司一般会建立自己的人才库，优质高效的人才库是猎头公司最重要的资源之一，对人才库的管理和更新也是它们日常的工作之一，而搜寻手段和渠道是猎头服务专业性最直接的体现。当然，与高素质候选人才相伴的是高昂的服务费。猎头公司的收费通常能达到所推荐人才年薪的30%～35%。但是，如果把企业自己招聘人才的广告费用、时间成本、选拔成本、人才素质差异等隐性成本计算进去，猎头服务或许不失为一种经济、高效的方式。

4.网络招聘

网络招聘也称在线招聘或电子招聘，它是指利用互联网技术进行的招聘活动，包括信息的发布、简历的收集整理、电子面试以及在线测评等。它不仅是将传统的招聘业务搬到网上，还是互动的、无地域限制的和具备远程服务功能的一种全新的招聘方式。网络招聘以招聘范围广、信息量大、可挑选的余地大、应聘者素质高、招聘效果好、费用低等优势，获得了越来越多企业的认可。

目前，通过网络招聘的渠道有：①注册成为人才网站的会员，在人才网站上发布招聘信息，收集求职者信息资料，查询合适人才信息。这是目前大多数企业在网上招聘的方式。由于人才网站上资料库信息量大、日访问量高，所以企业往往能较快招聘到合适的人才。②在自己公司的主页或网站上发布招聘信息。很多公司在自己的网站上发布招聘信息，以吸引来访的人员加入。③在某些专业的网站上发布招聘信息。由于专业网站往往能聚集某一行业的精英，在这样的网站上发布招聘信息往往效果更好。④在特定的网站上发布招聘广告。有些公司会选择在一些浏览量很大的网站上发布招聘广告。

5.员工推荐

许多企业都采取员工推荐的方法来招聘新员工，员工推荐对招聘专业人才比较有效。员工推荐具有招聘成本低、应聘人员素质高、可靠性强等优点，因此很多企业认为员工推荐是招聘方法中最好的一种。如思科公司、微软公司、英特尔公司等，它们对推荐成功的员工还给予奖励。但是，这种方法也存在缺点，一旦员工所推荐的人被拒绝，则这个员工可能会产生不满；如果引荐的人数过多，容易形成小团体和非正式组织，对组织可能造成致命的伤害。

前述几种外部招募方法各有优缺点，企业可以根据实际情况选择运用。表4-4为各种外部招募方法的详细比较。

表4-4 **外部招募方法的比较**

| 招募方法 | 适合招聘的工作类型 | 速度 | 成本 | 求职者来源 | 求职者同工作要求的符合程度 |
|---|---|---|---|---|---|
| 广告招聘 | 所有 | 快 | 中 | 广 | 不高 |
| 就业服务机构 | 蓝领工人、低层管理人员 | 中 | 中 | 较广 | 较高 |
| 猎头公司 | 中、高层管理人员 | 中 | 高 | 较广 | 较高 |
| 校园招聘 | 管理人员、专业技术人员 | 慢 | 高 | 较广 | 较高 |
| 网络招聘 | 所有 | 快 | 低 | 广 | 较高 |
| 员工推荐 | 所有 | 快 | 低 | 不广 | 高 |

## 二、员工招聘的选拔方法

员工选拔是一项为企业把关的重要工作，是整个招聘过程的关键环节。如果将不合适的人员引进企业，不仅会增加培训等方面的困难，而且会造成过高的人员流动率，增加企业的负担。人力资源招聘工作实践中有许多实用的选拔方法，当前使用最广泛的、最主要的选拔方法是申请表与简历筛选、面试、选拔测试和评价中心测试等。

### （一）申请表与简历筛选

对应聘申请表和简历的审查及评价是招聘选拔的初步筛选，其目的在于收集关于求职者背景和现在情况的信息，以评价求职者是否能满足最低的工作要求。其基本内容包括应聘者过去和现在的工作经历、受教育情况、培训情况、能力特长、职业兴趣等。

每个应聘者都会向招聘单位递交简历，为什么还需要申请表呢？这是因为简历主要是应聘者想告诉企业的内容，申请表则主要是企业想了解的内容，二者内容既有重合，又有区别，对企业各有利弊，配合使用，可以互为补充。个人简历与申请表的区别见表4-5。

表4-5 **个人简历与申请表的区别**

| 优缺点 | 个人简历 | 申请表 |
|---|---|---|
| 优点 | 1.开放式，有助于创新<br>2.允许申请人强调他认为重要的东西<br>3.允许申请人点缀自己<br>4.费用较低，容易做到 | 1.直截了当<br>2.结构完整<br>3.限制了不必要的内容<br>4.标准化程度高，易于评估 |
| 缺点 | 1.申请人可能略去某些对自己不利的内容，容易添油加醋<br>2.标准化程度低，难以评估 | 1.封闭式，限制创造性<br>2.制作和分发费用较高 |

拓展阅读4-1：笔迹法分析

## （二）面试

面试是一种最重要、最常用的人员选拔方法，其目的是使组织通过面对面的交流找到最合适的人选，也使应聘者通过求职过程的真实体验找到最理想的职位。

1.面试的概念

面试是一种经过精心设计，在特定场景下，通过与应聘者面对面的交谈与观察，了解其有关信息的方式。面试是员工选拔最普遍使用的方法。

面试内容包括应聘者的仪容仪表、人生观、社会观、职业观、人格成熟程度、个人修养、求职动机、工作经验、相关专业知识、语言表达能力、应变能力及决策能力、自我认识能力及协调指导能力、社交能力及分析判断能力、团队意识、责任心等。

2.面试的类型

（1）按照面试的结构化程度，面试可以分为结构化面试、非结构化面试和半结构化面试。

①结构化面试。这是指在面试前已设立面试内容的固定框架或问题清单，主考官按照这个框架对每个应聘者分别作相同的提问，并控制整个面试的进度。结构化面试具有规范性、客观性、相对标准性、便于掌握评分尺度等特点，也称标准化面试。这种面试由于对所有应聘者均按同一标准进行，因而可以提供结构与形式相同的信息，全面分析、比较，同时减少了主观性，且对考官的要求也较低。但缺点是过于僵化，难以随机应变，因而所收集信息的范围受到限制。表4-6是某企业结构化面试试题。

表4-6　某企业结构化面试试题

| 考核内容 | 面试问题 |
|---|---|
| 工作经验 | 描述一下你以往的主要工作职责，以及在工作中有何收获 |
| 领导能力 | 作为一个部门领导，你如何让你的下属尊敬并信任你 |
| 计划执行能力 | 1.你是如何准备这次面试的 |
| | 2.你如何计划和安排重要项目 |
| 判断和决策能力 | 1.当事情发展的结果与你事先做的计划有很大的偏差时，你如何处理 |
| | 2.当你在购物时，无意中发现了一件商品，其外观非常精致，但对你来说没有太大的使用价值，你会如何抉择 |
| | 3.在以前的工作经历中，你是如何做出重大决策的？请举个例子加以说明 |
| 目标管理能力 | 1.你怎样鼓励员工达到工作目标 |
| | 2.你如何确保企业的目标、任务能反映到各部门甚至员工个人的工作目标中去 |
| 开拓能力 | 举例说明在一个新的环境里，你是如何发现潜在商机的 |
| 客户服务意识 | 举例说明你是如何成功地处理了客户提出的比较难以解决的问题，从而使客户满意的 |
| 人际沟通能力 | 在长途旅行的火车或飞机上，周围都是陌生的人，你如何在这个环境中与他们相处 |
| 影响力 | 当与领导意见不一致时，你通常是如何解决的 |

②非结构化面试。这是指事先不拟定谈话形式和内容框架，以漫谈形式让被试者自由发挥。非结构化面试是一种没有既定的模式、框架和程序，主试者可以“随意”向被测者提出问题，而对被试者来说也无固定标准答案的面试形式。这种面试方法给谈话双方以充分的自由，主试者可以针对被测者的特点进行有区别的提问。非结构化面试给主试者以自由发挥的空间；但这种形式也存在一定的局限性，即易受主试者主观因素的影响，面试结果无法量化以及无法同其他被测者的评价结果进行横向比较等。

③半结构化面试。这是指将结构化面试和非结构化面试结合起来进行的面试，它可以有效地避免结构化面试和非结构化面试的缺点。半结构化面试有两种含义：一种是考官提前准备重要的问题，但是不要求按照固定的次序提问，且可以讨论那些需要进一步调查的题目；另一种是指考官依据事先规划出来的一系列问题来对应聘者进行提问，一般是根据管理人员、业务人员和技术人员等不同的工作类型设计不同的问题表格。

结构化面试、非结构化面试和半结构化面试的比较见表4-7。

表4-7 **三种面试类型的比较**

| 分　类 | 特　点 | 备　注 |
| --- | --- | --- |
| 结构化面试 | 有准备完整的面试题目；严格按顺序依次提问；有明确的测评要素；临场情境性低；时间较长，易显枯燥；资料整合难度低；评分者一致性较好；标准化程度高 | 初学者比较容易掌握 |
| 非结构化面试 | 事先无特定准备的题目；无测评要素的设置；临场情境性高；高度依赖主持人的经验与背景；资料整合难度高；评分者一致性较差；标准化程度低 | 多用于心理诊断<br>未经训练时使用效率低 |
| 半结构化面试 | 有面试提纲及备选问题；有明确的测评要素；操作可灵活变化；资料整合难度中等；评分者一致性中等；标准化程度中等 | 在招聘选拔中采用最多的面试方法 |

（2）按照面试的组织方式，面试可以分为主试团面试和集体面试。

① 主试团面试。这是指由2～5个主考人组成主试团，分别对每个应试者进行面试。采取这种方式时，主试团成员需要进行角色分配，各自以不同的角色相互配合。这种方式可以对应聘者做出比较全面的评价，但是比较耗费时间。

② 集体面试。这是指由一个面试者同时对多个应聘者进行面试的方式。当一个职位的应聘人数较多时，为了节省时间，让多个应试者组成一组集体面试。这种方法着重考察应试者的个性和协调性。它虽然可以节省大量时间，但是由于面试者要同时观察多个应聘者的表现，容易出现观察不到的情况。

（3）按面试的氛围设计，面试可以分为压力面试和非压力面试。

①压力面试。这是指将应试者置于一种紧张的气氛中，让应试者接受诸如挑衅性的、敌意的，或是具有攻击性的、意想不到的问题，以考察其应变能力、压力承受能力、情绪调整能力等。

压力面试通常适用于需承受较大心理压力岗位的求职者。测试时，主试者可能会突然问一些不礼貌的问题，让被试者会感到很突然，同时承受较大的心理压力。这种情况下，心理承受能力较弱的求职者反应可能会较异常，甚至不能承受。而心理承受能力强的人员表现较正常，能较好地应对。

②非压力面试。这是指在没有压力的情境下考察应试者有关方面的素质。与压力面试相比较，在非压力面试中，主试者力图营造一种宽松、亲切的氛围，使应聘者能够在压力最小的情况下回答问题，以获取录用所需要的信息。事实上，除了那些需要真正在压力下工作的岗位外，非压力面试适用于绝大多数应试者。

**应用实例4-1**

**HR经理人面试问题大全**

1.影响力

(1) 请你举一例说明你曾经使某人做他并不喜欢做的事情。

(2) 请描述这样一个经历：你使别人参与、支持你的工作，并最终达到了预期目的。

2.客户服务意识

(1) 请讲述这样的经历：你使一个非常不满的客户改变了看法，是什么问题？你是怎样使客户回心转意的？

(2) 讲述你曾经为了取得与工作有关的目标而做出个人牺牲的经历。

3.团队意识

(1) 你认为一个好的团队管理者的最主要特点是什么？为什么？

(2) 请你讲出你在团队工作背景下遇到的最具有创造性和挑战性的事情。你是用什么方法来鼓励他人和你自己来完成这件事的？

4.沟通技能

(1) 请讲述这样的一个情形：某人说话不清，但是你还必须听他的话，你怎样回答他的问题才好？

(2) 一个好的沟通者应该具备哪些条件？

5.工作主动性

(1) 讲一个你曾经干了些分外工作的经历，你为什么要承担那么多的分外工作？

(2) 你在前任工作中，都干了哪些有助于提高工作创造性的事情？

资料来源：冉斌，李雪松．人是最重要的——员工招聘六步法［M］．北京：中国经济出版社，2004：118-120.

**（三）选拔测试**

选拔测试是指运用各种科学或经验的方法对应聘者进行评价，从而挑选出那些符合职位要求的人员的过程。选拔测试的方法有很多，在这里我们只介绍几种最有代表性的测试方法。

1.知识测试

知识测试用于衡量应聘者是否具备完成职位职责所要求的知识。虽然具备职位所要求的知识并不是实际工作绩效良好的充分条件，但往往是它的一个必要条件，因此选拔录用中要对应聘者的相关知识进行测试。不同职位的知识测试内容也不一样。例如，录用会计人员，就要测试与会计有关的知识；录用人力资源管理人员，就要测试人力资源管理知识。

2.能力测试

能力是指个人顺利完成某种活动所必备的心理特征，任何一项活动都要求从事者具备相应的能力。能力测试用于衡量应聘者是否具备完成职位职责所要求的能力。能力测试有两种功能：一是判断应聘者具备什么样的能力，即诊断功能；二是测定在从事的活动中成功的可能性，即预测功能。能力测试包括一般能力测试、能力倾向测验和特殊能力测试三种。

3.性格测试

性格是指个人对现实的稳定态度和习惯的行为方式，对应聘者性格进行测试有助于判断他们是否能够胜任所应聘的职位。目前，对性格测试的方法很多，主要可以归结为两大类：

一是自陈式测试，就是向被试者提出一组有关个人行为、态度方面的问题，被试者根据自己的实际情况回答，测试者将被试者的回答与评分标准进行比较，从而判断他们的性格。常用的方法有卡特尔16种人格因素问卷、明尼苏达多项人格量表、加州心理调查表、爱德华个人爱好量表、DISC人格测试等。

二是投射式测试，是以一种无结构性的测验，引出被测试者的反应，以考察其所投射出的人格特征的测验方法。也就是说，不是直接对被测试者明确提出问题以求回答，而是给被测试者一些意义不确定的刺激，让其想象、解释，使其内心的动机、愿望、情绪和态度等在不知不觉中被投射出来。常用的抽射测验有罗夏墨迹测验、主题统觉测验和造句测验等。

**（四）评价中心测试**

评价中心测试是一种综合性的测试方法，它使用各种不同的技术对多个心理维度进行评定。它是一种为组织判断和预测那些与组织工作绩效目标相关联的个体行为，以评价被测者操作能力及管理素质为中心，所进行的标准化活动程序，是一种比较全面的测评方法。评价中心测试主要用于招聘管理人员，常用的方式主要有文件筐测验、无领导小组讨论、管理游戏、角色扮演等。

1.文件筐测验

文件筐测验又称公文处理法，适用于中、高级管理人员的能力测评。在这种测评方式中，被评价者被安排处理某一日常工作中常遇到的各种类型的公文。这些待处理的公文包括各部门送来的各种报告、上级下发的各种文件、与企业相关的部门或业务单位发来的信函等，其内容涉及企业经营管理的各个方面，既有重大决策问题，也有日常琐碎小事。要求被评价者对每一份文件都要做出处理，如写出处理或解决问题的意见、批示，或直接与部门的人员联系发布指示等。被评价者应在规定的时间内把公文处理完。评价者待测评对象处理完后，应对其所处理的公文逐一进行检查，并根据事先拟定的标准进行评价。表4-8是文件筐测验的一个样例。

文件筐测验可以在很短的时间内全面、准确地掌握管理者的能力、潜能以及个性心理特征等岗位关键要素；但也存在缺点，如评分比较困难、不够经济，测验的设计、实施、评分都需要较长的时间，投入的精力和费用比较多。

表4-8　　**文件筐测验样例及答题纸**

文件筐测验样例

假定你是某合资电子公司的总经理，以下任务要求你单独完成：

今天是10月20日，由于停电所有管理人员已提前下班。你刚刚从本部回来，已经是下午5点。你的办公桌上有一堆文件，你最好在6点前处理完毕，因为你将去中国香港参加国际电子产品展览会，机票已经订好，司机6点来接你去机场。你10月24日才能回到你的办公室办公。你公司的主要产品市场需求量很大，正打算扩大生产规模。好，你现在可以开始工作了。

文件一：

金总：上月销售部经理陈华离职之后，又陆续流失6名业务主管，销售人员数量严重不足，人力资源部至今没有补充到位，部门内士气低落、人心思动。部门内8名骨干业务主管今天联名要求3日内与您就销售提成额度的问题进行沟通，此事如何处置，请指示。

销售部

202×年10月20日

文件二：

金总：财务部赵杰在划拨款项时出现失误，造成较大损失，按规定应解除合同。现赵杰愿意由个人弥补损失，且赵杰的父亲是我们的重要客户，目前正面临签署明年的购货协议，销售部认为按规定处理赵杰会对协议的签署产生很大影响。此事如何处理？

人力资源部、财务部、销售部

202×年10月18日

2.无领导小组讨论

无领导小组讨论又称群面，是采用情景模拟的方式对应聘者进行集体面试。无领导小组讨论主要是通过一定数目的应聘者组成一组（5～7人），进行1个小时左右的与工作有关问题的讨论。讨论过程中不指定谁是领导，也不指定被试者应坐的位置，让被试者自行安排组织，评价者来观测被试者的组织协调能力、语言表达能力、分析归纳能力、说服能力、集体意识等各方面的能力和素质是否达到拟任岗位的要求，以及自信程度、进取心、情绪稳定性、反应灵活性等个性特点是否符合拟任岗位的团体气氛，由此来综合评价被试者之间的差别。表4-9是某企业进行无领导小组讨论面试的试题样例。

表4-9　　**无领导小组讨论面试的试题样例**

| 题目<br>类型 | 题目说明 | 题目举例 |
|---|---|---|
| 开放型 | 该类问题答案可以很宽、很广，考察应聘者思路的全面性、针对性等 | 题目A：你认为什么样的员工是好员工？<br>题目B：你认为怎样才是成功？你如何去实现 |
| 多项选择题 | 让应聘者在多种备选答案中，选择其中有效的几种或对备选答案的重要性进行排序，主要考察应聘者分析问题、抓住问题本质的能力 | 题目A：假如你是新上任的研发经理，需要从几个人中选择一人做助理，你选择《西游记》里师徒4人的哪一个人作为你的助理？理由是什么 |
| 资源掠夺型 | 让应聘者对有限的资源进行分配，应聘者为了获得更多的资源，必须说服别人。主要考察反应灵敏性、分析能力等 | 参加讨论的7个人分别代表7个申办城市运动会候选城市的代表，每人会拿到一些关于这个城市的情况介绍，然后根据自己的优势与其他人进行竞争，争取申办权 |

续表

| 类型＼题目 | 题目说明 | 题目举例 |
|---|---|---|
| 两难型 | 让应聘者在两种互有利弊的答案中选择其中的一种，两种备选答案要有同等程度的利弊 | 一群孩子在铁轨上玩，铁轨有两条，一条A道正在使用中，另一条B道废弃停用。A道上面有5个孩子在玩耍，B道上面有2个孩子在玩耍。这个时候一列火车行驶过来了，作为扳道工的你，你会怎么做呢？是让火车按原轨道行驶，还是让火车改道而行呢 |
| 操作型 | 给应聘者一些道具、材料、工具，让应聘者利用这些材料设计出指定的作品。主要考察应聘者的团队合作能力、创新能力等 | 材料：3张硬纸板，分别为红色、蓝色和绿色。一张稿纸、两把剪刀、一瓶胶水、一把直尺和一支笔。<br>要求：请你们用所提供的这些用品，在45分钟之内设计完成一件适合3～5岁儿童的玩具，演示并说明玩具的功能。每人先表达自己的设计想法，最后得出一致意见后再开始制作玩具 |

拓展阅读4-2：无领导小组讨论法的实施程序

3.管理游戏

管理游戏是一种以完成某项实际任务为基础的团队模拟活动，通常采用小组形式进行，数名被测评者（通常6～10人）组合成一个小组，就给定的材料、工具共同完成一项游戏任务，并在任务结束后就某一主题进行讨论交流。在游戏中，每个小组成员都被分配一定的任务，有的游戏还规定了小组成员的角色，不同的角色权限不同，但不管处于什么角色，若要完成任务，所有的成员都必须合作；在游戏的过程中，测评者通过观察被测评者在游戏中的行为表现，对预先设计好的某些能力与素质指标进行评价。管理游戏作为评价中心技术的一种测评方式，其复杂程度是评价中心技术中最高的。另外，与其他方式相比，其使用频率相对偏低，但是它的测评效度较高。

4.角色扮演

角色扮演是要求被试者扮演一个特定的管理角色来处理日常的管理事务，观察他的表现，以了解其心理素质和潜在能力，是一种用以测评人际关系处理能力的情景模拟测试。在这种测试中，主试者设置了一系列尖锐的人际矛盾与人际冲突，要求被试者扮演某一角色，去处理各种问题和矛盾；主试者通过对被试者在不同人员角色的情景中表现出来的行为进行观察和记录，确定应聘者的素质潜能。例如，要求他扮演一名车间主任，让他在车间里指挥生产。在测评中要着重了解被试者的心理素质，而不要根据他临时的工作意见做出评价，因为临时工作的随机因素很多，不足以反映一个人的真才实学。有时可以由主试者主动给被试者施加压力，如工作时不合作，或故意破坏，以了解被试者的各种心理活动以及反映出来的个性特点。

**走进管理 4-1**

**国外著名企业的招聘标准**

1.麦肯锡是一家世界著名的企业咨询机构。麦肯锡认为，如果用人时主要考察其工作能力和工作热情两个方面，则可以将人分为四种：

- 工作能力强，工作执情高；
- 工作能力弱，工作热情高；
- 工作能力强，工作热情低；
- 工作能力弱，工作热情低。

麦肯锡的主张是：对于第一种人采取重用、鼓励政策；对于第二种人采取培训或调用政策；对于第三种人采用文化渗透政策；对于第四种人则解雇。

2.耐克倾向于选择“比自己聪明的人才”

“比自己聪明的人才”包括不墨守成规的人、善于进行逻辑思考的人、自我开发的人、具有强烈好奇心的人、能够提出问题的人、顽强竞争的人、敢于迎接挑战的人、健康诚实的人、富有活力的人和不怕跑腿的人。

3.戴尔注重考察应聘者4个层面的能力：

- 基础能力，包括正直与诚信、技术成力；
- 个人能力，如注重结果、对付不明朗趋势、智力等；
- 领导能力，如建立有效集体的能力、培养直接汇报人的能力、激励他人的能力；
- 业务敏锐性，包括注重客户、财务头脑及策略性思维能力。

4.IBM——好料子的4个标准：

- 具备一定的逻辑分析能力；
- 快速学习、持续学习的能力；
- 适应环境的能力；
- 注重团队精神。

资料来源：谌新民. 人力资源管理概论［M］. 3版. 北京：清华大学出版社，201：124.

# 第四节　员工录用与招聘评估

## 一、员工录用

### （一）做出录用决策

录用是依据甄选的结果做出录用决策并进行安置的活动，其中最关键的内容是做好录用决策。录用阶段也可以说是组织招聘活动开花结果的阶段，前面进行的所有工作，都是为了最后这个决策做铺垫。这个决策也常常是最难做的，因为它关系着整个招聘工作的成败，尤其是当决定对组织发展至关重要的人选时，决策者常常大伤脑筋。为了增强录用决策的科学性和正确性，可选用以下录用策略：

1.多重淘汰式

多重淘汰式中的每种测试方法都是淘汰性的，应聘者必须在每种测试中都达到一定水平才不会被淘汰。该方法是将多种考核与测验项目依次实施，每次淘汰若干低分者。对通过全部考核项目者，再根据最后面试或测验的实得分数，排出名次，择优确定录用名单。

2.补偿式

补偿式中不同测试的成绩可以互为补充，最后根据应聘者在所有测试中的总成绩做出录用决策。例如，分别对应聘者进行笔试与面试选择，再按照规定的笔试与面试的权重比例，综合算出应聘者的总成绩，决定录用人选。值得注意的是，由于权重比例不一样，录用人选也会有差别。假设在甲、乙两人中录用一人，两人的考核评分情况与各考核项目的权重系数见表4-10，到底录用谁，这里关键要看不同项目的权重系数。

表4-10 **各种项目的权重情况**

| 项　目 | | 技术能力 | 学　历 | 政治思想水平 | 组织领导能力 | 事业心 | 解决问题能力 | 适应能力 |
|---|---|---|---|---|---|---|---|---|
| 甲的得分 | | 0.9 | 0.5 | 1.0 | 1.0 | 0.8 | 0.8 | 1.0 |
| 乙的得分 | | 0.7 | 0.9 | 0.8 | 0.8 | 1.0 | 1.0 | 0.7 |
| 权重 | W1 | 1.0 | 1.0 | 1.0 | 1.0 | 1.0 | 1.0 | 1.0 |
| | W2 | 1.0 | 0.5 | 1.0 | 0.8 | 0.8 | 0.7 | 0.6 |
| | W3 | 0.5 | 1.0 | 0.8 | 1.0 | 0.8 | 0.7 | 0.6 |

如果各考核因素的权重均相同，则甲综合得分为6，乙综合得分为5.9，甲为优；如果突出技术能力与政治思想水平，则甲综合得分为4.75，乙综合得分为4.51，甲为优；如果突出学历与组织领导能力，则甲综合得分为4.55，乙综合得分为4.61，乙为优。

3.结合式

在结合式中，有些测试是淘汰性的，有些测试是补偿性的，应聘者只有通过淘汰性的测试后，才能参加其他测试。

**（二）发出录用或辞谢通知**

做出录用决策后，人力资源部门就可以给被录用者发出录用通知；同时，对未被录用的应聘者要发出辞谢通知。需要注意的是，录用决策一旦做出，就应该马上通知被录用者，及时这一点非常重要。

1.录用通知

录用通知一般以信函的形式发出，在录用通知中要说明报到的起止时间、报到的地点、程序以及其他应说明的信息。对于被录用者，应该一视同仁，以相同的方式通知。公开和一致地对待所有的被录用者，能够给人留下好的印象。表4-11是录用通知示例。

表4-11 **录用通知示例**

录用通知书

___________先生/女士：

通过面谈和考察，很高兴通知您，我们公司能够为您提供________职位。如果您能接受该职位的工作，我们感到十分荣幸。我们会为您提供良好的工作环境和难得的发展机会，并按照我们商谈的结果支付您的工作报酬。

我们很希望在____年____月____日之前能够获得您是否愿意接受该职位的信息。如果您有什么问题，请尽快与我联系，我的电话是________________，我的E-mail是____________________________。

等待您的答复。

此致

人力资源部经理

年 月 日

2.辞谢通知

在招聘到合适的人选后，很多企业往往会忽视那些未被录用的人员，而企业如果给未被录用的人员一个答复，不仅会提升应聘人员对企业的好感度，还可以提升企业的公众形象。通知未被录用的人员时，可以通过电话、邮件或信函的方式告知对方。表4-12是人员辞谢信示例。

表4-12 **人员辞谢信示例**

辞 谢 信

尊敬的___________先生/女士：

感谢您能参加本公司的应聘！您在应聘中的良好表现，给我们留下了深刻的印象；但是由于名额有限，此次未能借重您的才华，为此本公司感到十分惋惜。我们已经将您的有关资料存入本公司的人力资源库，如有适当的机会，我公司将及时和您联系，另行借重。

再度感谢您的支持！

此致

人力资源部经理

年 月 日

## 二、招聘评估

招聘评估是招聘过程中必不可少的一个环节。招聘评估通过成本与效益核算能够使招聘人员清楚地知道费用的支出情况，区分出哪些是应支出项目，哪些是不应支出项目，这有利于降低今后招聘的费用，为组织节省开支。招聘评估通过对录用人员的绩效、实际能力、工作潜能的评估及通过录用员工质量的评估，检验招聘工作成果与方法的有效性，有利于招聘方法的改进。

### （一）成本效益评估

1.招聘成本评估

招聘成本评估是指对招聘过程中的费用进行调查、核实，并对照预算进行评价的过程。招聘成本是鉴定招聘效率的一个重要指标，具体可以划分为六个方面：

（1）招募成本，是指为吸引和确定企业所需要的人力资源而发生的费用，主要包括招聘人员的直接劳务费用、直接业务费用、其他相关费用等。

（2）选拔成本，是指对应聘人员进行鉴别选择，以做出决定录用或不录用哪些人员所支付的费用。

（3）录用成本，是指经过招聘选拔后，把合适的人员录用到企业所发生的费用。录用成本包括录取手续费、调动补偿费、搬迁费和旅途补助费等由录用而引起的相关费用。

（4）安置成本，是指为安置已被录取员工到具体工作岗位所发生的费用。安置成本由为安排新员工的工作所必须发生的各种行政管理费用、为新员工提供工作所需要的装备条件以及录用部门因安置人员所损失的时间而发生的费用构成。

（5）离职成本，是指因招聘不慎，员工离职而给企业带来的损失，一般包括直接成本和间接成本两部分。

（6）重置成本，是指因招聘方式或程序错误致使招聘失败而重新招聘所发生的费用。

2.招聘成本效用评估

招聘成本效用评估是对招聘成本所产生的效果进行的分析，它主要包括招聘总成本效用分析、招募成本效用分析、人员选拔成本效用分析及人员录用成本效用分析。具体计算方法如下：

总成本效用=录用人数÷招聘总成本

招聘成本效用=应聘人数÷招聘期间的费用

选拔成本效用=被选中人数÷选拔期间的费用

人员录用效用=正式录用的人数÷录用期间的费用

招聘收益=所有新员工为组织创造的总价值÷招聘总成本

显然，这些指标值越高越好。各公式计算出的比例越大，说明各项费用开支的使用效率越高。

**（二）数量与质量评估**

录用人员评估是指根据招聘计划对录用人员的质量和数量进行评价的过程。

1.数量评估

数量评估是对招聘工作的有效性检验的一个重要方面。这一方面的评估指标主要有应聘比、录用比和招聘完成比。这三项指标评估方法如下：

（1）应聘比。计算公式为：

应聘比=应聘人数÷计划招聘人数×100%

应聘比说明员工招聘的挑选余地和信息发布状况。该比率越大，说明组织的招聘信息发布得越广、越有效，组织的挑选余地也就越大，招聘信息发布效果越好，也说明录用人员素质高的可能性越大；反之，该比率越小，说明组织的招聘信息发布得不适当或无效，组织的挑选余地也越小。

（2）录用比。计算公式为：

录用比=实际录用人数÷应聘总人数×100%

录用比越小，表明对企业来说可供选择的人员越多，实际录用者的素质就可能越高；反之，说明可供筛选者越少，则实际录用者的素质较低的可能性越大。

（3）招聘完成比。计算公式为：

招聘完成比=录用人数÷计划招聘人数×100%

招聘完成比说明新员工招聘计划的完成情况。如果招聘完成比等于或大于100%，则说明在数量上全面或超额完成了招聘计划；如果招聘完成比小于100%，说明招聘员工数量不足。

2.质量评估

录用人员质量评估是对员工的工作绩效行为、实际能力、工作潜力的评估，主要是分析评估新员工的素质、能力等是否能满足应聘岗位的要求和组织工作的需要，它是对招聘的工作成果与方法的有效性检验的另一个重要方面。绩效考评是录用人员质量评估的重要方法。

**（三）信度与效度评估**

1.招聘信度评估

招聘信度是指招聘的可靠性程度，具体指通过某项测试所得的结果的稳定性和一致性。应聘者多次接受同一测验或有关测验时，若其结果相同或相近，则认为该测验的可靠性较高。任何一种测试手段，如果其信度很低，就不可能是有效的，这就如同我们在同一台磅秤上测量体重，如果每次测量的数目都不同，最后得出的结果便不可信。招聘信度这一指标又具体体现为稳定系数、等值系数和内在一致性系数。

（1）稳定系数

稳定系数是指用同一种测试方法对一组应聘者在两个不同时间进行测试的结果的一致性，一致性程度可用两次结果之间的相关系数来测定。

（2）等值系数

等值系数是指对同一应聘者使用两种对等的、内容相当的测试题所得结果之间的一致性程度。如对同一应聘者使用两张内容相当的个性测试量表，两次测试结果应当大致相同。等值系数可用两次结果之间的相关程度（即相关系数）来表示。

（3）内在一致性系数

内在一致性系数是指把同组应聘者进行的同一测试分为若干部分，加以考查各部分所得结果之间的一致性程度。它可用各部分结果之间的相关系数来判别。

2.招聘效度评估

招聘效度是指招聘的有效性，具体指用人单位对应聘者真正测到的品质、特点与其想要测的品质、特点的符合程度。因此，一项测试必须能测出它想要测定的功能才算有效。在人员选拔过程中，测试效度高是指实际测到应聘者的特征与想要测的特征符合程度高。招聘效度测试指标主要有预测效度、内容效度和同测效度三个。

（1）预测效度

预测效度用来预测将来行为的有效性，通过对应聘者在选拔中所得分数与其被录用后的绩效分数相比较来了解预测效度。二者相关性越大，则说明所选的测试方法、选拔方法越有效；若相关性很小或不相关，说明此法在预测人员潜力上效果不大。

（2）内容效度

某测试的各个部分对于测量某种特性或做出某种估计有多大效用？测试是否代表了工作绩效的某些重要因素？在测试内容效度时，主要考虑所测得的内容是否与想测试的特性有关。例如，招聘打字员，测试其打字速度和准确性、手眼协调性和手指灵活度的操作测试的内容效度是较高的，因为准确性、灵活性是打字员应具备的职业特性。内容效度多用于知识测试与实际操作测试，而不适用于对能力和潜力的测试。

（3）同测效度

同测效度是指对现有员工实施某种测试，然后将测试结果与员工实际工作绩效考核得分做比较，若二者相关性很大，则说明此测试效度高。这种测试效度的特点是省时，可以尽快检验某种测试方法的效度；但若将其应用到人员选拔测试，难免会受到其他因素的干扰而无法准确地预测应聘者未来的工作潜力。因此，同测效度不适用于选拔员工时的测试，而适用于现有员工的测试。

**走进管理 4-2**

**神田三郎的悲剧**

有一次，松下公司招聘推销人员，考试是笔试和面试相结合，竞争非常激烈。经过一个星期的筛选，十名优胜者脱颖而出。

松下幸之助过目了一下这些入选者的名字，令他感到意外的是，面试时给他留下深刻印象的神田三郎并不在其中。于是，他马上吩咐下属去复查考试分数的统计情况。

经过复查，下属发现神田三郎的综合成绩相当不错，在几百人中名列第二。由于计算机发生故障，把分数和名字排错了，才使神田三郎的成绩没有进入前十名。松下幸之助听了，立即让下属改正错误，尽快给神田三郎发录取通知书。

第二天，负责管理这件事情的下属报告了一个令人吃惊的消息：由于没有接到松下公司的录取通知书，神田三郎跳楼自杀了！当录取通知书送到的时候，他已经死了。这位下属自言自语地说："太可惜了，这么有才华的年轻人，我们没有录取他。"

松下幸之助听了，摇摇头说："不！幸亏我们没有录取他，这样的人是成不了大事的。一个没有勇气面对失败的人又如何去做销售！"

资料来源：吕薇，吕禾. 商海大魔方［M］. 武汉：武汉大学出版社，1993：135-136.

## 【知识巩固训练】

### 一、填空题

1. 招聘计划的主要内容包括________、________、________和________等。

2. 企业招聘录用的阶段越多，招聘的规模相应就________。每一阶段的通过比例越________，招聘的规模就越大。

3. ________是指将应试者置于一种紧张的气氛中，让应试者接受诸如挑衅性的、敌意的问题。

4. ________是指对招聘成本所产生的效果进行分析。

5. 员工招募的途径有两个方面：________和________，这也是企业招聘人员的两个来源。

6. 内部招募的方法主要有两种：一是________；二是________。

7. ________适用于组织招聘潜在管理人员及专业技术人员。

8. 按照面试的结构化程度，面试可分为________、________和________三种类型。

9. ________是指在面试前已设立面试内容的固定框架或问题清单，主考官按照这个框架对每个应聘者分别做相同的提问，并控制整个面试的进度。

10.员工选拔的________是指选拔员工的稳定性程度。员工选拔的________是指员工选拔方法测量结果的有效性或者正确性。

**二、单项选择题**

1.企业在招聘过程中，被录用人的能力和录用岗位的需要相互适应，体现了员工招聘的（　　）。

A.竞争原则　　B.全面考核原则　　C.能级对应原则　　D.效率优先原则

2.招聘的首要环节是（　　）。

A.制订招聘计划　　B.发布招聘信息　　C.员工选拔　　D.组织审定

3.面试时，按照事先拟好的面试框架和问题清单逐步向应聘者提问，应聘者针对问题进行逐项回答的面试，被称为（　　）。

A.结构化面试　　B.非结构化面试　　C.压力面试　　D.模拟操作面试

4.企业对招聘效果进行评估时，要计算招聘的应聘比，计算公式是（　　）。

A.应聘人数÷录用人数　　B.应聘人数÷拟招聘人数

C.实际录用人数÷应聘总人数　　D.实际录用人数÷拟招聘人数

5.（　　）的招聘方式适合招聘高层管理人员。

A.就业服务机构　　B.校园招聘　　C.招聘洽谈会　　D.猎头公司

6（　　）的招聘方式适合招聘蓝领工人、低层管理人员。

A.就业服务机构　　B.招聘广告　　C.校园招聘　　D.网络招聘

7.（　　）是指将应试者置于一种紧张的气氛中，让应试者接受诸如挑衅性的、敌意的或是具有攻击性的意想不到的问题。

A.结构化面试　　B.半结构化面试　　C.压力面试　　D.主试团面试

8.进行招聘成本评估时，（　　）是指招聘方式或程序错误致使招聘失败而重新招聘所发生的费用。

A.安置成本　　B.离职成本　　C.选拔成本　　D.重置成本

9.企业进行招聘评估时，录用比越小，说明（　　）。

A.企业可供选择的人数越少　　B.实际录用者的素质可能越高

C.招聘信息发布得越不适当　　D.招聘员工的数量越不足

10.（　　）通过对应聘者在被雇用之前的测试分数与被雇用之后的实际工作绩效进行比较来了解预测效度，若二者的相关程度越高，则说明所选的测试方法、选拔方法越有效。

A.同步检验法　　B.预测检验法　　C.内容检验法　　D.平行检验法

**三、判断题**

1.猎头公司是一种专门为雇主“猎取”普通员工的职业中介机构。（　　）

2.员工推荐的优点是招聘成本低，可靠性高。（　　）

3.招聘成本由人工费用和业务费用组成，水电费、设备折旧费不计入其中。（　　）

4.稳定系数是指对同一应聘者使用两种对等的、内容相当的测试题所得结果之间的一致性程度。（　　）

5.角色扮演是一种以完成某项“实际任务”为基础的团队模拟活动，通常采用小组形式进行。（ ）

6.文件筐测验适用于中、高级管理人员的能力测评。（ ）

7.压力面试适用于招聘行政管理人员。（ ）

8.个人简历与申请表内容既有重合，又有区别。（ ）

9.报纸广告招聘员工的优点是：广告印刷质量好；保存时间长；广告大小也可以灵活选择。（ ）

10.内部招聘可以避免企业内部相互竞争所造成的紧张气氛。（ ）

**四、简答题**

1.内部招募和外部招募各有什么优点？

2.外部招募的方法有哪些？

3.简述面试的类型。

4.什么是无领导小组讨论？

5.效度检测的方法有哪些？

## 【技能强化训练】

**一、交流讨论**

1.有一位总经理手下有一家子公司，去年的业绩非常突出，总经理表扬了他们。今年上半年以来，所有的职能部门都反映该子公司的领导态度骄横、出言不逊。总经理经调查核实后，撤了其中几个主要领导人的职，并说：“在效益和稳定中我取稳定。”

问题：

你同意总经理的做法吗？请说明理由。如果你是总经理，你将采取何种办法解决骄兵悍将的问题？

2.这是一道没有标准答案的面试题，题目是这样的：有4个人掉入一口枯井里，这4个人的身份分别是妇女、军人、官员、商人，现在请你去搭救他们。

问题：

（1）请问你搭救这4个人的先后次序，并说出你这样做的理由。

（2）请你提出3种不同的搭救顺序，并分析这3种不同的搭救顺序表现出选择者怎样不同的性格。

（3）如果你是总经理，要选一个人力资源部经理，你会选哪一种性格的人？他怎样安排4个人的搭救次序才会令你满意？为什么？

3.有这样一则故事：在一个风雨交加的黑夜里，一位汽车司机因自己驾驶的汽车的一个轮胎爆裂而不得不更换汽车的备用轮胎。此时，因风大雨大，司机不小心把固定轮胎的螺帽掉落到下水道里。正当这位司机一筹莫展之时，有一位智者走过来，在没有求助任何机构的情况下，他告诉司机一个方法：从其他三个轮胎上各卸下一个螺帽来固定备用轮胎。司机因此能够把汽车安全开到目的。

问题：

（1）如果你是某公司的领导，你从这个故事中获得了哪些有益的启示？

（2）如果你是某公司的领导，你从这个故事中获得了哪些重要的教训？

（3）请谈一些人力资源管理方面的心得。

**二、应用设计**

1.撰写招聘广告

WENDA是一家在世界制药领域享有良好声誉的跨国公司，几年前在中国设立了合资企业——青岛三木制药有限公司（以下简称三木公司）。三木公司拥有一流的设备和现代化的管理体系，其产品严格按照国际标准生产，其质量得到国际有关权威机构的认可，销售网络已遍布全国30多个城市。三木公司沈阳办事处由于业务发展及开发新产品需要，欲在沈阳招聘医药代表4名。

要求：请根据上面的描述为该公司撰写一篇招聘广告。

2.结构化面试设计

PS公司是一家专门从事软件开发、电子商务、系统集成和计算机产品代理销售的IT高新企业。最近，PS公司准备招聘客户经理，主要从事网络产品的推广，工作中需要与客户进行电话沟通。该公司准备采用面试方法对应聘者进行选拔。

要求：请根据上述资料，为PS公司的面试设计一套结构化面试题目，包括面试问题（一个指标一个问题）和评分标准。

3.招聘工作方案设计

某医药公司因业务发展需要，拟招聘文秘2名、销售代表20名，请为该公司设计招聘工作方案。

**三、数据分析与应用解析**

1.招聘评估

某公司进行招聘活动，准备招聘副总经理1人、生产部经理1人、销售部经理1人；副总经理应聘者38人，参加招聘测试25人，送企业候选3人，录用0人；生产部经理应聘者19人，参加招聘测试14人，送企业候选3人，录用1人；销售部经理应聘者35人，参加招聘测试29人，送企业候选3人，录用1人。招聘经费：广告费20 000元，招聘测试费15 000元，体检费2 000元，应聘者纪念品1 000元，招待费3 000元，杂费3 500元，录用人员家属安置费用5 000元。

要求：请计算上述公司招聘总成本效用、招聘录用比、招聘完成比、应聘比。

2.录用决策训练

请根据表4-13中的数据结果，对甲、乙、丙3个人做出录用决策。

（1）如果录取其中两个人去岗位1，请通过计算确定应录取哪两个人。

（2）如果3个人全部录取，且每个岗位各分配1人，请通过计算确定如何分配最好。

3.面试对话分析

下面是某公司的招聘面试过程：

考官：“如果你的亲人患病住院，需要你的陪护，而此时公司有一项紧急任务需要你及时完成，你将如何处理？”

应聘者：“我会毫不犹豫地将工作放在第一位。”

表4-13 **各种项目的权重情况**

<table>
<tr><th colspan="3">项　目</th><th>专业技术能力</th><th>学　历</th><th>计划组织能力</th><th>宏观决策能力</th><th>解决问题能力</th><th>合作精神</th></tr>
<tr><td colspan="3">甲的得分</td><td>1.0</td><td>1.0</td><td>0.5</td><td>0.5</td><td>1.0</td><td>0.5</td></tr>
<tr><td colspan="3">乙的得分</td><td>0.5</td><td>1.0</td><td>1.0</td><td>0.5</td><td>1.0</td><td>0.5</td></tr>
<tr><td colspan="3">丙的得分</td><td>0.5</td><td>0.5</td><td>1.0</td><td>1.0</td><td>0.5</td><td>1.0</td></tr>
<tr><td rowspan="3">权重</td><td>岗位1</td><td>W1</td><td>20%</td><td>15%</td><td>15%</td><td>10%</td><td>20%</td><td>20%</td></tr>
<tr><td>岗位2</td><td>W2</td><td>30%</td><td>10%</td><td>15%</td><td>10%</td><td>20%</td><td>15%</td></tr>
<tr><td>岗位3</td><td>W3</td><td>10%</td><td>15%</td><td>20%</td><td>20%</td><td>15%</td><td>20%</td></tr>
</table>

考官：“如果你的亲人患的是急性病，比如心脏病、脑血栓，你也丢下亲人不管，而去完成工作吗？”

应聘者（略作思索）：“这种情况我没有遇到过，如果遇到了，我会先选择工作，以工作为重，先干完工作再说。”

考官：“假如患病的是你的至亲呢？比如是你的父亲、母亲或孩子！”

应聘者：“对不起，我认为已经回答了您的问题。”

思考：该考官是否具备充分的面试技巧？如果你来做考官，同样的问题，你会如何询问？

4.案例分析

一天早上，技术部经理王山正在专注于自己的工作，人力资源部的电话匆匆打来，让他赶快去公司办公楼小会议室，参与技术人员招聘面试工作。由于事先王经理对此事一无所知，所以在面试过程中，他总是在不断翻阅应聘人员的资料，低头专注于阅读简历，然后提出相应的问题，之后又忙于下一名应聘者的情况，就这样一上午过去了，6名应聘者的面试结束了。技术部经理王山的面试任务也完成了。

问题：

（1）请你对上述的面试过程进行评价。

（2）在一个有效的面试中，怎样才能避免这样的事件发生？

[第五章]

# 员工培训与开发

## 思政视野

好干部的标准为干部的培养指明了方向，同时，对干部的培养要重视方式、方法。毛泽东对于干部的培养强调要善于识别干部，使用干部，爱护干部。邓小平强调搞改革开放，干部要提高马克思主义思想理论水平，还要有“积极探索解决新的政治经济社会文化基本问题的本领”。习近平高度重视对干部的培养，为不同级别的领导干部“量身定做”与之相应的“培养方案”，并对广大党员干部开展各种教育实践活动。

## 教学目标

| 知识目标 | 能力目标 | 素质目标 |
|---|---|---|
| ▶掌握员工培训与开发的概念与分类<br>▶掌握员工培训与开发的程序<br>▶掌握员工培训与开发的方法<br>▶掌握培训需求分析与培训效果评估的方法 | ▶能进行培训需求分析，确定培训目标<br>▶能根据不同岗位制订培训方案<br>▶能根据不同培训内容采取适宜的培训方法<br>▶能针对培训情况开展培训效果评估 | ▶培养学生勤奋务实、细致耐心的精神<br>▶培养学生进行内外部沟通与协调的能力<br>▶培养学生踏实肯干、团队协作的品质<br>▶培养学生语言表达、公文写作的职业素质 |

**导入案例**

**一个伐木工人的故事**

有一个工人在一个伐木厂找到了一份不错的工作。他决定认真做好这份工作，好好表现。上班第一天，老板给了他一把斧子，让他到人工种植林里去砍树，这个工人卖力地干了起来。

一天时间，他不停地挥舞斧子，砍倒了19棵大树。老板满意极了，夸他干得不错。工人听了很兴奋，决定工作要更加卖力，以感谢老板对他的赏识。

第二天，工人拼命工作，他的腿站久了又酸又疼，胳膊更是累得抬不起来了，可是这样拼命并没有带来更好的结果。他觉得自己比第一天还要累，用的力气还要大，可第二天只砍倒了16棵树。

工人想也许自己还不够卖力，如果自己的成绩一直下降，老板一定会以为自己在偷懒，所以要更加卖力才行。第三天，工人投入了双倍的热情去工作，直到把自己累得再也动不了为止。可是，让他失望的是，他只砍倒了12棵树。

工人是个很诚实的人，他觉得太惭愧了，拿着老板给的高薪，工作却越来越差劲。他主动去向老板道歉，说明了自己的工作情况，并检讨说："我真是太没用了，越卖力干得越少。"

老板问他："你多久磨一次斧子？"工人一听愣住了，他说："我把所有的时间都花在砍树上了，哪里有时间去磨斧子啊！"

资料来源：哈伯德. 加西亚哈伯德全书［M］. 郭曼丽，编译. 北京：金城出版社，2003：311.

从上述故事中可以看出，伐木工人因为没有及时磨斧子，导致伐木效率越来越低。同样道理，在企业中，员工的工作技能往往也决定着工作的成效，而且员工技能的提升，往往是通过培训与开发来完成的，它可以最大限度地帮助员工实现自身价值，并为组织创造更大效益。那么，什么是培训与开发？培训与开发有哪些方法？这正是本章要讲述的内容。

## 第一节　员工培训与开发概述

### 一、员工培训与开发的概念

从传统意义上讲，培训与开发在定义上很难划分，因为二者实质是一样的，都是要通过改善员工的工作业绩来提高企业的整体绩效，只是二者的侧重点略有不同。

培训更多的是侧重短期目标的行为，是向新员工或现有员工传授其完成本职工作所必需的基本技能的过程。培训的目的是使员工掌握目前所需要的知识和技能，并迅速地将其运用到本职工作中，在更短的时间内为企业带来经济价值。

而开发往往是一种侧重长期目标的行为，主要是指管理开发，指一切通过传授知识、转变观念或提高技能来改善当前或未来管理工作绩效的活动。开发的目的是使员工掌握将来所需要的知识和技能，以应对未来工作中可能会出现的新的问题。

对企业而言，培训与开发是注重员工个人与组织当前和未来发展需要相匹配的、重要的人力资源开发工作，是企业为了使员工获得与工作有关的知识和技能，或改变员工工作动机、态度和行为，增加员工的绩效及员工对企业目标的贡献，所做的有计划、有系统的工作。因此，本书认为，员工培训与开发是组织为了使员工获得或改进知识、能力、态度和行为，提高组织工作绩效，实现员工和企业共同发展的目的，有计划进行的系统化的教育训练与开发活动。

## 二、员工培训与开发的意义

企业若想在市场竞争中立于不败之地，首先要考虑的就是如何使自身获得竞争优势，这就突显了企业对于员工培训与开发工作的重要性，具体意义体现在以下几个方面：

### （一）有助于提高组织的应变能力

现代社会科技日新月异，竞争日益激烈，只有增强组织的应变能力、构筑自己的竞争优势，才能在竞争中谋求生存和发展。而组织的每项变革的成功实施、每一项新技术的成功研发，都离不开员工的知识和技能。因此，组织只有在人员的培训与开发上保持持久的竞争优势，才能不断适应市场的变化和发展。

### （二）有助于改善组织的绩效

有效的培训与开发工作能够帮助员工更快、更好地掌握新技术和新方法，改变他们的工作态度；增进他们对组织经营战略的目标方针、组织的规章制度和工作标准等的理解，增强其对组织所进行的正面监督、指挥、协调的正确认识，从而提高他们的工作效率，改善他们个人的工作绩效，进而改善组织的整体绩效。

### （三）有助于强化员工的忠诚度

许多员工认为，培训是组织给他们提供的最好福利，是组织关心员工个人成长和发展的体现。每个员工都有追求自身发展的欲望，当员工无法有效地完成自己的工作时，就会形成工作压力，并在各方面表现出来。如果组织无法给员工提供有效的培训、满足员工培训的愿望，就会导致员工工作激情的下降，甚至会导致优秀员工的流失。成功的培训可以提高员工的知识技能，有效地减轻工作压力并增加工作乐趣。同时，通过培训来降低员工的流动率和流失率，既有助于强化员工的敬业精神和对企业的忠诚度，也有助于降低劳动力成本和管理成本。

### （四）有助于激发员工的积极性

如果员工通过培训与开发感受到自己的价值得到了组织的认可，并在工作中受到重用，就会大大增强他们的工作责任感、成就感和信心。受训后的员工会感激组织为他们提供个人成长、发展和在工作中取得更大成就的机会，会对工作充满热情，对自己充满信心，也就会更加主动应用和发挥所学知识并施展其创造力，为企业做出更大的贡献。

### （五）有助于建立优秀的企业文化

良好的企业文化对员工有着巨大的吸引、导向和激励作用。企业文化是组织全体成员共同遵守的价值观念和行为准则，需要得到全体员工的认可和宣传，而培训与开发就是一种有效的学习和宣传手段。将企业文化和企业形象建设转化为具体的学习活动，通过培训造就训练有素、德才兼备的员工，从而提高顾客满意度，并让顾客透过员工良好的行为表现去感受优秀的企业文化。

### （六）有助于打造学习型组织

学习型组织是致力于知识的获取和创造，并以知识作为发展的动力和基础的组织。学习型组织在许多方面显示出无比的优越性，如解决系统化的问题、富有创新性的工作、学习自己和他人过去的经验、快速而有效地将知识转变为生产力等。未来唯一可持久的优势是有能力比你的竞争对手学习得更快、更好。经常性地开展培训活动可以培养更多的学习者，营造组织共同的学习环境，打造学习型组织。

## 三、员工培训与开发的分类

按照不同的分类标准，员工培训与开发可以划分为不同的类型。

### （一）按培训对象分类

按照培训对象不同，培训与开发可分为新员工培训和在职员工培训。

1.新员工培训

新员工培训又称导向培训，即指为刚被招聘进企业的新员工指引方向，使之对新的工作环境、条件、人际关系、应尽职责、规章制度、组织期望有所了解，使其尽快融入组织的一系列培训活动。

2.在职员工培训

在职员工培训是指对已经在企业中工作的员工进行培训。由于新员工和在职员工所处的工作阶段以及对本岗位的工作认知不同，因此这两类培训之间存在比较大的差别。相对来说，新员工培训较为简单，多为一些基础性质的培训；在职员工培训则要复杂一些，通常所讲的“培训与开发”往往是针对后者进行的。

### （二）按培训内容分类

按照培训内容不同，培训与开发可分为知识培训、技能培训和态度培训。

1.知识培训

知识培训主要是对员工知识进行拓展与更新。知识培训的主要目标是解决“知”的问题。在现代社会，知识更新速度越来越快。不管是从组织的角度出发，还是从个人的角度出发，要保持其竞争力都必须不断地进行知识更新。对员工来说，应通过有计划、有组织的培训，使其具备完成本职工作所必需的基本知识，了解组织的发展战略、经营方针、经营状况、规章制度、市场及竞争情况等，便于员工发挥更大的效能。

2.技能培训

技能培训是指以工作技术和工作能力为主要内容的培训。技能培训的主要任务是传授受训者工作所需的技能，它是对员工能力的必要补充，使其具有将知识及时转化为能力的本领，如本岗位所需要的基本技能技巧、熟练的工艺操作技术。

3.态度培训

态度培训是指以工作态度为主要内容的培训，它主要涉及对员工的价值观、行为规范，以及个人行为活动方式等内容和项目的教育与培训，如员工对组织的忠诚度、组织观念和团队意识等。

### （三）按培训与工作关系分类

按照培训与工作关系不同，培训与开发可分为在职培训、脱产培训和半脱产培训。

1.在职培训

在职培训也称不脱产培训，是指员工不离开工作岗位，在实际工作中接受培训。这种培训方式主要利用组织现有的人力、物力来实施培训，比较经济实用，且不影响工作与生产，能够最大限度地为企业节约成本，但在组织性和规范性上有所欠缺。

2.脱产培训

脱产培训是指员工离开工作岗位，专门接受培训。脱产培训可以在企业内部进行，也可以在企业外部进行。脱产培训主要针对企业战略和核心业务、核心能力、价值观和关键知识、员工改善绩效所需要的基础知识和基本技能以及其他对企业运营产生重要影响的内容进行。这种培训方式的优点是员工的时间和精力集中，没有工作压力，知识和技能水平会很快提高；缺点是成本较高，投入较大，在针对性、实践应用性等方面有所欠缺。

3.半脱产培训

半脱产培训是介于在职培训与脱产培训之间的一种培训。这种培训方式可以在一定程度上克服在职培训与脱产培训的缺点，取长补短，较好地兼顾培训的质量、效率与成本等因素。

## 四、员工培训与开发的原则

为了取得好的培训效果，企业在培训与开发的过程中应当遵循以下几个原则：

**（一）目标原则**

为了保证培训的效果，在培训的过程中要贯彻目标原则，在培训之前要设置清晰的培训目标，使受训人员能够清楚自己的努力方向，并具有一定的学习压力。

**（二）激励原则**

为了更好地调动员工的积极性和学习热情，使他们能够主动、自觉地参与到培训中，改善培训的效果，培训过程中要坚持激励原则。例如，培训结束后进行考核，对考核优秀者给予一定的奖励。

**（三）实效原则**

培训的目的是提高员工个人绩效，进而提高组织的整体绩效。因此，培训与开发要讲求实际效果，注重培训的内容，而不要追求培训的形式。例如，培训的内容要结合实际工作的需要，培训结束后要注重培训成果的转化。

**（四）效益原则**

企业作为一种经济性组织，它从事的任何活动都是应该考虑效益因素的，即要以最小的投入获取最大的收益。对于培训来说也不例外，在做培训预算时，应尽可能地在保证培训效果的前提下，节约培训开支。

**（五）差异性原则**

培训与开发的差异性原则主要表现在两个方面：第一，培训内容的差异性；第二，培训对象的差异性。由于培训的目的是改善个人的业绩，培训的内容要和员工的工作相关。在组织中每个人的分工是不同的，因此，培训内容和对象也有所差异。

拓展阅读5-1：企业员工培训的“八个结合、六个优选”

**红色力量5-1**

**毛泽东：用人所短培养干部**

1949年4月，解放军靠着木船、舢板，百万雄师过大江，体现了人民解放军大无畏的精神。毛泽东认为，大无畏的精神不可少，拥有一支正规的海军更加重要。他火线征调时任四野12兵团司令的萧劲光入京，准备让他筹建新中国海军。

萧劲光一听，当即傻了眼，因为带兵打仗这么多年，自己跟海军从来没有什么瓜葛，甚至他还是一只“旱鸭子”，连坐船都晕，怎么可能筹建海军？

毛泽东看出他的顾虑，笑道：“我就是看中你这只‘旱鸭子’，要是精通水性，我还不用你呢！”

萧劲光更加莫名其妙。

毛泽东大手一挥，说：“让你当海军司令，是让你去组织建设，又不是让你天天坐船出海打仗。中央已经决定了，海军司令，你是逃不掉了。”

同样的事，发生在空军司令刘亚楼身上。1949年5月的一天，时任四野参谋长的刘亚楼接到中央军委的通知，火速进京，讨论筹建空军事宜。

刘亚楼傻了眼。几十年来，他跟空军没打过交道，甚至还有晕飞机的毛病，每次坐飞机，他都吐得不行，怎么能当空军司令呢？

毛泽东没有理会他的顾虑，任命他为新中国第一任空军司令。毛泽东为什么非要让晕船的萧劲光担任海军司令、让晕机的刘亚楼担任空军司令呢？用人之道在于用其长，毛泽东为什么偏偏要反用其短呢？

后来，毛泽东在一个非正式场合解释了原因：“当一个人把他最大的弱点克服了，这个弱点就会反过来成为他最强的一点，而且在转变的过程中，有了一种无所畏惧的精神，以后面对任何困难，他都会游刃有余。”

刘亚楼和萧劲光也没有让毛泽东失望，短短几年时间，就让新中国的空军和海军力量迅速壮大。萧劲光在海军司令的位子上一坐就是30年，在世界海军史上也是罕见的。

对于领导者来说，人才的使用是重中之重。毛泽东的用人之道，已经达到哲学的高度，有时让人莫名其妙，却又大有深意。

资料来源：马少华．毛泽东用人所短［J］．人才资源开发，2014（15）：107.

## 第二节　员工培训与开发的程序

员工培训与开发是人力资源管理的一项重要工作，培训与开发工作效果的好坏，无论对员工自身还是对企业的绩效，都有着十分重要的影响。而企业想有效地开展培训与开发工作，在实践中就需要遵循一定的程序。

员工培训与开发工作的程序是一个由各个环节构成的循环系统，如图5-1所示。为了保证培训与开发工作的顺利实施，一般要按照下面的程序来进行：培训需求分析→培训计划制订→培训组织与实施→培训效果评估。

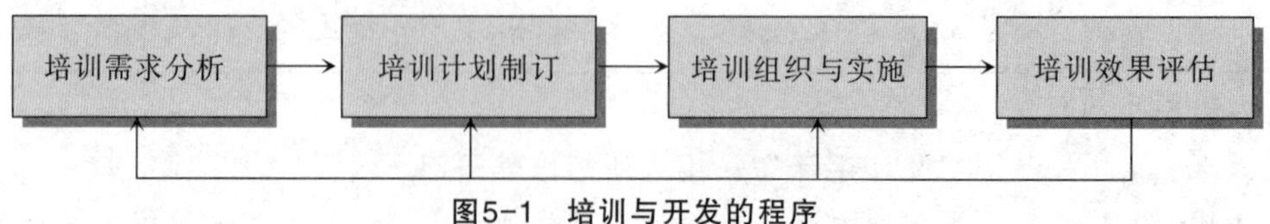


图5-1　培训与开发的程序

## 一、培训需求分析

企业开展培训与开发工作不能盲目进行，只有当企业存在相应需求时，培训与开发才有必要实施；否则，进行培训是没有意义的。因此，在实施培训与开发之前，必须对培训的需求进行分析，这是整个培训与开发工作的起始点，它决定着培训活动的方向，对培训的质量起着决定性的作用。如果前期的培训需求分析出现了偏差，那么培训工作的实施可能会“南辕北辙”，达不到预期的目的。

### （一）培训需求分析的概念

所谓培训需求分析，是指在规划与设计每项培训活动之前，采取各种方法和技术，发现员工或团体现有的工作态度、知识面、技能中管理水平与实际工作要求之间的差距，从而确定培训必要性及培训内容的过程。

培训需求分析是根据组织的发展战略和员工实际的工作绩效表现得出的。培训需求产生的原因是目前的状况与理想的状况之间存在差距，其实质是员工需要增加或补充的能力与素质。培训需求用公式表示为：

培训需求=要求员工具备的能力或素质-员工现在已有的能力或素质

企业对员工的能力水平提出的要求就是“理想状态”，而员工本人目前的实际水平是“现实状态”，两者之间形成了“状态缺口”，企业要努力缩小这一“缺口”，从而形成了培训需求。图5-2是企业培训需求分析的示意图。

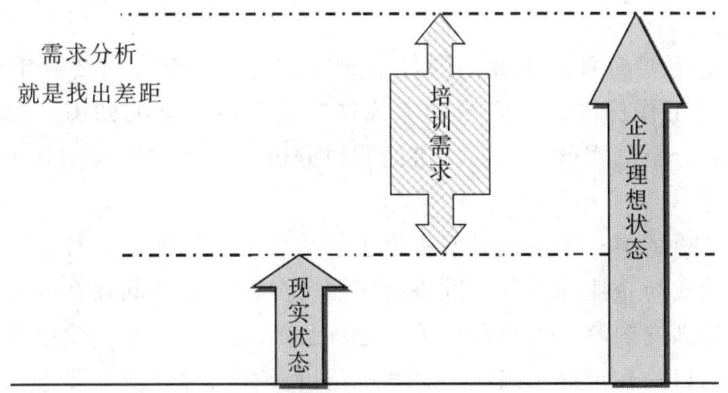


**图5-2　培训需求分析示意图**

### （二）培训需求分析的层面

培训需求分析是确定培训目标、设计培训计划的前提，也是进行培训效果评估的基础，它是做好培训工作的关键。培训需求分析主要从以下三个层面入手，即组织分析、任务分析和人员分析。从组织分析入手，以任务分析为核心，结合人员分析，得出培训的目标、对象和内容。培训需求分析的层次如图5-3所示。

1.组织分析

所谓组织分析，是在给定公司经营战略的条件下，对组织的目标、资源、特质、环境等因素进行分析，准确地找出组织存在的问题与问题产生的根源，以明确培训需求的过程。组织分析的目的是在收集与分析组织绩效和组织特质的基础上，确认绩效问题及原因，寻找可能的解决办法，为培训部门提供参考。

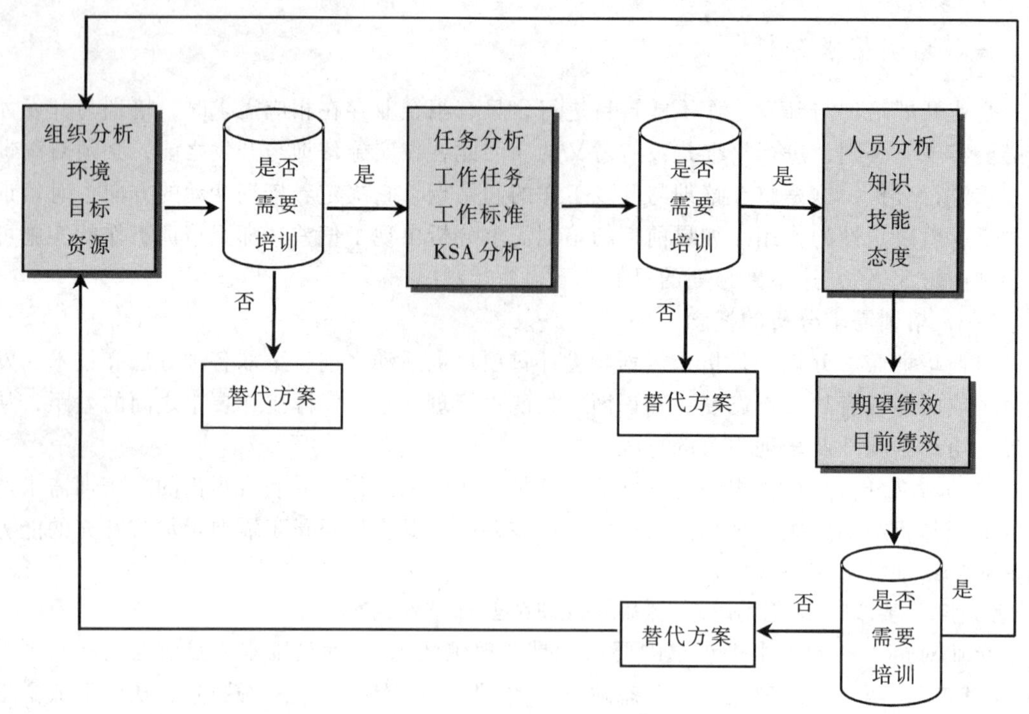


**图5-3 培训需求分析的层次**

2.任务分析

任务分析的主要对象是企业内的各个职位，通过任务分析要确定各个职位的工作任务、各项任务的工作标准，以及成功完成这些任务所必需的知识、技能和态度（KSA）。可以看出，任务分析其实就是前面所讲的职位分析，只是它比职位分析更详细。

3.人员分析

培训需求分析的第三个层面是解决员工的培训需求问题。人员分析是指将员工个人目前的实际工作绩效与企业的绩效标准进行比照，分析二者之间存在的差距，来确定谁需要接受培训以及培训的内容。人员分析重点是评价员工实际工作绩效以及工作能力。

组织分析的目的在于提示组织中哪些部门以及在何种背景下要进行培训与开发，任务分析则是要有效完成任务必须做什么及如何做、需要什么样的素质标准，人员分析在于揭示谁需要参加培训和需要什么培训，三者存在一种递进的关系。

## 二、培训计划制订

在企业进行了培训需求分析之后，下一步工作便是制订员工培训计划，以此来指导培训的具体实施。培训计划是企业培训的重要组成部分，它决定了整个培训过程的成功与否。因此，制订一份规范、详细且实用的培训计划，可以确保培训工作顺利开展并提高培训质量。具体来说，培训计划的制订包括以下几个方面：

### （一）培训目标

要制订明确的培训计划，首先要有明确的培训目标。培训目标是一定时间内希望达到的培训标准，是培训者检查培训活动是否达到培训要求的尺度。它描述的是培训的结果，而不是过程。一般来说，培训目标分为技能培养、知识传授和态度转变三类。

### （二）培训对象

培训对象就是培训目标适用的对象。虽然所有员工都需要进行培训，但由于组织的资源有限，不可能提供足够的资金、人力和时间，因此，所有员工不一定都需要培训到同一个层次或同等程度，或安排在同一时间进行培训，必须有针对性地确定单位急需的人才培训计划，根据组织目标的需求挑选被培训人员。企业培训时应重点考虑新进员工、有能力且符合企业发展方向的员工、有潜在能力的员工和有特殊需求的员工。

### （三）培训内容

培训计划中必须介绍培训内容，也就是确定培训什么的问题。不同的培训，由于其具体的目的、任务、培训对象不同，培训内容也就不同。培训内容的选择应考虑以下两方面因素：一是要和组织的目标相一致；二是必须具有由学到用的可转化性。表5-1为不同培训对象所对应的培训内容示例。

表5-1 **不同培训对象所对应的培训内容示例**

| 人才类别 | 战略型管理人才 | 技能型管理人才 | 后备型管理人才 |
|---|---|---|---|
| 培训对象 | 高层管理人员（CEO） | 中层管理人员（部门经理） | 基层管理人员（技术、管理人员） |
| 培训目标 | 具有前瞻性、创业精神、指挥领导能力、决策能力、商业道德和法律等专业知识 | 专业知识更新、职能部门管理和沟通能力、制订工作计划、培养合作精神、培养职业道德 | 掌握各职能部门的专业知识、竞争能力、自信心、合作精神、职业道德和领导艺术 |
| 培训内容 | 竞争与企业发展战略<br>资本市场发展和运作<br>财务报表和财务控制<br>国内、国际市场营销<br>组织行为和领导艺术 | 各职能部门专业知识的变化<br>部门经理工作和挑战<br>部门间的协调和沟通<br>部门工作计划的制订和实施<br>计算机和信息技术应用 | 采用微型MBA或正规MBA的课程体系 |
| 培训方法 | 讲授和研讨法 | 讲授和研讨法 | 讲授、案例分析和调研 |

### （四）培训时间

一份具体的培训计划要有明确的培训时间和期限。一般而言，培训时间可以根据培训的目的、培训的场地、培训教师、被培训者的能力及上班时间等因素而确定。一般新员工培训可以在实际从事工作前实施，培训时间可以是一周至十天，甚至一个月；在职员工培训，则可以以培训者的工作能力、经验为标准来决定培训期限的长短。培训时间的确定以尽可能不影响工作为宜。

### （五）培训地点

培训计划中还要明确培训地点。培训地点是指培训需要在什么地方和什么环境中进行。通常来说，合适的培训地点有助于创造有利的培训条件，进而增强培训的效果。同时，培训地点的选择又受培训方式的制约。例如，采取讲授法，需要适当的教室；采取讨论法，需要合适的会议室；采取游戏法，则应当选择活动空间足够的地方。此外，地点的选择还要考虑培训人数及经费等因素。

### （六）培训方法

培训方法就是确定如何培训的问题。选择哪些培训方法，是培训计划的主要内容之一，也是决定培训成败的关键因素之一。培训的方法有很多，不同的方法有不同的特点，也会带来不同的效果，企业应该结合自身的情况以及预期的效果选择合适的方法。

### （七）培训教师

培训教师就是确定由谁进行培训的问题。培训教师的选择既可利用外部渠道，也可依靠内部渠道。从这两个渠道选择培训者各有利弊，表5-2是对内外渠道选择培训教师的利弊所做的一个简单比较。

表5-2　　内外渠道选择培训教师的利弊比较

| 渠　道 | 优　点 | 缺　点 |
|---|---|---|
| 外部渠道 | （1）培训者比较专业，具有丰富的培训经验<br>（2）没有什么束缚，可以带来新的观点和理念<br>（3）与企业没有直接关系，员工比较容易接受 | （1）费用比较高<br>（2）对企业不了解，培训的内容可能不实用，针对性不强<br>（3）责任心可能不强 |
| 内部渠道 | （1）对企业情况比较了解，培训更有针对性<br>（2）责任心比较强<br>（3）费用比较低<br>（4）可以与受训人员进行更好的交流 | （1）可能缺乏培训经验<br>（2）受企业现有状况的影响比较大，思路可能没有创新<br>（3）员工对培训者的接受程度可能比较低 |

### （八）培训预算

培训预算是指在一段时期（通常是1年）内，用于组织内部培训及培训部门所需要的全部开支的总和。培训预算既是为了做好资金运用计划，又是培训管理工作量化的表现形式，是未来培训计划实施和控制的重要依据和衡量标准。

一般可以把培训经费分为直接培训费用和间接培训费用。直接培训费用包括场地费、食宿费、培训器材费、教材费、教育培训相关人员工资、外聘教师讲课费以及交通差旅费等；间接培训费用是指由培训带来的机会成本和生产力浪费。由于学员来学习，不能去工作，因而不仅要支付其工资，而且为了维持正常的生产运行，还必须请人代工，否则会导致生产设备闲置等生产力浪费的现象。

**应用实例5-1**

表5-3　　××公司员工培训课程安排表

<table>
<tr><th colspan="2">培训日程</th><th>课程类型</th><th>课程名称</th><th>主要内容</th><th>培训时间（分钟）</th><th>培训部门</th><th>讲师</th><th>培训形式</th></tr>
<tr><td rowspan="7">10月21日</td><td>9：10</td><td colspan="2">培训准备</td><td>宣读纪律</td><td></td><td>人事部</td><td></td><td>主持</td></tr>
<tr><td rowspan="2">9：30</td><td colspan="2">公司致辞</td><td>由公司领导向新员工全体致欢迎辞</td><td>10</td><td>总经办</td><td></td><td>宣讲</td></tr>
<tr><td>行业文化类</td><td>行业背景</td><td>××行业背景，现状及发展趋势</td><td>40</td><td>总经办</td><td></td><td>PPT</td></tr>
<tr><td colspan="4">休息</td><td>10</td><td colspan="3"></td></tr>
<tr><td rowspan="2">10：30</td><td rowspan="2">企业文化类</td><td rowspan="2">公司文化</td><td>发展历程及文化</td><td>30</td><td rowspan="2">人事部</td><td rowspan="2"></td><td>PPT</td></tr>
<tr><td>对公司组织结构图、部门职能进行学习</td><td>30</td><td>PPT</td></tr>
<tr><td colspan="4">午休时间</td><td colspan="4">2小时30分</td></tr>
</table>

续表

| 培训日程 | | 课程类型 | 课程名称 | 主要内容 | 培训时间（分钟） | 培训部门 | 讲师 | 培训形式 |
|---|---|---|---|---|---|---|---|---|
| 10月21日 | 14：00 | 行业文化类 | | 融资担保专业知识 | 120 | 业务部 | | PPT |
| | 16：30 | | | 分享环节 | 30 | 人事部 | | |
| 10月22日 | 9：00 | 部门制度 | | 财务管理相关制度 | 60 | 财务部 | | PPT |
| | | | | 行政管理相关制度 | 60 | 行政部 | | PPT |
| 10月22日 | 14：00 | 业务营销类 | | 车贷知识 | 60 | 车贷部 | | PPT |
| | | | | 投资业务 | 60 | 投资部 | | PPT |
| 10月23日 | 9：00 | 规范礼仪 | | 办公规范管理 | 60 | 人事部 | | PPT |
| | | | | 商务礼仪 | 60 | | | |
| 10月23日 | 14：00 | | | 风险控制管理及相关法律和法规 | 180 | 风控部 | | PPT |
| | | | | 分享环节 | 30 | 人事部 | | |
| 10月24日 | 9：00 | 职业化培训 | | 职业心态 | 60 | 人事部 | | PPT |
| | | | | 休息 | 10 | | | |
| | | | | 团队意识 | 60 | 人事部 | | PPT |
| 10月24日 | 14：00 | 法律 | | 法律和法规 | 60 | 法务部 | | PPT |
| | 15：00 | 规章制度类 | | 绩效考核 | 10 | 人事部 | | PPT |
| | | | | 工资、福利和奖金管理办法 | 10 | | | |
| | | | | 劳动人事制度 | 10 | | | |
| | | | | 法定休假管理办法 | 10 | | | |
| | | | | 各项规章管理制度 | 20 | | | |
| | | | | 公司制式化工作 | 5 | | | |
| | 16：00 | | | 分享环节 | 30 | 人事部 | | |
| 10月25日 | 9：30 | | | 培训心得体会 | 30 | 人事部 | | 宣讲 |
| | 10：00 | 沟通类 | | 绩效考核制度、薪酬福利制度、奖惩管理制度及其他相关制度问题答疑 | 30 | 总经理 | | 宣讲 |
| | | | | 总结表彰 | 30 | 人事部 | | |
| 10月25日 | 13：30 | | | 户外拓展训练 | 240 | 人事部 | | 活动 |
| | 18：00 | | | | 120 | 人事部 | | 聚餐 |
| 培训时间共计5个工作日 | | | | | | | | |

资料来源：佚名．四川君泰融资担保有限公司员工培训课程安排表［EB/OL］．［2022-06-10］．http://wenku.baidu.com/view/ab53056da2161479171128e9.html?from=search.

## 三、培训方案的组织与实施

制订好科学的培训计划，接下来便是培训计划的组织与实施阶段。这个阶段的主要工作是针对培训的需求特点，制定具体的培训方法和手段，按照设计完成培训计划，实施具体的培训。此阶段的特点是，对培训的技术要求较强，也较为具体。在实施员工培训时，培训者要完成许多具体的工作任务。

### （一）做好培训准备

1.营造培训环境

选择和布置培训场所主要从硬件角度考虑，营造良好的培训环境则更多地从培训兴趣、培训动机、培训氛围等方面入手。具体做法是：通过种种激励措施来引导员工接受培训。例如，把员工在培训时的表现与年终考评结合起来，把培训列为员工晋升和调动工作的必备条件；也可以提高工作的竞争程度，使员工有危机意识，从而主动参加培训；还可以向员工阐明职业生涯发展的道理，让员工感到培训对员工自身的发展有较大的帮助。

2.选择培训教师

员工培训的成功与否与所选择的培训教师有着很大关系。特别是新时代的员工培训，教师已不仅仅是传授知识、态度和技能，甚至对受训者的职业生涯有着极其重要的影响。因此，选择培训教师时，可以从以下几点出发：首先，要有良好的品质和职业道德；其次，要有完备的知识；再次，要有丰富的经验；最后，要有有效的沟通，包括良好的表达能力，为人热情且受人尊敬。

3.准备培训工具

（1）运用展示架。把有关资料贴放在上面，让学员得到额外的辅助信息，加深对培训主题的进一步理解，增强培训效果。

（2）利用录音和摄像设备。要避免学员陷入被动的“看电视”中，注意在教学过程中的双向交流。

（3）使用计算机。近年来发展起来的计算机培训，使得员工不用再到生产线上进行实施操作，只需把培训软件装入计算机内，即可以在计算机上进行模拟操作；出现错误后，也可以在机上修改，从而大大降低了成本费用，也便于培训工作，使培训工作上了一个更高的新台阶。

### （二）分工配合

培训项目的实施往往不是一蹴而就的，特别是一些大中型的培训项目，组织工作非常复杂，因此，有必要将培训实施过程中涉及的所有工作按照类别进行分工，然后安排在某一方面有专长的人员具体负责相关工作的落实，培训管理者随后及时跟进和沟通，以便及时发现问题，并采取纠偏措施。

### （三）培训控制与管理

1.收集培训相关资料

需要收集的资料包括培训需求评估报告、培训实施计划方案、组织内部中长期培训计划方案、以往的培训实施计划方案及其评估报告、来自高层决策者的意见、本年度的培训资源分配计划、培训师资料、课程大纲、培训地点及设施情况介绍等。

2.比较现状与目标之间的差距

明确现状与目标之间的差距，也就是明确培训实施计划所要解决的问题，从而为培训实施确立整体方向。

3.培训计划纠偏

这里会出现三种情况：一是培训实施完全符合要求，不需要进行纠偏。二是轻度纠偏，即在培训实施过程中发现原计划有些地方欠妥，如人员分工、课程编排次序和工作进度的协调等。这种情况下一般只要对培训计划进行必要的修改即可达到要求。三是重度纠偏，如原邀请的顾问不合适或不能出席、培训的投入过多或过少、培训场地安排不合适和培训组织工作出现漏项等。出现这种问题时就要对培训做“大手术”，召开培训计划专题讨论会议，讨论解决方法，同时对培训计划的相应部分做出修改。

4.公布并跟进落实

这包括两个方面：一是让培训项目相关人员明确自己的具体工作职责，掌握整体培训项目的有关情况；二是起到培训动员的作用，使培训对象做好参加培训的准备，不至于临时打乱工作或缺乏必要的心理准备。

**文化故事5-1**

**将军练兵有高招**

古时候，赵、高两位将军即将领兵对战，可是因为长期的战争，双方手下的老兵伤亡惨重，各自的部队几乎都是刚招来的新兵，两位将军都为新兵训练的事情发愁。赵将军觉得时间紧迫，新兵们需要学习的东西实在太多，如骑兵射箭、步行战斗、运送粮草等。于是赵将军抓紧时间，夜以继日地投入训练。但是由于时间短，任务多，效果并不理想，赵将军非常担忧。于是，他派人去打听高将军的训练情况，得到的反馈是：“他们只是按照日常训练进行，并没有强化训练。”赵将军顿时放了心，以为胜利已是囊中之物。

转眼到了决战之日，赵将军手下士兵果然了得，骑马、射箭、步战、操作器械，样样都懂一点，可是没有一样是精通的，并且相互之间还缺乏配合。战斗开始后，只见高将军手下的士兵分工明确、各有所长，冲锋的骑兵个个骑术精湛，射箭的士兵个个百步穿杨，攻坚的士兵熟练地操作着各种器械，进行主力决战的步兵更是骁勇善战。很快，赵将军的军队就败下阵来。

赵将军后来才明白，原来高将军是根据各个士兵的特点将他们分成了许多小队，每个小队只学习一样本领，最后则专门进行各兵种之间的配合训练。赵将军长叹一声，败得心服口服。

资料来源：李健. 人力资源管理——理论·案例·实训［M］. 北京：清华大学出版社，2017.

## 四、培训效果评估

### （一）培训效果评估的概念

培训效果评估是指企业在培训之后，通过一定的方法对培训效果进行分析和评价。培训效果评估是培训工作中不可缺少的重要环节，是衡量企业培训效果的重要途径和手段。通过评估，管理者可以知道培训使学员的知识水平得到了怎样的提高，工作表现发生了怎样的变化。同时，企业可以对当年培训的效果有一个反馈，为下一年度的培训工作提供改进和优化的依据。

### （二）培训效果评估的层次

对于培训效果评估的研究，国内外应用得最为广泛的评估模型是美国学者柯克帕特里克（Kirkpatrick）提出的培训效果四级评估模型。他根据评估的深度和难度将培训效果评估分为四个递进的层次，见表5-4。

表5-4 **柯克帕特里克四层次培训评估模型**

| 层面 | 标准 | 重点 | 问题 |
|---|---|---|---|
| 第一层面 | 反应 | 受训者的满意程度 | 受训者喜欢该项目吗？课程有用吗？他们有些什么建议？ |
| 第二层面 | 学习 | 知识、技能、态度、行为方式方面的收获 | 受训者培训前后，在知识及技能掌握方面有多大程度的提高？ |
| 第三层面 | 行为 | 工作中行为的改进 | 培训后受训者的行为有无不同？他们在工作中是否使用了在培训中学到的知识？ |
| 第四层面 | 结果 | 被培训者获得的经营业绩 | 组织是否因为培训经营得更好了？ |

1.反应层评估

反应层评估是针对学员对课程及学习过程的满意度进行评估。它要评价学员对整个培训过程的意见和看法，对培训计划是否满意、是否认为有价值，包括对培训的内容、培训教师的水平、培训的方式、教材、时间安排和环境设施等各方面的反应程度。

对这项指标的评价，最简单的方法就是询问学员对培训的感觉。一般可以采用问卷、面谈、座谈、电话调查等方式。反应层评估一般是在培训结束后进行的，也可以在培训一段时间后进行。表5-5为某公司培训反应层评估问卷。

表5-5 **某公司培训反应层评估问卷**

为了了解本次培训对您需求的满足程度，我们需要您花费几分钟的时间填写这份问卷，填写问卷时请注意以下两点：

1.请务必填写您的真实感受，这对我们培训工作的改进很重要

2.请注意所有的选择性题目均为单选题目，请在相应的选项后打“√”号

下面请作答：

1.您对本次培训的主题如何评价？

A.非常好 B.很好 C.好 D.一般 E.差

2.您对本次培训的组织管理人员如何评价？

A.非常好 B.很好 C.好 D.一般 E.差

3.您对本次培训的讲师如何评价？

A.非常好 B.很好 C.好 D.一般 E.差

4.您对本次培训的设施条件如何评价？

A.非常好 B.很好 C.好 D.一般 E.差

5.您对本次培训的日程安排如何评价？

A.非常好 B.很好 C.好 D.一般 E.差

6.您对本次培训的内容如何评价？

A.非常好 B.很好 C.好 D.一般 E.差

7.您对本次培训的方式如何评价？

A.非常好 B.很好 C.好 D.一般 E.差

反应层评估是最基本、最普遍的培训评估方式。它容易操作、方法简单，但缺点显而易见。例如，有的学员因为对培训教师有好感而给课程高分，有的学员因为对某个因素不满而全盘否定课程。通常来说，大多数学员都很感性，有时候往往会凭表面印象进行评价，而不会去仔细思考自己究竟从培训中学到了些什么。面对这样的评估结果，显然很难真正知道通过培训，学员的知识、技能和态度与培训前相比到底有哪些改进与提高。另外，学员对于问卷的填写也会有一定的随意性。

2.学习层评估

学习层评估是指评估学员在知识、技能或态度等方面学到了什么，即针对学员完成课程后，所取得的学习成效进行评估。正确评估学员的学习结果在培训评估中十分重要，因为如果没有知识、技能或态度的获得和改变，就很难实现行为和结果的改变。学习层评估一般采用书面测验、情景模拟和操作测验等评估方式。

学习层评估的评估时间一般是在培训现场或培训结束之后。学习层评估对学员和培训教师会有一定的压力，好处是学员和培训教师对培训会更加认真地对待，但要注意测试的方法。对那些基于知识的培训采用考试方式较好。

3.行为层评估

行为层评估是指针对员工的工作行为方式有多大程度的改变，即针对学员回到工作岗位后，其行为或工作绩效是否因培训而有预期中的改变进行评估。行为指标水平可以由内部人员测定，也可由外部人员测定。内部人员是指受训者的直接管理者，外部人员是指人力资源专家和顾客。

行为层评估，通常在培训结束后3个月进行。评估内容主要为测评其工作行为是否因培训而有所改变。评估方法主要有问卷调查法（主要通过同事、上下级来收集数据）、面谈法、观察法（一般技术操作类培训可以采用这种方式）和行动计划法（这是在培训追踪中较多使用的一种方法，要求学员列出培训后需改进的地方并形成计划，定期按计划保持追踪）。以某企业管理人员培训之后的行为评估为例，表5-6是管理人员培训行为自我评估表，表5-7是管理人员培训行为下属调查问卷。

表5-6　**管理人员培训行为自我评估表**

请根据你的真实情况回答，你的回答主要反映你培训后在领导方式上的变化，对今后改进课程会很有帮助。该问卷为匿名，请务必客观，谢谢！

5分：比过去多很多；4分：比过去多一点；3分：和过去一样；2分：比过去少一点；1分：比过去少很多。

| 问卷项目 | 与过去比较在此方面花费的时间和精力多少 | | | | |
|---|---|---|---|---|---|
| 1.接触和了解员工 | 5 | 4 | 3 | 2 | 1 |
| 2.倾听下属意见 | 5 | 4 | 3 | 2 | 1 |
| 3.对下属行为给予表扬 | 5 | 4 | 3 | 2 | 1 |
| 4.和员工聊天，了解其生活和家庭情况 | 5 | 4 | 3 | 2 | 1 |
| 5.主动征询下属的意见 | 5 | 4 | 3 | 2 | 1 |
| 6.走动管理 | 5 | 4 | 3 | 2 | 1 |
| 7.关心新员工的家庭 | 5 | 4 | 3 | 2 | 1 |
| 8.和新员工沟通自己的工作经历 | 5 | 4 | 3 | 2 | 1 |
| 9.把新员工介绍给其他同事 | 5 | 4 | 3 | 2 | 1 |
| 10.帮助下属并指导其改进失误 | 5 | 4 | 3 | 2 | 1 |
| 11.培训下属 | 5 | 4 | 3 | 2 | 1 |

表5-7 **管理人员培训行为下属调查问卷**

请根据您的真实情况回答，您的回答仅对我们今后改进培训课程有帮助，不会影响您和上司的关系。该问卷为匿名，请客观公正，谢谢！

5分：非常符合；4分：大部分符合；3分：一般；2分：大部分不符合；1分：一点也不符合。

| 问卷项目（和培训前对比） | 得 分 |
|---|---|
| 1.我的上司对我的工作有了更好的了解 | 5 4 3 2 1 |
| 2.我的上司更加意识到我工作中的成绩 | 5 4 3 2 1 |
| 3.我的上司提供更多的机会使我发挥特长 | 5 4 3 2 1 |
| 4.我的上司更让我了解他对我的工作期望 | 5 4 3 2 1 |
| 5.我的上司更频繁地与我交流和讨论 | 5 4 3 2 1 |
| 6.我的上司更加关注我的生活和事业发展 | 5 4 3 2 1 |
| 7.我的上司更加能够帮助我提高 | 5 4 3 2 1 |

4.结果层评估

结果层评估主要是评估学员对组织经营成果有何直接且正面具体的贡献，还要确定这些变化是否是培训的效果，如产量增加、效率改进、不良率降低、成本费用减少、抱怨减少、意外事故率降低以及离职率降低等。表5-8是企业培训后结果层评估常用测评指标。

表5-8 **结果层评估常用测评指标**

| 管理人员培训 | 营销人员培训 | 客户关系管理培训 |
|---|---|---|
| 产量增加 | 销售量提高 | 订单出错率下降 |
| 缺勤和怠工减少 | 平均销售规模扩大 | 订单数增加 |
| 成本下降 | 新客户数目增多 | 每日交易数目增加 |
| 离职率降低 | 按期付款比率上升 | 客户回访次数增加 |
| 员工建议数增加 | 销售费用下降 | 失去的顾客数减少 |
| 士气和员工态度改变 | 每张订单的货品数量增加 | 顾客投诉数量下降 |

结果层评估的时间一般是在培训后半年或一年。评估内容主要是与该培训内容直接相关的绩效指标。评估时主要采用培训前后绩效周期的绩效结果对比的方式。这是建立在行为评估基础上的评估，只有行为的改变，才有可能将绩效结果的改变与培训挂钩。

表5-9是总结上述内容而形成的培训效果评估一览表。

表5-9 **培训效果评估一览表**

| 评估层次 | 评估标准 | 评估内容 | 评估方法 | 评估主体 | 评估时间 |
|---|---|---|---|---|---|
| 第一层次 | 反应层面 | 观察学员的反应 | 问卷调查法<br>访谈法<br>观察法 | 培训部门 | 培训进行中或培训刚刚结束后 |
| 第二层次 | 学习层面 | 检查学员的学习效果 | 书面测验<br>现场模拟<br>操作测验 | 培训部门 | 培训结束后 |

续表

| 评估层次 | 评估标准 | 评估内容 | 评估方法 | 评估主体 | 评估时间 |
| --- | --- | --- | --- | --- | --- |
| 第三层次 | 行为层面 | 衡量培训前后学员的工作表现 | 绩效考核<br>观察法<br>访谈法<br>行动计划 | 培训部门<br>学员上级主管<br>同事及下属<br>直接客户 | 培训结束后3个月或下一个绩效考核期 |
| 第四层次 | 结果层面 | 衡量企业经营业绩的变化 | 绩效考核结果<br>投资回报率<br>企业运营情况分析 | 培训部门<br>学员上级主管<br>企业管理部门 | 下一个绩效考核期或1年后 |

拓展阅读5-2：培训效果评估指标设计

### （三）培训效果的量化评估

对培训效果进行量化评估，主要是对培训所带来的收益进行价值衡量，可以通过计算培训投入回报率、培训投资收益率等进行评估。在介绍培训效果量化评估公式之前，必须首先了解培训成本和培训收益的概念。

培训成本是指企业在员工培训过程中所发生的一切费用，包括培训之前的准备工作、培训的实施过程以及培训结束之后的效果评估等各项活动的各种费用。例如，培训教师的费用，学员的往来交通、食宿费用，教室设备的租赁费用，教材印发、购置的费用，培训对象受训期间的工资福利以及培训实施过程中的其他各项花费等。除此之外，企业由于进行培训而导致的机会成本、间接成本，也会给企业造成许多无形损失。无形损失一般可用人均利润率来衡量。

培训收益包括短期收益和长期收益。短期收益往往体现为培训带来的员工工作效率的提高；长期收益，往往体现为员工能力和素质的提高。收益通常可以通过受训者与未受训者之间的效率与素质的差异来判断。

培训效果量化评估的具体计算公式如下：

$$培训投资净回报率=\frac{培训收益-培训成本}{培训成本}\times 100\%$$

$$培训投资回报率=\frac{培训收益}{培训成本}\times 100\%$$

培训效益的量化公式为：

$$T_E=(E_2-E_1)\times T_S\times T-C$$

式中：$T_E$为培训效益；$E_1$为培训前每个受训者1年产生的效益；$E_2$为培训后每个受训者1年产生的效益；$T_S$为培训的人数；T为培训效益可持续的年限；C为培训成本。

例如，有一家公司进行了一次推销员的推销技巧培训，受训的推销员有20人；用了3天的时间；培训费用是10万元；受训前每个推销员的年销售净利润是10万元，受训后每个推销员的年销售净利润是11万元；培训效果可以持续3年。计算培训效益和投资收益率。

培训效益=（11-10）×20×3-10=50（万元）

投资收益率=50÷10×100%=500%

**应用实例5-2**

### 新员工培训制度

**一、培训目的**

1.新入职员工培训是为了使新员工在入职前对公司有一个全方位了解，认识并认同公司的事业及企业文化，坚定自己的职业选择，理解并接受公司的共同语言和行为规范。

2.使新员工明确自己的岗位职责、工作任务和工作目标，掌握工作要领、工作程序和工作方法，尽快进入岗位角色。

**二、培训期**

新员工入职培训期为1个月，包括2～3天的集中脱岗培训及后期的在岗指导培训。人力资源部根据具体情况确定培训日期。

**三、培训对象**

公司所有新进员工。

**四、培训方式**

1.脱岗培训，是由人力资源部制订培训计划和方案并组织实施，采用集中授课、讨论及参观的形式。

2.在岗培训，是指新员工所在部门负责人对其已有的技能与工作岗位所要求的技能进行比较评估，找出差距，以确定对该员工的培训方向，并指定专人实施培训指导，人力资源部跟踪监控，可采用日常工作指导及一对一辅导形式。

**五、培训教材**

员工手册和部门岗位指导手册等。

**六、培训内容**

1.企业概况，包括企业历史、现状以及在行业中的地位，企业文化、未来前景，组织机构、各部门的功能和业务范围、人员结构、薪资福利政策、培训制度、历年重大人事变动或奖惩情况介绍，团队精神介绍，沟通技能训练，以及新员工关心的各类问题解答等。

2.员工守则，包括企业规章制度、奖惩条例、行为规范等。

3.入职须知，包括入职程序及相关手续办理流程。

4.财务制度，包括费用报销程序、相关手续办理流程以及办公设备的申请使用。

5.安全知识，包括消防安全知识、设备安全知识及紧急事件处理等。

6.沟通渠道，包括员工投诉及合理化建议渠道介绍。

7.实地参观，包括参观企业各部门以及工作娱乐等公共场所。

8.介绍交流，如介绍公司高层领导、各部门负责人及对公司有突出贡献的骨干与新员工认识并交流恳谈。

9.在岗培训，包括服务意识、岗位职责、业务知识与技能、业务流程、部门业务周边关系等。

七、培训考核

考核分书面考核和应用考核两部分。脱岗培训以书面考核为主，在岗培训以应用考核为主，各占考核总成绩的50%。书面考核考题由各位授课教师提供，人力资源部统一印制考卷，应用考核通过观察测试等手段考查受训员工在实际工作中对培训知识或技巧的应用及业绩行为的改善，由其所在部门的领导、同事及人力资源部共同鉴定。

八、效果评估

人力资源部通过与学员、教师、部门培训负责人直接交流，并制定一系列书面调查表进行培训后的跟踪了解，逐步减少培训方向和内容的偏差，改进培训方式，以使培训更加富有成效并达到预期目标。

资料来源：本书编写组．新编销售人员管理必备制度与表格［M］．北京：企业管理出版社，2005：143-144.

## 第三节　员工培训与开发的方法

在实践中，进行培训与开发时有很多种方法可供选择，培训方法选择得恰当与否对于培训的实施以及培训效果具有非常重要的影响。企业在进行培训时，应当根据培训内容、培训对象、培训目的以及培训费用等因素选择合适的方法。

培训的方法，按照不同的标准可以划分为不同的类别。这里我们主要按照培训的实施方式将培训的方法分为两大类：一是在职培训；二是脱产培训。

### 一、在职培训

在职培训是指员工不离开自己的职位，在实际工作岗位和工作场地进行的培训。需要注意的是，司机、飞行员之类的职位不能使用这种方法。

在职培训的方法主要有以下几种：

1.学徒培训

简单地说，学徒培训是一种“师傅带徒弟”的培训方法，由经验丰富的员工和新员工结成比较固定的“师徒关系”，并由师傅对徒弟的工作进行指导和帮助。这种培训方法大多用于那些需要一定技能的行业，如电工、美发师和木匠等。这种方法的优势是比较节约成本，而且有利于工作技能的迅速掌握。其弊端是会影响到师傅的正常工作，降低工作效率，还容易形成固定的工作思路，不利于创新。在高科技企业，这种形式被称为“导师制”。例如，摩托罗拉公司和华为公司都采用这种培训方法。

2.辅导培训

辅导培训是受训者以一对一的方式向经验丰富的组织成员进行学习的方法。辅导者通常是年长或有经验的员工，可以是企业中任何职位的人。这种方法有些类似于学徒培训，不同的是辅导者的身份不一定就是师傅，可以以朋友、知己或者顾问的身份来对受训者进行辅导。二者的关系也不像学徒培训中的师傅与徒弟那样紧密。为了保证辅导的效果，辅导者与受训者的兴趣必须一致，必须相互理解对方的心理。

3.工作轮换

工作轮换是指通过调动员工工作职位的方式来进行培训。职位的变化可以丰富员工的工作经验、扩展他们的知识、增加他们的技能，使他们了解其他职位的工作内容，从而能够胜任多方面的工作。

实行工作轮换，要考虑员工的个人能力以及他的需要、兴趣、态度和职业偏好，从而选择与其适合的工作。工作轮换时间的长短取决于培训对象的学习能力和学习效果，而不是机械地规定一定的时间。这种方法鼓励“通才化”，适合对通用型的管理人员进行培训，不适合对专家型的人员进行培训。

**走进管理 5-1**

**华为的轮岗制度**

华为为了在人力资源管理中引入竞争和选择机制，专门建立了轮岗制度。其高层领导基于这样一种考虑：要想留住人才，单靠物质奖励是难以奏效的。因为员工个人的物质水平随着时间的推进提高，薪金的奖励作用在慢慢降低。而轮岗提供了职业发展的空间，留住了优秀人才。在员工看来，在交换工作岗位的过程中，不但享受到了类似“跳槽”的新鲜和乐趣，而且从中学到了不少东西，对自己日后的职业发展大有好处。为此，华为公司在内部建立了一个劳动力市场，以促进人才的合理流动，通过岗位轮换实现人力资源的合理配置。华为公司还明确规定，中层管理者必须强制轮换。

资料来源：李兴军，徐文胜．人力资源管理［M］．北京：中国人民大学出版社，2017：86.

## 二、脱产培训

脱产培训是指员工离开自己的工作岗位专门参加的培训。这种培训方法的优缺点与在职培训恰恰相反。

脱产培训的方法主要有以下几种：

1.授课法

授课法是最普遍也是最基本的一种培训方法，就是通过培训者讲授或演讲的方式来对受训人员进行培训。这种培训方法主要是一种单向沟通的方式，很少有对话、提问和讨论的机会，缺乏反馈和练习。受训人员比较被动，没有练习的机会，不适用于技能的培训。因此，该方法大多用于一般性的知识培训。

授课法的优点是：(1) 可以同时对一大批受训人员进行培训，成本比较低；(2) 培训者能够对培训过程进行有效的控制。其缺点是：由于讲课的内容往往比较概括和一般化，因此要求受训人员的同质程度比较高，如文化程度和工作要求比较相似，以便使培训者讲得更具体和实用。

2.讨论法

讨论法是指由培训者和受训者共同讨论并解决问题的一种培训方法。实践中，首先由培训者综合介绍一些基本的概念和原理，然后围绕某一主题进行讨论。这也是应用比较广泛的一种方法。

讨论法的优点是：受训人员能够参与到培训活动中来，可以提高他们的学习兴趣，有利于受训人员积极思考，加深对学习内容的理解。在讨论中可以相互学习，有利于知识和经验的共享。此外，还可以同时培养他们的口头表达能力。其缺点是：为了保证讨论的效果，参与的人数不能太多，否则不利于对基本知识和技能的系统掌握，讨论过程中也容易偏离主题，因此对主持人的要求比较高。

3.案例分析法

案例分析法是指为受训者提供一个来自现实的案例，首先让他们自己独立地去分析这个案例，然后与其他受训者一起讨论，从而提出自己对问题的解决办法。

案例分析法的优点是：案例大多来自现实，通过对案例的分析，有助于解决类似的实际问题。案例分析法强调个人的独立思考，对培训者的依赖程度比较低，因此有助于培养受训人员独立分析问题和解决问题的能力。它的最终目的不是给出一个确定的答案，而是借助这种方式，教会受训人员如何分析问题和解决问题。其缺点是：案例的收集和提炼往往比较困难，案例虽然来自现实，但又不能是现实的直接反映，而要经过一定的加工。此外，这种方法对培训者的要求也比较高，要求能够给受训者以启发。

4.角色扮演法

角色扮演法是指为受训人员提供一个真实的情境，让他们在其中分别扮演不同的角色，做出他们认为适合于每一种角色的行为，表现出角色的情感。在扮演过程中，培训者随时加以指导，在结束后组织大家讨论，以各自对扮演角色的看法来发表意见，这其实就是通常所说的“换位思考”。这种培训方法比较适合于训练态度仪容和言谈举止等人际关系技能，如询问、电话应对、销售技术和业务会谈等基本技能。

角色扮演法的优点是：(1) 学员参与性强，学员与培训教师有较多的互动，可以提高学员参与培训的积极性；(2) 参加者能较快熟悉自己的工作环境，了解自己的工作业务，掌握必需的工作技能，尽快适应实际工作的要求；(3) 学员既能发挥个人的表演天赋，也能从角色的演练中获得实战经验和技巧，一方面发挥了员工的主观能动性，另一方面能发现员工存在哪些尚待挖掘的潜质，以利于更好地开发员工的潜质。其缺点是：(1) 场景是人为设计的，如果设计者没有精湛的设计能力，设计出来的场景可能会过于简单，使受训者得不到真正的角色锻炼、能力提高的机会；(2) 实际工作环境复杂多变，模拟环境却是静态的、不变的；(3) 扮演中的问题分析限于个人，不具有普遍性；(4) 有时学员由于自身原因，参与意识不强，角色表现漫不经心，影响了培训效果。

5.工作模拟法

工作模拟法是指利用受训者在工作过程中实际使用的设备或者模拟设备，以及实际面临的环境来对他们进行培训的一种方法。这种培训方法特别适合那些出现错误的代价和风险比较高的工作，如飞行员的培训、管理决策的培训等。

工作模拟法的优点是：(1) 由于与实际的工作比较接近，因此培训效果比较好；(2) 能够对培训的过程加以有效的控制，可以避免在实际工作中因培训而造成的损失。其缺点是：培训的费用比较高，不可能做到与真实的工作完全一样，也存在培训的转化问题。

6.网络培训法

近些年来，随着计算机和网络技术的发展，利用网络进行培训的方法被广泛应用。网络培训法是指通过公共的因特网或企业的内部局域网来传递，并通过浏览器来展示培训内容的一种培训方法。这种培训方法突破了传统培训的固有模式，打破了培训的时间和空间限制，培训者和受训者不必面对面地进行培训，这是培训方法的重大突破。这种培训方法的缺点是由于需要建立良好的计算机网络系统，因此培训的成本比较高。此外，有一些内容无法用这种方法展现，如设备的操作培训、人际关系交往能力的培训等。

7.拓展训练

拓展训练原意为一艘小船驶离平静的港湾，义无反顾地开启未知的旅程，去迎接一次次挑战。这种训练起源于第二次世界大战期间的英国。当时大西洋商务船队屡遭德国人袭击，许多缺乏经验的年轻海员葬身海底，针对这种情况，汉思等人创办了“阿伯德威海上学校”，训练年轻海员在海上的生存能力和船触礁后的生存技巧，使他们的身体和意志都得到锻炼。战争结束后，许多人认为这种训练仍然可以保留。于是拓展训练的独特创意和训练方式逐渐被推广开来，训练对象也由最初的海员扩大到军人、学生和工商业人员等各类群体。训练目标也由单纯的体能和生存训练扩展到心理训练、人格训练和管理训练等。

拓展训练是一种以提高心理素质为主要目的，兼具体能和实践的综合素质训练，它以运动为依托，以感悟为目的。这种培训方式与传统的知识培训和技能培训相比，少了一些说教和灌输，多了一些运动中的体验和感悟。拓展训练能使受训学员激发个人潜能，培养乐观的心态和坚强的意志，提高沟通交流的主动性和技巧性，树立相互配合、相互支持的团队精神，极大增强合作意识，从而达到提高心理素质的目的。

8.虚拟培训法

虚拟培训法是指利用虚拟现实技术，生成实时的、具有三维信息的人工虚拟环境进行培训。受训者通过运用某些设备接受和响应该环境的各种感官刺激而进入其中，并可根据需要通过多种交互设备来驾驭该环境以及用于操作的物体，从而达到提高受训者各种技能或学习知识的目的。

虚拟培训法的优点是：虚拟培训中操作的设备和真正的设备功能一样，操作方法也一样，理想的虚拟环境甚至让学员无法辨出真假。虚拟环境具有超时空的特点，它能够将过去世界、现在世界、未来世界、微观世界、宏观世界等拥有的物体和发生的事件单独呈现或进行有机结合，并可随时随地提供给受训者。在培训中，受训者能够自主地选择或组合虚拟培训场地或设施，并且可以在重复中不断增强自己的训练效果。虚拟环境能使受训者脱离现实环境培训中的风险。其缺点是：虚拟环境设计和制作难度较高、费用高昂，租用虚拟培训设施的费用也较高，并不是所有的工作情景都能设计和制作成虚拟环境，因此，这种方法的使用范围有一定的局限性。

从总体来看，虚拟培训法的最大特点在于它的仿真性、超时空性、自主性和安全性。这种方法特别适用于军事人员、飞行器驾驶员、空中交通管制人员、汽车驾驶员、医务工作人员和体育运动员等方面受训者的培训，他们能从这种培训中获得感性知识和实际经验。

拓展阅读5-3：员工培训的十大发展趋势

**走进管理5-2**

**世界名企特殊的员工培训**

**松下："造就人才"的公司**

松下认为，松下既是"制造电器用品"的公司，又是"造就人才"的公司。

松下公司课长、主任以上干部，多数是公司自己培养起来的。为了加强培训，总公司设有"教育训练中心"，人事部门制定了社内留学制度和海外留学制度。

松下公司的培训特点：一是注重人格的培养；二是注重员工的精神教育和人才培养，松下力求培养员工的向心力，让员工了解公司的创业动机、传统、使命和目标；三是要培养员工的专业知识技能和正确的价值判断；四是训练员工的细心；五是培养员工的竞争意识，松下认为，员工一定要有竞争意识，才能彻底地发挥潜力。

**IBM：新员工"魔鬼"训练营**

有人称IBM的新员工培训是"魔鬼训练营"，因为培训过程非常艰辛。除行政管理类人员只有为期两周的培训外，IBM所有销售、市场和服务部门员工全部要经过三个月的"魔鬼"训练，内容包括：了解IBM内部工作方式、部门职能、产品和服务等，以模拟实践的形式学习IBM怎样做生意，以及团队工作和沟通技能、表达技巧等。培训期间，十多种考试像跨栏一样需要新员工跨越，包括做讲演、笔试产品性能、练习扮演客户和销售市场角色等。全部考试合格才可成为IBM的一名新员工，有自己正式的职务和责任。

**微软：打磨具有"微软风格"的人，重视技术培训**

进入微软公司的第一步是接受为期一个月的封闭式培训，培训的目的是把新人转化为真正的微软职业人。仅是关于如何接电话，微软就有一套手册，技术支持人员拿起电话，第一句话肯定是："你好，微软公司！"微软也很重视对员工的技术培训。微软内部实行"终身师傅制"，新员工一进门就会有一个师傅来带，此外，新员工还可以享受三个月集中培训。平时，微软也会为每位员工提供许多充电的机会：一是表现优异的员工可以去参加美国一年一度的技术大会；二是每月都有高级专家讲课。公司每周都会安排内部技术交流会。

资料来源：佚名. 学习世界500强企业如何培训员工［EB/OL］.（2009-10-26）［2022-06-10］. http://bbs.chinahrd.net/forum.php?mod=viewthread&ordertype=1&page=1&tid=178075.

## 【知识巩固训练】

### 一、填空题

1. 员工培训与开发是组织为了使员工获得或改进________、________、________

和________，提高组织工作绩效，实现员工和企业共同发展的目的，有计划进行的教育训练与开发活动。

2.按照培训对象不同，可以将培训划分为________和________。

3.按照培训内容不同，可以将培训与开发划分为________、________、________和________。

4.培训需求=________________–________________。

5.培训需求分析主要从三个层面入手，即________、________和________。

6.________是通过与被访谈人进行面对面的交谈来获取培训需求信息的方法。

7.柯克帕特里克根据评估的深度和难度将培训效果分为四个递进的层次，即________、________、________和________。

8.培训评估中，________层评估是针对学员对课程及学习过程的满意度进行评估。

9.培训方法中，________法是指为受训人员提供一个真实的情境，让他们在其中分别扮演不同的角色，做出他们认为适合于每一种角色的行为，表现出角色的情感。

10.按照培训的实施方式可以将培训的方法分为两大类：一是________；二是________。

## 二、单项选择题

1.（ ）是指对刚刚进入企业的员工进行培训。

A.在职员工培训 B.知识性培训 C.技能性培训 D.新员工培训

2.（ ）侧重于一般性的技术知识和方法。

A.基层员工培训 B.中层员工培训 C.高层员工培训 D.在职员工培训

3.（ ）主要涉及对员工的价值观、行为规范，以及个人行为活动方式等内容和项目的教育与培训。

A.中层员工培训 B.知识性培训 C.技能性培训 D.态度性培训

4.（ ）指员工离开工作岗位，专门通过培训机构或相关院校进行培训。

A.半脱产培训 B.在职培训 C.脱产培训 D.技能性培训

5.（ ）是在给定的公司经营战略的条件下，对公司的发展方向、经营目标、组织特征以及可利用的资源等情况进行分析，以明确培训需求的过程。

A.任务分析 B.组织分析 C.人员分析 D.工作分析

6.（ ）是指员工的工作行为方式有多大程度的改变，即针对学员回到工作岗位后，其行为或工作绩效是否因培训而有预期中的改变进行评估。

A.反应层评估 B.学习层评估 C.行为层评估 D.结果层评估

7.（ ）是最普遍也是最基本的一种培训方法，就是通过培训者讲授或演讲的方式来对受训人员进行培训。

A.工作轮换 B.授课法 C.讨论法 D.案例分析法

8.（ ）是指利用受训者在工作过程中实际使用的设备或者模拟设备，以及实际面临的环境来对他们进行培训的一种方法。

A.工作模拟法 B.虚拟培训法 C.角色扮演法 D.案例分析法

9.（ ）是指利用虚拟现实技术，生成实时的、具有三维信息的人工虚拟环境进行培训。

A.拓展训练法 B.虚拟培训法 C.案例分析法 D.角色扮演法

10.员工离开自己的工作岗位专门参加的培训，称为（　　）。

A.在职培训　　B.岗位培训　　C.脱产培训　　D.短期培训

**三、判断题**

1.培训更多是侧重长期目标的行为。（　　）

2.员工培训与开发有利于企业提高工作绩效。（　　）

3.在职员工培训相对较为简单，多为一些基础性质的培训。（　　）

4.培训需求分析是确定培训目标、设计培训计划的前提，是做好培训工作的关键。（　　）

5.外部渠道选择的培训教师比较专业，具有丰富的培训经验，而且费用低。（　　）

6.行为层评估一般在培训现场或培训结束后进行。（　　）

7.离职率降低、订单数增加、销售量提高是反应层评估的指标。（　　）

8.角色扮演法的培训方法，学员参与性强，可以提高学员参与培训的积极性。（　　）

9.授课法一般适用于能力培训。（　　）

10.企业进行培训预算时，培训器材费、教材费等属于间接培训费用。（　　）

**四、思考题**

1.员工培训与开发的概念是什么？

2.培训计划制订包括哪些内容？

3.培训与开发的程序是什么？

4.简述柯克帕特里克提出的培训效果评价模型。

5.培训与开发的方法主要有哪些？

## 【技能强化训练】

**一、讨论交流**

1.一次培训需求分析表明，管理者的工作效率不高的原因是：他们不愿意向他们的下属授权。假设你现在必须在探险性学习和交互式视频两种培训方法中选择，请问：每种培训方法的优缺点是什么？你会选择哪一种培训方法？为什么？

2.为什么企业应当重视员工开发，企业可以从中获得什么样的收益？同时又存在何种风险？

**二、应用设计**

1.培训需求调查表

假如你是汇英公司人力资源部门负责培训的工作人员，现在公司需要对销售人员进行课程设计，但是需要先做需求调查。人力资源部经理委任你去制定一份销售人员培训课程需求分析表，课程类别主要包括基础知识、销售技巧、管理方法、心态素养四个方面。

要求：请你为汇英公司设计培训需求调查表。

2.培训计划书编制

某饭店经过培训需求分析，决定对前台接待员进行素质培训。为了提高前台接待的服务水平，决定对前台接待员进行两个星期的培训。培训的主要科目有礼仪知识、形体训练、顾客服务心理知识、人际交往知识、语言运用技巧、前厅预订技巧、前厅接待技巧、电话接听技巧、客房推销技巧、前厅常见问题处理等。

要求：请你为其编制一份培训计划书。

3.培训效果调查表

假如你是新思公司人力资源部负责培训的工作人员，公司刚刚做完一次培训，但不知培训效果如何，人力资源部经理安排你做一份培训效果调查表。需要评估的内容主要包括培训的课程、培训师、培训环境、培训安排四个方面。另外，还要设计学员认为这次培训对个人能力提升的帮助、需要改进的地方、还需要哪些培训等栏目。

要求：请根据上述情境完成此任务。

## 三、数据分析与材料解析

1.培训成本分析

恒丰公司采取委托培训方式拟对各个下属分公司的经理层举办一次为期3天的集中培训，参加培训的学员有20人，由外部培训公司3人和公司培训部2人组成了专题培训小组，全面参与项目设计、实施与管理。前期先用2天的时间进行了专题调研，对该培训项目进行设计。在培训完成之后的1个月、3个月和半年时，将分别进行3次评估跟踪，每次3天。

该培训项目的各部分费用标准如下：培训公司前期的研发费用1 500元/天，培训师课酬10 000元/天，培训师的交通食宿费用1 000元/天，培训场地及设备租赁费1 500元/天，教材费100元/人，餐费标准每人20元/天，评估费用800元/天，培训学员的误工费3 000元/天。

要求：请对该培训成本做出预算。

2.培训投资回报率计算

明达酒店是一家非常注重培训的企业，现将为该企业60名员工实施一项为期10天的培训。费用如下：培训使用的教材每人60元，培训后的自学材料每人25元，培训教室和视听设备租赁费7 000元，每天每人餐费6元，培训管理人员工资及福利6 000元，受训员工的工资每人每天50元，培训教师的授课费用1 200元，培训教师的课时补贴2 000元，管理费用占已支出总培训费用的10%。经过培训，企业新增收益为300万元，其中由培训产生的收益为150万元，由技术改造产生的收益为90万元，其他原因产生的收益为60万元。

请计算：(1) 总培训成本和每个受训者成本；

(2) 该培训项目的投资回报率。

3.新员工培训分析

### 新来的员工为何提出辞职

李娜是上海一家医疗器械公司的人力资源部经理，公司最近招聘了一名销售员李勇，在经过面谈后，李娜认为李勇在销售方面具有很大的潜力，具备公司要找的销售人员条件。可是，两星期后销售部经理告诉她，李勇提出要离开公司，李娜把李勇叫到办公室，就他提出辞职一事进行面谈。

李娜："李勇，我想和你谈谈，希望你能改变主意。"

李勇："我不这样认为。"

李娜："那么请你告诉我，你为什么想走？是别的企业给你的薪水更高吗？"

李勇：“不是，实际上我还没有其他工作。”

李娜：“你没有新工作就提出辞职？”

李勇：“是的，我不想在这里待了，我觉得这里不适合我。”

李娜：“能够告诉我为什么吗？”

李勇：“在我上班的第一天，别人告诉我，正式的产品培训要一个月后才进行，他们给了我一本销售手册，让我在这段时间里阅读学习。第二天，有人告诉我在徐汇区有一个展览要我去公关部帮忙一周。第三周，又让我整理公司的图书，在产品培训课程开课的前一天，有人通知我说，由于某些原因课程推迟半个月，安慰我不要着急，说先安排公司的销售骨干胡斌陪我做一些在职培训，并让我陪胡斌一起访问客户，所以我觉得这里不适合我。”

李娜：“李勇，在我们这种行业里，每个新员工前几个月都是这样的，其他单位也一样。”

要求：请结合上述内容，分析新员工培训中存在的问题，并就如何避免提出你的建议。

4.案例分析

吉诚公司新上任的人力资源部经理王明，在一次研讨会上获得了一些他自认为不错的其他企业的培训经验，回来后就向公司主管领导提交了一份全员培训计划书，要求对公司全体人员进行为期一周的脱产计算机培训，以提升全员的计算机操作水平。不久该计划书就获批准，公司还专门下拨十几万元的培训费。可一周的培训过后，大家对这次培训说三道四，议论纷纷。除办公室的几名文员和45岁以上的几名中层管理人员觉得有所收获外，其他员工要么觉得收获甚微，要么觉得学无所获，白费功夫。大多数人认为，十几万元的培训费用只买来了一时的“轰动效应”。有的员工甚至认为，这次培训是新官上任点的一把火，是某些领导拿单位的钱往自己脸上贴金！而听到这些议论后，王经理感到很委屈，他百思不得其解：当今竞争环境下，学点计算机知识应该是很有用的呀！怎么不受欢迎呢？要求：

（1）导致这次培训失败的主要原因是什么？

（2）企业应如何把培训落到实处？

[第六章]
# 绩效管理

## 思政视野

要积极为人才松绑，完善人才管理制度，做到人才为本、信任人才、尊重人才、善待人才、包容人才。要赋予科学家更大技术路线决定权、更大经费支配权、更大资源调度权，同时要建立健全责任制和军令状制度，确保科研项目取得成效。

——习近平在中央人才工作会议上发表重要讲话

## 教学目标

| 知识目标 | 能力目标 | 素质目标 |
|---|---|---|
| ▶掌握绩效的概念与特点<br>▶掌握绩效考核的概念与内容<br>▶掌握绩效管理的基本流程<br>▶掌握绩效考核的方法与技术 | ▶能制订绩效计划并组织实施<br>▶能结合岗位进行绩效目标、标准与权重设计<br>▶能根据岗位特点选择绩效考核的方法<br>▶能有效实施绩效反馈面谈与结果分析 | ▶培养学生信息收集、分析与整理能力<br>▶培养学生诚实公正、严谨求是、遵章守法的操守<br>▶培养学生勤勉好学、追求卓越的职业素养<br>▶培养学生关注时事政策、法律法规的意识 |

**导入案例**

**制度的力量**

18世纪末期，英国政府决定把犯了罪的英国人统统发配到大洋洲去。

一些私人船主承包从英国往大洋洲运送犯人的工作。英国政府采用的办法是以上船的犯人数量支付船主费用。当时那些运送犯人的船只大多是由一些很破旧的货船改装的，船上设备简陋，没有什么医疗药品，更没有医生。船主为了牟取暴利，尽可能地多装人，使船上条件十分恶劣。船只离开了岸，船主按人数拿到了政府的钱，对于这些人是否能远涉重洋活着到达大洋洲就不管不问了。

有些船主为了降低费用，甚至故意断水断食。3年以后，英国政府发现：运往大洋洲的犯人在船上的死亡率达12%，其中最严重的一艘船上424个犯人死了158个，死亡率高达37%。英国政府花费了大笔资金，却没能达到大批移民的目的。

英国政府为此想了很多办法。例如，每一艘船上都派一名政府官员监督，再派一名医生负责犯人的医疗卫生，同时对犯人在船上的生活标准做了硬性的规定。但是，死亡率不仅没有降下来，有的船上的监督官员和医生竟然也不明不白地死了。原来一些船主为了贪图暴利，贿赂官员，如果官员不同流合污就被扔到大海里喂鱼了。政府支出了监督费用，却依然死人。

政府又采取新办法，把船主都召集起来进行教育培训，教育他们要珍惜生命，要理解去大洋洲开发是为了英国的长远大计，不要把金钱看得比生命还重要，但是情况依然没有好转，死亡率一直居高不下。

一位英国议员认为是那些私人船主钻了制度的空子，而制度的缺陷在于政府给予船主的报酬是以上船人数来计算的。他提出从改变制度开始：政府以到大洋洲上岸的人数为准计算报酬，不论你在英国上船装多少人，到了大洋洲上岸的时候再清点人数支付报酬。

问题迎刃而解。船主主动请医生跟船，在船上准备药品，改善生活，尽可能地让每一个上船的人都健康地到达大洋洲，因为一个人就意味着一份收入。

自从实行上岸计数的办法以后，船上的死亡率降到了1%以下。有些运载几百人的船只经过几个月的航行竟然没有一个人死亡。

资料来源：焦庆锋. 小博士·中学生论点论据1 000篇［M］. 延吉：延边大学出版社，2014.

企业的绩效管理是企业人力资源管理体系中极为关键的一环，它具体关系到企业的战略目标能否顺利实现。在现代企业经营管理过程中，绩效管理的好坏会直接影响公司战略竞争优势的构建，已成为现代人力资源管理机制中极为重要的内容。

## 第一节　绩效管理概述

### 一、绩效的概念与特点

#### （一）绩效的概念

绩效，也称业绩、效绩和成效。对于绩效的含义，人们有着不同的理解，主流的观点有两种：一是从工作结果的角度进行理解；二是从工作行为的角度进行理解。应当说，这两种理解都是有一定道理的，但是又都不很全面，因此我们主张从综合的角度来理解绩效的含义。绩效是指员工在工作过程中所表现出来的与组织目标相关，并且能够被评价的工作业绩、工作能力和工作态度。其中，工作业绩是指工作的结果，工作能力和工作态度则是指工作的行为。

### （二）绩效的特点

1.多因性

多因性是指员工绩效的优劣不是取决于单一的因素，而是受到主观、客观多种因素的影响。图6-1所示的工作绩效模型列出了影响工作绩效的四种主要因素，即员工的激励、技能、环境和机会。

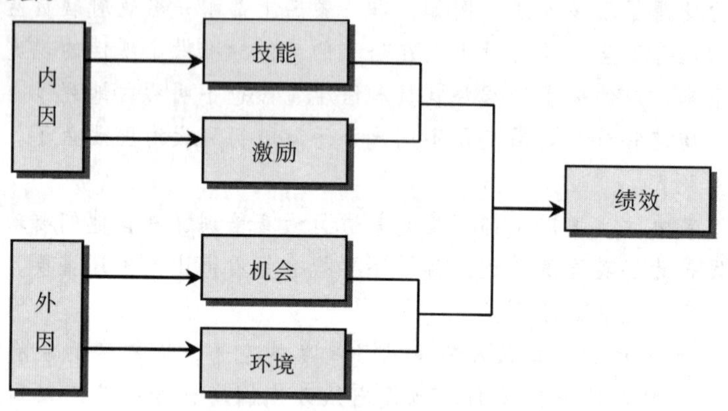


图6-1　绩效的影响因素模型

图6-1所示模型也可用函数表示：

P=F（S，O，M，E）

式中，F——一种函数关系；P——绩效；S——技能；O——机会；M——激励；E——环境。

决定绩效的内因分别是技能和激励。技能是指员工的技巧和能力水平，而激励是指员工的工作积极性。外因分别是机会和环境。机会是指员工得到某一工作岗位的机会或者承担某一任务的机会，机会的公平性既是影响员工组织公平感和满意度的重要因素，也是影响绩效的一个重要因素。环境既包括组织内部的客观条件，如劳动场所的布局、工作设计的质量、培训机会、企业文化、上级领导的作风等，也包括企业之外的客观环境，如社会的政治经济情况、市场竞争程度等宏观条件。

2.多维性

多维性是指员工的绩效往往体现在多个方面，员工的工作结果和工作行为都属于绩效的范围。例如，一名操作工人的绩效，除了生产产品的数量、质量外，原材料的消耗、出勤情况、与同事的合作、纪律的遵守等都是绩效的表现。因此，对员工的绩效评估必须从多方面进行考查。一般来说，我们可以从工作业绩、工作能力和工作态度三个方面来评价员工绩效。当然，不同方面在整体绩效中的重要性是不同的。

3.动态性

动态性是指员工的绩效并不是固定不变的，在主客观条件发生变化的情况下，绩效是会发生变动的。比如说，某个员工的绩效往往会随着时间的推移而不断地发生变化，原来较差的业绩有可能好转，或者原来较好的业绩也有可能变差。这种动态性就决定了绩效的时限性，绩效往往是针对某一特定的时期而言的。这实际上向我们解释了为什么绩效评价和绩效管理中存在一个绩效周期的问题。因此，在评估员工的绩效时，应以发展的眼光看待员工的绩效，切忌以主观僵化的观点看待。

## 二、绩效考核的概念与内容

**(一) 绩效考核的概念**

绩效考核是指收集、分析、评价和传递有关某一个人在其工作岗位上的工作行为表现和工作结果方面信息情况的过程。

绩效考核在管理活动中承担着两种角色：一种是通过绩效考核获得员工工作的真实信息，以对绩效突出、表现优异的员工进行鼓励，或对绩效平平、表现不佳的员工进行惩戒；另一种是通过绩效考核，有针对性地开发员工的各种潜能，并为组织提供在员工晋升、调动和加薪等方面做决策的全面信息。

**(二) 绩效考核的内容**

考核的目的决定了考核的内容，绩效考核的内容不仅包括员工的工作业绩，而且包括员工的态度、能力方面的考核。各企业会根据自身的特点而在考核内容上有所取舍或者有所侧重，有的以评德为主，有的以评才为主。一般而言，绩效考核的内容涉及以下几个方面：

1.业绩考核

业绩考核也可称为考绩，是对员工承担工作的结果进行考核和评价。针对员工所在工作岗位应该承担的职责，对员工的贡献程度进行衡量。在所有考核内容中，这是最重要也是最本质的部分，员工的工作绩效直接体现了员工在企业中的价值大小。在企业中，工作业绩主要指能够用具体数量或金额表示的工作成果，是最客观的考核标准，如利润、销售收入、产量、质量、成本、费用、市场份额等。

2.行为考核

行为考核主要是对员工在工作中表现出的相关行为进行的考核和评价，衡量其行为是否符合企业规范和要求，是否有成效。由于是对行为进行考核，很难用具体数字或金额来精确表述。因此，在实际考核中，企业常常用频率或次数来描述员工的工作行为，并据此进行评价，这些考核指标也属客观性考核指标，如出勤率、事故率、表彰率、违纪违规次数、访问客户人次、客户满意度、员工投诉率、合理化建议采纳次数等。

3.能力考核

能力考核是考核员工在具体工作岗位上表现出来的能力。例如，在工作中判断是否正确、工作效率如何、工作中的协调能力等。这里的“能力”主要体现在四个方面：专业知识和相关知识；相关技能、技术和技巧；相关工作经验；所需体能和体力。在进行能力考核时，应注意全面评价员工的专业性工作能力和相关的基本能力，后者常常为企业所忽略。常用的相关基本能力包括人际沟通能力、分析判断能力、处理和解决问题能力等。

4.态度考核

态度考核是对员工在工作中付出的努力程度的评价，即对其工作积极性的衡量。常用的考核指标有主动精神、创新精神、敬业精神、自主精神、忠诚感、责任感、团队精神、进取精神、事业心、自信心等。工作态度是工作能力向工作业绩转换的中介变量，在很大程度上决定了能力向业绩的转化。但员工的工作态度很难用具体数字或金额等来量化表述，由此也就加大了考核过程中的情感因素。

## 三、绩效管理的概念与内容

### （一）绩效管理的概念

绩效管理是有效管理员工以确保员工的工作行为和产出与组织目标保持一致，进而促进个人与组织共同发展的持续过程。具体而言，这包括以下三层含义：

第一，绩效管理是建立共识的过程。组织首先把自身的目标与关键的成功因素具体化为工作绩效指标，然后通过沟通，让员工理解工作绩效标准或成功的标准是什么，通过什么途径、方式或努力能达到这种标准。这些标准可以是一系列任务、目标或结果，也可以是一系列行为，但必须明确并使员工能够接受，这样员工就明确了努力的方向。

第二，绩效管理是一个持续的管理过程。它不仅仅是一套表格、一个年度的考核以及奖励计划，而是融入到员工的日常行为之中，以期改进和提高绩效的持续管理过程。

第三，绩效管理的最终目的是最大可能地取得个人和组织的成功。企业领导者通过持续的管理过程，为员工建立清晰的目标，提供支持，不断反馈和沟通，承认或认可员工的努力，促进个人绩效不断改进和提高，从而确保实现组织的目标。

### （二）绩效管理的内容

绩效管理是通过管理者与员工之间持续不断地进行的业务管理循环过程，实现业绩的改进。可以说，绩效管理是一个完整的系统，绩效管理过程通常被看作一个循环。这个循环通常分为四个步骤，如图6-2所示。

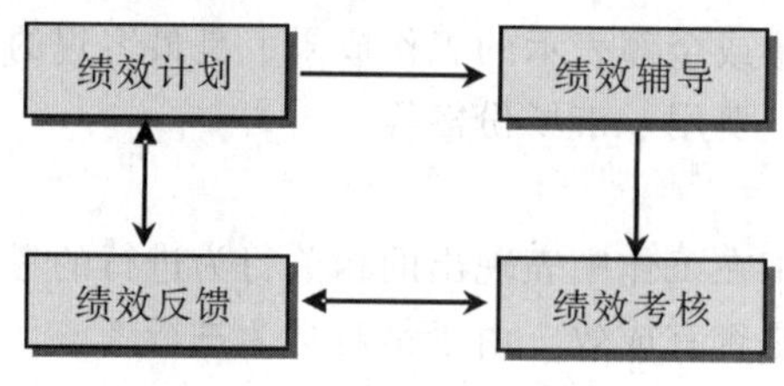


**图6-2 绩效管理示意图**

1.绩效计划

绩效计划是绩效管理的第一个关键环节，它是指在绩效周期开始时，由上级和员工一起就员工在绩效考核期内的绩效目标、绩效过程和手段等进行讨论并达成一致。当然，绩效计划并不是只在绩效周期开始时才会进行，实际上它往往会随着绩效周期的推进而不断做出相应的修改。

2.绩效辅导

绩效辅导是指在制订绩效计划以后，在工作过程中，管理者要对员工的工作进行指导和监督，及时解决所发现的问题，并根据实际情况对绩效计划进行调整。注意，绩效辅导不是一种审问，也不是一种对质，更不是一种审判，它对管理者提出了比较高的要求，要求管理者掌握相应的辅导技巧，通过有效的沟通而不是挥舞考核的“大棒”去激励员工创造更好的业绩。

3.绩效考核

绩效考核是指组织确定一定的考核主体，借助一定的考核方法，对员工的工作绩效做出评价。考核主体在绩效考核的过程中应严格遵循考核标准，依据客观事实对员工绩效进行考核，要避免主观因素对考核结果的影响。考核结果应公正、客观。绩效考核按其周期可分为月度、季度、半年和年度考核。关于绩效考核的方法及过程，将在第三节进行详细讲述。

4.绩效反馈

绩效反馈就是让员工了解自己在本绩效周期内是否达到了既定目标，管理者与员工共同探讨绩效不合格的原因并制订改进计划，向员工传递公司的期望。如果没有绩效反馈这一环节，绩效管理也就失去了意义。绩效反馈的目的在于帮助员工认识到自己的优点和不足，以便提高绩效。管理者应及时向员工反馈绩效考核的结果，并和员工一起分析、讨论，这样有助于员工接受考核结果，也有助于工作绩效的改进。

以上四个环节环环相扣，相辅相成，构成了完整的管理体系。如果绩效管理的工作全部是绩效考核，而没有计划、持续的沟通和辅导、数据的收集和分析，那么就是在浪费时间。因为绩效管理不仅仅是绩效考核，也是一个解决问题的机会。因此，上述四个环节在绩效管理中缺一不可。

## 四、绩效管理的意义

### （一）有利于提升员工绩效

绩效管理的各个环节都是为提高工作绩效而服务的，绩效管理的目的不是把员工的绩效分出上下高低，或仅仅为奖惩措施寻找依据，而是针对员工工作过程中存在的问题，采取恰当的措施，提高员工的绩效。可见，绩效管理是提高员工绩效的有力工具。

### （二）有利于提升企业绩效

企业的绩效是以员工个人绩效为基础形成的，有效的绩效管理可以改善员工的工作绩效，增强企业的竞争力，进而提高企业的整体绩效，实现企业的绩效目标。

### （三）有利于促进员工能力的开发

通过绩效沟通和绩效评价，企业不仅可以发现员工工作过程中存在的问题，如知识和能力方面的不足之处，进而通过有针对性的培训措施及时加以弥补，更为重要的是，可以了解员工的潜力，从而为人事调整及员工的职业发展提供依据，以达到把最适合的人放到最适合的岗位上的目的。

### （四）有利于提高员工的满意度

按照马斯洛的需求层次理论，员工都有内在获得尊重和自我实现的需要。通过有效的绩效管理，员工的工作绩效能够不断提高，这可以提高他们的成就感，从而满足自我实现的需要；另外，通过完善的绩效管理，员工不仅可以参与到管理过程中，而且可以得到绩效的反馈信息，从而满足获得尊重的需要。可见，绩效管理有利于提高员工的满意度。

**红色力量6-1**

**周恩来：下级也可以批评上级**

周恩来同志是我们党的领袖人物，他平等待人，和蔼可亲，严格要求自己，勇于自我批评，为我党树立了光辉典范，可称得上有口皆碑的楷模。

1949年3月的一天，毛泽东和党中央其他领导人将在西苑机场检阅部队，并接见各界代表和民主人士。快到中午了，周恩来还没找到负责西苑机场警卫的扬帆了解情况，午饭后看到他时就批评了他。

实际上，扬帆此前去检查其他安全保卫工作的部署情况了，并没有“乱跑”和“擅离职守"，但又不好辩解，只好"哑巴吃黄连"。

当天下午，毛泽东和中央其他领导人按计划到香山住地。扬帆乘一辆吉普车负责在前面开路，由于担心道路上有敌特埋设的地雷，他就让司机把车开得快一些，同后面毛泽东同志的车拉开距离。

没想到，其他司机没有领会其意，也都加速在后面紧跟。车队到达香山后，周恩来叫住扬帆说这一路上道窄车快路况不熟，责问他怎么带的车。一天之内两次被周恩来批评，扬帆感到很委屈，一连几天闷闷不乐。

周恩来得知事情的原委后，很是自责，表示一定要向扬帆道歉作检讨。一天晚上，周恩来特意找到扬帆，说自己犯了主观主义和官僚主义的错误错怪了他，恳请扬帆对他批评帮助。

扬帆听周恩来这么一说，连忙说是自己做得不好，领导怎么能向自己做检讨呢？周恩来则诚恳地说："上级可以批评下级，下级也可以批评上级，政治上一律平等，没有高低贵贱之分。"他还说："批评与自我批评，就像一个人身上沾了尘土，别人发现后，给你指了出来，你自己用手把它拍打掉了，这有多好哇！"

最后周恩来说："一个政党是在不断改正错误中前进的，一个共产党员是在经常改正缺点毛病中进步的。批评与自我批评，是强党'健体'的法宝，任何时候都不能丢掉它！"周恩来说完，紧紧地握住扬帆同志的手，再一次向他道歉。

资料来源：叶介甫. 周恩来：我犯了官僚主义的毛病［J］. 党员文摘，2014（1）.

## 第二节　绩效管理的基本流程

完整的绩效管理是一个由绩效计划、绩效实施与辅导、绩效考核和绩效反馈这四个环节构成的首尾相连、相互循环的过程，该过程如图6-3所示。

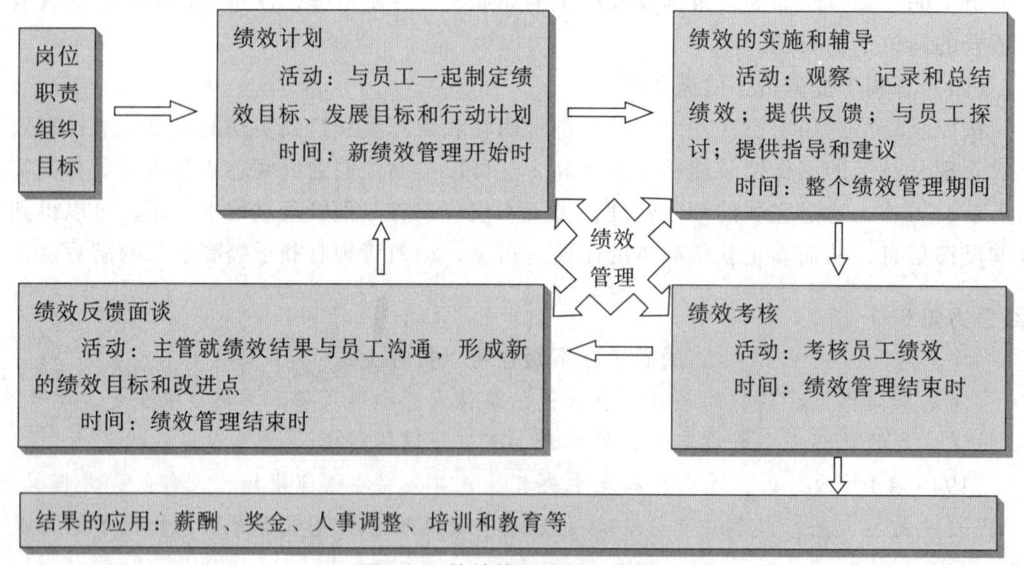


图6-3　绩效管理流程示意图

## 一、绩效计划

绩效计划是整个绩效管理过程的开始，这一阶段的主要任务是管理者与员工通过共同商讨，确定员工的绩效目标和评价周期。绩效计划必须清楚地说明期望员工达到的结果，以及为达到该结果所期望员工表现出来的行为和技能。

### （一）绩效计划的制订

绩效计划的制订一般分为三个阶段：

1.绩效计划的准备阶段

绩效计划准备阶段的主要工作是准备信息和确定采用何种沟通方式。信息包括组织、团队和个人三方面的内容，如组织的战略发展目标和计划、年度的经营计划，团队的经营或工作计划、员工所处团队的目标和计划，员工个人的职责描述、员工上一个绩效期间的绩效评估结果。沟通方式主要有召开员工大会、小组会议、单独面谈等。

2.绩效计划的沟通阶段

绩效计划是双向沟通的结果，绩效计划的沟通阶段也是整个绩效计划制订的核心阶段。在这个阶段，管理者与员工经过充分的交流，就本次绩效期间内的工作目标和计划达成共识。绩效计划的沟通阶段要注意营造宽松的氛围、双方沟通对等、不要给人太大的压力、把焦点集中在绩效应取得的结果上。

3.绩效计划的审定与确认阶段

审定与确认阶段是绩效计划的最后环节，需要对经过沟通而确认的计划内容进行系统的审定，形成一个经双方协商讨论的绩效计划书，并由双方在该计划书上签字。绩效计划书是员工未来绩效周期内的工作指南，也是管理者对员工的工作进行监督、检查与评定的重要依据。需要注意的是，在实际工作中，绩效计划订立后并不是不可改变的，可根据环境变化及时对绩效计划进行调整。

### （二）确定绩效目标

绩效目标是指员工在绩效考核期间的工作任务和要求，包括绩效内容和绩效考核标准两个方面。

1.绩效内容

绩效内容界定了员工的工作任务，也就是说员工在绩效考核期间应当做什么事情，它包括绩效项目和绩效指标两个部分。

（1）绩效项目。

绩效项目是指绩效的维度，即要从哪些方面来对员工的绩效进行考核。常见的绩效考核项目有工作业绩、工作能力和工作态度。

（2）绩效指标。

绩效指标是指绩效项目的具体内容，它可以理解为绩效项目的分解和细化。例如，对于某一职位，工作能力这一考核项目可以细化为分析判断能力、沟通协调能力、组织指挥能力、开拓创新能力、公共关系能力以及决策行动能力这六项具体的指标。

2.绩效标准

绩效标准是按照各个岗位的工作性质和要求而制定的标准。设定了绩效指标之后，就要确定绩效指标达成的标准。绩效标准是对员工工作要求的进一步明确，即对员工绩效内容做出明确的界定：员工应当怎样做或者做到什么程度。例如，“产品的合格率达到90%”“接到投诉后两天内给客户以满意的答复”等。绩效标准的确定有助于保证绩效考核的公正性，否则就无法确定员工的绩效到底是好还是不好。表6-1为某公司管理人员绩效评估指标示例，表6-2为绩效标准示例。

表6-1 某公司管理人员绩效评估指标示例

| 绩效维度 | 绩效指标 | 评估标准 |
| --- | --- | --- |
| 工作态度 | 责任感 | 对自己的任务持有：①不管怎样必须将任务完成的态度；②哪怕有一点迟延也要完成任务的态度；③往往会忘记或回避的态度 |
| | 积极性 | 对自己的任务范围以外的工作：①常常自发地协助工作或提出意见；②偶尔自发地协助工作或提出意见；③回避自己任务范围以外的工作 |
| | 工作联络 | 对上级、下属、同事或相关部门：①经常进行事前、事后的报告和联络，在必要时能迅速地传达信息；②偶尔进行事前、事后的报告和联络，传达必要的内容；③偶尔在上级询问时才会报告，不利的信息往往不传达 |
| | 接待 | 对顾客：①常常站在顾客的角度考虑，对顾客服务周到；②对顾客比较礼貌，给顾客以好感；③经常对顾客态度冷淡或恶劣 |
| 工作能力 | 判断力 | 对自己部门所处的情况：①可以正确地分析内外部情况，从长期角度正确地判断目前的任务；②只对目前的问题、目前的任务做出短期的判断；③时常由错误的认识做出错误的判断 |
| | 计划能力 | 对新的销售计划及管理系统、新技术：①订立创新的有效计划；②只对眼前的变化做出计划；③完全没有创新 |
| | 谈判能力 | 对公司其他部门或对外（顾客、利益相关者）的谈判能力：①能说服对方使之有利于自己业务的展开；②双方互相说服；③经常被对方的主张压倒，而不利于自己业务的展开 |
| | 管理和领导能力 | 对部门整个业务的进度及下级：①能彻底理解部门目标，带领部门员工为达到目标而努力；②偶尔与全体员工就部门目标及其达到程度进行讨论；③不与下级进行沟通，只是对结果进行监督管理 |
| 工作业绩 | 销售数量 | 有没有达到期初的目标（评估以实际成绩为标准） |
| | 销售额 | 有没有达到期初的目标（评估以实际成绩为标准） |
| | 利润 | 有没有达到期初的目标（评估以实际成绩为标准） |

表6-2　　绩效标准示例

| 绩效指标 | 绩效标准 | 评分范围 | 评分 |
| --- | --- | --- | --- |
| 工作责任心 | 对任何事情都有强烈的责任心，并积极付诸行动 | 5 | |
| | 责任心强，能清楚地知道自己的责任，并勇于负责 | 4 | |
| | 有一定责任心，并敢于对自己的工作负责，知错就改 | 2～3 | |
| | 有时责任心强，但多数情况下缺乏责任心 | 1 | |
| | 消极被动，不负责任 | 0 | |
| 工作主动性 | 工作主动性高，积极主动承担工作，从不推诿和懈怠，有主人翁精神 | 5 | |
| | 工作主动性较高，经常主动承担工作，并认真负责地完成 | 4 | |
| | 能够愉快地接受分配的工作，并认真负责地完成 | 2～3 | |
| | 工作主动性较差，较少主动承担工作，对分配的工作有时会推诿和懈怠 | 1 | |
| | 工作主动性差，从不主动承担工作，对分配的工作经常推诿，工作懈怠 | 0 | |
| 工作质量 | ⋮ | | |
| ⋮ | ⋮ | | |

**文化故事6-1**

**齐威王赏罚分明**

战国时期，齐国的齐威王在考查官员时，发现他的亲信们都说东阿（山东地名）大夫的好话，又齐说即墨（也是山东地名）大夫的坏话，于是，齐威王就委派一个心腹大臣到东阿和即墨去实地考察，详细了解情况。

心腹大臣考察并汇报后，齐威王召见即墨大夫，对他说："你担任即墨大夫以来，我几乎天天都听到关于你的坏话。可是，我派人到即墨一看，你那里良田无际，百姓丰足，街道有序，整个齐国的东部安宁和平。看来，你是因为不会巴结人而名声不好啊。"说完，齐威王赏给即墨大夫一万户的封邑。

齐威王接着又召见东阿大夫，对他说："你治理东阿以来，天天都有人在我的耳边说你的好话。可是，我派人去东阿一看，你那里田地荒芜，百姓贫苦；不仅如此，前不久，赵国和卫国来犯，你不是不去救援，就是浑然不知！你只知道用重金贿赂我的亲信大臣，让他们在我的面前说你的好话。"说完，齐威王下令处死了东阿大夫和那些收受贿赂、吹捧东阿大夫业绩的大臣们。

齐威王明察秋毫、赏罚分明，齐国朝野为之震惊，各级官吏再也不敢瞒上欺下。从此，齐国大治，成了数一数二的强国。

启示：在任何一家企业里，都有像东阿大夫、即墨大夫这样的中层管理干部，也有像被齐威王处死的那些亲信大臣们，齐威王制定了绩效考评的相关制度和措施，也有执行绩效考评的官员，但是，他还是差一点儿被蒙蔽了。其实，在企业的管理过程中，拥有好的制度固然重要，但如果没有优秀的执行者，没有有效的二次监督，有时候还是会走样。

资料来源：李健. 人力资源管理——理论·案例·实训［M］. 北京：清华大学出版社，2017：183.

**（三）绩效指标权重设计**

绩效指标的权重是指在衡量绩效目标达成情况的过程中，各项指标的相对重要程度。在设计绩效指标体系的过程中，不同的指标权重对员工行为具有牵引作用，确定各项指标的权重是一项非常重要的工作，也是一项具有较高技术要求的工作。决定绩效指标权重的因素很多，其中最主要的因素包括：绩效考核的目的、组织文化倡导的行为和评价对象的特征。

## 二、绩效实施与辅导

绩效管理的根本目的是通过改善员工的绩效来提高企业的整体绩效，只有每个员工都实现了各自的绩效目标，企业的整体目标才能实现，因此在确定完绩效目标后，管理者还应当帮助员工实现这一目标。

绩效实施与辅导是指在制订绩效计划以后，在工作过程中，管理者要对员工的工作进行指导和监督，及时解决发现的问题，并根据实际情况及时对绩效计划进行调整。在绩效实施与辅导阶段，管理者需要做到与员工持续沟通、对员工进行绩效辅导和收集绩效信息。

**（一）与员工持续沟通**

在绩效实施与辅导的过程中，沟通是绩效辅导工作的主要内容，绩效辅导就是通过管理者与员工的绩效沟通来实现的，因此，无论是从员工的角度，还是从管理者的角度看，都需要在绩效实施与辅导的过程中与员工进行持续不断的沟通。通过持续沟通对绩效计划进行调整，向员工提供进一步的信息，为员工绩效计划的完成奠定基础。同时，让管理人员了解相关信息，以便日后对员工的绩效进行客观的评估。

一般来说，管理人员与员工的持续沟通可以通过正式的沟通与非正式的沟通来完成。正式的沟通方式有：书面报告（如工作日志、周报、月报、季报和年报等）、会议沟通和正式面谈。非正式的沟通方式多种多样，常用的非正式沟通方式有：走动式管理、开放式办公室、休息时间的沟通和非正式的会议。与正式的沟通相比，非正式的沟通更容易让员工开放地表达自己的想法，沟通的氛围也更加宽松。管理人员应该充分利用各种各样的非正式沟通机会。

**（二）对员工进行绩效辅导**

辅导主要是管理人员通过持续的沟通，帮助员工改善个体知识、技能和态度。"好"的辅导具有这样的特征：辅导是一个学习过程，而不是一个教育过程。管理者应对学习过程给予支持。

绩效辅导的具体过程如下：

第一，确定员工胜任工作需要学习的知识和技能，提供持续发展的机会，掌握可迁移的技能。

第二，确保员工理解和接受学习要求。

第三，与该员工讨论应该学习的内容和最好的学习方法。

第四，让员工知道如何管理自己的学习，并确定在哪个环节上需要帮助。

第五，鼓励员工 完成自我学习计划。

第六，在员工需要时，提供具体指导。

第七，就如何监控和评估员工的进步达成一致。

**（三）收集绩效信息**

在绩效实施与辅导阶段，管理人员还需要对员工的绩效表现做一些观察和记录，收集必要的信息。这些记录和收集到的信息一方面可以为绩效考核提供客观的事实依据，有助于对员工的绩效进行更客观的评价；另一方面可以发现员工需要进一步改进的地方，不断提升员工的能力水平。

需要收集的绩效信息的内容主要包括目标和标准达到或未达到的情况、员工因工作或其他行为受到的表扬和批评的情况、证明工作绩效突出或低下所需要的具体证据、对管理者和员工找到问题或取得成绩的原因有帮助的其他数据、同员工就绩效问题进行谈话的记录等。

## 三、绩效考核

绩效考核是整个绩效管理过程的核心环节。对员工的工作绩效进行考核，需要企业依据一定的标准和目标，结合实际工作的具体情况，对员工的工作过程和工作结果予以概括性的评价。进行员工的绩效考核，不仅能够对员工个人的工作起到督促和管理的作用，而且有利于企业整体管理水平的提高，从而提升企业的整体绩效，这是进行员工绩效考核的目的所在。

绩效考核就是对员工的工作绩效进行评定。绩效考核是整个绩效管理过程中耗时最长也是最为重要的一个环节，绩效考核的失效会导致整个绩效管理工作的失败。

**（一）绩效考核的主体**

绩效考核主体是指对员工绩效进行考核的人员。考核主体的选择会对绩效考核结果的信度和效度产生直接的影响。考核主体应满足以下条件：了解员工的工作内容、工作要求，公司的相关政策以及考核标准；最好有直接观察员工工作情况的机会，能够将观察结果转化为有用的考评信息，并给出客观公正的考评结果；有助于实现一定的管理目的。

一般情况下，考核主体在以下五类人中进行选择，即员工的直接上级、直属下级、同级同事、员工本人、客户和供应商。不同考核主体的优点和缺点见表6-3。

表6-3 **不同考核主体的优点和缺点**

| 考核主体 | 优　点 | 缺　点 |
|---|---|---|
| 直接上级 | （1）直接上司通常处于最佳位置来观察员工的工作业绩<br>（2）直接上司对特定的单位负有管理责任<br>（3）下属的培训和发展与管理者的考核紧密相连 | （1）直接上司可能会强调员工业绩的某一方面而忽视其他方面<br>（2）直接上司可能并不完全了解员工的业绩 |

续表

| 考核主体 | 优 点 | 缺 点 |
|---|---|---|
| 直属下级 | (1) 下属处于一个较为有利的位置来观察他们领导的管理效果<br>(2) 激励管理者注意员工的需要，改进工作方式 | (1) 员工有可能担心遭到报复而徇私舞弊<br>(2) 在小部门中对评价者保密非常困难 |
| 同级同事 | (1) 同事比任何人对彼此的业绩都更为了解，因而能更准确地做出评价<br>(2) 同事的压力对成员来说是一个有力的促进因素<br>(3) 认识到同事评价，员工们会表现出对工作更加投入和生产效率更高<br>(4) 同事评价包括众多的观点且不针对某一个员工 | (1) 实施评价需要大量的时间<br>(2) 区别个人与小组的贡献会遇到很大困难<br>(3) 同事的评价可能会有私心<br>(4) 没有让人们严格遵守公正评价的动力 |
| 员工本人 | (1) 员工处于评价自己业绩的最佳位置<br>(2) 能客观评价自己的业绩并采取必要的措施进行改进<br>(3) 自我评价会使员工变得更加积极和主动 | (1) 寻找借口为自己开脱<br>(2) 隐瞒或夸大实际情况 |
| 客户和供应商 | (1) 能够考查只有特定外部人员才能够感知的绩效<br>(2) 促进员工更好地为外部利益相关者提供服务 | (1) 对员工的工作不完全了解，评价有一定的片面性<br>(2) 只适用于与外部利益相关者有工作联系的员工 |
| 多主体（360度考核） | (1) 方法较简单，可操作性强<br>(2) 多方考核者参与考核，使评估更具民主性<br>(3) 提供分析的信息量大，管理者可从中获取较多的第一手资料 | (1) 由于参与面大，每个个体都带有主观性<br>(2) 考核的偏差有时源于个人的某些不合群的性格<br>(3) 有时会出现小团体倾向，使考核失去公正 |

### （二）绩效考核的周期

绩效考核周期也叫绩效考核期限，就是指多长时间对员工进行一次绩效考核。绩效管理的考核周期没有唯一的标准，较常见的考核周期是一季度、半年或一年。考核周期过密，会造成精力、时间和管理费用的浪费，给员工带来不必要的心理负担；考核周期过长，又达不到通过考核信息的及时反馈来改善公司绩效的目的。公司应根据自己的实际情况和被考核者在公司中的职务等因素具体确定考核周期。例如，生产制造型企业会按照生产周期进行考核，工程公司会按照项目周期进行考核等。

### （三）绩效考核的方法

绩效考核的方法大致包括比较法、量表法和描述法三种类型。至于考核方法的选择，不是越复杂越好，企业需要根据自身的条件和管理经验来做出选择。具体方法将在第三节详细讲述。

**文化故事6-2**

**明朝灭亡之失败的"绩效考评"**

1644年李自成攻入北京，崇祯皇帝自杀，辉煌了277年的明王朝至此退出历史舞台。关于明王朝灭亡的原因，一般认为有三个：党争、边患、流民。很难说哪一个是最主要的，但无须争辩的是，最直接的原因，就是由流民组成的农民军。而流民的大量出现，究其根本原因，却是源于明朝中期的张居正改革。

张居正是明万历年间的内阁首辅，伟大的政治家，当时的实际统治者。他在国家内忧外患、财政入不敷出、政治腐败不堪的情况下，推行改革，富国强兵，为明朝带来新生。

张居正改革的重大举措之一是考成法，这种方法在一定程度上类似现代的绩效考核，即各级设立自己的工作指标并负责落实，完不成指标的人将受到惩罚，轻则罢官，重则坐牢。

考成法的实施办法十分先进，即签订"业绩合同书"。以知府考核为例，年初知府详细列出今年的工作计划并抄录成册，自留备份，上交张居正备份；年底对比核实，如有未完成的工作则降职去县城。来年同样考核，直到被罢免。该方法全员适用，无论任职于中央六部还是边远山区，不合格者一视同仁，依法发落。

考成法在相当长的时间里，显著提高了官员的工作效率。但其有一个十分严重的缺陷，如朝廷的税收规定，从中央户部到地方官员层层分解指标，环环紧扣，一旦终端未收齐则连累大量各级官员，于是百姓成了最终受害者。此外，由于业绩和官职挂钩，地方官员为了晋升谎报税收，一味加大数字，而为完成计划，又用尽手段，挨家挨户上门催收，不惜动用武力。最终不堪重负的百姓背井离乡，四处游荡，变成社会不稳定因素之一的流民。

明朝建立之初，朱元璋颁布了严厉的户籍管理条例，限制农民的流动。200多年后，李自成率领流民大军攻入北京，明朝灭亡。历史开这样的玩笑，是想告诉人们，任何人也无法改变事物运行的规律，总结起来有两条。其一，绩效考核是一个互动的过程，需要交流、协商、改进、反馈，而绝对不是自上而下的、硬性压下来的考核。否则，必然遇到重重阻力，难以推行。其二，任何变革必然有利也有弊，行动前一定要考虑清楚这两个方面，要使其在恰当的时机发挥恰当的作用。

资料来源：唐贵瑶，魏立群. 战略人力资源管理［M］. 北京：机械工业出版社，2018：153.

## 四、绩效反馈面谈

绩效考核反馈与面谈阶段是绩效管理流程中不可或缺的部分。通过绩效反馈面谈，员工可以了解管理者对自己的期望，了解自己的绩效，认识自己有待改进之处，也可以提出自己在完成绩效目标中遇到的困难，请求上级的指导或帮助。在员工和管理者对绩效考核结果和改进点达成一致后，管理者和员工需要确定下一个绩效管理周期的绩效目标和改进点，从而开始新一轮的绩效评价周期。

### （一）反馈面谈

绩效考核结束后，管理者需要与员工进行一次甚至多次面对面的交谈。绩效反馈面谈的内容应围绕员工上一个绩效周期的工作开展，主要讨论员工工作目标考核的完成情况，帮助其分析工作成功与失败的原因及下一步的努力方向，同时提出解决问题的意见和建议，求得员工的认可和接受。谈话时应注意倾听员工的心声，并对涉及的客观因素表示理解和同情。对敏感问题的讨论应集中在缺点上，而不应集中在个人上，要最大限度地维护员工的自尊，使员工保持积极的情绪，从而使面谈达到增进信任、促进工作的目的。表6-4是绩效反馈面谈表的样例。

表6-4　**员工绩效反馈面谈表**

考评区间：　　年　月　日至　　年　月　日　　面谈日期：　　　　面谈主管：

| 员工编号 | | 员工姓名 | | 入职日期 | |
|---|---|---|---|---|---|
| 中　心 | | 部　门 | | 岗　位 | |

第一部分　年度绩效沟通

|  | | | | |
|---|---|---|---|---|
| 主要成绩/进步<br>（业绩、能力、态度） | | | | |
| 有待改进方面<br>（业绩、能力、态度） | | | | |
| 培训建议 | | | | |
| 下一阶段工作期望调整方面<br>（任务、指标、需求） | | | | |
| 工作意向调整 | 是否变动 | | □不变动 | □变动 |
| | 1～2年内希望发展方向 | | | |
| 职业生涯规划建议 | | | | |
| 最终考评结果通报 | 分数 | | 等级 | |
| 员工对其考核等级意见 | □满意 | □基本认可 | □不满意 | |
| | 具体意见 | | | |

第二部分　C、D级员工绩效改进计划

（C、D级员工为不符合现岗位要求的员工，必须制订及完成以下绩效改进计划，也包括能力和态度）

| 序号 | 改进事项 | 完成标准 | 时限 |
|---|---|---|---|
| 1 | | | |
| 2 | | | |

员工声明：本人同意按照上表内容严格执行，并以完成结果作为未来绩效评价的主要参考依据。

| 员工签字：<br>年　月　日 | 主管签字：<br>年　月　日 |
|---|---|

说明：

1.请您在本表签字，确认已收到本次考核结果的反馈。

2.本签字并不表明您对此结果的认同与否。在考核申诉期内，您仍有权进行绩效考核申诉。

### （二）绩效申诉

绩效申诉是指由于考核对象对考核结果持有异议，依照法律、法规或规章制度向有权受理申诉的机构提起申诉申请，受理部门依照规定的程序对相应的评价过程和结果进行审查、调查并提出解决办法的过程。由于绩效考核的过程会受到诸如考核标准模糊不清、考核主体的个人偏见、绩效信息不准确等主客观因素的影响，考核结果可能存在不准确或不公平的情况。一旦发生这种情况，绩效考核的可靠性和权威性就会受到影响。为了尽可能避免这种状况的出现，有必要建立绩效申诉与争议处理制度。

### （三）绩效改进

绩效改进是整个绩效管理系统中的一个重要环节。绩效改进就是根据绩效考核的结果，分析并找出影响员工绩效的主要因素，并制订有针对性的计划进行改进，以达到提高员工绩效的目的。现代绩效管理的目的在于持续改进员工绩效，因此绩效改进工作成功与否，决定了整个绩效管理系统能否发挥作用。

绩效改进的内容关系到员工工作绩效及工作能力的改善和提高。一般情况下，都是由管理人员和员工就绩效考核的结果进行充分的沟通后，由员工根据自身的实际情况具体制订绩效改进计划。绩效改进计划的具体内容通常涉及需要改进的工作内容、改进的原因、目前的工作水平和改进后期望能够达到的工作水平、改进的方式和途径、完成期限等。绩效改进计划虽然是由员工个人制订的，但管理人员在员工进行绩效改进期间应给予充分的帮助，使得绩效改进计划能够顺利完成，最终达到提高整个公司绩效的目的。

**应用实例 6-1**

**××公司员工绩效改进计划**

李志刚，××公司印刷部主管，他的主要工作职责是承接各个部门的印刷工作，帮助各个部门印刷文件、表格或图片等，李志刚有3名下属。李志刚是印刷方面的专家，过去是印刷部的一名技术人员，精通印刷设备的维护和使用，能处理各种印刷技术方面的难题。去年，由于他的出色表现，他被提升为印刷部主管。他的部门所提供的印刷产品在质量上常常得到其他部门的好评，并且他还经常热心地帮助其他部门设计印刷文稿。他在目前的工作中存在的主要问题是没有处理好来自各个部门的印刷稿件的优先顺序，常常导致任务积压，有的部门的任务到期没有完成。他最终的处理办法是完全按照来件的先后顺序安排工作，这种做法使一些急件没有得到照顾，耽误了一些急件的交稿时间。后来，他又常常处理急件，由于大家都把自己的稿件当作急件，最终还是有一些稿件不能如期交付。因此，他的时间管理和设定优先顺序的能力有待提高。另外，他对于自己的主管角色认知不够清晰，常常事必躬亲。他也不善于对下属进行绩效管理，一名下属在绩效方面存在严重问题，他一直不予以干预，直到上级主管向他问起此事，他才与那名下属谈话。针对自己的绩效问题，他制订了个人改进计划，见表 6-5。

表 6-5　**李志刚绩效改进计划表**　时间：20××年9月30日

| 姓名 | 李志刚 | 职　位 | 印刷部主管 |
|---|---|---|---|
| 直接主管 | 张峰 | 隶属部门 | 印刷部 |

续表

| 有待发展项目 | 发展原因 | 目前水平 | 期望水平 | 发展措施与所需资源 | 评估时间 |
|---|---|---|---|---|---|
| 主管技巧：如何授权；如何管理下属绩效；如何进行团队管理等 | 作为一名主管人员主要的责任是使下属的绩效得到提高，让下属做得更出色；本人作为一名新主管，缺乏管理下属的技巧，很多情况下只是自己在埋头工作 | 上级评估分数2.5分 | 3.5分 | 1.参加“如何做一名优秀的主管”培训<br>2.参加“如何管理下属的绩效”培训<br>3.学习上级主管和其他部门主管管理下属的方法<br>4.阅读有关的书籍<br>5.请上级和下属做监督 | 20××年12月 |
| 时间管理 | 印刷部的工作很重要的一点就是管理好时间，处理好印刷任务的优先顺序，保证最大限度地满足客户需求，本人在这方面的表现明显不足，造成很多任务延误 | 客户评估分数2分 | 3.5分 | 1.学会使用排序表格<br>2.向其他部门了解目前的任务量和进度情况，以便计划自己的工作<br>3.利用外部资源满足急件的需要 | 20××年12月 |

资料来源：华茂通咨询．现代企业人力资源解决方案［M］．北京：中国物资出版社，2003：281.

### （四）绩效考核结果的应用

1.员工招聘

绩效考核既是对现职人员的考核评价，又是对招聘有效性的评价。对企业来说，招聘是有成本的，而且招聘的成本可能还不低。因此，很多企业通过 对招聘人员进入实际岗位后的绩效考核结果进行检测，从而判断出企业招聘的效果。

2.员工培训

绩效考核结果可以为企业员工培训与开发工作提供决策依据。企业若想使培训发挥出效果，培训工作必须有针对性。而要了解员工的优劣势，就必须通过绩效考核，找出员工在知识和能力方面的薄弱环节，从而确定培训需求。

3.人员调配

人员调配不仅包括纵向的升迁或降职，还包括横向的工作调动。如果绩效考核的结果说明某些员工无法胜任现有的工作岗位，就需要查明原因并果断地进行职位调换。通过绩效考核还可以发现优秀的以及有发展潜力的员工。

4.员工奖惩

绩效考核的结果为员工奖惩提供了客观的依据。根据绩效考核结果对员工进行奖励，一方面，能使员工普遍感到公平，从而提高其工作的积极性和满足感；另一方面，考核结果也是执行惩戒的依据之一，惩戒可以纠正员工偏离组织目标的行为，因而也是提高工作绩效不可缺少的手段。

5.薪酬管理

绩效考核的结果为员工薪酬的设定和调整提供了客观的依据。根据员工的工作绩效决定薪酬的高低体现了按劳分配、多劳多得的分配原则，能使员工感到公平与合理，从而充分调动其工作积极性。

拓展阅读6-1：绩效管理的九大误区

**文化故事6-3**

**令行禁止**

《左传》记载：孙武去见吴王阖闾，与他谈论带兵打仗之事，说得头头是道。吴王心想："纸上谈兵管什么用，让我来考考他。"便出了个难题，让孙武替他训练姬妃宫女。孙武挑选了一百个宫女，让吴王的两个宠姬任队长。

孙武将列队操练的要领讲得清清楚楚，但正式喊口令时，这些女人笑作一堆，乱作一团，谁也不听他的。孙武再次讲解了要领，并要两个队长以身作则。但他一喊口令，宫女们还是满不在乎，两个当队长的宠姬更是笑弯了腰。孙武严厉地说道："这里是演武场，不是王宫；你们现在是军人，不是宫女；我的口令就是军令，不是玩笑。你们不按口令操练，两个队长带头不听指挥，这就是公然违反军法，理当斩首！"说完，便叫武士将两个宠姬杀了。

场上顿时肃静，宫女们吓得谁也不敢出声，当孙武再喊口令时，她们步调整齐，动作划一。孙武派人请吴王来检阅，吴王正为失去两个宠姬而惋惜，没有心思来看宫女操练，只是派人告诉孙武："先生的带兵之道我已领教，由你指挥的军队一定纪律严明，能打胜仗。"孙武没有说什么废话，而是从立信出发，换得了军纪森严、令出必行的效果。

资料来源：左丘明．左传［M］．郭丹，程小青，李彬源，译注．北京：中华书局，2012.

## 第三节　绩效考核

### 一、绩效考核的原则

1.公开的原则

员工绩效考核的标准、程序和责任都应该有明确的规定，而且在考评中应当严格遵守。同时，考评程序、考评标准和规定在组织内部都应当对全体员工公开，借此取得上下认同，从而推进绩效考核的具体实施。

2.反馈原则

反馈原则即把考核结果及时反馈给本人，同时，应当向被考核者进行说明，肯定成绩和进步，说明不足之处，提供今后努力的参考意见等。从而，对绩效形成的过程进行引导，对绩效的最终结果进行控制。

3.定期化与制度化原则

绩效考核是一种连续性的管理过程，因而必须定期化、制度化。绩效考核既是对员工能力、工作结果、工作行为与态度等的评价，也是对他们未来行为表现的一种预测。因此，只有程序化、制度化地进行绩效考核，才能真正了解员工潜能，发现组织问题，从而提升组织绩效。

4.可行性和实用性原则

可行性是指任何一次考核方案所需的时间、物力、财力都要为使用者的客观环境条件所允许。实用性是指考核方法应适合不同目的要求，不同行业、部门、岗位人员的特点，有针对性地设计考评工具。

5.多层次、多渠道、全方位考核的原则

要做到科学考评员工绩效是很困难的，因为员工在不同时间、不同场合往往有不同的行为表现。因此，人力资源部门在进行绩效考核时，应多方收集信息，建立起多层次、多渠道、全方位的考核体系。

党的二十大报告指出："完善干部考核评价体系，引导干部树立和践行正确政绩观，推动干部能上能下、能进能出，形成能者上、优者奖、庸者下、劣者汰的良好局面。"

## 二、绩效考核的方法

绩效考核的方法很多，大致可以归类为比较法、量表法和描述法，每种方法都有各自的优缺点。企业在进行绩效考核时应根据具体情况选择合适的考核方法。

### （一）比较法

比较法是一种相对考核的方法，通过员工之间的相互比较从而得出考核的结果。这类方法比较简单而且容易操作，可以避免宽大化、严格化和集中化倾向的误区，适合作为奖惩的依据。但由于不能提供有效的反馈信息，因此难以实现绩效管理的目的，比较法主要有以下几种：

1.简单排序法

简单排序法也称排列法，是绩效考核中比较简单易行的一种综合比较的方法，通常由上级主管根据员工工作的整体表现按照优劣顺序依次排列。有时为了提高其精度，也可以将工作内容做出适当分解，分项按照优良的顺序排列，作为绩效考核的最后结果。简单排序法的优点是简单易行，花费时间少，适合员工数量比较少的评价需求，在员工的数量比较多的情况下，就需要选择其他的排序方法。另外，由于排序法是相对对比性的方法，考核是在员工间进行主观比较，不是用员工工作的表现和结果与客观标准相比较，因此具有一定的局限性，不能用于比较不同部门的员工，也不能使员工得到关于自己优点或缺点的反馈。

2.交替排序法

交替排序法是简单排序法的一种变形。这种方法利用的是人们容易发现极端情况、不容易发现中间情况的心理，在所有员工中，先挑出最好的员工，然后挑出最差的员工，将他们作为第一名和最后一名，接着在剩下的员工中再选择出最好的和最差的，分别将其排列在第二名和倒数第二名，依此类推，最终将所有员工按照优劣的先后顺序全部排列完毕。

3.配对比较法

配对比较法也称成对比较法、两两比较法，其基本程序是：首先，根据某种考评要素如工作质量，将所有参加考评的人员逐一比较，按照从最好到最差的顺序对被考评者进行排序；然后，根据下一个考评要素进行两两比较，得出本要素下被考评者的排列次序；依此类推，经过汇总整理，最后求出被考评者所有考评要素的平均排序数值，得到最终考评的排序结果。

应用配对比较法，能够发现每个员工在哪些方面比较出色，哪些方面存在明显的不足和差距，在涉及的人员范围不大、数目不多的情况下宜采用此种方法。如果员工数目过多，不但费时费力，考核质量也将受到制约和影响。配对比较法的具体应用见表6-6。

表6-6　**配对比较法示例**

| 被比较者1 | 被比较者2 | | | | | 被比较者1得分 |
|---|---|---|---|---|---|---|
| | 张宇 | 李敏 | 王丽 | 赵燕 | 刘冰 | |
| 张宇 | | 1 | 1 | 0 | 1 | 3 |
| 李敏 | 0 | | 1 | 0 | 1 | 2 |
| 王丽 | 0 | 0 | | 0 | 1 | 1 |
| 赵燕 | 1 | 1 | 1 | | 1 | 4 |
| 刘冰 | 0 | 0 | 0 | 0 | | 0 |
| 考核结论：被考核的5名员工按绩效从优至劣的次序为：赵燕、张宇、李敏、王丽、刘冰 | | | | | | |

4.强制分布法

强制分布法也称强迫分配法或硬性分布法，是指在考核进行之前按照“两头小，中间大”的状态分布规律，确定好绩效水平的分布比例，然后将员工的考核结果安排到分布结构里去。按照每人绩效的相对优劣程度，列入其中的一定等级。例如，将被考核者的绩效分为优秀、高于一般、一般、低于一般和不合格五个等级，其典型的分布形式如图6-4所示。

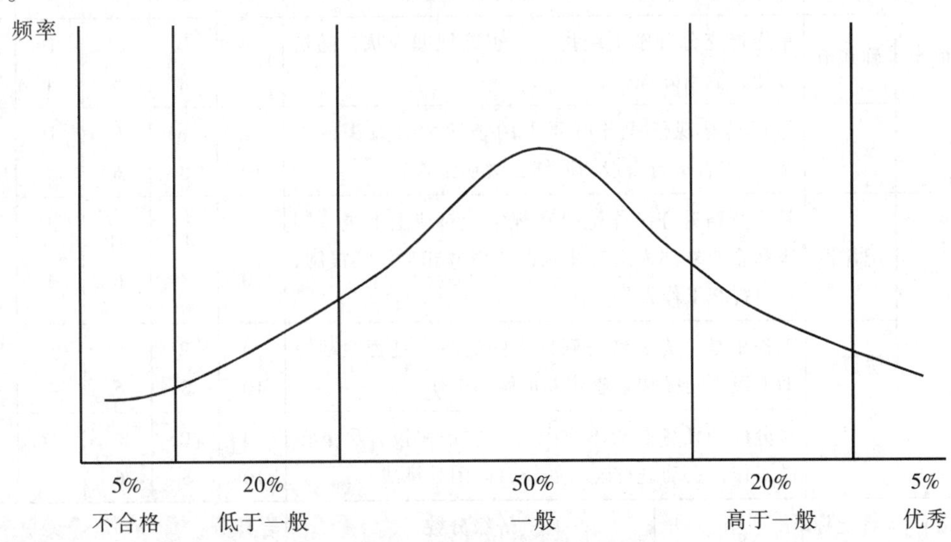


**图6-4　强制分布法示意图**

强制分布法适用于被考核人员较多的情况。其优点是操作起来比较简便，可以克服评价者过分宽容或过分严厉的结果，也可以克服所有员工不分优劣的平均主义。其缺点是，如果员工的业绩水平事实上不遵从所设定的分布样式，那么按照评价者的设想对员工进行强制区分容易引起员工不满。

### （二）量表法

量表法是指将绩效考核的指标和标准做成量表，以此对员工的绩效进行考核的方法。量表法的优点包括能够将不同部门的考核结果进行比较，了解员工存在的具体问题等；缺点在于制定量表的成本较高，只有确定了合理的指标考核才有效。量表法主要有以下几种：

1.评级量表法

评级量表法也称评分量表法，是指在量表中列出需要考核的绩效指标，将每个指标的标准分成不同的等级，每个等级都对应一个分数。考核时，考核主体根据员工的表现，给每个指标选择一个等级，做出评判和记分。然后将得到的所有分数相加，即可得到最终的工作绩效考核结果。

评级量表法是按事先规定的“考核标准”进行考核，它侧重于考核档次的确定，其优点在于简便、快捷、易于量化；缺点是由于划分等级较宽，难以把握尺度，可能会出现偏紧、偏松的现象。此外，多数评分表不是针对某一特别岗位，而是运用于组织中所有的职位，因而不具有针对性，考核时容易出现居中误差，即大多数人集中在某一等级的现象。表6-7是评级量表法的示例。

表6-7　　**评级量表法示例**

<table>
<tr><th>考核项目</th><th>考核要素</th><th>要素说明</th><th colspan="5">评　定</th></tr>
<tr><td>基本能力</td><td>知识</td><td>是否充分具备现任职务所要求的基础理论知识和实际业务知识</td><td>A<br>10</td><td>B<br>8</td><td>C<br>6</td><td>D<br>4</td><td>E<br>2</td></tr>
<tr><td rowspan="3">业务能力</td><td>理解力</td><td>是否能充分理解上级指标，干脆利落地完成本职工作任务，不需要上级反复指示和指导</td><td>A<br>10</td><td>B<br>8</td><td>C<br>6</td><td>D<br>4</td><td>E<br>2</td></tr>
<tr><td>判断力</td><td>是否能充分理解上级指示，正确把握现状，随机应变，恰当处理</td><td>A<br>10</td><td>B<br>8</td><td>C<br>6</td><td>D<br>4</td><td>E<br>2</td></tr>
<tr><td>表达力</td><td>是否具有现任职务所要求的表达力（口头或文字），能否进行一般的联络、说明工作</td><td>A<br>10</td><td>B<br>8</td><td>C<br>6</td><td>D<br>4</td><td>E<br>2</td></tr>
<tr><td rowspan="3">工作态度</td><td>纪律性</td><td>是否严格遵守工作纪律和规定，对待上下级、同级和企业外部人士有礼貌，严格遵守工作汇报制，按时提交工作报告</td><td>A<br>10</td><td>B<br>8</td><td>C<br>6</td><td>D<br>4</td><td>E<br>2</td></tr>
<tr><td>协调性</td><td>工作中是否充分考虑到别人的处境，是否主动协助上级、同级和企业外人员做好工作</td><td>A<br>10</td><td>B<br>8</td><td>C<br>6</td><td>D<br>4</td><td>E<br>2</td></tr>
<tr><td>积极性</td><td>对分配的任务是否不讲条件，主动积极，尽量多做工作，主动进行改革创新，向困难挑战</td><td>A<br>10</td><td>B<br>8</td><td>C<br>6</td><td>D<br>4</td><td>E<br>2</td></tr>
<tr><td colspan="2">评定标准<br>A——非常优秀<br>B——优秀，满足要求<br>C——基本满足要求<br>D——略有不足<br>E——不能满足要求</td><td>等级分数<br>A——60分以上<br>B——50～60分<br>C——35～49分<br>D——25～34分<br>E——25分以下</td><td colspan="5">合计分：<br>评语：<br><br>评定人签字：</td></tr>
</table>

2.行为锚定评价法

行为锚定评价法把关键事件法与评级量表法结合起来，是基于对被考核者的工作行为进行观察、考核，从而评定绩效水平的方法。运用这种方法，首先将同一职务工作可能发生的各种典型行为进行评分度量，建立一个锚定评分表，然后以此为依据，对员工工作中的实际行为进行评级打分。

行为锚定评价法的优点是，为评价者提供了明确而客观的评价标准。缺点是设计和实施成本较高，经常需要聘请人力资源管理专家帮助设计，而且在实施以前要进行多次测试和修改，因此需要花费许多时间和金钱。图6-5为行为锚定评价法示例。

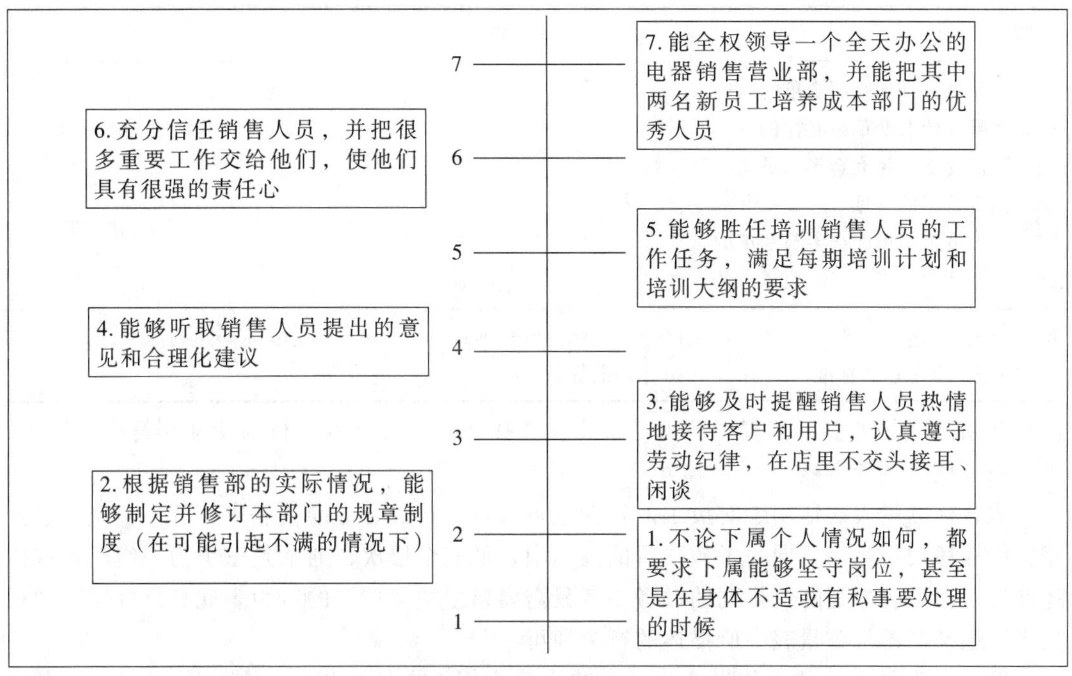


**图6-5　行为锚定评价法示例（销售营业部经理管理绩效考核）**

3.行为观察量表法

行为观察量表法是指在考核各个具体的项目时，给出一系列有关的有效行为，考核者通过指出员工做出各种行为的频率来评价他的工作绩效。这种方法不是首先确定工作行为处于何种水平上，而是确认员工某种行为出现的概率，它要求评定者根据某一工作行为发生频率或次数的多少来对被评定者打分。它既可以对不同工作行为的评定分数相加得到一个总分数，也可以按照对工作绩效的重要性程度赋予工作行为不同的权重，经加权后再相加得到总分，总分可以作为不同员工之间进行比较的依据。

行为观察量表法适用于行为比较稳定、不太复杂的工作。这种方法的优点是能够准确详细地找出有关的有效行为，使用方便，员工参与性强，容易被接受；缺点是费时费力，开发成本较高。同时，完全从行为发生的频率评价员工，可能会使评价者和员工忽略行为过程的结果。表6-8是行为观察量表法示例。

4.混合标准量表法

混合标准量表法是由美国学者布兰兹（Blanzi）于1965年创立的。这种考核方法先要描述与各个考核项目相对应的不同考核等级的有效行为，然后将这些描述有效行为的语句

表6-8 行为观察量表法示例

| 评定管理者的行为，用5~1和NA代表下列各种行为出现的频率，评定后填在括号内。 | | |
|---|---|---|
| 5表示95%～100%都能观察到这一行为<br>4表示85%～94%都能观察到这一行为<br>3表示75%～84%都能观察到这一行为<br>2表示65%～74%都能观察到这一行为<br>1表示0～64%都能观察到这一行为<br>NA表示从来没有这一行为 | | |
| 克服变革的阻力 | | |
| （1）向下级详细地介绍变革的内容（ ）<br>（2）解释为什么变革是必需的（ ）<br>（3）讨论变革为什么会影响员工（ ）<br>（4）倾听员工的意见（ ）<br>（5）要求员工积极配合参与变革的工作（ ）<br>（6）需要经常召开会议听取员工的反映（ ） | | |
| 6～10分：未达到标准； | 11～15分：勉强达到标准； | 16～20分：完全达到标准； |
| 21-25分：出色达到标准； | 26～30分：最优秀 | |

混合起来随机排列在考核表中，由考核主体选择出与被考核者的行为特征相符合的选项，再对被考核者进行考核。

混合标准量表法适用于对员工的行为进行考核。在混合标准量表中，有许多组概念上相容的描述句用来描述同一考核项目的高、中、低三个层次，通常是三个为一组。这些描述性语句在量表中是随机排列的，考核者只需要指出被考核者的行为表现是“好于”、“相当于”还是“差于”量表中所描述的行为即可。

混合标准量表法的具体做法为：首先，确定绩效考核的指标；其次，对每一个考核项目中分别代表好、中、差绩效的有效行为进行描述；最后，将所有的描述性语句混合在考核量表中供考核主体在具体考核时使用。表6-9为测评保安工作状况的混合标准量表。

具体实施考核时，考核者应将被考核者的实际表现与作为绩效考核标准的描述性语句进行对比，凡是达到要求的记“+”，未能达到要求的记“-”。最后统计符号，按照评分规则，就能较为准确地得出被考核者的绩效考核成绩。

混合标准量表法的优点在于能够避免考核主体受到考核标准等级的影响，降低了考核结果受到考核主体主观性影响的概率。但是，由于描述性语句本身固有的局限性，很难全面反映被考核者复杂的实际表现。

**（三）描述法**

描述法是指考核主体用描述性的文字来记录被考核者在工作业绩、工作能力、工作态度等方面的优缺点，以及需要对被考核者进行指导的方面和关键事件等。描述法的设计和使用比较容易，成本适中，是一种实用的考核方法，适合对任何人进行单独评价。

表6-9　　混合标准量表法示例

本部分的每一个项目都涉及保安工作不同侧面的绩效水平。请仔细阅读每一个项目，确定该被评价保安的工作表现是“正适合于”、“优于”还是“劣于”项目中的描述；并请分别在相应的被考核保安号码下的圆括号中画“○”、“+”或“-”来表示这三种情况。

| 保安号码：1 2 3 4 5 | |
|---|---|
| ( ) ( ) ( ) ( ) ( ) | (1) 行为有时紧张，但并不影响发挥职责 |
| ( ) ( ) ( ) ( ) ( ) | (2) 尽管有时因工作繁忙，制服略有不整，但大多数时间穿着整齐 |
| ( ) ( ) ( ) ( ) ( ) | (3) 工作报告良好，但偶尔需要深入或条理化；有时有表达方面的困难 |
| ( ) ( ) ( ) ( ) ( ) | (4) 在社区采取大量措施预防和遏制犯罪，帮助社区业主掌握防止犯罪的技巧；对社区预防安全措施有广泛的知识 |
| ( ) ( ) ( ) ( ) ( ) | (5) 与本社区业主极少或几乎没有接触，未能告诉他们防止犯罪的技巧 |
| ( ) ( ) ( ) ( ) ( ) | (6) 几乎在社区任何场合都能做出适当的判断，以预先采取、选择或表现适当的行为 |
| ( ) ( ) ( ) ( ) ( ) | (7) 对于与什么人共事或不与什么人共事很挑剔，难以与其他保安相处 |
| ( ) ( ) ( ) ( ) ( ) | (8) 在任何时候、任何场合下都能表现出最大的热情和努力 |
| ( ) ( ) ( ) ( ) ( ) | (9) 即使在极端紧张的情形下，也镇定自若，没有紧张的表现 |
| ( ) ( ) ( ) ( ) ( ) | (10) 令人满意地执行任务，几乎从不投机取巧或曲解规则 |
| ( ) ( ) ( ) ( ) ( ) | (11) 格外注意形象，几乎常常表现出一种为业主服务的自豪感 |
| ( ) ( ) ( ) ( ) ( ) | (12) 干净利落地解决大多数安全问题，尽管有些是比较棘手的。在工作中善于运用以往经验，以求尽善尽美 |
| ( ) ( ) ( ) ( ) ( ) | (13) 跟其他人在一起时表现出深刻的见识和技能，常能防止和解决冲突，缩短了业主与保安的距离 |
| ( ) ( ) ( ) ( ) ( ) | (14) 能与任何合作者友好相处，愿意帮助新保安并指导他们准确无误地执行任务 |
| ( ) ( ) ( ) ( ) ( ) | (15) 在大多数情况下，有判断能力，表现得当，能够满足业主需要 |
| ( ) ( ) ( ) ( ) ( ) | (16) 了解法律的新变化，但偶尔忽视 |
| ( ) ( ) ( ) ( ) ( ) | (17) 严格监督其工作表现，否则可能不符合标准 |
| ( ) ( ) ( ) ( ) ( ) | (18) 外表向业主表露出一种对工作漫不经心的态度 |
| ( ) ( ) ( ) ( ) ( ) | (19) 在任何情形下都意识到法律及其适用性，对社区有全面的了解 |
| ( ) ( ) ( ) ( ) ( ) | (20) 工作报告对于业主安全并无用处，工作报告中材料重复 |
| ( ) ( ) ( ) ( ) ( ) | (21) 其行为说明在许多场合下经常缺乏适当判断，做出草率、粗心的判断 |
| ( ) ( ) ( ) ( ) ( ) | (22) 在社区做一些努力加强预防犯罪的工作，对预防设备有比较全面的知识 |
| ( ) ( ) ( ) ( ) ( ) | (23) 不去主动了解与工作相关的信息，有时在本社区内迷路 |
| ( ) ( ) ( ) ( ) ( ) | (24) 标准地完成职责，并在没有监督的情况下，能公正地处理问题 |
| ( ) ( ) ( ) ( ) ( ) | (25) 在一场冲突中如果出现麻烦几乎不能恢复秩序 |
| ( ) ( ) ( ) ( ) ( ) | (26) 把保安工作只当作一时之计，随时准备跳槽，几乎没有表现出工作热情 |
| ( ) ( ) ( ) ( ) ( ) | (27) 尽管与有些人格类型的人难以相处，但能同大多数人共同工作 |

1.关键事件法

关键事件法也称为重要事件法，是客观评价方法中最简单的形式。在某些工作领域内，员工在完成工作任务的过程中，有效的工作行为助推了成功，无效的工作行为导致了失败。关键事件法的设计者将这些有效或者无效的工作行为称为“关键事件”，评价者要记录和观察这些关键事件，因为他们通常描述了员工的行为以及工作行为发生的具体背景条件。这样，在评价一个员工的工作行为时，就可以利用关键事件作为评价的指标和衡量的尺度。如果评价者能够长期观察员工的工作行为，对员工的工作情况十分了解，同时也很公正和坦率的话，那么这种方法是很有效的。

关键事件法对事不对人，以事实为依据，评价者不仅要注重对行为本身的评价，还要考虑行为的情境，可以用来向员工提供明确的信息，使他们知道自己在哪些方面做得比较好，在哪些方面做得不好。这种方法评价的内容是下属特定的行为，而不是他的品质个性特征，如忠诚度、亲和力、果断性和依赖性等。表6-10为某公司客户经理关键事件记录示例。

表6-10 **某公司客户经理关键事件记录示例**

对客户经理进行评估，客户经理的一项关键绩效指标是获得客户的满意。针对这项关键绩效指标，他的管理人员记录下这样两个事件：

| | |
|---|---|
| 好的关键事件 | 客户经理王倩耐心地倾听客户的抱怨、回答客户的问题，认真地检查客户返回的产品，有礼貌地向客户做出解释和道歉，并立即给客户签署了退货单 |
| 坏的关键事件 | 在业务最繁忙的时期，客户经理王倩在休息时间过后，迟到了30分钟才回到办公室。她错过了4个来自客户的电话，并且已经有3个客户焦急地等在会客室中，他们是按照和王倩约好的时间来访的 |

由于关键事件法强调的是选择具有代表最好或最差行为表现的典型和关键性活动事例作为评价的内容和标准，因此，采用此种方法有较大的时间跨度，可与年度计划、季度计划的制订与贯彻实施紧密地结合在一起。关键事件法的主要优点是：（1）为考评者提供了客观的事实依据；（2）考评的内容不是员工的短期表现，而是一年内的整体表现，具有较大的时间跨度，可以贯穿考评期的始终；（3）以事实为根据，保存了动态的关键事件记录，可以全面了解下属是如何改进绩效、如何提高绩效的。关键事件法的缺点是：（1）关键事件的记录和观察费时费力；（2）能做定性分析，不能做定量分析；（3）不能具体区分工作行为的重要程度，很难使用该方法在员工之间进行比较。

2.评语法

评语法是比较常见的以一篇简短的书面鉴定来进行考核的方法。考核的内容、格式、篇幅、重点等多种多样，完全由考核者自由掌握，不存在标准规范。通常将谈及被考核者的优点与缺点、成绩与不足、潜在能力、改进的建议及培养方法等。集中描述员工在工作中的突出行为，而不是每天的业绩。这种方法形式灵活，反馈简捷。这种方法的缺点在于，考核结果在很大程度上取决于考核者的主观意愿和文字水平，一个有高超文字技巧的考核者，可以把一个勉强合格的员工描述成工作模范。此外，由于缺乏统一的标准，不同员工之间的考核结果是很难进行比较的。

**走进管理6-1**

**华为的“破格升级制度”**

华为评价干部有两个原则：一是社会责任，二是个人成就感。这里所说的“社会责任”是狭义的，指认同组织的文化和价值观，并以此为基础实现组织目标。任正非认为，华为仅仅有认同组织文化并实现组织目标的领袖型干部还不够，还需要“英雄”。因为没有“英雄”，企业就会丧失活力、牵引力，在战略上逐步收敛，中高层干部将成为围绕企业文化团团转的保守主义者。公司要崇尚一种价值观，即容忍一部分英勇的人有缺陷。为避免文化的过度收敛，华为内部推行了破格提拔制度，以绩效结果为导向，弱化对优秀人才劳动态度的考核。

但华为不会让这些"英雄"未经过社会责任感的改造就进入公司高层，因为在任正非看来，这些"英雄"直接进入高层可能会导致公司内部矛盾和分裂。领导的责任就是要使部下成为"英雄"，而自己成为"领袖"。对于这类个人成就欲望强的人，领导不能打击他们，而是要肯定、支持、信任他们，将他们培养成为英雄模范，帮助他们学会践行公司文化和价值观，以实现为公司和客户持续创造价值。

资料来源：陈国海，马海刚．人力资源管理学［M］．2版．北京：清华大学出版社，2021：349.

## 三、绩效考核的模式

随着人们对包括绩效管理在内的人力资源管理的日益重视，以及相关研究和实践活动的不断深入，人力资源管理的手段和工具也不断推陈出新，绩效管理在发展历程中先后出现了多种模式，其中颇具影响力的模式有以下几种：

### （一）目标管理法

目标管理（Management By Objectives，MBO）源于美国管理专家德鲁克，他在1954年出版的《管理的实践》一书中，首先提出了"目标管理和自我控制的主张"，认为企业的目的和任务必须转化为目标。目标管理是以确定的绩效目标和实现绩效目标为中心和重点开展的一系列的管理活动。目标管理的核心是人，导向为绩效目标，标准为工作的成果。

目标管理法是指管理者与员工共同商讨沟通制定个人工作目标，并根据目标完成情况进行考核的一种方式。它是一种适用面较广、有利于整体绩效管理的考核方法。运用这种方法，在制定目标时，考评者和被考评者应该使需要完成的工作内容、时间期限、考评标准达成一致。在考评周期结束时，考评者根据被考评者的工作状况及原先制定的考评标准进行考评。

目标管理流程如图6-6所示。

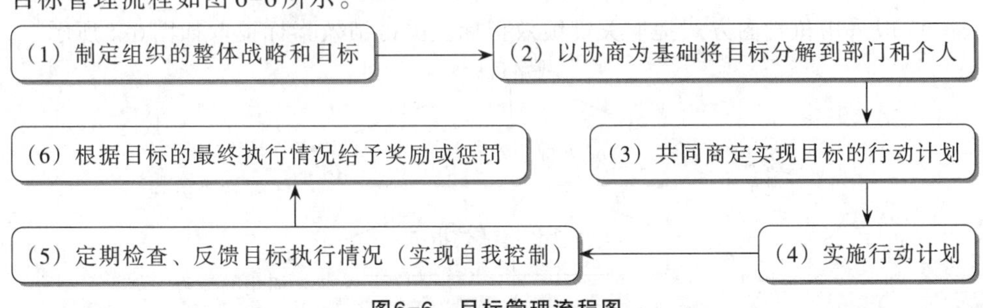
（1）制定组织的整体战略和目标
（2）以协商为基础将目标分解到部门和个人
（3）共同商定实现目标的行动计划
（4）实施行动计划
（5）定期检查、反馈目标执行情况（实现自我控制）
（6）根据目标的最终执行情况给予奖励或惩罚

**图6-6　目标管理流程图**

目标管理法的优点是：（1）评价标准明确，结果易于观测，便于对员工进行反馈和辅导；（2）由于员工参与制定目标，易于调动员工的积极性。其缺点是：（1）没有在不同部门、不同员工之间设立统一目标，难以对不同员工和不同部门之间的工作绩效做横向比较；（2）不能为以后的晋升决策提供依据。

### （二）360度考核法

360度考核法又称为全方位考核法，最早被英特尔公司提出并加以实施运用。传统的绩效评价，主要由被评价者的上级对其进行评价。360度考核法则由与被评价者有密切关系的人，包括被评价者的上级、同事、下属和客户等，同时也包括被评者自己的评价，如图6-7所示。它是一种从不同角度获取组织成员工作行为表现的观察资料，然后对获得的资料进行分析评估的方法。这种方法的优点是能比较全面地进行评估，易于做出比较公正的评价，同时通过反馈可以提高工作能力，也有利于团队建设和沟通。其缺点是：（1）工作量比较大，考核成本高；（2）也有可能影响非正式组织评价的公正性；（3）还需要员工有一定的知识参与评估。

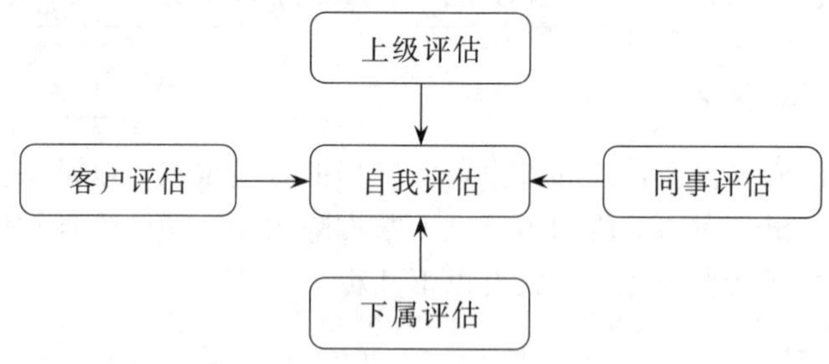


图6-7　360度考核示意图

### （三）关键绩效指标法

关键绩效指标（Key Performance Indicator，KPI）是指决定与衡量企业经营管理实际效果的重要考核指标，是宏观战略目标决策经过层层分解后所产生的可操作性战术目标。关键绩效指标是衡量组织战略实施效果的关键指标，其目的是建立一种机制，将企业战略转化为企业内部管理过程和活动，以不断增强企业的核心竞争力和可持续发展动力，使组织获取高效益。

关键绩效指标法符合管理学中的二八原理，即在一个组织的价值创造中，存在着“20/80”的规律。20%的骨干人员创造企业80%的价值，而在每一个员工身上，也是80%的工作任务是由20%的关键行为完成的。因此，抓住了20%的关键行为，对之进行分析和衡量，就能抓住业绩考核的重心。关键绩效指标的提取可以用“十字对焦、职责修正”来概括，一般采用鱼骨图方式提取关键绩效指标。关键绩效指标提取如图6-8所示。

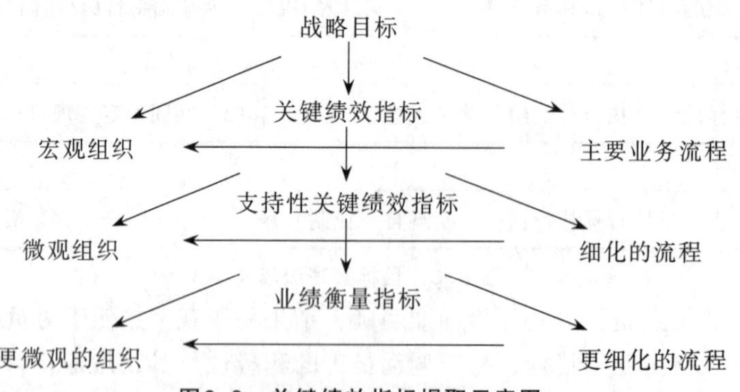


图6-8　关键绩效指标提取示意图

关键绩效指标法的优点是标准鲜明，易于做出评估。其缺点是：（1）相对而言，对简单的工作标准制定难度较大；（2）缺乏一定的定量性；（3）绩效指标只是一些关键的指标，对于其他内容缺少一定的评估，应当适当地注意。

**（四）平衡计分卡**

平衡计分卡（Balance Score Card，BSC）是由哈佛商学院罗伯特·S.卡普兰和戴维·P.诺顿共同创建的一种全新的组织绩效管理方法。平衡计分卡被《哈佛商业评论》评为75年来最具影响力的管理工具之一，它打破了传统的单一使用财务指标衡量业绩的方法。在财务指标的基础上加入了未来驱动因素，即客户因素、内部经营管理过程和员工的学习成长，在集团战略规划与执行管理方面发挥非常重要的作用。其基本原理和流程是：以组织的共同愿景与战略为内核，运用综合与平衡的哲学思想，依据组织结构，将公司的愿景与战略转化为下属各责任部门（如各事业部）在财务（Financial）、顾客（Customer）、企业内部流程（Internal Business Processes）、学习与成长（Learning & Growth）四个方面的系列具体目标（即成功的因素），并设置相应的四张计分卡，其基本框架如图6-9所示。

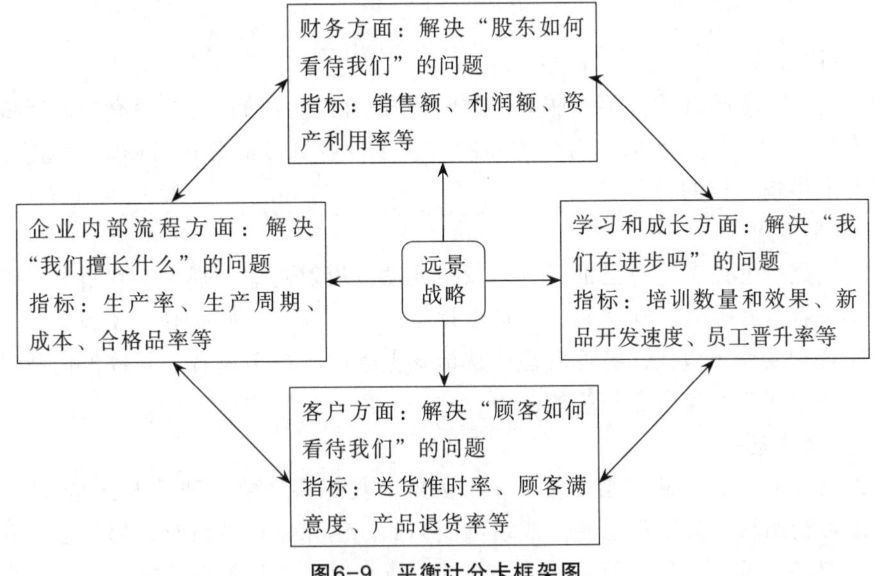
财务方面：解决“股东如何看待我们”的问题
指标：销售额、利润额、资产利用率等
企业内部流程方面：解决“我们擅长什么”的问题
指标：生产率、生产周期、成本、合格品率等
远景战略
学习和成长方面：解决“我们在进步吗”的问题
指标：培训数量和效果、新品开发速度、员工晋升率等
客户方面：解决“顾客如何看待我们”的问题
指标：送货准时率、顾客满意度、产品退货率等

**图6-9　平衡计分卡框架图**

优点：（1）为企业战略管理提供强有力的支持；（2）可以提高企业的整体管理效率；（3）注重团队合作，防止企业管理机能失调；（4）可提高企业的激励作用，提高员工的参与意识；（5）可以使企业的信息负担降到最低。

缺点：（1）实施难度大，存在沟通与共识上的障碍、组织与管理系统方面的障碍、信息交流方面的障碍；（2）工作量大，需要耗费大量的时间和精力找到恰当的指标并分解到各部门；（3）不适用于个人。

拓展阅读6-2：平衡计分卡倡导的五大平衡

## 四、绩效考核的偏差

实践表明，绩效考核并不是一件容易完成的工作，在实际操作过程中总免不了存在一

些问题。下面对考核主体在考核过程中容易产生的偏差进行介绍。

**（一）晕轮效应**

晕轮效应也称光环效应，是指在考查员工业绩时，由于只重视一些突出的特征而掩盖了被考核人其他的重要内容，因而往往影响了考核结果正确性的现象。例如，某经理看到某员工经常早来晚走、忙忙碌碌，对他的工作态度很有好感，在年终考核时对他的评价就较高，对他的综合表现，甚至对其工作的主要方面却忽视了。

**（二）近因效应**

近因效应是指考核者只看到考核期末一小段时间内的情况，而对整个评估期间的工作表现缺乏了解和记录，以“近”代“全”，使考核评估结果不能反映整个评估期间内员工绩效表现的合理结果。在这种效应的作用下，如果员工在考核期末表现得很好，那么考核分数就会比较高，如果在这段时间出了一些差错，而总体表现都很好，那么考核分数也会比较低。

**（三）首因效应**

首因效应是指考核者凭“第一印象”判断问题。这与人的思维习惯有关。当被考核者的情况与考核者的“第一印象”有较大差距时，考核者就可能存在首因效应而产生偏见，在一定程度上影响考核的得分。

**（四）投射效应**

投射效应是指考评者将自己的感觉、倾向或动机投射到他对别人的判断中，以自己所具有的品质来看待其他人。在实践中，被考评者的个人情况，如家庭、经济背景、性格等方面与考评者有某种相似性，考评者往往从情感上倾向于被考评者，导致评估结果一定程度上偏离了被考评者的实际工作绩效。

**（五）从众效应**

每个人对人或事的判断都会尽量与多数人的意见保持一致，即“人云亦云”。大家都说好，成绩可能偏高；大家都说差，成绩可能偏低。例如，在考核时，部门主管觉得部门有一个人特别好，想给高分，但是这个人在部门或企业里人际关系不好，很多同事对此人评价很差，此时，即使该员工的绩效情况良好，但迫于群众的压力，主管不会给予高分，这就是从众效应。

**（六）宽严倾向**

宽严倾向包括宽松和严格两个方面。宽松倾向指考核中所做的评价过高，严格倾向指考核中所做的评价过低。产生这两类考核误差的原因是：缺乏明确、严格、一致的判断标准，不同的考核者采用的评分标准各不相同，而往往依据自己的经验；在评价标准主观性很强并要求评价者与员工讨论评价结果时，很容易出现宽松倾向；当评价者采用的标准比组织制定的标准更加苛刻时，则会出现严格倾向。

**（七）平均倾向**

平均倾向也称调和倾向或居中趋势，是指大多数员工的考核得分都居于“平均水平”的同一档次，并往往是中等或良好水平。这也是考核结果具有“集中倾向”的体现。与过宽或过严倾向相反，考核者不愿意给员工们“要么优秀、要么很差”的极端评价，无论员工的实际表现如何，统统给中间或平均水平的评价。但实际上这种中庸的态度很少能在员工中赢得好感，反而会起到“奖懒罚勤”的副作用。

**走进管理6-2**

### 名企绩效管理高招

**一、海尔集团**

1.目标制定程序规范，将目标细化到每位员工每天的工作，形成OEC日清体系，使员工和管理人员对工作清楚了解，及时纠正错误和推广优秀的做法，养成及时改善的习惯。

2.PDCA管理方法保证工作得到迅速执行，有海尔特色的横向月度激励和纵向日激励体系直接与指标挂钩。

3.兼顾结果和过程，设定主项指标和辅项指标，如果主项指标不理想，管理人员就会从针对过程控制的辅项指标上找原因或采取纠偏措施。

**二、联想集团**

1.通过静态的职责分解和动态的目标分解，形成每个岗位的“岗位责任书”和“目标责任书”，建立目标与职责一致的岗位考核体系。

2.对干部和业务的管理采用定期检查评议的方式，并注重业绩核实，用制度保证预期目标的实现。

3.在“能量化的量化，不能量化的细化”的思想指导下，用多种方式综合评价部门业绩和员工业绩，全面周到，考核结果应用合理。

**三、方正电脑**

1.绩效管理体系逐步完善，提高了有效性，降低了风险。

2.单独设置“工作表现考核表”，宣扬公司核心价值观，引导员工的行为。

3.注重对工作期望、未来发展方向等方面的持续沟通和激励。

资料来源：刘进才. 人力资源开发与管理系统论［M］. 苏州：苏州大学出版社，2006：352-354.

## 【知识巩固训练】

**一、填空题**

1.绩效是指员工在工作过程中表现出来的与组织目标相关的并且能够被评价的________、________和________。

2.绩效具有________、________和________三个特点。

3.绩效管理是一个完整的系统，绩效管理过程通常被看作一个循环。这个循环通常分为四个步骤，即________、________、________与________。

4.绩效目标由________和________组成。________定了员工的工作任务，________是对员工工作要求的进一步明确。

5.平衡计分卡的四个维度包括________、________、________和________。

6.MBO的全称是________；KPI的全称是________；BSC的全称是________。

7.绩效管理中的________效应，是指考核者凭“第一印象”判断问题。________效应，是指在考查员工业绩时，由于只重视一些突出的特征而掩盖了被考核人其他的重要内容。

8.绩效考核的方法有很多种，其中比较法包括________、________、________和________。量表法包括________、________、________和________。

9.360度考核法主要由与被评价者有密切关系的人进行考核，包括________、________、________和________。

10.绩效考核比较常用的模式有________、________、________和________。

**二、单项选择题**

1.绩效管理的最终目的是（　　）。

A.确定员工奖金　B.决定员工升迁　C.确定培训人选　D.提升员工绩效

2.对一名工人进行绩效评估，除了产量指标的完成情况外，质量、原材料消耗率、出勤率、服从纪律等方面也都是要进行评估的内容，这体现了绩效的（　　）特点。

A.多因性　B.多维性　C.动态性　D.激励性

3.（　　）是指绩效周期结束时，在上级和员工之间进行绩效考核面谈，由上级将考核结果告诉员工，指出员工在工作中存在的不足，并和员工一起制订绩效改进计划。

A.绩效计划　B.绩效辅导　C.绩效考核　D.绩效反馈

4.（　　）是指绩效的维度，即从哪些方面来对员工的绩效进行考核。

A.绩效指标　B.绩效内容　C.绩效标准　D.绩效项目

5.在绩效管理工具中，（　　）充分体现了客户、股东、员工是企业关键的利益相关者。

A.360度考核法　B.平衡计分卡　C.关键绩效指标　D.目标管理法

6.（　　）就是在某些工作领域内，员工在完成工作任务的过程中，有效的工作行为导致了成功，无效的工作行为导致了失败，评价者要记录和观察这些有效和无效的行为。

A.等级鉴定法　B.行为观察法

C.关键事件法　D.行为锚定评价法

7.（　　）是把评级量表法和关键事件法相结合起来的考核方法。

A.行为观察量表法　B.行为锚定评价法

C.描述法　D.混合标准测评量表法

8.目标管理法是由（　　）提出来的。

A.德鲁克　B.斯金纳　C.班杜拉　D.巴甫洛夫

9.俗话说，"一俊遮百丑"，这属于绩效考核中的（　　）效应。

A.晕轮效应　B.首因效应　C.对比效应　D.溢出效应

10.（　　）认为员工的业绩水平遵从正态分布，因此可以将所有员工划分为优秀、高于一般、一般、低于一般和不合格五种情况。

A.交替排序法　B.强制分布法　C.配对比较法　D.结构式叙述法

**三、判断题**

1.工作之外的行为和结果也属于绩效的范围。（　　）

2.个人绩效是指在完成工作目标与任务的过程中所体现出的个人业绩。（　　）

3.影响员工工作绩效的主要因素是态度。（　　）

4.绩效的多维性是指员工绩效的优劣不是取决于单一的因素，而是会受到主客观因素

的影响。 (    )

5.绩效考核的最终目的是单纯地进行利益分配。 (    )

6.绩效管理与绩效考核本身并没有实质性区别。 (    )

7.关键事件法要求管理者将每一位雇员在工作中所表现出来的代表有效绩效的具体事例记录下来。 (    )

8.绩效计划是管理者与员工之间的单向沟通过程。 (    )

9.简单排序法的优点是简单易行，花费时间少，适用于员工数量比较少的评价需求。 (    )

10.行为锚定评价法的缺点是设计和实施成本较高。 (    )

**四、思考题**

1.什么是绩效？绩效的特点是什么？

2.简述绩效考核与绩效管理的区别与联系。

3.简述绩效管理的流程。

4.绩效考核的方法有哪些？

## 【技能强化训练】

**一、交流讨论**

1.绩效目标分析

请分析以下四句话，哪些是目标？哪些不是目标？为什么？

（1）今天是5月30日，6月3日是市场策划书交与客户的最后期限，策划人员必须到时提交报告。

（2）小王，你这个月的目标就是要把公司的车辆管好。

（3）质检员一定要定期检查生产情况。

（4）为了适应公司互联网业务的发展，人事部经理助理的目标是：6月10日之前，协助人事经理召开一次招聘会；面试应聘人员；制定出新部门的工作规范，并提交公司行政会讨论。

2.你将如何处理？

如果你是企业某个部门的主管，你的下属对你所主持的评估结果有意见，你通常会采用何种方法处理？如果你是企业的员工，你感到上级主管对你的评估结果有偏差，你通常会采用何种方法处理？

**二、应用设计**

1.行为锚定评价表设计

假如设计针对学生的绩效考核指标体系，请针对学习主动性这一行为考核标准，设计行为锚定量表。

2.关键绩效指标设计

A企业属于制造业国企，企业在岗员工3 000人，以A企业总经理岗位为例，讨论应该设置哪些关键绩效指标，如何确定每个指标对应的考评周期。

3.考核指标与标准训练

宏达公司近来虽然产销两旺，但公司总经理已经隐约感觉到了危机。销售部门人员反映，所有的业务，不论大小，都必须由销售部经理一人经手。而销售部经理只分派其他人员做一些杂务性的工作。由于公司对销售部门人员的考核主要依据的是个人业绩，所以销售部经理在考核中总得到很高的分数，也得到了可观的奖金。其他人员有不少怨言，而且已经有几名员工辞职离开公司。如果再不采取措施，事情将会变得更糟。根据以上情况，公司总经理要求人力资源部的冯经理设计针对销售部的考核方案。

要求：请你帮助冯经理结合该公司的实际情况，设计销售部人员的考核指标与标准。

4.考核量表设计

光华公司总经理认为，对管理人员评价的核心应放在行为管理上，而不仅是考查指标完成了多少、销售额达到多少、利润率是多少。光华公司对管理人员进行综合素质的考评，分七个方面：战略力、应变能力、协调配合力、团队精神、全局观、学习力与创新力。

要求：请运用行为观察评价法就案例中管理人员的“团队精神”和“全局观”指标，设计考评表。

## 三、数据分析与材料解析

1.配对比较评价

大飞公司刚刚成立，规模较小。公司拟采用配对比较法对业务部门六名员工进行评价，其结果见表6-11。

表6-11　**大飞公司业务部门员工评价表**

| 评价员工 | A | B | C | D | E | F | 序号 |
|---|---|---|---|---|---|---|---|
| A | 0 | + | + | + | + | + | |
| B | | 0 | + | + | - | + | |
| C | | | 0 | - | - | + | |
| D | | | | 0 | - | + | |
| E | | | | | 0 | + | |
| F | | | | | | 0 | |
| 合计 | | | | | | | |
| 最终排序 | | | | | | | |

要求：请先将表中的空白处填齐，并进行数据汇总，再对这六名员工从高到低进行排序。

2.360度绩效考评

兴安公司对销售部门的员工采用360度绩效考评的方法，每项打分最高6分，最低1分。表6-12是公司对销售部门员工小张进行考评的结果。请你在空白栏处填写相关内容。

表6-12 **销售部门小张的360度考评结果**

考评尺度与分数：杰出6分 优秀5分 良好4分 一般3分 较差2分 极差1分

| 考评项目 | | 权重（%） | 考评得分 | | | | | |
|---|---|---|---|---|---|---|---|---|
| | | | 上级考评 70% | 同事考评 10% | 下级考评 10% | 自我考评 5% | 客户考评 5% | 本栏得分 |
| 个人特征 | 事业心 | 10 | 4 | 5 | 4 | 5 | 5 | |
| | 主动性 | 10 | 3 | 4 | 4 | 5 | 4 | |
| 工作行为 | 合作能力 | 10 | 4 | 5 | 4 | 4 | 5 | |
| | 服务水平 | 10 | 4 | 4 | 4 | 5 | 4 | |
| 工作成果 | 合同维持 | 30 | 3 | 3 | 4 | 4 | 4 | |
| | 业务开拓 | 30 | 4 | 4 | 5 | 5 | 4 | |
| 总分= | | | | | | | | |

要求：

（1）请根据上述任务情境，运用360度绩效考评方法对小张进行评价，并将结果填到表6-12中。

（2）请分析这种方法是否适合对销售部人员进行考核，并说明原因。

3.绩效管理问题识别

张经理：“我讨厌一年中的这个时候，这个时候没有赢家。每一位员工都认为自己是最好的，如果我给他一个好的评价，他很高兴，并且认为这是理所应当的；如果我给他一个坏的评价，他会怀疑我为什么给他这个评价，并且永远恨我。你怎么处理这种情况？”

李经理：“我基本上给每个人相同的分，只不过对每个人的评分有微小的差别。如果有一个员工在某一因素上得分较高，我会给他的同事在另一因素上较高的分。通过这种方法，保持考核的平衡。”

张经理：“那样不就使考核毫无意义了吗？为什么我们要进行如此烦人的考核呢？”

李经理：“我认为，不管从什么角度讲，考核都是愚蠢的，如果我们不需要他们了，可以解雇；如果想把他们留下来，我们应该公平地对待他们。”

张经理：“如果我们不进行考核，怎么知道提升谁？极端一点来说，至少在试用期需要绩效考核，否则，我们会留下不需要的员工，并且雇用很长时间。”

李经理：“是的，所以我们要做一些考核。但是，对于那些继续雇用的员工，一年一度的固定考核是一种浪费时间的行为。我认为，这是一个没有经过训练的人力资源经理发明的。”

张经理：“如果我们每年不做一次考核的话，我们就不会了解员工的表现情况。”

李经理：“但是，每年做考核时，员工要花很多的时间影响我们，而不是去工作。这一体制助长了阿谀奉承的行为。”

张经理："你说得有点道理，也许我们应该对考核时间和考核对象有一些选择。管理者倾向于每年都给同一个员工最好的评价。看来，第一印象太重要了。一旦你被'贴上'优秀分子的标签，它将一直属于你。"

李经理："也许我们可以让一线主管以外的、时间相对不那么宝贵的人进行考核工作。"

张经理："人力资源副总裁怎么样？"

要求：请分析，上面两位经理关于绩效管理的对话中，提出了哪些问题？

4.绩效考核分析

洛安公司是一家以超市和餐饮连锁经营为主的公司，目前形成了大型综合超市（大卖场）、超级市场、餐饮店等多元业务联动互补的竞争优势。在上海、北京、天津、江苏、浙江等20多个省、自治区、直辖市的100多个城市建立了强大的连锁经营网络。公司经营环境比较稳定，效益也不错。

近期，洛安公司为了激发员工的工作热情、奖励工作突出者，实行月度优秀员工评选，优秀员工由各部门推荐，向被选为优秀员工者颁发500元现金奖励。最近大家普遍反映月度优秀员工评选流于形式，不能发挥作用。有的员工和主管对优秀员工评选存在抵触思想，不愿评分和推选。有两种典型不合理现象：第一种，大家民主投票，轮流坐庄被评为"优秀员工"。除了年龄较小的员工外，基本上每个部门的员工都获得过月度优秀员工奖励，大家对评选结果不在意。第二种，不采用民主投票，由主管自己决定，主管会推荐自己身边亲近的"圈内人""听话员工"为优秀员工。

员工年底考核表包括定量指标和定性指标两部分，定量指标比较客观，定性指标采用服务态度、责任心等指标。由于服务性岗位的员工流动大，招工比较难，临近年底，公司对人员流动把关更严，主管们担心员工考核成绩太差会离职，即使员工表现差，主管也不敢给员工年底考核打分低。

要求：

（1）为什么优秀员工评选流于形式，不能发挥作用？

（2）对服务性岗位员工应该采用怎样的考核方法？

（3）你认为绩效考核中，如何能客观反映员工的努力和能力的差异？

[第七章]

# 薪酬管理

## 思政视野

从“共同富裕”到“全面小康”，中国共产党对社会主义经济发展规律的探索和认识不断演进。在社会主义制度建立之初，毛泽东曾经说过：“我们实行这么一种制度，这么一种计划，是可以一年一年走向更富强的，一年一年可以看到更富更强些。而这个富，是共同的富，这个强，是共同的强，大家都有份。”

党的十八大以来，以习近平同志为核心的党中央着力解决发展的不平衡不充分问题，改善收入分配状况，推进共同富裕进程。习近平同志从马克思主义的世界观和方法论出发认识分配问题，提出了以人民为中心的发展思想和共享发展理念，以脱贫攻坚为抓手推进全面建成小康社会，形成了一系列新论述新思想，进一步丰富和发展了社会主义分配理论。

## 教学目标

| 知识目标 | 能力目标 | 素质目标 |
|---|---|---|
| ▶掌握薪酬的概念与构成<br>▶掌握薪酬管理的内容和影响因素<br>▶掌握薪酬设计的流程和要点<br>▶掌握福利的形式与弹性福利 | ▶能有效开展薪酬调查与数据分析<br>▶能进行薪酬结构与薪酬等级设计<br>▶能根据岗位特点设计有针对性的薪酬体系<br>▶能结合企业情况设计激励薪酬与福利方案 | ▶培养学生信息收集、分析与整理能力<br>▶培养学生诚实公正、严谨求是、遵章守法的操守<br>▶培养学生发现、分析、解决问题的能力<br>▶培养学生关注、熟悉时事政策、法律法规意识 |

**导入案例**

**将军的苦恼**

很久以前，有位将军奉命攻占敌人的城池，经过七天七夜的激战，终于战胜了敌人。朝廷决定犒劳三军，派人送来200头牛、500只羊、100坛好酒。

面对这些牛、羊和好酒，将军却犯了愁，怎么分配好呢？如果分配不好，不但达不到鼓舞士气的目的，还可能会因为感觉不公平而挫伤部分官兵的士气。上次也是朝廷的犒劳，因为没有分配好，各个兵种之间产生了心理上的不平衡，致使在后来的战斗中，各兵种之间的协作明显不如从前，军队连吃败仗。将军虽然严厉处罚了几个军官，但他心里明白，处罚只能解决表面问题，不能解决深层次的问题。每个士兵心中都有一杆秤，这杆秤一旦失去了平衡，就会产生很多问题。

将军手下有诸多兵种：骑兵、弓箭兵、步兵和粮草兵。其中，骑兵负责冲锋，冲击敌人守在城池外面的军队，迫使敌人退守到城池里面去；紧接着，弓箭兵利用投石车和火箭，攻击敌人的城墙和躲在城墙后的敌人；最后，再由步兵负责攻城。在整个战斗中，步兵损失最大；骑兵有一些损失；弓箭兵虽然参加了战斗，但基本上没有多少损失；粮草兵主要负责守卫和运输军队的军营和粮草。

经过思考，将军构想了几种可能的分配方式：

平均分配肯定不行。虽说大家都有功劳，但功劳有大有小。如果平均分配，粮草兵肯定最高兴，步兵和骑兵一定不乐意。将来再打仗，许多官兵就会不出力。

是否可以按照对战斗的重要性来分配呢？说到对战争的重要性，其实粮草兵也很重要，没有他们运输、守卫粮草，做好后勤保障工作，战斗是无法取得胜利的。这几个兵种，缺少了哪一个都不行。再说，步兵和骑兵哪个更重要呢？也很难区分。

按伤亡人数论功行赏好像也不可取。步兵人数多，骑兵人数少，步兵的伤亡人数肯定多；弓箭兵和粮草兵基本没有伤亡。这种分配方法也不行。

如果按照杀死敌人的数量分配，也有问题。虽然骑兵杀死敌人的数量很好统计，但弓箭兵射杀了多少敌人就很难统计。再说，粮草兵肯定没有杀死敌人，难道就不分配了？操作起来也会太麻烦。

不分可以吗？肯定不可以，将士们都很劳累，应该犒劳。若朝廷知道没有犒赏，还以为是军官贪污了。

把士兵分开，让他们在不同的地方喝酒吃肉呢？肯定也不行，因为没有不透风的墙。他们在一起战斗，就会知道对方分了多少，到时候会引起更多的问题。

将军左思右想，觉得怎么做都有问题。那么，怎么分配才能既公平，又容易操作，还能有效地鼓舞士气呢？

资料来源：佚名．将军的苦恼［EB/OL］．（2019-08-22）［2022-06-10］．https://wenku.so.com/d/8dccc705da91f526ab6f94ecc98eda00.

在上述故事中，将军遇到的问题其实是一个非常普遍的管理问题，解决不好，会导致很多问题产生。这个问题的实质就是如何设计企业的薪酬。那么，究竟什么是薪酬？薪酬管理是什么？企业又该如何进行薪酬体系设计？这正是本章要讲述的内容。

## 第一节　薪酬管理概述

### 一、薪酬的概念

薪酬（Compensation）含有劳动补偿和等价交换的意思，是指组织对员工所做的贡献，包括他们实现的绩效，付出的努力、时间、学识、技能和经验等所付给的相应的酬劳或回报。其实质是一种公平交换。薪酬的概念有广义和狭义之分。

1.广义的薪酬

广义的薪酬也称整体薪酬或报酬，是指员工从企业那里获得的作为个人贡献回报的各种东西。薪酬一般分为经济性薪酬和非经济性薪酬两大类。薪酬的具体构成如图7-1所示。

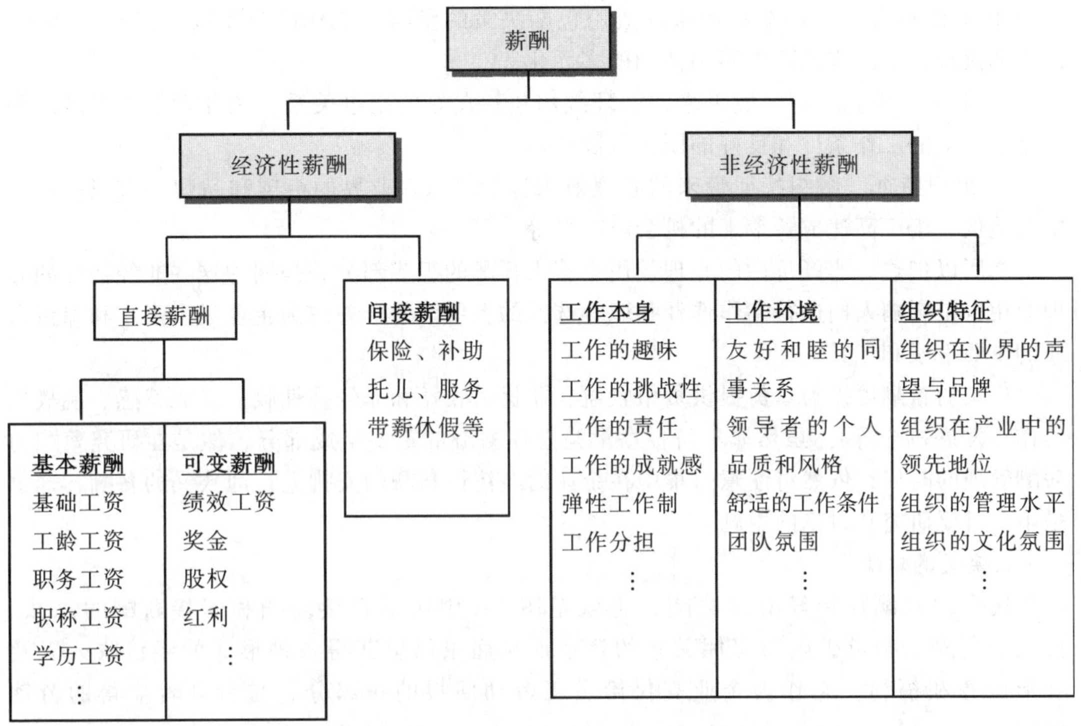


**图7-1　薪酬的构成**

（1）经济性薪酬。经济性薪酬是指能够直接或间接地以货币形式表现和衡量的各种报酬，如工资、津贴、奖金和各种福利等。经济性薪酬又包括直接薪酬和间接薪酬。

①直接薪酬。直接薪酬也称货币性薪酬，是指组织对员工占据组织的工作岗位并为组织做出贡献的现实，所支付的货币性或实物性薪酬，如工资、绩效奖金、股票期权、利润分享等。

直接薪酬又可分为基本薪酬和可变薪酬。

第一，基本薪酬。基本薪酬是指以员工劳动熟练程度、复杂程度、责任以及劳动强度为基准，按照员工实际完成的劳动额度、工作时间或劳动消耗而计付的劳动报酬，如基本工资和职务工资等。

第二，可变薪酬。可变薪酬是薪酬系统中与绩效直接挂钩的经济性报酬，有时也被称为浮动薪酬或奖金。可变薪酬是根据绩效来支付的，这里的绩效包括个体绩效、群体绩效（团队、部门绩效）以及组织绩效，所以可变薪酬也可以当作以绩效为条件的薪酬，如绩效工资、奖金和红利等。

②间接薪酬。间接薪酬又称福利薪酬，是指员工作为企业成员所享有的、企业为员工

将来的退休生活及一些可能发生的不测事件（如疾病或事故等）所提供的经济保障，其费用部分或全部由企业承担，如保险、带薪休假或住房补贴等各种福利。间接薪酬的支付与员工个人的工作和绩效并没有直接的关系，往往具有普遍性，通俗地讲就是“人人都有份”。

（2）非经济性薪酬。非经济性薪酬通常是指员工由工作本身所获得的心理满足和心理收益。非经济性薪酬包括工作本身、工作环境和组织特征带来的效用三个部分。

① 工作本身。工作本身带来的效用包括决策的参与、工作的自主权、工作的趣味、工作的挑战性、工作的成就感和活动的多元化等。

② 工作环境。工作环境带来的心理效用包括友好的同事关系、领导者的个人品质和风格、舒适的工作条件和良好的团队氛围等。

③ 组织特征。组织特征带来的心理效用包括组织在业界的声望和品牌、组织在产业中的地位、组织高速成长带来的机会与前景等。

之所以把这些非经济性的心理效用也算入薪酬的组成部分，是因为这些非经济性的心理效用也是影响人们进行工作选择和职业选择的重要因素，并成为企业吸引人才和保留人才的重要手段和工具。

广义的薪酬可以为雇员提供货币收益、非货币收益和非经济性收益（成就感、挑战性工作、发展机会等）。虽然非经济性薪酬是总体薪酬的重要组成部分，但是在研究薪酬与薪酬管理的时候，依然将注意力集中在企业的经济性薪酬的安排上，即狭义的薪酬，这也是本章所要研究和讨论的主题。

2. 狭义的薪酬

狭义的薪酬仅指经济性薪酬，也就是图 7-1 中所示直接薪酬和间接薪酬的总和。狭义的薪酬是指员工因为雇佣关系的存在而从雇主那里获得各种形式的经济收入以及有形服务和福利。它作为企业支付给员工劳动回报的一部分，是劳动者应得的劳动报酬。

具体来讲，狭义的薪酬是各种具体工资、福利与服务之和。这里所讲的工资是指用人单位以工资、薪水、奖金、佣金、红利或股票等名义或形式支付给员工的间接货币薪酬部分。

## 二、薪酬的基本形式

薪酬的基本形式是指以货币直接支付的工资和间接以货币支付的福利，包括基本工资、奖励工资、成就工资、津贴以及福利等。

1. 基本工资

基本工资是以员工劳动的熟练程度、复杂程度、劳动强度、责任大小和工作环境等为依据，并考虑员工的工龄、学历、职务和技能等因素，按照员工实际完成的劳动定额、工作时间或劳动消耗而支付的劳动报酬。基本工资是劳动者在一定组织中就业就能拿到的固定数额的劳动报酬，它多以小时工资、月薪和年薪等形式出现。基本工资又分为工龄工资、技能工资和职务工资等。基本工资是员工从雇主方获得的较为稳定的货币性经济报酬，它既为员工提供了基本生活保障，又往往是其他可变薪酬计划的主要依据之一。

2.奖励工资

奖励工资又叫可变薪酬、激励薪酬或奖金，是薪酬体系中与绩效直接挂钩的部分，即工资中随着员工工作努力程度和工作绩效的变化而变化的部分。实行奖励工资时，员工经过自己努力可以从组织中拿到相应的报酬，因而使员工的劳动积极性得到激励。

奖励工资有短期和长期之分。短期奖励工资通常建立在非常具体、短期就能衡量的绩效目标基础之上，如月奖金和季奖金。长期奖励工资则把重点放在员工多年努力的成果上，旨在把员工利益与企业的长期利益"捆在一起"，鼓励员工努力实现跨年度或多年度的长期绩效目标，如股票期权就属于长期奖励。

3.成就工资

成就工资是指当员工的工作卓有成效，为组织做出重大贡献后，组织以提高基本工资的形式付给员工的报酬。成就工资与奖励工资的相同之处在于它们都取决于员工的努力及对组织的贡献和成就。不同之处在于成就工资是对员工过去一段较长时间内成就的"追认"，它通常表现为基本工资的增加，是永久性的，而奖励工资是一次性的。

4.津贴

津贴是指根据员工的特殊劳动条件和工作特性以及特定条件下的额外生活费用而支付的劳动报酬，其作用在于鼓励员工在苦、脏、累和险等特定岗位工作。人们习惯上把属于生产性质的称为津贴，把属于生活性质的称作补贴。津贴大体上可分为工作津贴和地区性津贴两大类。其中，工作津贴主要有特殊岗位津贴、特殊劳动时间津贴和特殊职务津贴等。地区性津贴主要有艰苦偏远地区津贴和地区生活津贴。

5.福利

福利是指企业等用人单位为改善与提高员工生活水平，增加员工生活便利度而对员工予以免费给付的经济待遇。福利主要包括员工保险、休假和服务等。福利与前面提到的奖励工资和成就工资等存在一个明显的不同点，即福利不与员工的劳动能力和贡献相关，而是一种源自员工组织成员身份的福利性报酬。从支付形式上看，传统的员工福利以非货币形式支付，但随着企业部分福利职能的社会化，一些福利也以货币形式支付，即货币化福利。

## 三、薪酬的功能

薪酬既是组织对员工贡献的回报，同时也是组织的费用支出，它代表了企业和员工的一种利益交换关系，无论是对员工来说，还是对企业来说，这种经济交换关系都是至关重要的。在这种交换关系中，单位承担的是劳动购买者的角色，员工承担的是劳动出卖者的角色，因此，薪酬的功能可以从员工和企业两个方面来理解。

### （一）对员工的功能

1.经济保障功能

薪酬是员工以自己的付出为企业创造价值而从企业获得的回报。对于大多数员工来说，薪酬是他们的主要收入来源，它对于劳动者及其家庭生活所起到的保障作用是其他任何收入保障手段所无法替代的。

2.激励功能

员工对薪酬状况的感知可以影响员工的工作行为、工作态度以及工作绩效，即产生激励作用。企业员工总是期望自己获得的薪酬与同事之间具有一定程度的可比性，从而得到公平感。如果员工能够获得比其他员工更高的薪酬，他就会认为这是对自己能力和所从事工作价值的肯定。

3.社会信号功能

薪酬作为一种信号，可以很好地反映一个人在社会流动中的市场价值和社会地位，还可以反映一个人在组织内部的价值和层次。可见，员工薪酬水平的高低除了具有经济保障功能以外，还具有信号传递作用，实际上反映了员工对于自身在社会或组织内部价值的关注。

（二）对企业的功能

1.成本控制功能

薪酬构成是企业的人工成本，过高的薪酬水平会提高产品的成本，进而提高产品的价格，影响产品的竞争力。尽管劳动力成本在不同行业和不同企业的经营成本中所占的比重不同，但对于任何企业来说，薪酬都是不容忽视的成本支出。企业为了吸引、获得和保留人才必须付出一定的代价，同时，为了提高产品在市场上的竞争力又必须注意对薪酬成本的控制。

2.改善经营绩效功能

由于薪酬决定了现有员工受到激励的状况，影响他们的工作效率、对组织的归属感，从而直接影响企业的生产能力和生产效率。通过合理的薪酬设计，企业可以向员工传递企业期望的行为、态度和绩效。通过这种信号的引导，员工的工作行为和态度以及最终的绩效将会朝着企业期望的方向发展，从而改善企业的经营绩效。

3.塑造和增强企业文化功能

薪酬影响员工的工作行为和工作态度，一项薪酬制度可能促进企业塑造良好的文化氛围，也可能与企业现有的价值观形成冲突。薪酬的导向作用要求企业必须建立科学合理并具有激励性的薪酬制度，从而对企业文化的塑造起到积极促进的作用。

**红色力量7-1**

**朱德：21年未领元帅工资**

1956年9月，朱德在中共八大上的发言中有这样一句话："共产主义者应当是没有私心的人。"这位名列新中国十大元帅之首的开国功臣，从不居功自傲，自始至终都对自己严格要求。1955年，中国人民解放军实行军衔制，他坚决不要元帅工资，直至他去世的21年间，从未领过元帅的工资。朱德多年的秘书郭仁回忆说："委员长从来没有拿过元帅的工资，委员长逝世后大家才知道这件事。"

在生活上，朱德一直保持着艰苦朴素的光荣传统。尤其是在担任中央重要领导职务后，每顿饭也都是三菜一汤，三盘菜是两素一荤。即便是这样简单的"特灶"也只有他一个人才能吃到，而他的夫人康克清一般都是在普通食堂里吃饭。按照当时的伙食标准，这仅仅是一个中层干部的水平。只有到了节假日，孩子们回到家后，全家人才在一起吃饭，但也只是一些家常便饭而已。早上洗脸也舍不得多放水，朱德总是对服务人员说："要注意节约，节约一滴水、一分钱。自来水不是自来的，不能浪费。有钱不能乱花，要支援国家建设。"

1959年，他担任全国人大常委会委员长后，接见外宾较多，考虑到国际影响，工作人员准备为他做两套新衣服，好在参加外事活动时穿，他就是不同意："我的衣服不是很好嘛！把钱省下来可以支援国家建设嘛！"后来经过各方面人员的共同劝说和动员，他才勉强同意只做一套新衣服，并且坚持自己出钱。

朱德生前不止一次讲过：我只有两万元存款，这笔钱不要动用，不要分给孩子们，作为我的党费交给组织。他还曾对孙辈们说："我是无产阶级，我所用的东西都是公家的，我死后一律上交国家。我最珍贵的是屋里那张毛主席像，可以留给你们；我读过的书，你们可以拿去读。"

资料来源：王燕萍．朱德以身作则的故事［J］．党史文汇，2013，300（3）：10-14.

## 四、薪酬管理的概念

薪酬管理是指企业在经营战略和发展规划的指导下，综合考虑内外部各种因素的影响，确定自身的薪酬水平、薪酬结构和薪酬形式，并进行薪酬调整和薪酬控制的整个过程。

薪酬水平是指企业内部各类职位以及企业整体平均薪酬的高低状况，它反映了企业支付薪酬的外部竞争性。

薪酬结构是指企业内部各个职位之间薪酬的相互关系，它反映了企业支付的薪酬的内部一致性。

薪酬形式是指在员工和企业总体的薪酬中，不同类型薪酬的组合方式。

薪酬调整是指企业根据内外部各种因素的变化，对薪酬水平、薪酬结构和薪酬形式进行相应的变动。

薪酬控制是指企业对支付的薪酬进行测算和监控，以维持正常的薪酬成本开支，避免给企业带来过重的财务负担。

由上述定义可以看出，薪酬管理涉及一系列决策，是一项非常复杂的活动。

## 五、薪酬管理的内容

企业薪酬管理既是一个复杂的过程，也是一个严谨的管理系统。薪酬管理的内容主要包括确定薪酬管理目标、薪酬体系决策、薪酬水平定位、薪酬结构设计和薪酬控制与调整。薪酬管理的内容具体如图7-2所示。

### （一）确定薪酬管理目标

薪酬管理目标应该根据企业战略、企业文化以及企业发展规划确定。薪酬管理目标具体有以下三个方面：第一，建立稳定的员工队伍，吸引高素质的人才；第二，激发员工的工作热情，创造高绩效；第三，努力实现组织目标和员工个人发展目标的协调。

### （二）薪酬体系决策

薪酬体系决策的主要任务是确定企业的基本薪酬以什么为基础。目前，国际上通行的薪酬体系有三种，即基于职位的薪酬体系、基于技能的薪酬体系和基于能力的薪酬体系。

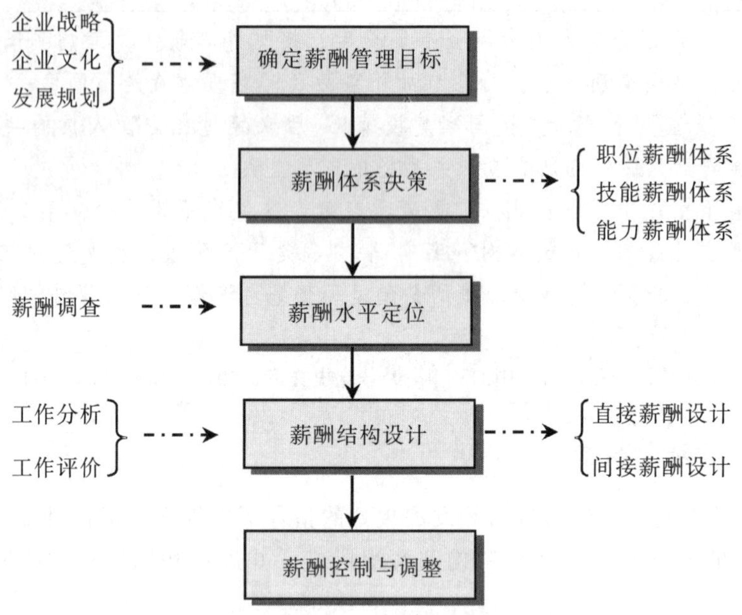


图7-2 薪酬管理基本框架图

职位薪酬体系，指根据职位在公司内的相对价值，而为在该职位工作的员工支付相应薪酬的一种基本薪酬决定制度。

技能薪酬体系，指公司根据员工所掌握的技能支付相应薪酬的一种薪酬决定制度。这种薪酬制度适合于所需技能比较容易被界定出来的技术型员工。

能力薪酬体系，指公司根据员工所拥有的绩效行为能力支付相应薪酬的一种基本薪酬制度。绩效行为能力指达到某种绩效或表现出有利于绩效完成行为的能力。

这三种薪酬体系的差别主要体现在确定薪酬的依据不同。

### （三）薪酬水平定位

薪酬水平是指企业内部各类职位以及整个企业平均薪酬水平的高低状况，它反映了企业支付薪酬的外部竞争性。传统概念的薪酬水平关注企业整体薪酬水平，现代意义的薪酬水平更多关注不同企业相同职位薪酬水平之间的比较。影响薪酬水平的因素主要有同行业竞争对手的薪酬水平、企业支付能力和社会生活指数等。

### （四）薪酬结构设计

企业的薪酬有两种结构形式：一是纵向结构，是指与企业的职位等级序列相对应的工资等级结构；二是横向结构，指不同的薪酬要素之间的组合。人们习惯于将纵向结构称为薪酬结构，将横向结构称为薪酬形式或构成。薪酬的纵向结构是指同一组织内部的不同职位所得到的薪酬之间的相互关系，它涉及薪酬的内部公平问题。在企业总体薪酬水平一定的情况下，员工对于企业内部的薪酬结构极为关注，因为它反映了企业对于职位重要性及职位价值的看法，对员工流动性和工作积极性产生重大影响，企业往往通过工作评价来确保薪酬结构的公平性和合理性。薪酬形式即薪酬的横向结构，是指员工所得到的总薪酬的组成成分。在通常情况下，薪酬形式划分为直接薪酬和间接薪酬，前者主要是指直接以货币形式支付给员工并且与员工的劳动能力和提供的劳动量及贡献有关的薪酬，而后者则包括福利和有形服务等一些具有经济价值但是以非货币形式提供给员工的报酬。

**（五）薪酬控制与调整**

薪酬控制是指为了确保既定薪酬方案顺利落实而采取的种种相关措施。对薪酬体系运行状况进行监控，其主要目的在于对之前的预期和之后的实际状况进行对比，以便采取补救措施。薪酬预算和薪酬控制应看成一个不可分割的整体，企业的薪酬预算需要通过薪酬控制来实现，薪酬控制过程中对薪酬预算的修改则意味着新一轮薪酬预算的产生。

薪酬调整是保持薪酬关系动态平衡、实现组织薪酬目标的重要手段，是薪酬系统运行管理中的一项重要工作。薪酬调整包括薪酬水平的调整和薪酬结构的调整。

## 六、影响薪酬管理的因素

在市场经济条件下，企业的薪酬管理活动会受到内外部很多种因素的影响，为了保证薪酬管理的有效实施，必须对这些影响因素有所认识和了解。一般来说，影响企业薪酬管理各项决策的因素主要有三类：

**（一）企业外部因素**

1.国家的政策法规

政策法规对于企业的行为具有强制约束性。一般来说，它规定了企业薪酬管理的最低标准，因此企业实施薪酬管理时应当首先考虑这一因素，要在法律规定的范围内进行活动。例如，政府的最低工资立法规定了企业支付薪酬的下限，社会保险法律规定了企业必须为员工缴纳一定数额的社会保险费。

2.物价水平

薪酬最基本的功能是保障员工的生活，因此对于员工来说，更有意义的是实际薪酬水平，即货币收入与物价水平的比率。当整个社会的物价水平上涨时，为了保证员工的生活水平不变，支付给他们的名义薪酬也要相应地增加。

3.劳动力市场状况

按照经济学的解释，薪酬就是劳动力的价格，它取决于劳动力供给和需求的对比关系。在企业需求一定的情况下，当劳动力市场紧张造成供给减少时，企业的薪酬水平应当提高；反之，企业就可以维持甚至降低薪酬水平。

4.其他企业的薪酬状况

其他企业的薪酬状况对企业薪酬管理的影响是最为直接的，这是员工进行横向公平性比较时，所要参考的一个非常重要的因素。当其他企业，尤其是竞争对手的薪酬水平提高时，为了保证外部公平性，企业也要相应地提高自己的薪酬水平，否则就会造成员工的不满意甚至流失。

**（二）企业内部因素**

1.企业的经营战略

薪酬管理应当服从和服务于企业的经营战略，在不同的经营战略下，企业的薪酬管理也会不同。不同经营战略下的薪酬管理要点具体见表7-1。

表7-1 不同经营战略下的薪酬管理要点

| 经营战略 | 经营重点 | 薪酬管理要点 |
| --- | --- | --- |
| 成本领先战略 | 一流的操作水平<br>追求成本的有效性 | 重点放在与竞争对手的比较上<br>提高薪酬体系中激励部分的比重<br>强调生产率<br>强调制度的控制性及具体化的工作说明 |
| 创新战略 | 产品领袖<br>向创新型产品转移<br>缩短产品生命周期 | 奖励在产品和生产方法方面的创新<br>以市场为基准的工资<br>弹性/宽泛性的工作描述 |
| 客户中心战略 | 紧紧贴近客户<br>为客户提供解决问题的办法<br>加快营销速度 | 以顾客满意作为奖励的基础<br>由顾客进行工作或技能评价 |

2.企业的发展阶段

由于企业处于不同的发展阶段时，其经营重点和面临的内外部环境是不同的，因此在不同的发展阶段，薪酬形式也是不同的。表7-2对企业不同发展阶段的薪酬管理进行了简单的比较。

表7-2 企业不同发展阶段的薪酬管理

| 企业发展阶段 / 薪酬形式 | 开　创 | 成　长 | 成　熟 | 稳　定 | 衰　退 | 再次创新 |
| --- | --- | --- | --- | --- | --- | --- |
| 基本薪酬 | 低 | 有竞争力 | 高 | 高 | 高 | 有竞争力 |
| 激励薪酬 | 高 | 高 | 有竞争力 | 低 | 无 | 高 |
| 间接薪酬 | 低 | 低 | 有竞争力 | 高 | 高 | 低 |

3.企业的财务状况

企业的财务状况会对薪酬管理产生重要的影响，它是薪酬管理各项决策得以实现的物质基础。良好的财务状况可以保证薪酬水平的竞争力和薪酬支付的及时性。

### （三）员工个人因素

1.员工所处的职位

在目前主流的薪酬管理理论中，这是决定员工个人基本薪酬以及企业薪酬结构的重要基础，也是内部公平性的重要体现。职位对员工薪酬的影响并不完全来自级别，而主要是职位所承担的工作职责以及对员工的任职资格的要求。

2.员工的绩效表现

员工的绩效表现是决定其激励薪酬的重要基础，在企业中，激励薪酬往往与员工的绩效联系在一起，具有正相关关系。总的来说，员工的绩效越好，其激励薪酬就会越高。此外，员工的绩效表现还会影响其绩效加薪，进而影响基本薪酬的变化。

3.员工的工作年限

工作年限主要有工龄和司龄两种表现形式。工龄是指员工参加工作以来的整个工作时间，司龄是指员工在本企业中的工作时间。工作年限会对员工的薪酬水平产生一定的影响，在技能工资体系下，这种影响更加明显。一般来说，工龄和司龄越长的员工，薪酬的水平相对也会高些。

## 七、薪酬管理的意义

### （一）有助于吸引和留住优秀的员工

这是薪酬管理最为基本的作用，企业支付的薪酬是员工最主要的经济来源，是他们生存的重要保证。一项调查结果显示，在企业各类人员所关注的问题中，薪酬问题排在了最重要或次重要的位置。薪酬管理的有效实施，能够为员工提供可靠的经济保障，从而有助于吸引和留住优秀的员工。

### （二）有助于实现对员工的激励

按照心理学的解释，人们的行为都是在需要的基础上产生的，对员工进行激励就是要满足他们没有实现的需要。马斯洛的需求层次理论指出，人们存在五个层次的需求，有效的薪酬管理能够不同程度地满足这些需要，从而可以实现对员工的激励。员工获得的薪酬是他们生存需要满足的直接来源，没有一定的经济收入，员工不可能有安全感，也不可能有与其他人进行交往的物质基础。此外，薪酬水平的高低也是员工绩效水平的一个反映，较高的薪酬表明员工具有较好的绩效，这也可以在一定程度上满足他们尊重和自我实现的需要。

### （三）有助于改善企业的绩效

从上面的分析可以看出，薪酬管理的有效实施能够对员工产生较强的激励作用，提高他们的工作绩效，而每个员工个人绩效的改善将使企业整体的绩效得到提升。此外，薪酬管理对企业绩效的影响还表现在成本方面，对任何企业来说，薪酬都是一项非常重要的成本开支。通过有效的薪酬管理，企业可以降低总成本，这就可以扩大生产规模和利润空间，从而提升企业的经营绩效。

### （四）有助于塑造良好的企业文化

良好的企业文化对于企业的正常运转具有重要作用，而有效的薪酬管理则有助于企业文化的塑造。首先，薪酬是企业文化建设的物质基础，员工的生活如果不能得到保障，企业文化的建设就是一纸空文。其次，企业的薪酬政策本身就是企业文化的一部分，如奖励的导向和公平的观念等。最后，企业的薪酬政策能够对员工的行为和态度产生引导作用，从而有助于企业文化的建设。

**走进管理 7-1**

**牛肉面馆老板的困惑**

珠江路上的“兰州牛肉面”改成了“山西刀削面”，招牌换了但老板没变。经常来这里吃早餐的陈总有点奇怪，问老板：“为什么日进斗金的牛肉面生意不做，反而更换了门庭做起了利润并不丰厚的刀削面生意？”

“人心坏呢！”老板说，“我当时雇了个会做拉面的师傅，但在工资上总也谈不拢。”

“开始的时候，为了调动师傅的积极性，按销售量提成，一碗面师傅提5毛。他发现自己的收入与销售量直接相关，就在碗里多放牛肉吸引客人。一碗面才卖4块，我本来靠的就是薄利多销，他每碗多放几片牛肉，我还赚啥啊！”

"后来看看这样实在不行，钱全被他赚去了！我就换了另一种分配方式，给他每月较高的固定工资，国家不是也高薪养廉吗！我想这样他不至于多加牛肉了吧，销售量与他的收入没有直接关系了。"

"但你猜他怎么着？"老板有点激动了，"他在碗里少放牛肉，慢慢把客人都赶走了！""这是为什么？"陈总也有些激动。

"牛肉少了，客人就不满意，回头客就少，生意肯定就清淡。他拿固定工钱，巴不得你天天没客人才清闲，哪里还管你赚不赚钱呢！"

"后来我考虑固定工资与利润分成相结合的方式，但总是谈不拢。他考虑的是你一袋面进价多少钱，卖了多少钱，根本不考虑我还要投入房租、桌椅板凳这些费用。后来好说歹说他接受了这些也要考虑进成本。但是，餐饮行业过两年就要一小装（修），何况这个店我是从别人手里接过来的，转让的时候就花了5万多块钱。这些费用又该怎么分摊？"

结果，一个很好的项目因为管理不善而黯然退出市场，尽管被管理者只有一个。

资料来源：佚名. 经典案例故事：一碗牛肉面［EB/OL］.（2013-09-10）［2022-06-10］. http://bbs.chinahrd.net/thread-748771-1-1.html.

拓展阅读7-1：工资支付的六大违法现象

## 第二节　薪酬设计

制定科学合理的薪酬制度是人力资源管理的一项重要工作，必须依据一定的原则，按一定的步骤进行。

### 一、薪酬设计的原则

薪酬设计的目的是建立科学合理的薪酬制度，既能够吸引高素质的人才，又能保持优秀的人力资源，激励其为组织更好地工作，同时实现个人的职业目标。为达到这一目的，在薪酬设计时应始终坚持以下原则：

#### （一）公平原则

员工在拿到用劳动换来的薪酬后，产生两种感觉后会激励他们努力工作：一种是满足感，另一种是公平感。公平感会影响满足感，会决定他们在日后的工作中所付出的努力程度和工作态度。

公平性原则主要指的是内部公平、外部公平和员工个人公平。外部公平是指公司员工所获得的薪酬必须高于或等于劳动力市场上类似岗位的市场平均薪酬水平；内部公平是指员工所获得的薪酬必须正比于该岗位在企业整个岗位体系中的相对价值；个人公平是指当岗位相同时，员工所获得的薪酬要正比于各自的业绩。

#### （二）竞争原则

对于大多数人来说，高薪确实具有不可抵抗的诱惑力，企业在人力资源市场上提出较高的薪酬无疑会增加对人才的吸引力。在进行薪酬设计时，要根据薪酬包括的具体内容、企业的人才战略和发展阶段，确定有竞争力的薪酬体系。

**（三）经济原则**

薪酬设计的目的是吸引和保持组织需要的员工，在组织可以承受的范围内，设计高薪无可非议。但员工薪酬是成本的重要组成部分，应该计入人力成本投入产出比率，把人力成本控制在一个经济合理的范围内。

**（四）激励原则**

激励原则包括两方面的含义：第一，如果能够体现不同技能、不同知识水平、不同能力、不同绩效水平的员工在薪酬上的差异，员工可能被激励；第二，组织要了解员工的真正需要，利用薪酬的多样化组合来满足员工，达到激励的目的。

**（五）战略原则**

在薪酬设计过程中，要时刻注意本组织的战略目标要求，要通过薪酬设计来体现组织的长远目标和近期规划，能反映组织支持和鼓励的重点，实现组织战略和薪酬对员工激励的充分结合。

**（六）合法原则**

组织在设计薪酬制度时，遵循国家和地区的相关法律法规，这是最根本的要求，尤其是国家政策中一些强制性的规定，如最低工资、加班工资、劳动保护和社会保障等条款，企业必须遵守。

## 二、薪酬设计的流程

科学的薪酬设计需要遵循一定的流程，一个规范的薪酬设计流程包括制定薪酬原则和策略、工作分析与评价、薪酬调查、薪酬定位、薪酬结构设计、薪酬分等及定薪以及薪酬方案的实施与调整七个基本环节，具体如图7-3所示。

**（一）制定薪酬原则和策略**

企业薪酬策略是企业人力资源策略的重要组成部分，而企业人力资源策略是企业人力资源战略的落实，说到底是企业基本经营战略、发展战略和文化战略的落实。因此，制定企业的薪酬原则和策略要在各项战略的指导下进行，要集中反映各项战略的要求。薪酬策略作为薪酬设计的纲领性文件要对以下内容做出明确规定：对员工本性的认识，对员工总体价值的认识，对管理骨干即高级管理人才、专业技术人才和营销人才的价值估计等核心价值观，企业基本工资制度和分配原则，企业工资分配政策和策略（如工资拉开差距的分寸标准），工资、奖金、福利的分配依据及比例标准等。

**（二）工作分析与评价**

工作分析与评价是制定科学合理的薪酬制度的前提和依据。通过工作分析与评价，能够明确岗位的工作性质、所承担责任的大小、劳动强度的轻重、工作环境的优劣，以及劳动者所应具备的工作经验、专业技能、学识、身体条件等方面的具体要求。同时，根据工作分析所采集的数据和资料，采用系统科学的方法，对组织内各个层次和职别的工作岗位的相对价值做出客观的评价，并依据岗位评价的结果，按照各个岗位价值的重要性由高至低进行排列，以此作为确定组织基本薪酬制度的依据。

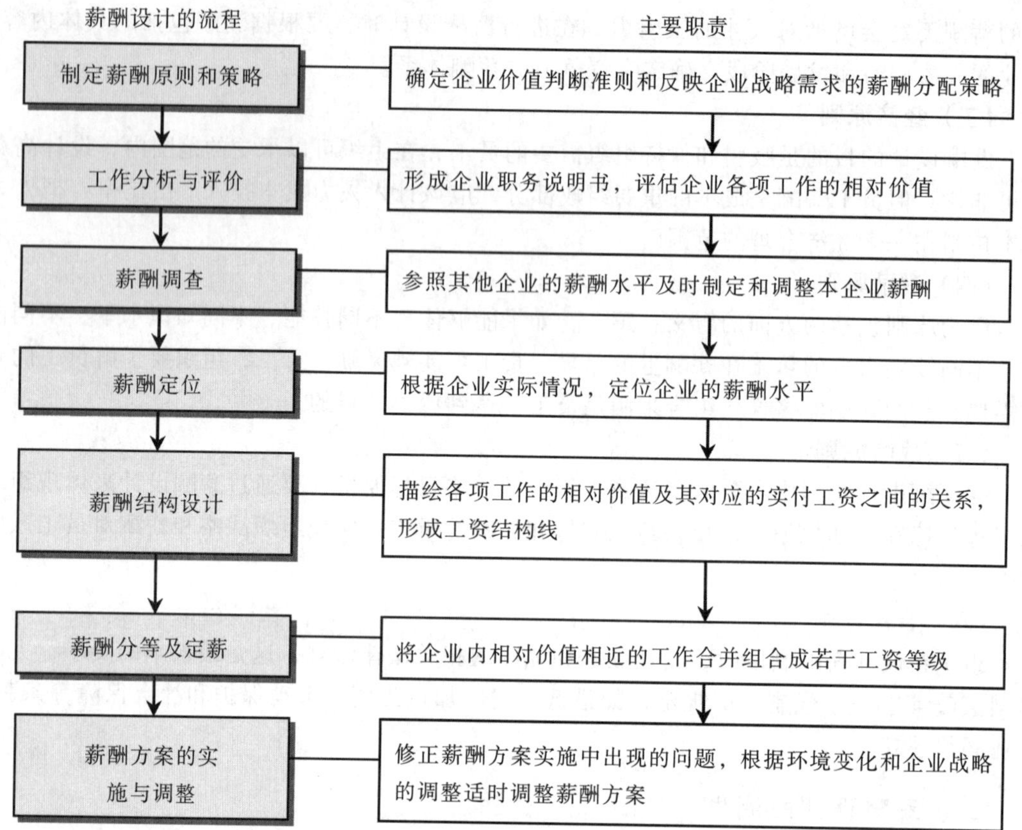
薪酬设计的流程
主要职责
制定薪酬原则和策略
确定企业价值判断准则和反映企业战略需求的薪酬分配策略
工作分析与评价
形成企业职务说明书，评估企业各项工作的相对价值
薪酬调查
参照其他企业的薪酬水平及时制定和调整本企业薪酬
薪酬定位
根据企业实际情况，定位企业的薪酬水平
薪酬结构设计
描绘各项工作的相对价值及其对应的实付工资之间的关系，形成工资结构线
薪酬分等及定薪
将企业内相对价值相近的工作合并组合成若干工资等级
薪酬方案的实施与调整
修正薪酬方案实施中出现的问题，根据环境变化和企业战略的调整适时调整薪酬方案

**图7-3　薪酬设计的基本流程**

工作评价的目的在于明确每个岗位的相对价值。根据对岗位系统科学的评价确定各岗位的薪酬等级，这是实现内在公平的关键一步。

（三）**薪酬调查**

企业要吸引和留住员工，不但要保证企业工资制度的内部公平性，而且要保证企业工资制度的外部公平性，因此要组织力量开展薪酬调查。薪酬调查就是指企业通过收集信息来判断其他企业所支付的薪酬状况的一个系统过程。通过薪酬调查，可以了解和掌握本地区、本行业的薪酬水平状况，特别是竞争对手的薪酬水平和薪酬结构等方面的信息。这样，企业就可以根据调查结果来确定自己当前的薪酬水平相对于竞争对手在既定的劳动力市场上的位置，从而调整自己的薪酬水平甚至薪酬结构。企业进行薪酬调查，其结果可以反映在市场薪酬结构线上，具体如图7-4所示。

在图7-4中，纵轴表示的是实付工资，横轴表示的是工作评价分数。图中有三条薪酬结构线，根据市场调查的结果，将市场上的工资水平用直线表示，最上面的一条是市场最高薪酬结构线，最下面的一条是市场最低薪酬结构线，中间的虚线表示的是市场平均薪酬结构线。市场薪酬结构线的用途将在下文中讲解。

（四）**薪酬定位**

在分析同行业的薪酬数据后，企业需要做的是根据企业状况选用不同的薪酬水平。影响公司薪酬水平的因素有很多。从公司外部看，国家的宏观经济政策、通货膨胀水平、行业特点和行业竞争、人才供应状况甚至外币汇率的变化，都对薪酬定位和工资增长水平有

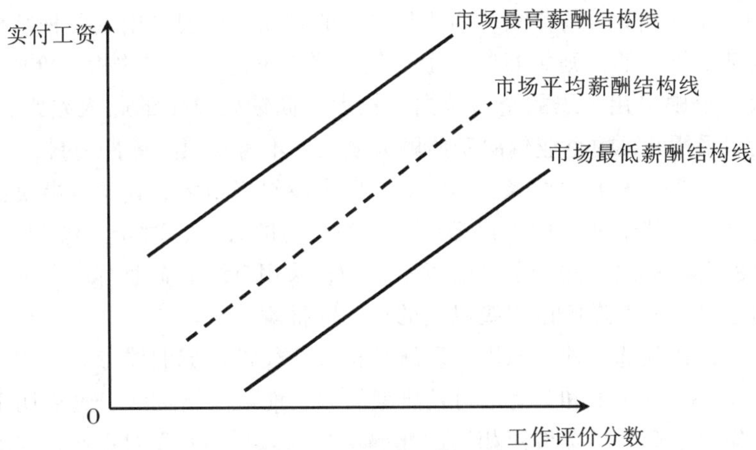


图7-4　市场薪酬结构线

不同程度的影响。在公司内部，盈利能力和支付能力、人员的素质要求是决定薪酬水平的关键因素。同产品定位相似的是，在薪酬定位上，企业可以选择领先策略或跟随策略。

**（五）薪酬结构设计**

1.薪酬结构和薪酬结构线

通过工作分析与评价，可以得到每一岗位在本组织的相对价值。岗位工作的完成难度越大，对组织的贡献也越大，其重要性也就越高，这也意味着它的相对价值越大。通过薪酬调查，依据组织的实际情况，可以确定本组织各级员工的薪酬水平，规划各个职级的薪酬幅度、起薪点和顶薪点等关键性指标。要将工作的相对价值转换成实际薪酬，需要进行薪酬结构设计。

薪酬结构是指一个企业的组织机构中各项工作的相对价值，以及其对应的实付薪酬之间保持何种关系。也就是说，根据工作评价得到了各岗位之间的相对价值，将其转换成具体的薪酬数额，明确各岗位的相对价值与实付薪酬对应的数值关系。这种关系不是随意的，是以遵循某种原则为依据，具有一定规律性，通常这种关系用“薪酬结构线”来表示。它可以更直观、更清晰地显示出组织内各岗位工作的相对价值与其对应的实付薪酬之间的关系。薪酬结构线可以是线性的，也可以是非线性的。

从理论上讲，工作的相对价值和实付工资之间是一种线性关系。也就是说，工作的相对价值越大，实付工资就越多；工作的相对价值越小，实付工资就越少。二者之间成正比。图7-5是企业薪酬结构线的示例。

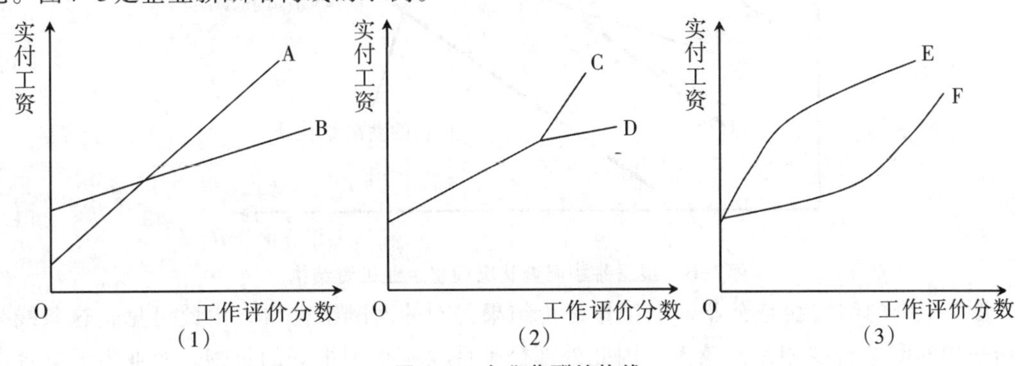


图7-5　企业薪酬结构线

图7-5（1）中A和B两条薪酬结构线是单一的直线，说明采用这两种结构线的企业所有工作都是按某个统一的原则定薪的，工资值是严格正比于工作的相对价值的。A线较陡直，斜率较大，反映采用A线的企业偏向于拉大不同绩效员工的收入差距；B线较平缓，斜率较小，反映采用B线的企业偏向于照顾大多数，不喜欢收入差距悬殊。

图7-5（2）中的C和D是两条折线，C线后半段斜率增大，D线后半段斜率减小。采用C线的企业可能是基于某一职级以上的员工为公司的骨干，对企业经营成败影响很大，是企业最宝贵的人力资源，故给予高薪以示激励；采用D线的企业可能是为了平息某一职级以下员工的抱怨，因而降低该职级以上的员工的报酬。

现实生活中，企业基于种种原因，薪酬结构线往往设计成曲线形式，因而表现出非线性特征。图7-5（3）中的E和F就是两条典型的非线性薪酬结构线，这表明工作的相对价值与付给该工作的工资并不是按照相同的比率增长的。采用E线的企业，职务较低的员工工资增长速度较快，反映了他们主要是靠工资来进行激励的；职务较高的员工工资增长速度相对缓慢，这反映了他们主要依赖于工资之外的其他方式进行激励。采用F线的企业则恰好相反，职务较低的员工工资增长速度较慢，这主要是因为职务较低的员工的供给量大，因而付给其较低的工资；职务较高的员工工资增长速度较快，该职务的员工供给量小，因而付给其相对较高的工资以增加企业对他们的吸引力。

从以上分析可以看出，薪酬结构设计是企业薪酬政策和管理价值观的集中体现，通过薪酬结构设计建立企业的薪酬体系，使每一个工作的工资都与其相对价值对应，因而充分体现了薪酬的内在公平性。

2.薪酬结构设计的注意事项

薪酬结构设计除了考虑企业的内在公平性以外，还要考虑其外部公平性，即应该顾及市场上劳动力供求情况、人才竞争优势的保持、人力成本的合理比重和政府法律法规的制约等其他因素的影响。这一作用可从图7-6中体现出来。

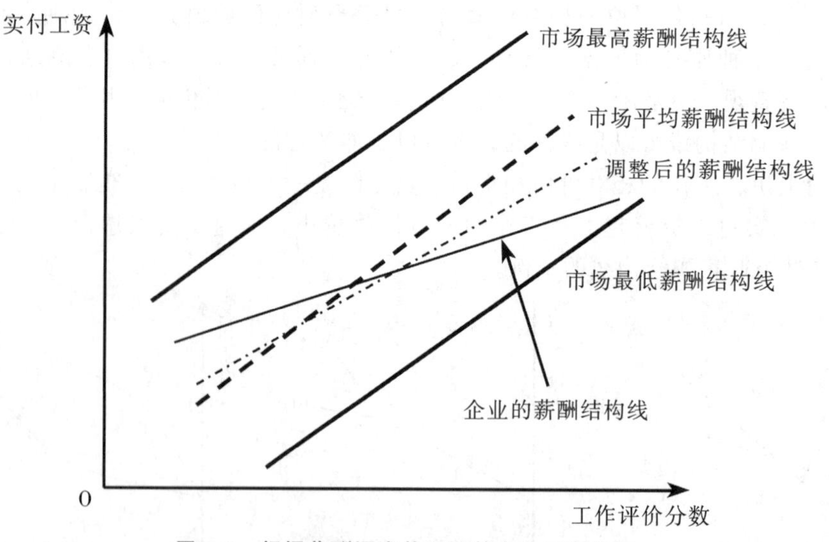


**图7-6　根据薪酬调查状况调整企业工资结构**

图7-6中的细实线是企业根据工作评价结果得到的薪酬结构线，由此可见，这条线与市场平均薪酬结构线相差比较大，因此外部公平性没有得到很好的贯彻，企业需要综合考

虑自己的管理价值观、竞争政策付酬实力和盈亏状况等因素后，对已有的薪酬结构线进行调整，调整后的薪酬结构线以细虚线表示，这条虚线与市场平均薪酬结构线已比较接近，说明已经充分考虑到了外部公平性。

（六）**薪酬分等及定薪**

薪酬结构线描绘了公司所有工作的相对价值及其对应的工资额，如果仅以此来开展薪酬管理，势必加大薪酬管理的难度，也没有太大的意义。因此，为了简化薪酬管理，有必要对薪酬结构线反映出来的薪酬关系进行分等级处理，形成薪酬等级。通过薪酬等级的划分与薪酬的确定，可具体确定每一职务具体的薪酬范围。前者决定了职级数的多少与职级划分的区间宽窄，后者确定了每个等级内薪酬变动的范围。

1.薪酬等级类型的选择

（1）分层式薪酬等级类型。分层式薪酬等级类型的特点是企业包括的薪酬等级比较多，呈金字塔形排列，员工工资水平是随着个人岗位级别向上发展而提高的。这种等级类型在成熟的、等级型企业中常见。

（2）宽带式薪酬等级类型。宽带式薪酬等级类型的特点是企业包括的薪酬等级少，呈扁平状，员工工资水平的提高既可以是因为个人岗位级别向上发展，也可以是因为横向工作调整。这种类型在不成熟的、业务灵活性强的企业中常见。这种类型体现了一种新的薪酬策略，即让员工明白借助各种不同的岗位去发展自己比岗位升迁更重要，企业是对人而不是对岗位提供薪酬。

宽带式薪酬，是对传统的垂直型薪酬结构的改进，本质上也是一种薪酬结构。两种薪酬结构的比较具体如图7-7所示。

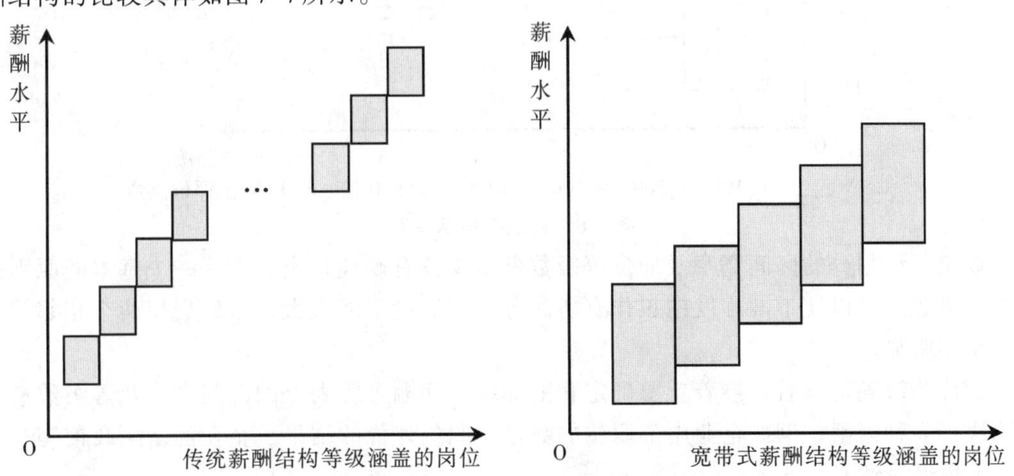


**图7-7　传统薪酬结构图与宽带式薪酬结构图的比较**

由图7-7可以看出，宽带式薪酬结构是将企业传统的10个、20个，甚至30个薪酬等级及其变动范围进行重新组合，压缩原有薪酬等级的数目，扩大各个薪酬等级覆盖的岗位范围，拉宽各个薪酬等级的浮动范围，从而形成一种新的薪酬管理系统。一般来说，每个薪酬等级的最高值与最低值之间的区间变动比率，即同一薪酬等级内部最高值与最低值之差与最低值之间的比率要达到1倍或1倍以上。典型的宽带薪酬结构设计，一般只有4个薪酬等级，每个薪酬等级的最高值与最低值之间的区间变动比率可能超过200%以上，而在传统的薪酬结构设计中，工资区间的变动比率通常只有40%～50%。

企业可以将传统的多等级薪酬结构加以适当合并，形成宽带式薪酬，也可以根据岗位类别（如管理类、技术类以及事务类等）来划分薪酬等级，形成宽带式薪酬。

2.薪酬等级的建立

薪酬等级的建立，是指将相对价值相近的各项工作合并成一组，统一规定一个相应的工资，称为一个薪酬等级，这样企业就可以组合成若干个薪酬等级。

为了建立薪酬等级，首先需要将职位划分成不同的等级，划分的依据是职位评价的结果。每一等级中的职位，其职位评价的结果应当接近或类似。例如，在图7-8中，根据职位评价的结果，可以将全部职位划分成6个职位等级，每个职位等级对应的点值变动幅度都是100。

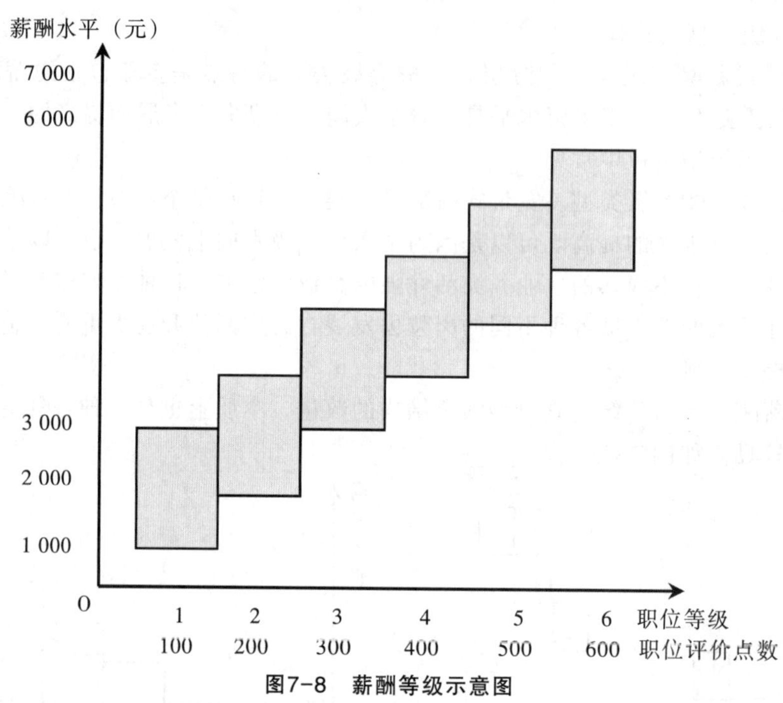


**图7-8 薪酬等级示意图**

职位等级划分的区间宽窄及职位等级数量多少没有硬性规定，但是一个基本的原则是职位等级数量足以使不同难度的工作有所区分，但数量不能太大，否则会使两个相邻等级的区别不明显。

职位等级确定以后，接着就要确定薪酬等级。薪酬等级划分的区间宽窄及等级数量多少取决于多种因素，例如企业内部职位的数量、职位评价的结果、企业的薪酬政策等。

3.薪幅的确定

薪幅即薪酬幅度，也称薪酬区间，是最高薪资率与最低薪资率的差额，即每一薪酬等级支付的范围，也就是某一薪酬等级内部允许薪酬变动的范围。薪酬幅度的确定，没有明确的要求，有的企业采用多级别、窄薪幅；而有的企业则采取少级别、宽薪幅的宽带薪酬制。

在确定每个职位等级的薪幅时，一般分为以下步骤：

（1）确定薪酬区间的中值（中点）

薪酬区间中值由处于该等级中间位置职位的薪酬水平决定，也可以通过外部市场薪酬调查和内部工作评价结果确定。

（2）决定薪酬等级的上限和下限

在确定了每个薪酬等级的中值后，需要确定该等级变动范围的上限与下限。薪酬等级的上限和下限分别代表企业愿意支付给该等级职位的最高薪酬和最低薪酬。衡量薪酬区间变动的指标是薪酬变动比率，即同一薪酬等级内的最高值和最低值之差与最低值的比率。

在设计薪酬等级区间时，各等级的薪酬变动比率不同，一般而言，等级越高，对特定职位的任职要求就越高，薪酬变动比率随之增加。对于较低的薪酬等级，其薪酬变动比率常在20%～50%之间，而适合高层管理者或专家的薪酬等级，其薪酬变动比率常在50%～100%之间。

常见的计算公式分别如下：

薪酬变动比率=（最高值–最低值）÷最低值

中值=（最高值+最低值）÷2

上半部分薪酬变动比率=（最高值–中值）÷中值

下半部分薪酬变动比率=（中值–最低值）÷中值

最高值=最低值×（1+薪酬变动比率）

最低值=最高值÷（1+薪酬变动比率）

4.确定薪幅重叠程度

一般来说，工作职位等级越高，往往岗位越少，升迁机会也越来越小。为了降低由于岗位数少而对员工薪酬的直接影响，在实际薪幅设计中，上一级的起薪点与下一级的顶薪点往往不会正好相等，相分离的情况也极少见，也就是说，相邻等级的薪幅大多数情况下是有一定重叠的。这意味着较低等级的薪酬水平有可能高于较高等级的薪酬水平，薪酬等级间的绝对差额相对较小。

重叠度与薪幅大小有关，薪幅越大越容易重叠；而重叠程度又与薪酬结构线的斜率有关，越平坦重叠程度越大，重叠程度可以用公式来衡量，即：

$$\text{重叠度（\%）}=\frac{\text{下一等级顶薪点数额 － 上一等级起薪点数额}}{\text{下一等级薪幅差额}}\times 100\%$$

薪幅重叠程度应该适中。重叠程度过大，会使薪酬水平与工作职位级别相关程度降低，薪酬在各职级间拉不开档次会造成提职不增薪、平均主义等不合理状况；反之，重叠程度过小，如果提职机会有限，也会影响薪酬灵活性和激励作用。此外，在各工作职位类别间的薪幅可以是相同的，也可以是变化的，一般情况下是设计成递增性的。这是因为职位级别越高，其劳动性质和工作价值差别就越大，所以薪酬变化幅度也应该拉大些。同样，在不同等级之间，较高等级的薪酬级差变化幅度应该大些；在同一等级中，高档次之间的薪酬级差也应该比低档次间要大一些。

总之，设计薪幅应统筹考虑薪酬级别数及涵盖面和薪酬政策指导线斜率等因素，并恰当平衡它们间的相互关系。

**（七）薪酬方案的实施与调整**

薪酬方案出台以后，关键在于落实，在落实过程中不断地修正方案中的偏差，使薪酬方案更加合理和完善。另外，要建立薪酬管理的动态机制，根据企业经营环境的变化和企业战略的调整对薪酬方案适时地进行调整，以使其更好地发挥薪酬管理的功能。工资的调整主要有奖励性调整、生活指数调整、效益调整和工龄调整等形式。

**文化故事7-1**

**刘邦如何封赏？**

刘邦建立西汉王朝之后马上就对有功之臣进行封赏。不光是刘邦，历代皇帝在建国之初都会对其功臣名将进行封赏，这是稳定局面、避免再起战火的最好方式，也能化解内部的一些矛盾。封赏是一门学问，刘邦是怎么做的呢？

他对在打败项羽的战争中贡献突出、相对独立的各路军事统帅给予最高封赏，然后分封爵位。这个过程充满了争议，焦点是"一线业务人员"与"二线支持与管理人员"的绩效贡献大小问题。

刘邦认为萧何的功劳最大，所以得到的封赏应该最多。而一线的功臣们则认为，自己在战场上出生入死，却没有得到封赏。舆论开始对刘邦不利，未被分封的大臣们抱怨刘邦，"所封皆萧、曹故人所亲爱，而所诛者皆生平所仇怨"。刘邦身陷"绩效门"危机。

面对大臣的质疑，刘邦举了个不是很恰当，但很能说明问题的例子。刘邦说："你们知道打猎是怎么回事吗？"大臣们说："知道。"刘邦又问："那你们知道猎狗吧？"大臣们说："知道。"刘邦说："在打猎过程中，追杀野兽、兔子的是猎狗；指明野兽、兔子位置的是猎人。你们这些能够抓到野兽的，只不过是有功的狗罢了，而萧何能够指出野兽的位置，适时放出猎狗，则是有功的人！"这样一来，大家就不敢再说什么了。

资料来源：袁蔚，杨加陆，方青云，等．人力资源管理教程［M］．2版．上海：复旦大学出版社，2018.

## 第三节　工资制度与激励薪酬

### 一、工资制度

企业工资制度是关于企业定额劳动、标准报酬的制度，它是企业内部多种分配的基础，是确定和调整企业内部各类人员工资关系的主要依据，也是企业制订内部工资计划的重要参考。工资制度主要包括结构工资制、技术等级工资制、岗位等级工资制、职能等级工资制、提成工资制和薪点工资制等。

#### （一）结构工资制

结构工资制又称多元化工资制、组合工资制、分解工资制，这种薪酬制度针对构成工资标准的诸多因素，按照其作用的差别，将工资划分为几个部分，通过对各部分工资数额的合理确定，形成员工的全部薪酬。结构工资制的构成一般包括六个部分：一是基础工资；二是岗位工资；三是技能工资；四是效益工资；五是浮动工资；六是年功工资。

结构工资制较其他薪酬制度能更好地体现工资的多种功能，有利于企业分级管理员工工资，而且这种工资制度适用于各个行业、企业的生产、管理、技术等各类员工，适用面较广。

#### （二）技术等级工资制

技术等级工资制是根据工作的复杂程度、繁重程度、精确程度和工作责任大小等因素划分技术等级，按等级规定工资标准的一种薪酬制度。其特点是依据劳动质量区分劳动差别，进而规定工资差别。

技术等级工资制由工资等级表、技术等级标准和工资标准三方面组成。工资等级表是确定各级工人的工资标准和工人之间工资比例关系的一览表，包括工资等级数、工种等级线和工资级差。技术等级标准是不同工种、不同级别应该达到的技术水平和劳动技能标准，包括应知、应会和工作实例。工资标准即工资率，是对不同等级员工实际支付的工资数额。

技术等级工资制适用于技术复杂程度高、劳动熟练程度差别大、工作物等级不同的工种，比如机械行业的车、钳、铆、锻、焊、插、铣、刨、磨、钻，以及模型、机修、保全等。

### （三）岗位或职务等级工资制

岗位或职务等级工资制是按照岗位或职务规定工资标准的一种薪酬制度。它根据各个岗位或职务的重要性、责任大小、技术复杂程度等因素，按照岗位或职务评价的高低，规定统一的薪酬标准。这种工资制度由岗位或职务名称表、岗位或职务工资等级表、工作标准、责任条件等组成。一般来说，在同一岗位或职务内，要划分出若干等级。

岗位等级工资制主要适用于各类企业从业人员；职务等级工资制主要适用于政府机关、企事业单位的行政人员和技术人员。

### （四）职能等级工资制

职能等级工资制，是指根据职工所具备的与完成某一特定职位等级工作所要求的相应工作能力等级确定工资等级的一种工资制度。这种工资制度，决定个人工资等级的最主要因素是个人相关技能和工作能力，即使不从事某一职位等级的工作，但经考核评定其具备担任某一职位等级工作的能力，仍可执行与其能力等级相应的工资等级，即职位与工资并不直接挂钩。

按照每一职能等级内是否再细化档次，可将职能等级工资制划分为一级一薪制、一级数薪制和复合岗薪制三种形式。按照员工工资是否主要由职能工资决定，职能等级工资制可以分为以下两种形式：

（1）单一型职能工资制，即工资标准只按职能等级设置，职能等级工资几乎占到工资的全部。然而实践中，职能工资也包含年龄或工龄因素，如一级数薪制。在同一职能等级内，个人的工资级别或档次主要由工龄长短来决定。

（2）多元化职能工资制，即按职能设置的职能工资与按年龄要素或基本生活费用确定的生活工资或基础工资并列存在。如在全部工资中，职能工资占25%，生活工资占65%。一般趋势是：对于新进人员，生活工资占较大比重，职能工资的比重较小；随着工龄的增加，生活工资的比重下降，职能工资的比重上升，直到职能工资占绝大部分。严格来说，多元化的职能工资已不再完全由工作能力所决定了。

### （五）提成工资制

提成工资制是指企业实际销售收入减去成本开支和应缴纳的各种税费之后，剩余部分在企业和员工之间按不同比例分成。它有价值提成、除本分成、保本开支、见利分成等形式。实行该项制度的三要素是：第一，确定适当的提成目标。第二，确定恰当的提成方式。一般有全额提成和超额提成两种方式，全额提成即职工全部工资都随营业额浮动，不再有基本工资；超额提成即保留基本工资并相应规定需完成的营业额，超额部分再按照一定的比例提取工资。第三，确定合理的提成比例，有固定提成比例和分档累进的提成比例两种。

**（六）薪点工资制**

薪点工资制是用薪点数和点值确定员工工资的一种薪酬形式。其计算公式如下：

员工工资=薪点数×点值

对于采用薪点工资制的企业，其工资标准表不是用金额来表示的，而是以薪点数来表示的。因此，薪点工资制是一种用量化考核方法确定员工实际薪酬的工资分配形式。点值取决于企业或所在部门的经济效益；对于薪点数的确定，可以依据员工所在的岗位设定岗位点数，也可以依据员工的技能或能力设定能力点数，还可以依据员工的工作绩效设定个人贡献点数。总之，岗位、技能、绩效、工龄等因素都可以作为点数，有些企业还将几个因素综合起来构成一个总点数。

拓展阅读7-2：最低工资的相关规定

## 二、个人激励薪酬

个人激励薪酬是以员工个人的绩效为依据支付的薪酬。

**（一）计件工资**

计件工资是根据员工完成合格产品的数量或者作业数量，按预定的计件单价，来核算支付劳动报酬的一种工资形式。这种薪酬形式主要适用于一线生产工人，计件制下工人不再领取固定工资，其工作报酬按下列公式计算：

工资数额=计件单价×合格产品的数量

计件工资简单易行，但只从产品数量上反映劳动成果，对于优质产品、原材料节约、安全生产等方面的超额劳动难以实现，在使用上也有其局限性，对于个人贡献难以区分和衡量的工作，或者员工无法对其产出施加控制的工作，都不适合计件工资制。

**（二）计时工资**

计时工资是根据员工完成工作的时间来支付相应的薪酬。根据工资计算办法的不同，工时制又可以分为标准工时制和差别工时制。

1.标准工时制

最基本的工时制就是标准工时制。在这种制度下，首先确定完成某项工作的标准时间，然后再确定完成这种工作任务的标准工资率，最后根据这个标准工资率来统一支付工人工资。当员工在标准时间内完成工作任务时，依然按照标准工作时间来支付薪酬，由于员工的工作时间缩短了，就相当于工资率提高了。

标准工时制类似于“任务包干”制度。其重点在于激励员工提高劳动效率，节约劳动时间。但是对企业来说，无论工人实际使用时间是多少，只要完成这项任务就按标准工时发放相应的报酬。

2.差别工时制

差别工时制的设计思想是将节约工时与节约劳动成本结合起来，具体包括两种：

（1）哈尔希50-50奖金制，即指通过节约工作时间而形成的收益在企业和员工之间平均分享。这种工资制首先确定某项工作的时间限额以及相应工资率，如果工人能够以低于限额的时间完成工作，节约时间引起的成本节约在员工和雇主之间进行五五分配。

（2）罗恩制，即指员工分享的收益根据其节约时间的比率来确定。罗恩制与哈尔希50-50奖金制类似，但在罗恩制下，工人获得的节余分摊比例随着工时节约比例的增加而增加。例如，某项工作的标准工时为5小时，如果员工耗时4个小时完成工作，那么因工作时间节约而形成的收益，工人就可以分享到20%。如果实际耗时为3小时，工人就可以分享到成本节余的40%作为奖金。

**（三）佣金制**

佣金制是直接按销售额的一定比例确定销售人员的报酬，它是根据业绩确定报酬的一种典型形式，主要用于销售人员的工资支付制度。佣金制分为直接佣金制、混合佣金制和超额佣金制等基本形式。

1.直接佣金制

直接佣金制，即指佣金等于销售额与佣金率的乘积。其薪酬计发公式为：

收入=产品单价×销出产品数量×提成比率

2.混合佣金制

混合佣金制，即销售人员的工资是按基本薪金加佣金的组合方式支付。其薪酬计发公式为：

收入=底薪+产品单价×销出产品数量×提成比率

注意，以上两类佣金制中的佣金率，通常是以销售量或销售额为基础，也可以是基于销售增长率或既定时间内建立联系的新客户数目。

3.超额佣金制

超额佣金制，即销售人员必须完成一定的定额后才开始有收入，即销售人员的薪酬等于实际销售量与产品定额的差与佣金率的乘积。其薪酬计发公式为：

收入=（销出产品数量-定额产品数量）×产品单价×提成比率

**（四）绩效加薪**

绩效加薪是企业等用人组织出于对员工已经取得的成就和过去工作行为的认可，在其原有基本工资之外另行增加的定期支付的固定数额的现金薪酬。绩效工资实质上是员工的基本工资随着其业绩的变化而调整或增加的部分，所以也有人把它归入基本工资范畴。绩效加薪一旦确定，就会永久地增加到基本薪酬中，第二年的绩效工资会在上一年已经加过薪的基本薪酬的基础上再加薪，这样绩效工资会产生一种累积作用。

**（五）一次性奖金**

一次性奖金是向高绩效员工支付的一次性报酬。不应把奖金与绩效加薪混淆。绩效加薪是基于绩效的报酬，但它具有连续性，一旦确定就永久地加到基础薪酬上。一次性奖金则往往是当年有效，组织对此不承担长期义务。其优势在于，在保持绩效和薪酬挂钩的情况下，减少了因基本薪酬的累积效应所引起的固定薪酬成本的增加。

## 三、群体激励薪酬

与个人激励薪酬相对应，群体激励薪酬指以团队或企业的绩效为依据来支付薪酬。群体激励薪酬的好处在于它可以使员工更加关注团队和企业的整体绩效，增进团队的合作，从而更有利于整体绩效的实现。群体激励薪酬主要有以下几种形式：

**（一）利润分享计划**

利润分享计划是将员工的薪酬收入与企业的利润收入联系起来的一种组织奖励模式。根据这一计划，所有员工或者某些特定群体按照一个已设计好的比例分享所创造的利润，员工根据公司整体业绩获得年终奖或股票，或者以现金或延期支付的方式得到红利。

利润分享计划有两个优势：一是将员工的薪酬和企业的绩效联系在一起，因此可以促使员工站在企业的角度去思考问题，增强员工的责任感；二是利润分享计划所支付的报酬不计入基本薪酬，这样有助于灵活地调整薪酬水平。

利润分享计划一般有三种实现形式：一是现金现付制，就是以现金的形式即时兑现员工应得到的分享利润。二是递延滚存制，就是指利润中应发给员工的部分不立即发放，而是转入员工的账户，留待将来支付，这种形式通常与企业的养老金计划结合在一起。有些企业为了降低员工的流动率，还规定如果员工的服务期限没有达到规定的年限，将无权得到或全部得到这部分薪酬。三是混合制，就是前两种形式的结合。

**（二）收益分享计划**

收益分享计划是企业提供的一种与员工分享因生产率提高、成本节约和质量提高等而带来的收益和绩效奖励模式。通常情况下，员工按照一个事先设计好的收益分享公式，根据本人所属部门的总体绩效改善状况获得奖金。常见的收益分享计划有斯坎伦计划与拉克计划。

1.斯坎伦计划

斯坎伦计划是20世纪20年代中期由美国一个钢铁工厂的工会领袖约瑟夫·斯坎伦提出的一个劳资合作计划，就是以成本节约的一定比例来给员工发放奖金。它的操作步骤如下：

第一步，确定收益增加的来源，通常包括生产率的提高、成本节约、次品率下降或客户投诉率下降等。将这些来源的收益增加额加总，得出收益增加总额。

第二步，提留和弥补上期亏空。收益增加总额一般不全部进行分配，如果上期存在透支，要弥补亏空。此外，还要提留出一定比例的储备，得出收益增加净值。

第三步，确定员工分享收益增加净值的比重，并根据这一比重计算出员工可以分配的总额。

第四步，用可以分配的总额除以工资总额，得出分配的单价。员工的工资乘以这一单价，就可以得出该员工分享的收益增加数额。

2.拉克计划

拉克计划在原理上与斯坎伦计划类似，但是计算的方式要复杂许多。它的基本假设是员工的工资总额保持在一个固定的水平上，然后根据公司过去几年的记录，以工资总额占生产价值（或净产值）的比例作为标准比例，确定奖金的数额。

**（三）成功分享计划**

成功分享计划又被称为目标分享计划，指首先为某个经营单位制定一整套绩效目标，然后根据目标完成的情况进行奖励的一种报酬制度。

与利润分享计划、收益分享计划相比，成功分享计划有其自身明显的特点。首先，成功分享计划关注的目标是部门或团队层次上的广泛绩效指标体系，既包括财务指标，又包括质量、客户满意度、流程等各方面绩效的改善。而利润分享计划关注的主要是公司层次的利润指标，收益分享计划则主要关注部门或团队层次与成本有效性相关的财务指标。其次，成功分享计划通过上下级一起共同参与目标的制定，使员工对于这一计划的内容、自身努力与这一计划实现之间的关系等更加了解，从而激励效应更大。

## 四、企业新型薪酬制度

### （一）年薪制

年薪制是以经营者为实施对象，以年度为考核周期，根据经营者的经营业绩、经营难度与风险，确定其年度收入的一种薪酬分配制度。实施年薪制具有以下优势：有利于促进企业建立现代企业制度；有利于激发经营者的工作热情；有利于制约经营者的贪污、腐败行为；有利于保护企业出资者的权益；有利于造就出色的企业家队伍。

年薪制是企业资产所有者对企业经营者实施的薪酬制度，年薪收入一般由基础年薪和风险收入构成。

1.基础年薪

基础年薪是经营者付出劳动而得到的回报，用于解决经营者的基本生活问题。它不与经营成果挂钩，只作为保障经营者基本生活的报酬。确定基础年薪时，可以考虑经营者的工作强度、工作条件、知识经验等因素。此外，基础年薪也可以参照岗位技能工资确定。基础年薪占总年薪的比重一般较低。

2.风险收入

风险收入的确定要与经营者的综合经营成果相挂钩，通过年度考核浮动发放，它是经营者年薪的主要构成部分。

### （二）股票所有权计划

股票所有权计划是指通过股票的形式（让员工部分地拥有公司的股票或股权），为员工绩效目标的实现提供奖励的报酬计划。目前，常见的股票所有权计划主要有三类：现股计划、期股计划和期权计划。

1.现股计划

现股计划是指公司通过奖励的方式向员工直接赠予公司的股票或者参照股票当前的市场价格向员工出售公司的股票，使员工立即获得现实的股权，这种计划一般规定员工在一定时间内不能出售所持有的股票，这样股票价格的变化就会影响员工的收益。通过这种方式，可以促使员工更加关心企业的整体绩效和长远发展。

2.期股计划

期股计划是指公司和员工约定在未来某一时期内，员工要以一定的价格购买一定数量的公司股票，购买价格一般参照股票的当前价格确定，这样如果未来股票的价格上涨，员工按照约定的价格买入股票，就可以获得收益；如果未来股票的价格下跌，那么员工就会有损失。例如，员工获得了以每股15元的价格购买股票的权利，两年后公司股票上涨到20元，那么他以当初的价格买入股票，每股就可以获得5元的收益；相反，如果股票价格下跌到10元，那么他以当初的价格买入股票，每股就要损失5元。

3.期权计划

期权计划与期股计划比较类似，不同之处在于，公司给予员工在未来某一时期内以一定价格购买一定数量公司股票的权利，但是员工到期可以行使这项权利，也可以放弃这项权利，购股价格一般也要参照股票当前的价格确定。

在这三种计划中，一般都规定员工在购入股票的一定时期内，不能出售所持有股票，这样，可以促使员工在行使股票购买权利之后，仍然努力工作以提高公司绩效，同时也更加关注公司长远的发展。

**（三）宽带薪酬制度**

宽带薪酬制度是一种新型的薪酬管理制度，正逐渐被我国的一些企业所应用。所谓“宽带薪酬制度”，就是企业将原来众多的薪酬等级压缩成简单的几个级别，同时将每一个薪酬级别所对应的薪酬浮动范围拉大，从而形成一种新的薪酬管理系统及操作流程。

宽带薪酬实质上是企业从原来注重岗位薪酬到注重绩效薪酬的转变。这种薪酬制度能最大限度地避免员工因岗位级别低而影响其收入的问题，使员工的薪酬有了更加灵活的变动空间。它突破了行政职务（或岗位）与工资收入的联系，使员工在不晋升的情况下同样能获得薪酬的提升，有助于提高员工的满意度，实现员工在企业中的发展。

**应用实例 7-1**

**××公司薪酬管理制度**

一、目的

为了规范薪酬管理，体现“按劳分配”和“利益、权利、责任统一”的原则，特制定本办法。

二、适用范围

本薪酬管理制度适用于××公司全体员工。

三、内容

（一）薪酬组成

薪酬总额=基本工资（基础工资+岗位工资+职务工资）+技能工资+特批工资+驻外补助工资+工龄工资+绩效工资+奖金

（1）基础工资。这是员工入职即享有的工资，所有职位及岗位均相同。

（2）岗位工资。这是依据工作岗位的重要性、劳动强度和贡献大小等综合因素所核定的工资。

（3）职务工资。这是依据公司所聘任（用）的职务等级而规定的工资。

（4）技能工资。这是依据职称、从业资格证书等级和技能评比结果所设置的工资。

（5）特批工资。这是对于特别技能人员和特别管理人员按照批准权限而批准的工资（见《特批工资管理办法》）。

（6）驻外补助工资。这是依据招聘时的特别约定而享受的驻外补贴性工资。

（7）工龄工资。这是依据员工在公司服务年限所核定的工资。

（8）绩效工资。这是依据所达成的产量、质量和设备完好率等因素所支付的工资（见《绩效工资管理办法》）。

（9）奖金。其包括全勤、现场管理及安全奖金。

（二）薪酬标准

（1）基础工资：300元/月。

（2）岗位工资，见表7-3。

表7-3　　××公司岗位工资　　单位：元

| 岗　位 | 一　档 | 二　档 | 三　档 | 四　档 | 五　档 | 六　档 | 七　档 |
|---|---|---|---|---|---|---|---|
| 普通操作类岗P | 200 | 250 | 300 | 350 | 400 | 450 | 500 |
| 技术操作类岗J | 500 | 650 | 800 | 1 000 | 1 200 | 1 400 | 1 600 |
| 管理技术类岗G | 700 | 900 | 1 100 | 1 300 | 1 500 | 1 700 | 1 900 |

（3）技能工资，见表7-4。

表7-4　　××公司技能工资　　单位：元

| 岗　位 | 初　级 | 中　级 | 高　级 |
|---|---|---|---|
| 技师类 | 200 | 400 | 800 |
| 工程类 | 200 | 400 | 800 |
| 经济类 | 200 | 400 | 800 |

（4）职务工资：职务工资按照公司聘任（用）行政职务划分，见表7-5。

表7-5　　××公司职务工资　　单位：元

| 职　级 | 班（组）长 | 主任（管） | 部　长 |
|---|---|---|---|
| 正职 | 350 | 450 | 1 200 |
| 副职 | — | 350 | 800 |

（5）特批工资：该工资项不列入加班工资核算（即加班不计），但缺勤予以核减。

（6）驻外补助工资：该工资项不列入加班工资核算（即加班不计），但缺勤予以核减。

（7）工龄工资：自员工入职之日起，工龄达1年的，自达到之日起的当月，按表7-6标准执行。

表7-6　　××公司工龄工资

| 服务年限 | 月金额 |
|---|---|
| 不足1年 | 不享受 |
| 达1年不足2年 | 30元/月 |
| 达2年不足3年 | 60元/月 |
| 达3年不足4年 | 90元/月 |
| 达4年不足5年 | 190元/月 |
| 达5年及以上 | 290元/月 |

（8）绩效工资，享有范围和标准：

①生产部，见表7-7。

表 7-7 生产部绩效工资

| 数量（吨） | 绩效单价总额（元/吨） | 产量绩效单价（元） | 质量绩效单价（元） |
| --- | --- | --- | --- |
| 0～3 600（不含） | 9 | 5 | 4 |
| 3 600～4 200（不含） | 10 | 6 | 4 |
| 4 200～4 600（不含） | 11 | 6.5 | 4.5 |
| 4 600～5 000（不含） | 12 | 7 | 5 |
| 5 000～5 800 | 14 | 8 | 6 |

②仓储部××车间，见表 7-8。

表 7-8 仓储部××车间绩效工资

| 数量（吨） | 绩效单价总额（元/吨） | 产量绩效单价（元） | 质量绩效单价（元） |
| --- | --- | --- | --- |
| 2 000～3 000（含） | 2.1 | 1.3 | 0.8 |
| 3 000～3 500（含） | 2.2 | 1.4 | 0.8 |
| 3 500～4 000（含） | 2.4 | 1.5 | 0.9 |
| 4 000～4 500（含） | 2.8 | 1.7 | 1.1 |

③行政及非直接生产型岗位，见表 7-9。

表 7-9 行政及非直接生产型岗位绩效工资

| 岗　位 | 一档 | 二档 | 三档 | 四档 | 五档 | 六档 | 七档 |
| --- | --- | --- | --- | --- | --- | --- | --- |
| 普通操作类岗 P<br>技术操作类岗 J<br>管理技术类岗 G | 300 | 400 | 500 | 600 | 700 | 800 | 900 |

（9）奖金。全勤、安全及现场管理奖标准如下：

①全勤奖：行政管理类岗的全勤奖为100元/月，操作类及部分生产管理类岗的全勤奖为200元/月；

②安全及现场管理奖：行政管理类岗的安全及现场管理奖为100元/月，操作类及部分生产管理类岗的安全及现场管理奖为500元/月。

（三）薪酬调整的一般规定

公司实行定期或不定期调整的方法，按需要调整工资结构和项目。

（四）薪酬支付时间

次月20日支付当月工资。遇到法定休假日及公休日，提前至休息日的前一个工作日发放。

（五）薪酬保密

对公司高层人员及中层特聘人员施行薪酬保密制度。

（六）工作时间

见“员工各岗位班次工作时间一览表”。

**四、本文件解释权**

若原规定与本管理制度相抵触，均按本管理制度执行。本管理制度解释权归公司人力资源部。

资料来源：葛敏芸. 影响学生的101个经典成长案例［M］. 长春：北方妇女儿童出版社，2007.

# 第四节　福　利

## 一、福利的概念

福利（Benefits）是指企业为了满足劳动者的正常生活需要，向员工本人或家属提供的除工资收入、奖金之外的货币、服务、各种保障计划及实物报酬。福利是薪酬的间接组成部分，与工资和奖金不同的是，福利通常与员工个人业绩没有直接关系，也很少以现金形式表现。在现代企业中，福利在薪酬中的比重已经越来越大，对企业的发展具有重要的意义。

## 二、福利的作用

### （一）吸引和保留人才

随着劳动力市场上对于人才的竞争日趋激烈，企业为了吸引优秀的人才，就必须在报酬上具有一定的优势。许多企业选择为员工提供有很大吸引力的福利项目，在其他条件相同的情况下，企业提供的福利会对求职者产生很大的吸引力。同时，对于企业内的员工也一样，优厚的福利项目是保留、激励员工的有效手段。

### （二）减轻员工个人和企业的税收负担

福利相对于工资和奖金，还有一个十分重要的功能是税收减免，无论对于企业还是对于员工，福利都可以起到税收减免的作用。对员工而言，以福利形式获得的收入往往也是无须缴纳个人所得税的；对企业而言，员工福利计划的税收待遇往往要比货币薪酬的税收待遇优惠。用来采购或支付大多数员工福利的成本是可以享受免税待遇的，这样，企业将一定的收入以福利形式而不是以现金的形式提供给员工更具有成本方面的优势。

### （三）传递企业文化，培养员工忠诚度

现代企业越来越重视员工对企业文化和价值观的认同。积极的、得到员工普遍认同的企业文化，将对企业的运营效率产生十分重要的影响。而福利是体现企业管理特色、传递企业对员工的关怀、创造一个大家庭式的工作氛围和组织环境的重要手段，因此，福利对于员工忠诚度的培养具有重要作用。

### （四）改善员工的生活条件

福利能满足员工的衣食住行和孩子教育等方面的需要，减少其后顾之忧，使员工从繁重的家务劳动中解脱出来。同时，福利为员工提供了娱乐和学习科学文化知识的条件，从而提高了员工的生活质量。

## 三、福利的主要形式

在不同的企业中，福利的内容是各不相同的，存在非常大的差异。一般来说，可以将福利的项目划分为两个组成部分：一部分为国家法定福利，另一部分是企业自主福利。福利的构成如图7-9所示。

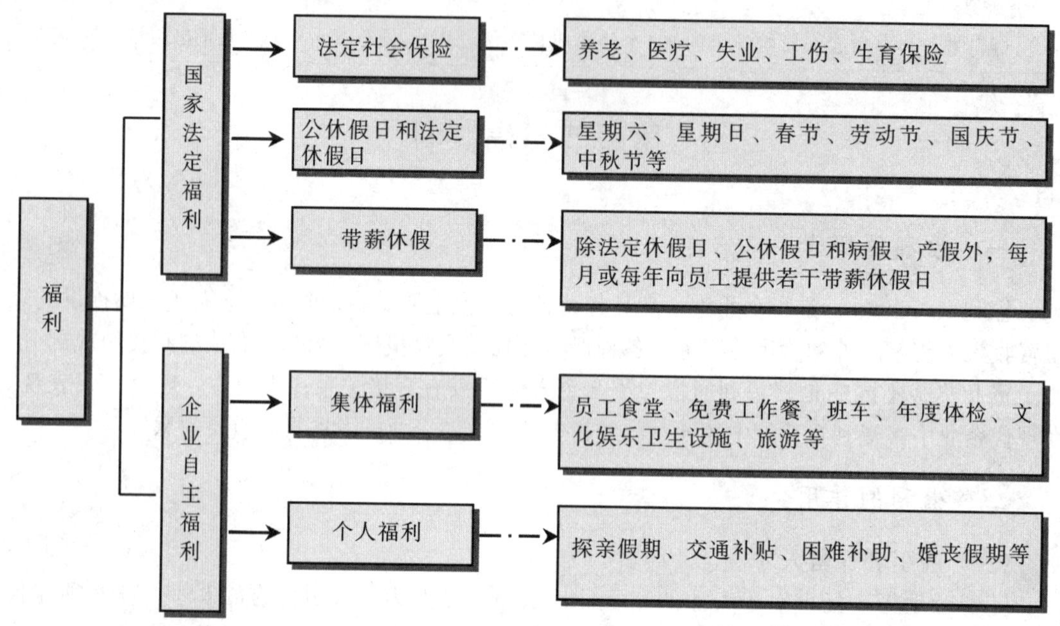


**图7-9　福利构成图**

### （一）国家法定福利

国家法定福利是根据国家的政策、法律和法规，企业必须为员工提供的各种福利，具有强制性。从我国目前的情况看，法定福利主要包括以下几项内容：

1.法定社会保险

法定社会保险包括养老保险、医疗保险、失业保险、工伤保险和生育保险，企业必须按照员工工资的一定比例为员工缴纳保险费。例如《失业保险条例》第六条规定，城镇企业事业单位要按照本单位工资总额的2%缴纳失业保险费。

2.公休假日和法定休假日

公休假日是劳动者工作满一个工作周之后的休息时间。我国实行每周休息两天的公休日制度和劳动者每日工作时间不超过8小时、平均每周工作时间不超过44小时的工时制度。《劳动法》规定，工作日安排劳动者延长工作时间的，支付不低于工资150%的工资报酬；休息日安排劳动者工作又不能安排补休的，支付不低于工资200%的工资报酬。

法定休假日即法定节日休假。我国法定的节假日包括元旦、春节、国际劳动节、端午节、清明节、国庆节、中秋节和法律法规规定的其他休假节日。《劳动法》规定，法定休假日安排劳动者工作的，支付不低于工资300%的工资报酬。

3.带薪休假

带薪休假是指员工工作满一定的年限后，可以带薪休假一定的时间。《劳动法》第四十五条规定，国家实行带薪年休假制度。劳动者连续工作一年以上的，享受带薪年休假。

《职工带薪年休假条例》规定，职工累计工作已满1年不满10年的，年休假5天；已满10年不满20年的，年休假10天；已满20年的，年休假15天。国家法定休假日、休息日不计入年休假的假期。

### （二）企业自主福利

企业自主福利是指在法定福利的基础上，企业自主为其成员及其家属提供额外的保障金额和服务。企业自主福利与国家法定福利本质上的不同之处在于：它们不具有任何的强制性，具体项目也没有一定的标准，企业可以根据自身情况灵活决定。企业自主福利项目非常多，这里简要介绍以下几种：

1.企业年金

企业年金是我国养老保险体系的第二支柱，是企业及其职工在依法参加基本养老保险的基础上，自愿建立的企业补充养老保险制度。企业年金所需费用由企业和员工个人共同缴纳。员工在达到国家规定的退休年龄时，可以从本人企业年金个人账户中一次或定期领取企业年金。

2.团体人寿保险

团体人寿保险是指企业向商业保险公司投保，为员工提供人寿保险。团体人寿保险通常适用于单位全体员工，不论个人健康状况如何。多数情况下，企业会支付全部的基本保险费，而附加的人寿保险费用则由员工自己支付。团体购买的形式，实际上使员工能够以较低的费率购买到相同的保险。

3.补充医疗保险

补充医疗保险是指企业向商业保险公司集体投保，为其员工提供比基本医疗保险更高水平的医疗保障。在员工或家庭成员生病或发生意外事故时，保险公司会部分或全部赔偿其损失，从而降低员工的医疗风险。这一保险形式同样适用于全体员工。

4.员工服务

员工服务是指企业为了满足员工工作、生活的需要而提供的各种服务，包括咨询服务、儿童看护服务、老年护理服务、饮食服务、卫生洗浴等。

表7-10是某企业自主福利项目示例。

表7-10　**企业自主福利项目示例**

| | | |
|---|---|---|
| 企业与员工告别费 | 医疗保健 | 假期和班上休息 |
| 补充失业保险 | 牙齿保健 | 午餐和工间休息 |
| 家庭事务：儿童护理、老人照顾 | 处方用药 | 葬礼和丧亲假 |
| 财政帮助 | 心理咨询 | 家庭事假和病假 |
| 人寿保险 | 保健计划 | 退休前咨询服务 |
| 法律诉讼保险 | 企业的补充医疗保险 | 退休员工保健计划 |
| 残疾保险 | 社会与娱乐活动 | 个人退休金账户 |
| 员工持股计划 | 网球场 | 残疾人退休福利 |
| 财务咨询 | 保龄球队 | |
| 信用合作 | 公益服务奖励 | |
| 企业提供的轿车和支出账户 | 提供资助活动（体育或社会性活动） | |
| 教育辅导 | 自助餐 | |
| 工作调动和搬迁帮助 | 娱乐项目 | |

**走进管理7-2**

**腾讯的员工福利**

腾讯的薪酬在业内颇具竞争力，福利也相当丰厚，用产品的思维做福利创新在人力资源界更是尽人皆知，以下是腾讯的员工福利项目。

员工保障计划：腾讯为员工提供完善的保障计划，包括国家规定的养老保险、医疗保险、工伤保险、失业保险、生育保险以及根据政府政策缴纳的住房公积金。

员工假期：法定假期方面，公司提供年休假、带薪病假、双休日/法定公众假期、婚假、丧假、产假、陪产假、哺乳假等相关假期。

员工关怀与救助计划：腾讯为员工提供多种福利计划，旨在为员工创建舒适的工作环境，并实现工作生活的平衡。

健康福利：健康加油站项目包括：（1）健康咨询、周年健康体检、健康热线；（2）心理专家、一对一心理辅导、保护隐私；（3）重大疾病、商业保险、重疾贷款、重疾就医协助。

财富福利：（1）为员工涨薪；（2）股权激励、住房公积金或者住房补贴；（3）最高30万元安居借款，免息。

生活乐趣：方便快捷的班车服务、全天候的食堂美食、丰富多彩的节日礼包、一年一度的公司旅游、圣诞晚会等大型公司活动。腾讯员工的子女一出生，就获赠生日QQ号，附带18年的会员服务。

资料来源：陈国海，马海刚．人力资源管理学［M］．2版．北京：清华大学出版社，2021：288.

## 四、弹性福利

### （一）弹性福利的概念

弹性福利，也称自助式福利，就是员工可以从企业所提供的一系列有各种福利项目的菜单中自由选择所需的福利。弹性福利强调让员工依照自己的需求，从企业所提供的福利项目中选择组合自己的一套福利套餐，每一个员工都有自己专属的福利组合。另外，弹性福利强调员工参与的过程。实施弹性福利的企业并不会让员工毫无限制地挑选福利措施，通常都会根据员工的薪水、年资或家庭因素来设定每一个员工的福利限额。而在福利清单上所列出的福利项目都会附一个金额，员工只能在自己的限额内认购喜欢的福利。

### （二）弹性福利的类型

1.附加型

附加型弹性福利是指在现有的福利项目之外，公司再提供一些福利项目供员工自主进行选择。员工在既定的金额范围内，可以选择增加新的福利项目，也可以选择提高原有福利项目的水平。例如，公司原来的福利方案包括社会保险、住房资助计划、补充人寿保险和补充医疗保险等。公司实行附加型弹性福利计划，则会在原有福利的基础上，再增加补充养老保险、教育资助等福利项目。员工既可以选择增加教育资助等福利，也可以选择提高其补充医疗保险等水平。

2.核心加选择型

核心加选择型弹性福利由两部分组成：核心福利项目和弹性选择福利项目。核心福利项目是公司规定其所有员工必须选择的基本福利项目，而弹性选择项目则包括所有可以自主选择的福利项目。每一个自主选择福利项目都附有其购买价格，员工在其限额之内，可以对这些福利项目进行自由组合。

3.支用账户式

支用账户式弹性福利是一种比较特殊的弹性福利制度。员工每一年可以从税前收入中拨出一定数额的款项作为自己的“支用账户”，并以此账户去选择购买雇主所提供的各种福利措施。支用账户的金额不用缴纳所得税，不过账户的金额如未能在年度内用完，余额就归企业所有，既不可在下一年度中并用，也不能以现金的方式发放。各种福利项目的认购款项如经确定，就不能挪用。这种福利制度可以使福利账户款项免于纳税，相当于增加净收入，所以对员工具有吸引力，但行政手续过于烦琐。

4.福利套餐型

福利套餐型是由企业同时推出不同的福利组合，每一个组合所包含的福利项目或优惠水平都不一样，员工只能选择其中的一种。就好像餐厅中推出的各类套餐一样，食客只能选择其中一个，而不能要求更换套餐里的内容。在规划这种弹性福利时，企业可根据员工的背景（婚姻状况、年龄、有无住宅需求等）来设计。

5.选高择低型

选高择低型福利是指公司提供几种项目不等、水平不同的福利组合，作为原有福利计划的替代品，供员工自主选择。这些福利组合的价值，有的高于原有的福利计划，有的低于原有的福利计划。如果员工选择的福利组合价值低于原有福利计划，则可以获得其中的差额，但员工须对所得的差额纳税；如果员工选择公司的福利价值高于原有的福利计划，则员工需要补足这一差额。

## 【知识巩固训练】

**一、填空题**

1.广义的薪酬一般分为________和________。________是指员工得到的各种货币收入和实物，________通常是指员工由工作本身所获得的心理满足和心理收益。

2.经济性的报酬又包括________和________。

3.________不以货币形式直接支付，而多以实物或服务的形式支付。

4.薪酬管理是指企业在经营战略和发展规划的指导下，综合考虑内外部各种因素的影响，确定自身的________、________和________，并进行________和________的整个过程。

5.影响企业薪酬管理各项决策的因素主要有三类，分别是__________、__________和________。

6.薪酬设计时要遵循公平原则，公平主要指的是________、________和________。

7.________的特点是企业包括的薪酬等级少，呈扁平状。

8.结构工资制的构成一般包括六个部分：一是__________；二是__________；三是________；四是________；五是________；六是________。

9.常见的群体激励薪酬主要有________、________和________。

10.一般情况下，福利分为两部分：一部分是________，另一部分是________。

**二、单项选择题**

1.（　　）是指以员工劳动熟练程度、复杂程度、责任以及劳动强度为基准而计付的劳动报酬。

A.基本薪酬　　B.可变薪酬　　C.直接薪酬　　D.间接薪酬

2.（　　）通常是指员工由工作本身所获得的心理满足和心理收益。

A.经济性薪酬　　B.非经济性薪酬　　C.直接薪酬　　D.间接薪酬

3.下列选项中，（　　）属于间接薪酬。

A.基础工资　　B.绩效工资　　C.养老保险　　D.工作责任感

4.下列选项中，（　　）属于直接薪酬。

A.带薪休假　　B.工作趣味　　C.奖金　　D.医疗保险

5.通常情况下，人们习惯把劳动者的收入称为（　　）。

A.薪金　　B.工资　　C.薪资　　D.收入

6.（　　）是薪酬体系中与绩效直接挂钩的部分，即工资中随着员工工作努力程度和工作绩效的变化而变化的部分。

A.基本工资　　B.奖励工资　　C.成就工资　　D.津贴

7.（　　）是指根据员工的特殊劳动条件和工作特性以及特定条件下的额外生活费用而支付的劳动报酬。

A.基本工资　　B.奖励工资　　C.成就工资　　D.津贴

8.（　　）是指企业内部各类职位以及企业整体平均薪酬的高低状况，它反映了企业支付的薪酬的外部竞争性。

A.薪酬水平　　B.薪酬结构　　C.薪酬调整　　D.薪酬控制

9.（　　）是指企业实际销售收入减去成本开支和应缴纳的各种税费之后，剩余部分在企业和员工之间按不同比例分成。

A.结构工资制　　B.岗位等级工资制　　C.提成工资制　　D.谈判工资制

10.（　　）是根据国家的政策、法律和法规，企业必须为员工提供的各种福利。

A.企业自主福利　　B.国家法定福利　　C.企业弹性福利　　D.非经济性福利

**三、判断题**

1.经济性薪酬包括直接薪酬和可变薪酬。（　　）

2.间接薪酬与员工个人的工作和绩效并没有直接的关系，有普遍性。（　　）

3.带薪休假属于非经济性薪酬。（　　）

4.可变薪酬往往与绩效薪酬直接挂钩，有时也称为浮动薪酬或奖金。（　　）

5.一般来说，劳心者的收入称为薪金，劳力者的收入称为工资。（　　）

6.薪酬的内部公平是指企业的薪酬与同行业或同一地区或同等规模的不同企业中类似岗位的薪酬达到基本一致。（　　）

7.宽带式薪酬等级类型的特点是企业包括的薪酬等级少，呈扁平状。（　　）

8.薪酬的奖励性调整是当企业效益佳、盈利多时，对全体员工工资进行的普遍调高。（　　）

9.带薪休假属于企业自主福利。（　　）

10. 津贴是员工特殊劳动的报酬，是补偿他们的特殊体力消耗、额外劳动支出的报酬。（　）

**四、思考题**

1. 简述薪酬的构成。
2. 薪酬的基本形式有哪些？
3. 简述薪酬设计的流程。
4. 常用的工资制度有哪些？
5. 简述福利的主要形式。

## 【技能强化训练】

**一、讨论交流**

1. 观点分析

请讨论分析以下观点，你是否同意这个观点？为什么？

（1）高福利必然带来高绩效；

（2）任何企业都适合采用弹性福利；

（3）企业应首要关注外部薪酬公平问题，因为只有这样才能吸引、留住人才。

2. 开放式讨论

在《西游记》故事中，我们对调皮机灵、诡计多端的孙悟空，有时心软、有时固执的唐僧，大腹便便、嗜食如命的猪八戒，老实忠厚、谦虚谨慎的沙和尚以及默默无闻的白龙马都比较熟悉。现在唐僧师徒四人历尽千辛万苦西天取经归来，以如来、观音菩萨为首的董事会经过研究决定，奖励唐僧师徒四人西天取经项目小组50万元激励奖金。

讨论：本着奖金设计激励导向兼顾公平的分配原则，讨论最符合这个团队的绩效考核（奖金的分配）方案。

3. 讨论分析

如果你是人力资源部负责人，企业需要对现行工资结构进行评价，以便实施工资结构调整。那么你将选取哪些企业作为标杆或参照？如何判断本企业工资结构与竞争性企业的不同？与竞争对手不同的工资结构会带来怎样的影响？

**二、应用设计**

1. 薪酬满意度调查问卷设计

A公司近年来产销两旺，公司高速发展，但公司员工仍有不少人辞职。公司人力资源部认为导致员工离职的主要原因可能是薪酬不合理，为此，人力资源部拟在员工中进行一次薪酬满意度调查。

要求：请你为A公司人力资源部设计一份员工薪酬满意度调查问卷。

2. 津贴设计

兴发公司是一家集设计、研究、生产于一体的冶金及环保设备科技型专业公司。公司近几年发展迅速，为了吸引、留住人才，公司决定完善员工津贴、福利和奖金的制度设计，现在公司需要设计学历津贴、职务津贴和加班津贴。

要求：请你为兴发公司设计学历津贴、职务津贴和加班津贴。

3.奖金分配方案设计

信息产业部某设计院有高级工程师120名、工程师460名、助理工程师350名，对国家的电信改造工程设计完工后，得到奖金15万元。为了使全体员工满意，并激励员工工作的积极性，设计院正在考虑奖金如何分配。

要求：请你为该设计院设计出最佳的奖金分配方案。

**三、数据分析与材料解析**

1.工资计算

（1）某公司员工的岗位工资标准是6 000元，6月他加班12小时，缺勤1天，如果不考虑扣减个人所得税和各项保险，请回答他应得的工资是多少？

（2）职工王先生国庆节假期期间加班7天，他与单位签订的合同里明确了岗位工资是4 000元，那么，他的7天加班工资是多少？

（3）A公司员工月份标准工资为3 600元，5月份的加班工资为：劳动节加班1天，休息日加班1天，其他时间加班2天。A公司拟核算出不考虑个人所得税和各项保险下，该名员工5月份的实发工资。

（4）某企业实行计件工资制，在产量在3 000个以下（包括3 000个）时，计价单位为1元/个，产量超过3 000个时，超过部分的计件单价为1.1元/个，某员工实际产量为3 600个，其实付工资为多少？

2.薪酬变动率

张辰是A公司的薪酬专员，某日他从公司薪酬结构中截取下来的某一薪酬等级有关数据如图7-10所示。在该薪酬等级的甲员工的实际薪酬为7 200元。

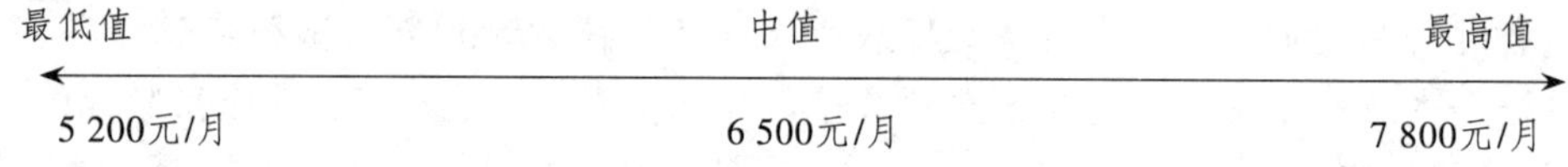


**图7-10 某一薪酬等级有关数据**

要求：请根据图7-10中的数据，计算以下内容：

（1）以最低值为基础的薪酬变动率；

（2）甲员工的薪酬比较比率；

（3）甲员工的薪酬区间渗透度。

3.薪酬结构调整

尚品公司主要经营服装和鞋类商品，其战略愿景是成为中国最优秀的贸易公司，其战略使命是通过优秀的服务水平实现领先全行业的战略目标。2021年，公司店铺数量达到160家，实现销售额近20亿元人民币。它以优质的服务树立了良好的公司形象，在群众中有较好的口碑。公司的薪酬结构为基本薪酬、奖金、福利等项目，为适应本公司的市场领先战略定位，急需进行薪酬结构调整，增加绩效薪酬项目。

要求：根据上述任务情境，尚品公司薪酬结构是否应这样调整？为什么？

4.薪酬制度设计

兴立公司是一家成立不久的装饰设计公司，主要业务是面向商场、酒店以及房地产开发商，以大项目为主，定位较高，目标是在10年内做到全国同行业排行前5名。2021年，公司的业务非常饱和，但到年底发现全年利润率只有11%，而且年初公司承诺员工的提成及奖金还尚未扣除。

老板非常震惊，认为是目前的薪酬制度没有起到很好的激励作用，养懒了员工。于是提出2022年度要改革薪酬制度。对设计人员一律实行低底薪、高提成的薪酬管理办法，同时与回款率挂钩。要求每个设计人员每个月至少要完成15万元的项目，底薪一律为2 000元（目前为4 000~6 000元），不能完成者降职为设计助理，底薪为1 500元；同时实行自动淘汰机制。要求：

（1）企业产生问题的原因有可能是哪些方面？

（2）该企业采取的新制度会带来什么问题？

（3）你对该企业的薪酬制度设计有何建议？

[第八章]

# 职业生涯管理

## 思政视野

党的十九大报告中，阐明了“有理想、有本领、有担当”的青年人才成才标准。“有理想”，就是广大青年要树立为中国特色社会主义事业奋斗的理想，要永远把共产主义信仰置于崇高地位，作为指引人生前进的最高理想。青年人个人的奋斗目标只有融入祖国和民族的事业中去才能取得更大的成就。“有本领”就是要求青年一代珍惜韶华，敏于求知，练就过硬本领。青年有本领，国家各项事业发展才能有源源不断的人才供给，青年一代的本领决定着中华民族伟大复兴的“中国梦”实现的速度。“有担当”是要求青年一代勇于担当，担起时代赋予的责任，把建设中国特色社会主义强国，为中华民族伟大复兴奋斗作为自己的责任。

## 教学目标

| 知识目标 | 能力目标 | 素质目标 |
| --- | --- | --- |
| ▶掌握职业生涯发展的相关理论<br>▶掌握职业锚的概念、类型<br>▶掌握组织职业生涯管理的内容、步骤和方法<br>▶掌握职业生涯发展通道的内涵和模式 | ▶能运用职业生涯相关理论进行职业分析<br>▶能指导他人进行职业生涯规划<br>▶能针对不同的职业阶段设计职业生涯管理方案<br>▶能处理组织职业生涯管理过程中的问题 | ▶培养学生树立职业生涯发展的自觉意识<br>▶培养学生树立正确的职业态度和就业观念<br>▶培养学生了解市场形势、政策法规的职业习惯<br>▶培养学生独立思考、实事求是的工作态度 |

**导入案例**

**走出你的沙漠**

有一位探险家在撒哈拉大沙漠中发现了一个小村庄，令他奇怪的是，在此之前从没有任何人说起过这个地方，而这里的村民居然对沙漠之外的世界一无所知。

他问村民为什么不走出沙漠看一看，村民的回答是：走不出去！原来自从他们的祖先定居此地之后，每隔几年就有人试图走出沙漠，但不管朝哪一个方向行进，结果都一样：绕一个大圈子之后又回到了村子里，没有一次例外！

探险家感觉非常有趣，他走过无数地方，这样的情况还是头一次遇到。他决定做一个实验，邀请一位村里的青年做向导，收起自己的先进仪器，跟在青年身后走进了沙漠。11天之后，他们两人果然在绕了个大圈后回到村里！

探险家已经明白是怎么回事了。村民们之所以走不出大漠，是因为他们不认识北斗星，他们没有朝着一个目标努力！几天之后，当探险家准备离开时，他找到了上次和他合作的那位青年，对他说："你按照我的办法，一定能走出沙漠！"这个办法很简单——白天睡觉晚上走。千万记住，一定要对着北方天空最亮的那颗星星走，绝对不能改变方向！

探险家离开了村子，半信半疑的青年最后决定照着探险家的方法试一试，果然，只用了3个夜晚，他就走出了大沙漠！

资料来源：佚名. 公司薪酬架构管理制度［EB/OL］.（2020-4-10）［2022-06-10］. https://wenku.baidu.com/view/231329325a1b6bd97f192279168884868662b864.html.

上述故事中，大沙漠中小村庄的村民之所以走不出沙漠，是因为不认识北斗星，不能朝着一个目标努力，这恰与企业中员工的职业规划状况相似。要想让企业中的员工都能有明确的目标、高效地工作，就需要企业做好职业生涯管理。那么，什么是职业生涯？什么是职业生涯管理？如何进行职业生涯管理？这正是本章所要讲述的内容。

# 第一节 职业生涯管理概述

## 一、职业生涯管理的概念

理解职业生涯管理，我们首先需要对职业、职业生涯、职业生涯管理等概念有明确的认识。

**（一）职业**

职业一词，理论界有很多种定义，不同学者对其界定的角度不同。

美国社会学家赛尔兹认为，职业是一个人为了不断取得个人收入而从事的具有市场价值的特殊活动，这种活动决定着从业者的社会地位。

日本社会学家尾高邦雄认为，职业是一定的社会分工或社会角色的持续实现，因此职业包括工作、工作的场所和地位。他指出："职业是社会与个人或整体与个体的结合点。通过这一点的相关动态，形成了人类社会共同主体的基本结构。整体目标靠个体通过职业活动来实现，个体则通过职业活动对整体的存在和发展做出贡献。"

美国学者泰勒在其著作《职业社会学》一书中指出："职业的社会学概念，可以解释为一套成为模式的与特殊工作经验有关的人群关系。这种成为模式的工作关系的整合，促进了职业结构的发展和职业意识形态的显现。"

综合以上观点，可以给职业下这样一个定义：职业是参与社会分工，利用专门的知识和技能，为社会创造物质财富和精神财富，获取合理报酬作为物质生活来源，并满足精神需求的工作。例如，教师、工程师、工人、农民等都是职业。

### （二）职业生涯

简单地说，一个人从职业学习开始到职业劳动最后结束，这一生的职业工作经历过程，就是职业生涯。职业生涯的概念有广义和狭义两种解释。狭义的职业生涯限定于直接从事职业工作的这段生命时光，上限始于任职之前的职业学习和培训。广义的职业生涯是从职业能力的获得、职业兴趣的培养、选择职业、就职直至最后完全退出职业劳动的过程。综上所述，职业生涯就是指一个人一生从事职业的全部历程。这整个历程可以是间断的，也可以是连续的，它包含一个人所有的工作、职业、职位的外在变更和工作态度、体验的内在变更。

### （三）职业生涯管理

职业生涯管理，是指组织和员工个人对职业生涯进行设计、规划、执行、评估和反馈的综合性过程。通过员工和组织的共同努力与合作，使每个员工的职业生涯目标与组织发展目标一致，使员工的发展与组织的发展相吻合。因此，职业生涯管理包括两方面：一是员工职业生涯自我管理，员工是自己的主人，自我管理是职业生涯成功的关键；二是组织协调员工规划其职业生涯发展，并为员工提供必要的教育、培训、轮岗等发展机会，促进员工职业生涯目标的实现。个人与组织职业生涯管理的关系具体如图8-1所示。

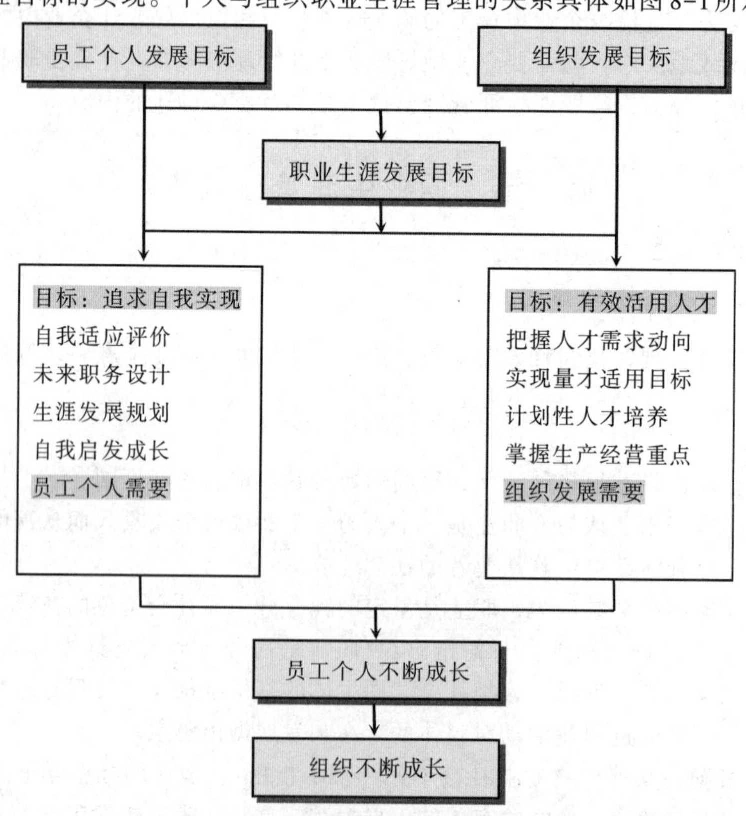


图8-1　个人与组织职业生涯管理关系图

拓展阅读8-1：职业生涯中常见的误区

## 二、职业生涯管理的作用

### （一）职业生涯管理对企业的作用

1.保证企业未来人才的需要

企业可以根据发展的需要预测未来的人力资源需求，通过对员工的职业生涯设计，为员工提供发展空间、人力资源开发的鼓励政策以及与职业发展机会相关的信息，从而使员工发展与企业发展结合起来，有效地保证企业未来发展对人才的需要，避免出现职位空缺而找不到合适人才的现象。

2.使企业留住优秀人才

企业优秀人才的流失可能有多方面原因，如待遇不理想、专长得不到发挥、没有发展机遇等，但归结为一条，就是企业欠缺对员工职业发展的应有考虑，缺少对员工职业生涯的管理。对优秀人才来说，其最关心的是自己的事业发展，如果自己的才能得到应有的发挥，个人发展得到应有的重视，他就不会轻易地换企业。

3.使企业人力资源得到有效的开发

职业生涯管理能使员工的个人兴趣和特长受到企业的重视，员工的积极性提高，潜能得到合理的发掘，从而有效地开发企业的人力资源，使企业更适合社会的发展和变革的需要。

### （二）职业生涯管理对员工个人的作用

1.帮助员工确定职业发展目标

职业生涯设计和管理的核心内容之一就是对个人进行分析。通过分析认识自己，了解自己，员工可以确定符合自己兴趣和特长的职业生涯路线，正确设定自己的职业发展目标并制订行动计划，运用科学的方法化解人生发展中的危机和陷阱，使自己的才能得到充分的发挥，实现自己的人生理想。

2.鞭策个人努力工作

职业生涯规划犹如人生之靶，当它树立在我们前方时，我们就有了一个奋斗的目标，它会时刻提醒、鞭策我们一步步地向它靠拢。当我们一步步地实现这些规划时，我们就会产生强烈的成就感，思想方式和工作方式也会逐渐发生变化。

3.有助于个人抓住重点

生命有限，人生苦短，没有职业生涯计划和管理，我们很容易陷于日常生活的琐事而浪费宝贵时光。有人说："智慧就是懂得该忽视什么东西的艺术。"职业生涯规划和管理能够使我们紧紧抓住工作的重点，增加成功的可能性。

4.引导个人发挥潜能

职业生涯规划和管理能够帮助我们集中精力，全神贯注于自己的优势和能产生高回报率的方面，这样有助于最大限度地发挥自我潜能。另外，当你不停地在自己的优势方面努力时，这些优势会得到进一步的发展，最终使你成为一个充分实现自我潜力的成功的人。

5.评估员工目前的工作成绩

职业生涯规划和管理是进行自我工作评估的重要手段。如果你的职业生涯规划是具体的，你就可以根据规划的进展情况，评估你目前所取得的成绩。失败者面临的共同问题就是他们极少评估自己所取得的进展，他们中的大多数人或者不明白自我评估的重要性，或者无法度量取得的进步。

**红色力量8-1**

**叶剑英：要挤出时间学习**

叶剑英生前办公室写字台桌面玻璃板的下面放着这样一张字条："抓紧时间工作，挤出时间学习，偷点时间休息。"叶剑英根据自己的切身体会总结出来的这一座右铭，凝练地揭示了处理工作、学习和休息之间关系的基本方法。

关于工作，叶剑英认为要"抓紧时间工作"。在叶剑英看来，不管是不是规定的八小时工作时间，不管是不是吃饭时间，不管是不是睡觉时间，只要工作一来就马上去做。今日事今日毕，绝不拖拖拉拉。

关于学习，叶剑英认为要"挤出时间学习"。早上，他一般会早起一会儿用来读书。《辩证法唯物论诸问题》这部近33万字的书，就是他连续用9个早起的时间读完的。白天工作间隙，他常用来读书看报，自学外语，主要是英语。吃饭和散步的工夫，他用来听秘书根据有关资料汇报国内外形势。晚上入眠前，他也是习惯性地读会儿书。他读过的书上记载的时间许多都是深夜12点以后。此外，叶剑英还会利用外出视察途中和住院休养的时间读书。如《掌握布尔什维克领导经济的方法》一书，就是他在视察工作的途中读完的。

这样一来，叶剑英的休息时间更少了，只好"偷点时间休息"。他有时工作累了，就坐在那里闭上眼睛休息一会，5分钟、10分钟就可以了。叶剑英认为，为了革命建设的需要，再辛苦、再劳累也值得，必须养成主动抓紧时间、挤时间读书学习的习惯。叶剑英曾经谦虚地说："我这个院长，实在惭愧，脑子里的科学也不多。怎么办？要么爬上琅琊山，要么退休，解甲归田。还是要爬山，科学的大山要爬。马克思五六十岁才学俄文，干到老，学到老。人生就要干，要斗争，要战斗，过前进的人生。"

资料来源：徐文钦．读书是智慧的事——老一辈革命家读书二三谈［J］．党的文献，2010（06）：121-124.

## 第二节　职业生涯相关理论

### 一、霍兰德的人业互择理论

美国约翰霍普金斯大学心理学教授、著名的职业咨询师约翰·霍兰德于1959年提出了具有广泛社会影响的人业互择理论。他在该理论中提出了职业性向的概念。他认为，职业性向（包括价值观、动机和需要等）是决定一个人选择何种职业的一个重要因素。霍兰德经测试研究发现，大致可以划分出六种基本的人格性向，相应地他也将职业划分为六种基本类型。

### （一）实际型

实际型性向的人具有真诚、持久、稳定、顺从、害羞、实际和坦率等特点，愿意使用工具从事操作性工作，动手能力较强。他们适应的职业类型通常是各类工程技术工作，这类工作通常需要一定的体力，需要使用一些工具和操作机器并运用一定的技巧来完成，比如机械师、钻井操作工或装配线工人等。

### （二）研究型

研究型性向的人具有良好的分析、创造、推理能力，具有独立性和好奇心，愿意选择包含较多认知活动为主要内容的职业，比如生物学家、人类学家、经济学家、数学家、新闻记者和各类研究人员等。

### （三）艺术型

艺术型性向的人富有想象力、无序、杂乱、理想化、情绪化和不切实际，喜欢通过创造性表达的、模糊且无规则可循的活动和创作来表现自己的才能，实现自身的价值。这种类型的人往往愿意从事各种艺术创作工作，比如雕刻、音乐、舞蹈和绘画等。

### （四）社会型

社会型性向的人喜欢交际、友善、合群、善解人意，愿意从事为他人服务的工作，喜欢参与解决人们共同关心的社会问题，渴望发挥自己的社会作用，比如社会工作者、教师、咨询人员和临床心理学家等。

### （五）企业型

企业型性向的人大多喜欢冒险、精力充沛、乐观、进取、善于交流并具有领导才能，喜欢权力地位和物质财富等。愿意从事说服别人、影响别人的工作，比如企业家、房地产经纪人、法官、律师、政治家和各级政府官员等。

### （六）常规型

常规型性向的人大多谨慎、顺从、高效、实际、遵守秩序、缺乏想象力、缺乏灵活性，习惯接受他人的领导，不喜欢充当领导角色，不喜欢冒风险和竞争，喜欢按部就班、规范、有序、清楚明确的活动，比如会计、统计员、行政管理助理和档案管理员等。

霍兰德的人业互择理论认为，绝大多数人都可以被归纳到上述六种类型之中。对组织和个人都适宜的职业是可能预测的，这需要对个性与组织环境的要求之间的关系进行分析，把个性特点和环境特点、职业特点、适应的职业对应起来，就很容易了解个体的职业倾向，然后设计最佳的配置方式，这样不难找出对于双方都理想的职业生涯设计。霍兰德的这一理论，是目前职业指导中比较权威的理论和方法，在实践中得到了广泛的推崇和应用。

拓展阅读8-2：人格与职业选择

## 二、职业生涯阶段理论

### （一）萨柏的职业生涯阶段理论

萨柏是美国职业管理学家，他的职业生涯发展阶段理论是一种纵向职业指导理论，重在对个人的职业倾向和职业选择过程本身进行研究。萨柏以美国白人作为研究对象，把人的职业生涯划分为五个主要阶段：

1.成长阶段（0~14岁）

0~14岁为成长阶段，这个阶段经历对职业从好奇、幻想到兴趣再到有意识培养职业能力的逐步成长过程。

成长阶段主要任务：成长阶段属于认知阶段。在这个阶段，孩童开始发展自我概念，学会以各种不同的方式来表达自己的需要，且经过在现实世界中不断地尝试，修饰他自己的角色。萨柏将这一阶段具体分为三个成长期。

（1）幻想期（10岁之前）。儿童从外界感知到许多职业，对于自己觉得好玩和喜爱的职业充满幻想并进行模仿。

（2）兴趣期（11~12岁）。以兴趣为中心，理解和评价职业，开始作职业选择。

（3）能力期（13~14岁）。开始考虑自身条件与喜爱的职业是否相符合，有意识地进行能力培养，并对各种可选择的职业进行某些现实性思考。

2.探索阶段（15~24岁）

15~24岁为探索阶段，这个阶段主要表现为择业及初就业。

探索阶段主要任务：主要通过学校学习进行自我考察、角色鉴定和职业探索，完成择业及初步就业。人们也尝试去寻找自己的职业选择与他们对职业的了解，以及通过学校教育、休闲活动和业余工作中所获得的个人兴趣和能力匹配起来，并从伙伴、朋友和家庭成员处收集关于职务、职业生涯及职业的信息。探索阶段可分为三个时期。

（1）试验期（15~17岁）。综合认识并考虑自己的兴趣、能力与职业社会价值、就业机会，开始进行择业尝试。

（2）过渡期（18~21岁）。正式进入职业，或者进行专门的职业培训，明确某种职业倾向。

（3）尝试期（22~24岁）。选定工作领域，开始从事某种职业，对职业发展目标的可行性进行实验。

3.建立阶段（25~44岁）

25~44岁为建立稳定职业阶段。

建立阶段主要任务：获取一个合适的工作领域，并谋求发展。这一阶段是大多数人职业生涯周期中的核心部分。建立阶段可分为两个时期。

（1）尝试期（25~30岁）。个人在所选的职业中安顿下来，重点是寻求职业及生活上的稳定。

（2）稳定期（31~44岁）。致力于实现职业目标，是个富有创造性的时期。这一阶段可能会发现自己偏离职业目标或发现了新的目标，此时需重新评价自己的需求，处于转折期。

4.维持阶段（45~64岁）

45~64岁为职业维持阶段。

维持阶段主要任务：在45~64岁这一较长的时间段内开发新的技能，维护已获得的成就和社会地位，维持家庭和工作二者间的和谐关系，寻找接替人选。

5. 衰退阶段（65岁以上）

人到65岁即进入衰退阶段。

衰退阶段主要任务：逐步退出职业和结束职业，开发社会角色，减少权力和责任，适应退休后的生活。

员工在职业生涯的不同时期会遇到不同的问题，合格的管理人员应该制定政策和计划，帮助员工处理这些问题，这样才能够有效地解决问题，帮助员工渡过难关。

### （二）格林豪斯的职业生涯发展理论

美国心理学博士格林豪斯的研究侧重于不同年龄段职业生涯所面临的主要任务，并以此为依据将职业生涯划分为五个阶段，进而形成他的职业生涯发展理论。

1. 职业准备期

典型年龄段为0～18岁。主要任务是发展职业想象力，对职业进行评估和选择，接受必需的职业教育。

2. 进入组织期

18～25岁为进入组织阶段。主要任务是在一个理想的组织中获得一份工作，在获取足量信息的基础上，尽量选择一种合适和较为满意的职业。

3. 职业生涯初期

处于此期的典型年龄段为25～40岁。主要任务是学习职业技术，提高工作能力，了解和学习组织纪律和规范，逐步适应职业工作，适应和融入组织，为未来的职业成功做好准备。

4. 职业生涯中期

40～55岁是职业生涯中期阶段。主要任务是对早期职业生涯重新评估，强化或改变自己的职业理想，选定职业，努力工作，有所成就。

5. 职业生涯后期

从55岁直至退休为职业生涯的后期。继续保持已有职业成就，维护尊严，准备引退，是这一阶段的主要任务。

### （三）金斯伯格的职业生涯发展理论

美国著名职业指导专家、职业生涯发展理论的先驱和典型代表人物金斯伯格研究的重点是从童年到青少年阶段的职业心理发展过程。他将职业生涯的发展分为三个阶段：

1. 幻想期

幻想期是11岁之前的儿童时期。儿童对大千世界，特别是对于他们所看到或接触到的各类职业工作者，充满了新奇、好玩的感觉。此时期职业需求的特点是：单纯凭自己的兴趣爱好，不考虑自身的条件、能力水平和社会需要与机遇，完全处于幻想之中。

2. 尝试期

尝试期的年龄段为11～17岁，这是由少年儿童向青年过渡的时期。从此时起，人的心理和生理在迅速成长发育和变化，有独立的意识，价值观念开始形成，知识和能力显著增长和增强，初步懂得社会生产和生活的经验。在职业需求上呈现出的特点是：有职业兴趣，但不仅限于此，会更多地、客观地审视自身各方面的条件和能力；开始注意职业角色的社会地位、社会意义，以及社会对该职业的需要。

3.现实期

现实期为17岁以后的年龄段，即将步入社会劳动，能够客观地把自己的职业愿望或要求，同自己的主观条件、能力，以及社会现实的职业需要紧密联系和协调起来，寻找合适自己的职业角色。此时所需求的职业不再模糊不清，已有具体的、现实的职业目标，表现出的最大特点是客观性、现实性、讲求实际。

**文化故事8-1**

**从张良的职业发展，学习人生成长经验**

张良出生在战国时期韩国的一个贵族家庭，祖父和父亲都是韩国的丞相。张良出生不久，韩国就被秦国灭亡了。因此，张良初入仕途，确定的目标就是灭亡秦朝，为韩国报仇。这时候的热血青年张良，是一个优秀的执行者，一旦定了目标，立即付诸实施。据《史记》记载，张良“东见沧海君，得力士，为铁椎重百二十斤。秦皇帝东游，良与客狙击秦皇帝博浪沙中”。

张良在流亡的过程中意识到，要灭亡秦朝，光刺杀秦始皇不行，需要从根本上推翻秦朝的统治。为了实现覆秦计划，张良发奋苦读，厉兵秣马，先从黄石公那学到了《太公兵法》，后加入了刘邦阵营。在这个事业平台，张良职业的发展和阵营发展紧密联系起来，最终，他帮助刘邦夺取了天下。

在张良事业发展的后期，他预见了前途的凶险，一直声称自己对名利没兴趣，羡慕的是修道，不在意人世间的权位。这种做法，使得张良最终能够保全自己，没有落得像其他功臣一样的凄惨下场。这充分展示了张良的预测规划能力，能够见微知著，提前预判事物发展规律。张良早已经熟知兔死狗烹的道理，提前做了很多的准备，成功地保全了自己。

张良的一生从一个热血青年，再到一个冷静中年，他的人生轨迹经过几次华丽的蜕变。一开始，是一个有力的执行者，按照既定目标，踏实推进；进而，是一个具备高超技能的管理者，用心做好职业规划，正确地做事；最后，是一个预判先机的领导者，提前找准方向，做正确的事。

资料来源：艾叶. 百家姓书库　张［M］. 西安：陕西人民出版社，2002.

## 三、职业锚理论

### （一）职业锚的来源

职业锚理论产生于斯隆管理学院、美国著名的职业指导专家埃德加·施恩（Edgar.H. Schein）教授领导的专门研究小组，是在对该学院毕业生的职业生涯研究中形成的。斯隆管理学院的44名MBA毕业生自愿形成一个小组接受施恩教授长达12年的职业生涯研究，包括面谈、跟踪调查、公司调查、人才测评、问卷调查等多种方式，最终分析总结出了职业锚（又称职业定位）理论。施恩认为，职业生涯发展实际上是一个持续不断的探索过程。在这个过程中，每个人都在根据自己的天资、能力、动机、需要、态度和价值观等慢慢地形成较为明晰的与职业有关的自我概念。随着一个人对自己越来越了解，这个人就会越来越明显地形成一个占主要地位的职业锚。

### （二）职业锚的概念

职业锚又称职业系留点，是指当一个人不得不做出选择的时候，他无论如何都不会放弃的职业中的那种至关重要的东西或价值观，即人们选择和发展自己的职业时所围绕的中心。

职业锚实际上是内心中个人能力、动机、需要、价值观和态度等相互作用和逐步整合的结果。在实际工作中，通过不断审视自我，逐步明确个人的需要与价值观，明确自己擅长所在及今后发展的重点，最终在潜意识里找到自己长期稳定的职业定位，即职业锚。

**（三）职业锚的类型**

施恩在1978年提出了五种类型的职业锚，分别是：技术/职能型职业锚、管理型职业锚、自主/独立型职业锚、安全/稳定型职业锚、创业型职业锚。随后大量的学者对职业锚进行了广泛的研究，越来越多的人加入了研究的行列。20世纪90年代，又发现了三种类型的职业锚：服务型职业锚、挑战型职业锚、生活型职业锚，将职业锚增加到八种类型。

1.技术/职能型职业锚

技术/职能型的人，追求在技术/职能领域的成长和技能的不断提高，以及应用这种技术/职能的机会。他们对自己的认可来自他们的专业水平，他们喜欢面对来自专业领域的挑战。他们一般不喜欢从事一般的管理工作，因为这将意味着他们放弃在技术/职能领域的成就。

2.管理型职业锚

管理型的人追求并致力于工作晋升，倾心于全面管理，独自负责一个部分，可以跨部门整合其他人的努力成果，他们想去承担整个部门的责任，并将公司的成功与否看成自己的工作，具体的技术/功能工作仅仅被看作通向更高、更全面管理层的必经之路。

3.自主/独立型职业锚

自主/独立型的人希望随心所欲地安排自己的工作方式、工作习惯和生活方式。追求能施展个人能力的工作环境，最大限度地摆脱组织的限制和制约。他们宁愿放弃提升或工作扩展机会，也不愿意放弃自由与独立。

4.安全/稳定型职业锚

安全/稳定型的人追求工作中的安全与稳定感。他们可以预测将来的成功从而感到放松。他们关心财务安全，如退休金和退休计划。稳定感包括诚信、忠诚以及完成老板交代的工作。尽管有时他们可以达到一个高的职位，但他们并不关心具体的职位和具体的工作内容。

5.创业型职业锚

创业型的人希望用自己的能力去创建属于自己的公司或创建完全属于自己的产品（或服务），而且愿意去冒风险，并克服面临的障碍。他们想向世界证明公司是他们靠自己的努力创建的。他们可能正在别人的公司工作，但同时他们在学习并评估将来的机会。一旦他们感觉时机到了，他们便会自己走出去创建自己的事业。

6.服务型职业锚

服务型的人一直追求他们认可的核心价值，如帮助他人、改善人们的安全环境、通过新的产品消除疾病。他们一直追寻这种机会，这意味着即使变换公司，他们也不会接受不允许他们实现这种价值的工作变换或工作提升。

7.挑战型职业锚

挑战型的人喜欢解决看上去无法解决的问题，战胜强硬的对手，克服无法克服的困难障碍等。对他们而言，参加工作或从事某项职业的原因是工作允许他们去战胜各种不可能。新奇、变化和困难是他们的终极目标。如果事情非常容易，他们马上变得非常厌烦。

8.生活型职业锚

生活型的人喜欢允许他们平衡并结合个人的需要、家庭的需要和职业的需要的工作环境。他们希望将生活的各个主要方面整合为一个整体。正因为如此，他们需要一个能够提供足够的弹性让他们实现这一目标的职业环境，甚至可以牺牲他们职业的一些方面，如提升带来的职业转换，他们将成功定义得比职业成功更广泛。他们认为自己在如何去生活，在哪里居住，如何处理家庭琐事，以及在组织中的发展道路等方面是与众不同的。

**（四）职业锚的意义**

1.使组织获得正确的反馈

职业锚是员工经过搜索所确定的长期职业贡献区或职业定位。这一搜索定位过程，依循着员工的需要、动机和价值观进行。所以，职业锚清楚地反映出员工职业追求与抱负。

2.为员工设置可行有效的职业渠道

职业锚准确地反映了员工职业需要及其所追求的职业工作环境，反映员工的价值观和抱负。透过职业锚，组织获得员工正确信息的反馈，这样，组织才可能有针对性地对员工职业发展设置可行的、有效的、顺畅的职业渠道。

3.增加员工工作经验

职业锚是员工职业工作的定位，不但能使员工在长期从事某项职业中增加工作经验，同时，员工职业技能也能不断增强，直接产生提高工作效率或劳动生产率的明显效益。

4.为员工做好奠定中后期工作的基础

之所以说职业锚是员工中后期职业工作的基础，是因为职业锚是员工在通过工作经验的积累后产生的，它反映了该员工的价值观和被发现的才干。当员工抛锚于某一种职业工作过程时，就是自我认知过程，就是把职业工作与自我价值观相结合的过程，员工开始决定成年期的主要生活和职业选择。

**走进管理 8-1**

**丰田公司“职业锚”运用**

日本丰田公司在运用员工的“职业锚”方面给了我们有益的借鉴。丰田对于岗位一线工人采用工作轮调的方式来培养和训练多功能作业员，这样既提高了工人的全面操作能力，又使一些生产骨干的经验得以传授。员工还能在此过程中发现自己的优势在哪里，从而进行准确定位，找到真正适合自己的岗位。一旦员工确立了自己的职业锚，工作起来将会更具积极性和主动性，效率将会有很大提高。

丰田采取5年调换一次工作的方式对各级管理人员进行重点培养。每年1月1日进行组织变更，一般以本单位相关部门为调换目标，调换幅度在5%左右。短期来看，转岗需要有熟悉操作的适应过程，可能导致生产效率的降低，但从企业长久发展来看则是利大于弊。经常的有序换岗还能给员工带来适度的压力，促使员工不断学习，使企业始终保持一种生机勃勃的氛围。

资料来源：佚名. 日本丰田公司的职业锚［EB/OL］.(2011-10-19)［2022-06-10］. https://wenku.baidu.com/view/bbd2b4e9e009581b6bd9eb9c.html.

# 第三节　组织职业生涯管理

## 一、组织职业生涯管理的内涵和意义

组织对员工的职业生涯管理是组织人力资源管理的主要内容之一。开展职业生涯管理工作是满足员工与组织双方需要的极佳方式，它将二者的需要、目标、利益相结合、相匹配，以达到动态均衡和协调，取得双赢的效果。

所谓组织职业生涯管理，就是组织层面的职业生涯管理，主要是从组织上、制度上及职业生涯管理体系上对组织内的个人职业生涯规划提供相应的保障，以使员工能够不断满足组织要求，使组织了解自己资源储备的人力资源活动。

在组织中，员工既是职业生涯管理的对象，又是职业生涯管理的主体，员工的自我管理是职业生涯管理成败的关键，同时，个人职业生涯管理离不开组织，个人的职业发展离不开组织提供的培训、经费、时间、机会、制度保障等条件。因此，员工的职业发展应服务于组织的发展战略，组织应成为员工职业生涯的主导。组织职业生涯管理的根本就是以人为本，满足组织和员工的双重需要，就是把企业发展战略和员工自我价值有机结合起来。

组织职业生涯管理是人力资源开发的前提，也是合理处理个人事业成功和企业发展关系的基础。从个人角度看，组织职业生涯规划为员工的职业生涯发展提供了基本的载体和科学的指导，对员工的职业生涯发展具有重要作用。从组织角度来看，职业生涯也起着关键的作用。成功的职业规划对于招聘、吸引优秀人才至关重要，而且有助于维持他们的工作热情。从更广泛的意义上来说，组织进行职业生涯规划，能提高员工的工作质量，形成积极向上的工作态度，并提升他们对企业的忠诚度。

## 二、组织职业生涯管理的内容

从组织的角度看，职业生涯管理包括常规管理和延伸管理两个方面内容。

### （一）职业生涯常规管理

1.帮助员工设定职业生涯目标

职业生涯目标是指个人在选定的职业领域内未来时点上所要达到的具体目标，包括短期目标、中期目标和长期目标。职业生涯目标一般都是在进行个人评估、组织评估和环境评估的基础上，由组织的部门负责人或人力资源部负责人与员工个人共同商量设定。职业生涯目标要具体明确、高低适度、留有余地，并与组织目标相一致。

2.帮助员工尽快适应

任何一个人从学校毕业进入一个组织，其初始阶段都有一个适应期。为了帮助新人尽快度过适应期，组织都要先做一些工作，如招聘时就把有关工作内容和工作环境描述尽可能多地展现给应聘者，管理人员多给新员工提出希望和给予信任，提供具有挑战性的初始工作，同时进行一些心理疏导等。

3.及时评估绩效

每个员工都希望自己的工作状况能有一个反馈，以便从中看到自己的优势和不足。对于组织来说，通过评估，可以发现员工个人工作绩效好，好在哪里；绩效差，差的原因是什么，是态度问题还是能力问题，以便有针对性地进行反馈和调整。

4.轮岗与升迁

轮岗与升迁是职业生涯管理的重要内容，也是促进员工职业发展的一个主要手段。所以组织要建立和完善员工的轮岗与升迁制度，要研究开辟多种升迁渠道，如行政管理系列、技术职务系列、实职领导岗位等，促进员工职业生涯目标得到实现，调动员工的工作积极性。

5.提供培训机会

随着知识经济时代的到来，终身教育已成为促进每个人职业发展的一把金钥匙。任何员工从一个层次上升到另一个更高的层次，由于知识和能力要求的不同，都需要进行相应的培训。因此，从职业发展的角度来说，制订一个与职业生涯计划相配套的培训计划是一个不错的选择。

6.修改职业生涯计划

由于环境等各方面因素的不断变化，在职业发展过程中，不适应的情况也是时有发生。如果遇到这种情况，组织要给员工个人提供修改职业生涯计划的机会，以选择新的发展道路。

**（二）职业生涯延伸管理**

1.关注员工健康

健康对于每个人来说都是非常重要的。没有健康就不会有良好的工作状态。在当今充满竞争和压力的时代，人们都非常关注自己的健康。人的健康包括身体健康和心理健康，从某种程度上说，心理健康比身体健康显得更为重要。关注员工健康，首先要给员工提供有利于健康的工作环境，关心员工因心理紧张或压力所造成的各种疾病，对员工进行健康教育和心理调适。只有当员工处于一种健康的状态时，提高其工作效率才会有一个好的基础。

2.处理员工工作与生活的矛盾

尽管生活本身并不是工作，但生活是工作非常重要的后勤保障。一个长期对家庭生活不满意的员工，不会长久地保持对工作的专心及较高的工作效率。因此，对员工进行职业生涯管理时，也要经常了解员工的家庭生活状况，分析员工工作与家庭生活的矛盾，并进行相应的管理。同时也要制定一些政策，帮助员工及时处理家庭生活中的有关问题，并有计划地安排员工的家属在某些特殊日子到单位来深入了解员工工作方面的一些情况，从而使其更加理解员工的工作，进而支持员工的工作。

3.帮助再就业

在企业发展的过程中，总会因为各种各样的原因而进行一些裁员工作。裁员并不是简单地把员工踢向社会，任何一个以职业生涯管理为导向的组织，都会重视这项工作。在员工离开单位之际，帮助其设计再就业方案，甚至向其提供再就业培训，或和其他有关部门建立合作就业机制等，这对于有效激励在职员工往往会起到较好的效果。

4.员工退休管理

随着员工年龄的增长，任何一个组织都会面临着员工离退休的问题。所以从职业生涯管理的角度来说，一是要帮助员工进行退休前的准备，诸如心理适应、老年健康和联谊等；二是也要同时关注已经退休的员工，对他们给予关心和提供发挥余热的机会，或组织一些慰问等。

## 三、职业生涯通道管理

### （一）职业生涯通道的内涵

职业生涯发展通道，是组织为内部员工设计的自我认知、成长和晋升的管理方案，指明了组织内部员工可能的发展方向及发展机会，组织内每一个员工可以沿着本组织的发展通道变换工作岗位。具体来说，职业生涯发展通道是指个体在一个组织中所经历的一系列结构化的职位。职业生涯通道通过帮助员工胜任工作，确立组织内晋升的不同条件，对员工职业生涯发展施加影响，使员工的职业生涯发展目标有利于满足组织的需要。

### （二）职业生涯通道模式

一般来说，组织有四种职业生涯通道模式：单通道模式、双通道模式、多通道模式和横向通道模式。职业生涯通道是组织中职位晋升和职业发展的路线，是员工实现职业理想、获得满意工作、达到职业生涯目标的路径。

1.单通道模式

单通道模式即纵向职业通道，指在组织中员工沿职位纵向发展的通道，由下到上、由下一个职位向上一个职位进行变动，并在此过程中获得必要的技术、解决问题的能力和责任心。单通道模式为员工设置的目标是晋升。员工的个人发展很大程度上依赖经验积累和培训。这种模式包括一系列等级，这些等级是线性的。这一模式有利于促进管理人员的快速成长，对于加速培养某个领域的技术专家十分有效。图8-2所示的就是单通道模式下技术人员与管理人员的职业发展通道。

2.双通道模式

双通道模式，是指在为普通员工进行正常的职业通道设计时，为专才另外设计的一条职业发展的通道，从而在满足大部分员工职业发展需要的同时，满足专业技术人员的职业发展需要。

在单通道中，企业留住专业技术人员的做法是将其提拔到管理层，这种做法有严重的弊病。管理工作可能不符合某些技术人员的职业目标，强迫他们走上管理岗位，一方面会因为没有兴趣做不好管理工作；另一方面又脱离了技术工作，使他们多年积累的技术和经验都不能发挥作用。这就造成了人力资源的巨大浪费。

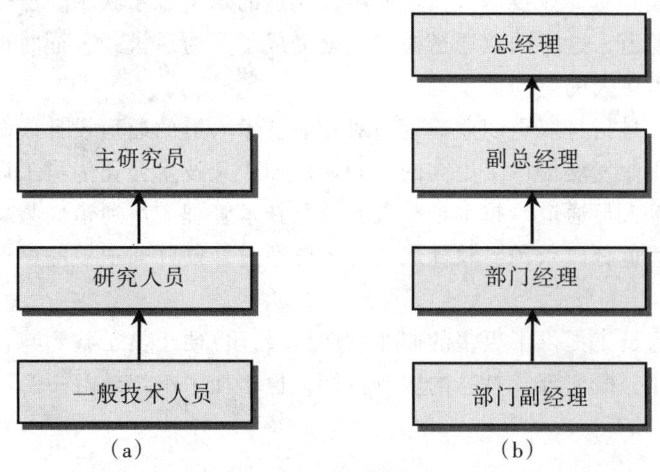


图8-2　单通道模式下技术人员与管理人员职业发展通道

职业生涯的双通道模式有效地解决了这一问题。这种体系提供两条或多条平行的升迁路径，包括管理路径和技术路径。这种路径的层级结构是平行的，每一个技术等级都有其对应的管理等级，不同路径中相同级别的人的地位和薪资待遇是相同的。这种体系不但解决了专业技术人员晋升的问题，而且使组织资源得到了充分利用。图 8-3 所示的就是技术人员的双重职业发展通道。

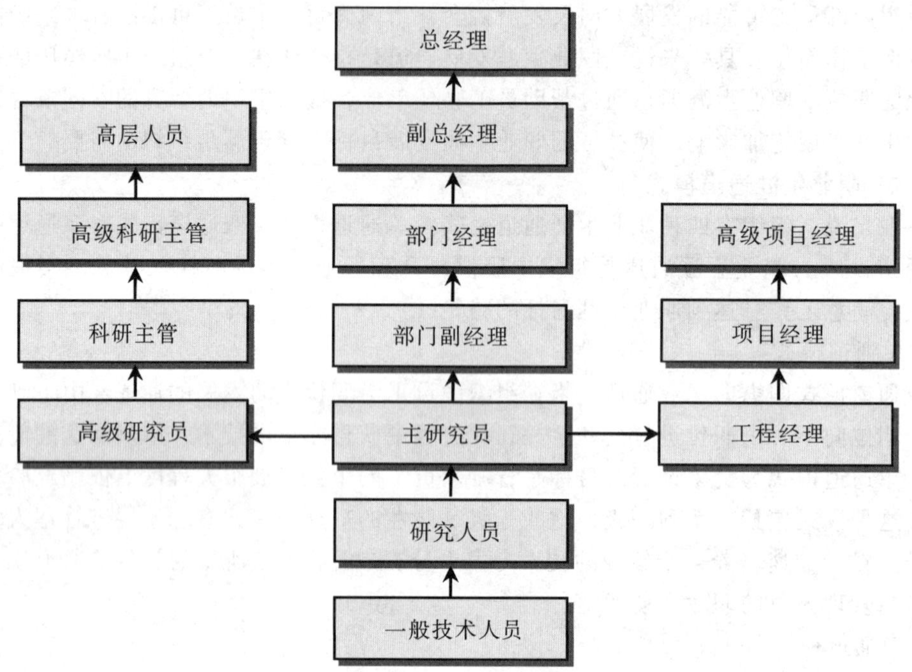


**图8-3 双通道模式下技术人员职业发展通道**

在图 8-3 这种双通道模式中，技术人员有机会进入三条不同的职业发展通道：一条技术职业通道和两条管理职业通道。假如在三条职业发展通道中，员工的工资和升迁机会相差不多，员工会选择最适合他们兴趣和能力的职业通道。

3.多通道模式

由于双通道模式对专业技术人员职业生涯通道的定义过于狭窄，所以将一个技术通道分解成多个技术通道，这时的双通道模式也就变成了多通道模式，同时也为专业技术人员的职业发展提供了更大的空间。

多通道模式，是指将双重职业通道中对专业技术人员的通道设计成多个技术通道，为专业技术人员的职业发展提供了更大的空间。例如，某技术公司为员工设计的职业发展通道分为三种：技术人员通道、技术带头人通道及技术管理人员通道。某高科技公司将技术人员的职业发展通道分成六种：软件通道、系统通道、硬件通道、测试通道、工艺通道与管理通道。

多通道模式为员工提供了更多的职业发展机会，也便于员工找到与自己兴趣相符、真正适合自己的工作，既实现了自己的职业目标，也增加了组织效益。

**应用实例 8-1**

**海尔公司的职业通道设计**

海尔公司在多重职业通道设计方面的探索非常值得借鉴。海尔公司对每一位新进厂的员工都进行一次个人职业生涯培训。不同类型的员工自我成功的途径不尽相同，为此，海尔为员工设计了不同的升迁途径，使员工一进厂就知道自己该往哪方面努力，才能获得成功。海尔公司各类员工升迁途径及职务序列一览表见表 8-1。

表 8-1　**海尔公司各类员工升迁途径及职务序列一览表**

| 员工类别 | 区分性特征 | 升迁途径 |
|---|---|---|
| 科研人员 | 专业型 | 设计员→设计师→主任设计师（一、二级）→主任设计师（三级）→总设计师 |
| 营销人员 | 业务型 | (1) 业务员→营销中心经理→营销分部部长→营销公司经理<br>(2) 业务员→营销中心经理→智能处处长→智能部部长 |
| 一般管理人员 | 管理型 | (1) 科员→科长（车间主任）→处长（分厂厂长）→职能部长<br>(2) 普通科员→专业科员→主任科员（一、二级）→主任科员（三级）→事业部分部长→事业部本部长 |
| 工人 | 操作型 | (1) 操作工→质量明星（一星）→质量明星（二星）→质量明星（三星）→质量明星（四星）<br>(2) 操作工→助理技师→技师→高级技师 |

资料来源：杨喜梅，蔡世刚，王梅. 人力资源管理学［M］. 大连：大连理工大学出版社，2013：247.

4.横向通道模式

横向通道模式，是指采取工作轮换的方式，通过横向调动来使工作具有多样性，使员工焕发新的活力、迎接新的挑战。简单地说，横向通道模式就是组织中各平行部门之间的职务调动。例如，由工艺工程岗位转至采购和市场销售岗位等。横向通道模式虽然没有加薪或晋升，但员工可以提高自己对组织的价值，也使他们自己获得了新生。当组织内没有足够多的高层职位为每个员工提供升迁机会，而长期从事同一项工作使人倍感枯燥无味，影响员工工作效率时，可采用此种模式。

## 四、组织职业生涯管理的实施步骤

组织职业生涯管理的实施是一个系统工程，需要组织精心策划，并付诸行动。一般来说，组织中职业生涯管理的实施分为以下几个步骤：

### （一）员工自我评估

员工自我评估是指员工个人对自己的能力、兴趣、气质、性格以及自己职业发展的要求等进行分析和评价，以确定合适自己的职业生涯目标和职业生涯发展路线。员工自我评估的目的，简单说就是要认识自己、了解自己。只有认识了自己，才能对自己的职业做出正确的选择，才能选定适合自己发展的职业生涯路线，对自己的职业目标做出最佳选择。

**（二）组织评估**

组织评估是要利用相应的信息对员工的能力和潜力做出客观公正的评估。这些信息主要来自对员工的绩效评估，以及反映该员工的受教育状况和以前工作经历等信息的人员记录。组织对员工个人的评估通常由人力资源管理人员和员工的直接管理者共同进行。

**（三）职业信息的传递**

员工要确立现实的职业发展目标，就必须知道可以获得的职业选择和职业发展机会，并获得组织内有关职业选择、职业变动和空缺工作岗位等方面的信息。组织要及时为员工提供有关组织发展的信息，增加员工对组织的了解，包括职位升迁机会与条件限制、工作绩效评估结果、训练机会等信息，帮助员工了解自己的职业发展通道。

**（四）职业咨询**

职业咨询是指整合职业规划过程中不同步骤的活动，它包括整个职业生涯发展过程中多次或连续性咨询活动。在职业发展过程中，有可能出现许多员工无法预测或必须面对的难题，如职位升迁、跳槽、职能转换、人际关系等。职业咨询可以为员工解决职业发展中的困惑，为员工做出明智选择提供参考意见和决策支持。

**（五）职业发展通道引导**

职业发展通道是指个体在一个组织中所经历的一系列结构化的职位。在组织职业生涯管理中，组织应帮助员工制订各种职业通道发展计划。员工在组织中工作不仅是满足自身生存的需要，更重要的是满足人生价值的需要。如果组织无法满足员工个人发展的需要，就会增大员工离职的风险。因此，组织不仅要帮助员工做好职业通道发展计划，还要更多地做好职业通道引导工作。职业发展通道引导可定义为一系列正式与非正式的教育、培训及工作体验开发活动，这些开发活动有助于员工晋升到更高一级的职位。

职业发展通道引导指明了组织内员工可能的发展方向及发展机会，组织内每一位员工可以沿着本组织的职业通道变换工作岗位。职业发展通道引导一方面有利于组织吸引并留住最优秀的员工；另一方面能激发员工的工作兴趣，挖掘员工的工作潜能。

**走进管理 8-2**

**腾讯公司：多渠道的晋升体系**

1.双通道的职业发展体系

腾讯职业发展系统分为员工职业发展体系与干部领导力体系。公司员工依据所从事的职位，必须且只能选择对应的某一职位类作为职业发展通道；为保证管理人员在从事管理工作的同时，不断提升专业水平，除总办领导以及EVP以外的所有管理人员必须同时选择市场族、技术族、专业族的某一职位类作为其专业发展通道，走双通道发展道路。

这意味着在职业发展体系的支持下，员工可以同时在领导力通道以及员工职业发展通道上发展。

2.职业规划及通道划分

各职业发展通道的设置建立在职位类基础上，目前腾讯职位划分为管理族、市场族、专业族、技术族4个职位族、21个职位类，各职位类下设若干职位。

市场族分为产品类、销售类、客服类、销售支持类、内容类；技术族分为软件研发类、质量管理类、设计类、技术支持类；专业族分为战略类、企管类、财务类、人力资源类、法务类、公共关系类、行政类、采购类；管理族分为领导者、高级管理者、管理者、监督者类。

3.职业发展通道等级划分

技术族、专业族、市场族的各个职业发展通道均由低到高划分为6个等级：初做者、有经验者、骨干、专家、资深专家和权威。根据管理需要，每个级别由低到高可分为基础等、普通等和职业等3个子等。基础等是指刚达到基本能力要求，尚需巩固；普通等是指完全达到本级别各项能力要求；职业等是指本级别各能力表现成为公司或部门内标杆。

领导力职业发展通道分为监督者、管理者、高级管理者、领导者四级。

资料来源：董晨阳．全球四大名企的职业生涯规划［J］．职业，2014，(34).

## 五、组织职业生涯管理的方法

### （一）举办职业生涯研讨会

职业生涯研讨会是一种有计划的学习和练习活动，一般由人力资源管理部门统一组织。组织一般希望通过这种活动安排，让参加进来的员工主动参与，形式包括自我评估和环境评估、与成功人士进行交流和研讨、进行适当的练习活动等，从而帮助员工制定职业生涯规划，即选定职业方向、确立个人职业目标、制定职业生涯发展路径。国外的很多实践都证明，企业通过为员工举办职业生涯研讨会，可以大大提高员工职业生涯管理的参与率，提高职业生涯管理的效率和效果，因而定期举办职业生涯讨论会是职业生涯管理的重要内容和形式。

### （二）填写职业生涯规划表

填写职业生涯规划表，可以帮助员工明确职业发展目标，选择职业通道，进一步制订行动计划。同时，也可以帮助组织明确努力方向。职业生涯规划表包含的内容一般分为以下三个方面：

1.职业

职业是典型的职业生涯规划的内容之一。绝大多数人只选择一种职业，但也有人选择两种或两种以上的职业，从事兼职，如管理与技术。处于探索阶段的年轻人，可以先不忙着进行职业选择，其职业生涯规划表中可先缺失“职业”一项。

2.职业生涯目标

在选定的职业领域，要取得的成绩即为职业生涯目标。其中，最高的目标可以称为人生目标，在迈向人生目标的过程中可设定阶段性目标。

3.职业生涯发展通道

与职业生涯目标相适应，职业生涯发展通道可以分为人生通道、长期通道、中期通道和短期通道。通过职业生涯发展通道的填写，员工可以更加专注自身未来的发展方向并为之努力。

表8-2是职业生涯规划表的示例。

表8-2 **职业生涯规划表**

<table>
<tr><td>姓　名</td><td></td><td>性　别</td><td></td><td>年　龄</td><td></td><td>政治面貌</td><td></td></tr>
<tr><td colspan="2">现工作部门</td><td colspan="2"></td><td>现任职务</td><td></td><td>到职年限</td><td></td></tr>
<tr><td colspan="2">个人因素分析结果</td><td colspan="6"></td></tr>
<tr><td colspan="2">环境因素分析结果</td><td colspan="6"></td></tr>
<tr><td colspan="2">职 业 选 择</td><td colspan="6"></td></tr>
<tr><td colspan="2">职业生涯通道选择</td><td colspan="6"></td></tr>
<tr><td rowspan="3">职业生涯目标</td><td>长期目标</td><td colspan="3"></td><td>完成时间</td><td colspan="2"></td></tr>
<tr><td>中期目标</td><td colspan="3"></td><td>完成时间</td><td colspan="2"></td></tr>
<tr><td>短期目标</td><td colspan="3"></td><td>完成时间</td><td colspan="2"></td></tr>
<tr><td colspan="2">完成短期目标的计划与措施</td><td colspan="6"></td></tr>
<tr><td colspan="2">完成中期目标的计划与措施</td><td colspan="6"></td></tr>
<tr><td colspan="2">完成长期目标的计划与措施</td><td colspan="6"></td></tr>
<tr><td colspan="2">所在部门主管审核意见</td><td colspan="6"></td></tr>
<tr><td colspan="2">人力资源部门审核意见</td><td colspan="6"></td></tr>
</table>

### （三）编制职业生涯规划手册

通过职业生涯研讨会，绝大多数员工在职业生涯规划的制定中都不会遇到太大困难。但部分员工仍然可能有某些不甚明白的地方，此外，更常见的情况是，在职业生涯发展中，员工需要不断得到书面指导，以解决自我职业生涯发展中遇到的问题，或者反思职业生涯设计，进而修改职业生涯规划。因此，编制一本随手可得的职业生涯设计与职业生涯发展参考书——职业生涯规划手册，是十分必要的。

职业生涯研讨会和职业生涯规划手册都是职业生涯管理的有效手段，二者相辅相成。职业生涯研讨会依靠一定时间的集中活动，创造出一个教学环境和会议环境，从而可以使员工在短时间内强烈感受到有关知识和方法的冲击，形成特定氛围，有助于员工迅速形成职业生涯规划。职业生涯规划手册则作为一个常备指导工具，经常性帮助员工进行职业生涯反思，进而能够自己解决职业生涯规划不同阶段出现的问题，对职业生涯发展中的冲突做出协调和重新设计。

### （四）开展职业生涯咨询

员工在职业生涯规划和职业生涯发展过程中，会不断产生一些职业生涯方面的困惑和问题，需要管理人员或资深人员为其进行问题诊断，并提供咨询。

职业生涯咨询可以是正式的，也可以是非正式的，企业中层和较高层的经理、技术专家以及其他成功人士都可自愿对有进取心的员工的职业生涯规划提出忠告和建议，并解释员工们提出的各种问题。

## 六、组织职业生涯阶段管理

职业生涯是一个逐渐开展的过程，在不同的时期，员工所面临的职业生涯发展任务也各不相同。因此，企业在实行组织职业生涯管理时，必须充分认识不同职业生涯阶段的管理重点。

### （一）职业生涯早期阶段

职业生涯早期阶段是指一个人由学校进入组织并在组织内逐步组织化、为组织所接纳的过程。这一阶段一般发生在20～30岁之间。此阶段组织承担的任务较重，它需要对新员工进行有效评估、培训、职业生涯规划等，通过这些举措来促使员工逐渐适应新工作。在这一阶段，组织职业生涯管理主要包括以下几个方面：

1.对新员工进行上岗引导和岗位配置

新员工进入组织，其最初的上岗引导和岗位配置非常重要。新员工上岗引导是指给新员工提供有关组织的基本背景情况，具体包括组织发展历史、规章制度、工作职责、组织文化等。上岗引导是员工自身目标与组织目标一体化过程的开端。通过上岗引导，员工潜移默化地接受组织的使命、团队价值观、改进和解决问题的方式等组织文化的内容，可以快速融入组织这个大家庭，努力工作，实现个人和组织的共同进步。

2.为新员工提供职业咨询和帮助

新员工进入组织后，为使其更快地融入组织，企业应为新员工提供职业咨询和帮助。在这一阶段，企业可以为每个新员工配备一个在组织中经验比较丰富的老员工或者新员工的直接上司作为工作导师，对新员工的工作提供咨询和帮助。目前，很多企业都实施了“顾问计划”，这种“顾问计划”的实质就是为员工安排一个工作中的导师，给新员工提供建议和帮助。

3.提供一个富有挑战性的最初工作

在职业生涯早期阶段，组织能够做的最重要的事情之一就是争取为新员工提供一份富有挑战性的最初工作，这对员工能产生相当的吸引力。例如，在一项以美国电话电报公司年轻管理人员为对象的调研中发现，这些人在公司的第一年中所承担的工作越富有挑战性，他们的工作也就越有效率、越容易达到要求完成的目标。因此，提供富有挑战性的起步性工作，是帮助新员工取得职业发展的有效方法之一。

### （二）职业生涯中期阶段

职业生涯中期是一个时间周期长（年龄跨度一般是25～50岁）、富于变化的阶段。这一阶段是既有可能获得职业生涯成功，又有可能出现职业生涯危机的一个很宽阔的职业生涯阶段。因此，组织要实现自身的发展目标，就必须强化其职业生涯管理任务，设计促进员工职业生涯中期发展的管理方案和措施，预防和补救职业生涯中期可能出现的危机，加强组织职业生涯管理。

1.职业生涯中期容易出现的问题

（1）职业高原现象。员工在职业中期可能会面临职业通道越来越窄、发展机会越来越少的困境，这种情况常常被称为职业高原现象。由于人的个性差异、所处的环境不同、家庭状况不同，这个时期，人与人之间的差异也比较大。过去的同学、同事，有的可能发展得非常好，已经早早地达到事业顶点；而有的人，由于走了许多弯路，还在寻找自己理想的职业领域。和老同学、老同事相比，这些人心理压力很大，会觉得有失落感，或努力奋斗，追赶先进；或自暴自弃，得过且过。有许多人，尽管职业生涯发展得比较顺利，但越往上发展，压力越大。由于人才济济，而组织所能够提供的高级职位有限，因此相互之间竞争过于激烈。这种发展瓶颈是许多步入职业生涯中期的人要面对的现实。图8-4是组织对不同层次人才需求数量示意图。

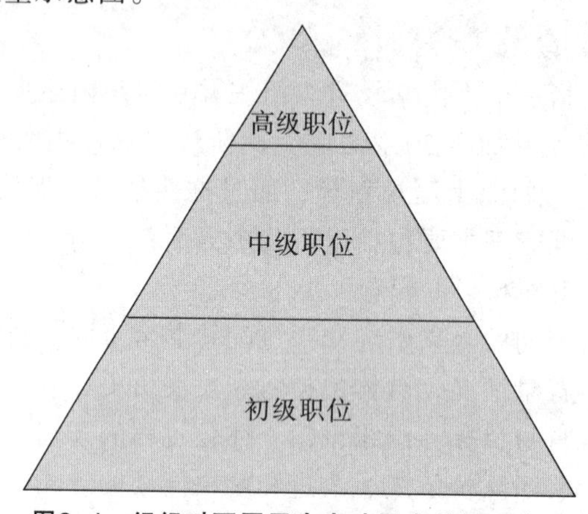


**图8-4　组织对不同层次人才需求数量示意图**

（2）工作与家庭的冲突问题。在家庭方面，员工由生育、抚养、教育子女，逐步过渡到子女成人、就业、成家并自立。在子女成长的时期，家庭任务非常繁重，既要照顾子女的饮食起居、学习生活，还要忙于自己的工作，压力比较大。这一时期，职业、家庭、生物周期相互作用比较强。生物周期是职业、家庭的“能源保障”，这时职业、家庭都要消耗大量“能源”，容易使人感到紧张、精力不济。特别是在子女小学和中学时期，这种冲突比较严重。许多人下班后回到家还要做大量的家务、照顾子女的学习和生活。有些岗位的工作，除了上班8小时外，可能还要在家里工作，这时，便产生了冲突。工作家庭冲突会造成很多消极后果，这种推论性的因果关系如图8-5所示。总之，职业生涯中期是一个充满矛盾的复杂阶段，这一阶段尤其需要组织加强管理。

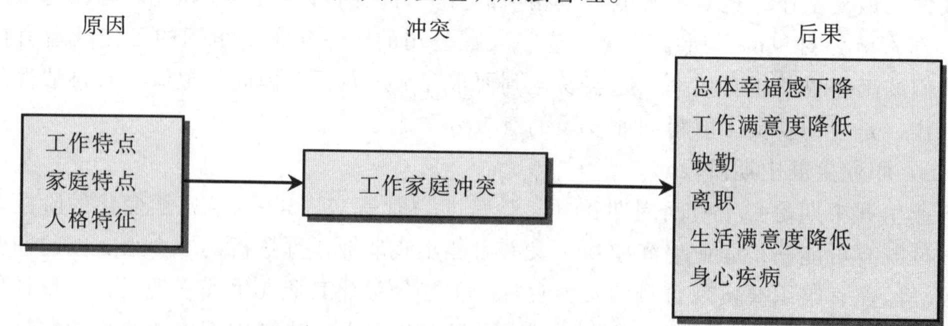


**图8-5　工作家庭冲突的原因与后果**

2.职业生涯中期组织的管理对策

（1）为员工提供更多的职业发展机会。职业生涯中期的员工十分重视个人职业上的成长和发展。组织要保证员工合理的职位轮换和晋升。组织中的职业发展通道不应是单一的，而应是多重的，以便使不同类型的员工都能寻找到适合自己的职业发展途径。

（2）实施职位轮换，防止工作“疲顿倾向”。工作轮换可以使工作变得丰富多彩，可以用来提高员工对工作的兴趣。事实证明，当晋升和提薪的机会变小时，工作轮换就成为一种有效激励员工的措施。有研究表明，任何一个组织或单位，如果人员没有流动或变化，就会像一潭死水，没有活力。美国学者库克所绘制的时间与创造力发挥程度的曲线进一步说明了职位轮换的意义。库克曲线具体如图8-6所示。

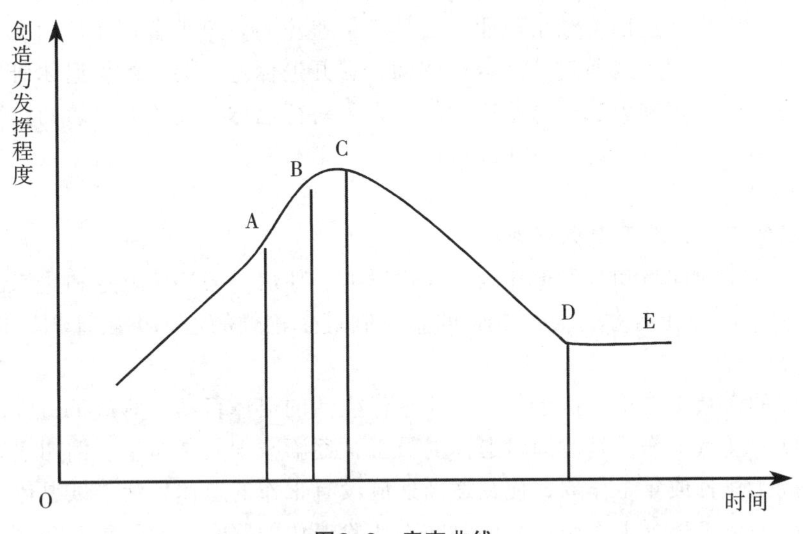


**图8-6　库克曲线**

图8-6中，OA是一个人工作之前的学习阶段，知识不断增长；AB为参加工作初期，因为是进入一个新环境、第一次承担任务，极富新鲜感、挑战性，员工成长迅速；BC为创造力发挥至顶峰、出成果的黄金时期；此后，创造力开始下降，进入CD阶段，即衰退期；而DE为稳定的衰退期。如果不改变工作环境和工作内容，创造力将在低水平上徘徊。因此，有计划地、适时地变换工作部门，或者更换组织，是有利于激发员工创造力的。

（3）用满足员工心理成就感的方式进行激励。心理成就感是员工希望从工作中获得的一种重要心理感受，一个有心理成就感的员工往往是高工作满意度、高绩效的，组织通过为员工提供培训机会，让他们在工作中更加游刃有余，适时恰当地对员工的成绩予以表彰等，都可以大大提高他们的心理成就感。事实上，有许多行之有效的措施可以帮助员工摆脱由于不能得到及时晋升而带来的工作不快。

（4）协助员工解决工作和家庭冲突。为了帮助员工处理好工作与家庭之间的关系，组织可以提供一些比较灵活的工作安排。例如，弹性工作时间就是一种有效的办法，它能为员工在完成他们工作的同时提供处理他们私事的自由。此外，为员工提供子女日托等帮助也是一种解决办法，尽管有些小型公司可能没有这样的能力。还有些公司提出了十分有创意的计划，如老人照料计划。

总之，在职业生涯中期阶段，组织应落实好内部晋升计划，促进员工职业生涯朝着顶峰发展；提供良好的教育培训计划，针对职业生涯中期危机，进行有效预防、改进和补救。

### （三）职业生涯后期阶段

在职业生涯后期阶段，员工一般处在50岁至退休年龄之间，这时员工已进入职业生涯的最后阶段。这一阶段员工的人生需求变化很大，而职业生涯尚有10年左右时间。如何发挥员工的潜能和余热，并帮助员工顺利度过这段时间，是组织义不容辞的责任。所以，在职业生涯后期，组织仍肩负着很重的职业生涯管理任务，其主要工作包括：

1.帮助雇员树立正确观念，坦然面对退休

员工到了职业生涯后期，结束职业生活是不可避免的。组织有责任帮助雇员认识并接受这一客观现实。组织可以通过开展退休咨询、召开退休座谈会、组织退休研讨会等，了解员工对于退休的认识和想法，讨论应如何认识和对待退休，交流退休后的打算，以及如何过好退休生活的经验等。这可以使即将退休的员工有充分的思想准备，以减轻退休后所产生的迷惘和失落感。

2.开展退休咨询，着手退休行动

退休咨询就是向即将和已经退休的人提供财务、住房、搬迁、家庭和法律、再就业等方面的咨询和帮助。在西方，大约30%的企业制订了正式的退休准备计划，以帮助员工顺利完成退休过程。

组织开展的递减工作量、试退休等适应退休生活的退休行动，对员工适应退休生活也具有重要帮助。递减工作量是对即将退休的员工，逐渐减少其工作量。例如逐渐减少其日工作小时、周工作日或年工作周，使其逐渐适应没有工作的退休生活。试退休是安排即将达到退休年龄的员工离开工作岗位一段时间去体验退休的感受，亲身感受并逐步适应退休生活。

3.做好退休职工的职业工作衔接

员工退休而组织的职业工作要正常运转，因此，切不可因为退休影响工作正常进行。在退休计划中，选好退休员工职业工作的接替人、及早进行接替人的培养是非常重要的。组织可以采取多种形式对接替员工进行职业岗位的培训与学习。如与即将退休的员工一起工作一段时间，进行实地学习，请老员工传、帮、带等。帮助退休员工与其接替者做好具体的交接工作，保证工作正常顺利进行。

## 【知识巩固训练】

### 一、填空题

1.________是参与社会分工，利用专门的知识和技能，为社会创造物质财富和精神财富，获取合理报酬，作为物质生活来源，并满足精神需求的工作。

2.职业具有________、________和________三个方面特征。

3.________就是指一个人一生从事职业的全部历程。

4.萨柏把人的职业生涯划分为五个主要阶段：________、________、________、________和________。

5.格林豪斯将职业生涯划分为五个阶段：________、________、________、________和________，进而形成他的职业生涯发展理论。

6.美国著名的职业指导专家、职业生涯发展理论的先驱和典型代表人物——金斯伯格将职业生涯的发展分为________、________和________三个阶段。

7.________是指当一个人不得不做出选择的时候，他无论如何都不会放弃的职业中的那种至关重要的东西或价值观。

8.从组织的角度看，职业生涯管理包括________和________两个方面内容。

9.组织有四种职业生涯通道模式，即________、________、________和________。

10.员工在职业中期可能会面临职业通道越来越窄、发展机会越来越少的困境，这种情况常常被称为________。

**二、单项选择题**

1.确定（　　）是职业生涯规划的关键环节，其他环节全面围绕它的确定展开。

A.长远目标　　B.近期目标　　C.阶段目标　　D.发展目标

2.根据萨柏的职业生涯发展阶段理论，15～24岁属于（　　）。

A.成长阶段　　B.探索阶段　　C.维持阶段　　D.衰退阶段

3.萨柏的职业生涯发展阶段理论中，（　　）经历是从对职业从好奇、幻想到兴趣到有意识培养职业能力的逐步成长过程。

A.成长阶段　　B.探索阶段　　C.维持阶段　　D.衰退阶段

4.萨柏的职业生涯发展阶段理论中，（　　）的主要任务是获取一个合适的工作领域，并谋求发展。

A.成长阶段　　B.探索阶段　　C.建立阶段　　D.衰退阶段

5.格林豪斯的职业生涯发展理论中，职业生涯初期是指（　　）。

A.0～18岁　　B.18～25岁　　C.25～40岁　　D.40～55岁

6.（　　）是指采取工作轮换的方式，通过在组织中各平行部门之间进行职务调动，使工作具有多样性。

A.单通道模式　　B.双通道模式　　C.多通道模式　　D.横向通道模式

7.（　　）是指在为普通员工进行正常的职业通道设计时，为专才另外设计一条职业发展的通道，从而在满足大部分员工职业发展需要的同时，满足专业技术人员的职业发展需要。

A.单通道模式　　B.双通道模式　　C.多通道模式　　D.横向通道模式

8.下列选项中，职业生涯（　　），容易出现工作与家庭的冲突问题。

A.早期阶段　　B.中期阶段　　C.晚期阶段　　D.以上均不对

9.霍兰德发现人有六种人格性向，其中（　　）性向的人喜欢冒险，乐观，具有领导才能。

A.实际型　　B.社会型　　C.企业型　　D.常规型

10.职业锚的八种类型中，（　　）职业锚希望随心所欲安排自己的工作方式、工作习惯和生活方式。

A.技术/职能型　　B.管理型　　C.自主/独立型　　D.创业型

**三、判断题**

1.45～64岁进入职业衰退阶段。　　（　　）

2.幻想期职业需求的特点是：单纯凭自己的兴趣爱好，不考虑自身的条件、能力水平和社会需要与机遇。　　（　　）

3.职业锚就是人们选择和发展自己的职业时所围绕的中心。 ( )

4.独立型的人追求并致力于工作晋升，倾心于全面管理，独自负责一个部分，可以跨部门整合其他人的努力成果。 ( )

5.职业锚可以为员工设置可行有效的职业通道。 ( )

6.关注员工健康不属于组织职业生涯管理的范畴。 ( )

7.单通道模式即纵向职业通道，指在组织中员工沿职位纵向发展的通道。 ( )

8.多通道模式是指提供两条或多条平等的升迁路径，包括管理路径和技术路径。 ( )

9.职业生涯早期阶段，组织应尽可能提供给员工一份有挑战性的工作。 ( )

10.职业生涯中期阶段，组织应做好退休职工的职业工作衔接。 ( )

**四、思考题**

1.什么是职业、职业生涯、职业生涯管理？

2.职业生涯管理对企业和个人具有什么意义？

3.组织职业生涯管理的内容有什么？

4.组织职业生涯管理不同阶段管理的重点各是什么？

## 【技能强化训练】

**一、讨论交流**

1.观点分析

（1）你认为个人的职业成功与哪些因素关系密切？有人说性格是决定职业成功的关键，你同意这一说法吗？请提出你的观点并分析。

（2）有人观察了许多大学毕业生的职业道路，发现他们的职业生涯成功与否，与在校学习的成绩没有必然联系。你同意该看法吗？如果同意，你认为主要的原因是什么？如果不同意，请你说明你的观点和理由。

2.职业匹配

文林公司新招聘了2名大学生——小芳和小李。通过人格特质测试，发现小芳是感情型的工作者，小李是直觉型的工作者。

要求：

请根据上述任务情境，运用所学知识对2名大学生适合从事的工作进行评价。

3.职业生涯管理认识

王健是某公司的管理者，他对职业生涯的管理有如下认识：

（1）离职率、旷工率可作为评估组织职业生涯效果的指标；

（2）职业生涯管理的实施可改善员工与上级的沟通质量；

（3）职业自我认识与其他人对自己的评价无关；

（4）“工作是为了实现自我”，这是关于职业兴趣的陈述；

（5）大学阶段在舒伯的职业生涯五阶段中属于成长阶段；

（6）当你发现某些东西对你比对别人更为重要，即职业生涯发展中所产的价值阶段出现了；

（7）兼具创业型职业锚和自主型职业锚的人较适合成为企业家；

（8）认为最大的组织认同是晋升高位的人是创业型职业锚的人；

（9）给新员工分配挑战性工作不利于其职业锚的建立；

（10）横向职业发展途径是建立在工作行为需求分析基础上的。

要求：

请根据上述任务情境，对王某对职业生涯管理的认识进行评价。

**二、应用设计**

1.职业生涯面谈提纲设计

W公司计划对员工开展职业生涯面谈，帮助员工发现其职业生涯规划与发展中的问题。请你为W公司设计一份职业生涯面谈提纲。

2.职业生涯规划流程设计

你是日兴公司人力资源部的工作人员，公司现在需要对员工做职业生涯规划管理，要拟定员工职业生涯规划流程，现人力资源部经理委任你做这项工作，请你运用所学知识完成此项任务。

3.职业发展通道设计

某市场主管今年34岁，女性，在企业工作了12年，工作业绩普通但工作态度认真。其配偶长期在外地工作，孩子3岁。她认为市场部工作时间不固定，出差较多，希望能在企业内部调换至工作时间稳定、工作压力较小的职位。

要求：针对这种情况，请你为其建立职业锚、设置职业发展通道。

**三、数据分析与材料解析**

1.职业发展人员结构分析

世轩公司是一家大型生产型企业，近期公司人力资源部对现有人力资源情况进行了统计分析，其中公司职能部门的员工年龄结构见表8-3。

表8-3　**世轩公司职能部门的员工年龄结构**

| 项　目 | | 人数（人） |
|---|---|---|
| 职能部室年龄结构 | 25岁及以下 | 35 |
| | 26～30岁 | 85 |
| | 31～35岁 | 253 |
| | 36～40岁 | 325 |
| | 41～45岁 | 95 |
| | 46～49岁 | 45 |
| | 50岁及以上 | 13 |

要求：

（1）该公司职能部门员工的年龄具有什么特点？

（2）从员工职业发展的角度看，该公司目前需要注意什么问题？

（3）你能为该公司改善员工年龄结构提出什么建议？

2. 自我发展与职业发展分析

为了进一步了解员工的工作满意度，志华公司近期对公司的员工进行了全面调查。表8-4是志华公司进行的员工自我发展期望与对企业发展期望值的调查结果。

表8-4 员工自我发展期望与对企业发展期望（%）

| 职位层级类别 | 对企业期望高<br>对自己期望高 | 对企业期望高<br>对自己期望低 | 对企业期望低<br>对自己期望高 | 对企业期望低<br>对自己期望低 |
|---|---|---|---|---|
| 中层管理者 | 75% | 5% | 15% | 5% |
| 普通员工 | 15% | 60% | 5% | 20% |

要求：

（1）试分析该公司普通员工自我发展期望与对企业发展期望的调查结果，在数据真实有效的前提下分析造成这一现象的原因，并说明应该如何改进。

（2）最近一年，该公司中层管理者的离职率明显上升，已有30%左右的中层管理者离职，这一现象是否与上表中的数据一致？如果不一致，在调查过程中可能出现哪些问题？

3. 组织职业生涯阶段管理分析

B公司最近引进了多位知识层次高、工作经验丰富的营销人才，销售部的副主任老李感到压力很大，作为公司的老员工，老李虽然文化层次不高，但一直兢兢业业地工作，积累了较为丰富的实践经验，具有很强的市场开拓能力，为公司的发展做出了一定贡献，随着外部人才的大量引进，老李对自己的前途充满了担忧。要求。

（1）李主任处于职业发展的哪个阶段？该阶段的组织管理措施包括哪些？

（2）请分析企业在员工不同职业发展阶段的管理任务。

[第九章]

# 劳动关系管理

## 思政视野

要根据需要和实际向用人主体充分授权，发挥用人主体在人才培养、引进、使用中的积极作用。用人主体要发挥主观能动性，增强服务意识和保障能力，建立有效的自我约束和外部监督机制，确保下放的权限接得住、用得好。用人单位要切实履行好主体责任，用不好授权、履责不到位的要问责。

——习近平在中央人才工作会议上的讲话

## 教学目标

| 知识目标 | 能力目标 | 思政目标 |
|---|---|---|
| ▶掌握劳动关系的特征与构成要素<br>▶掌握劳动关系管理的内容<br>▶掌握劳动合同的种类与内容<br>▶掌握劳动合同订立、变更、解除、续订和终止的法律规定 | ▶能按照法律规定计算劳动合同解除的经济补偿<br>▶能办理劳动合同订立、变更、解除与续订手续<br>▶能有效处理企业与员工的劳动争议<br>▶能处理劳动关系管理过程中各环节的问题 | ▶培养学生诚实公正、遵章守法、恪尽职守的素养<br>▶培养学生关注时事政策、法律法规的意识<br>▶培养学生科学分析、严谨细致、求真务实的态度<br>▶培养学生爱岗敬业、诚实守信、知法守法的品质 |

**导入案例**

**员工的乐园**

亨利公司的管理者海因茨去佛罗里达州旅行，可是他很快就回来了。

工人们问："为什么回来这么早？"

他回答道："你们也不在，一个人游玩没有意思。"

他指挥工人在工厂中央安放了一只大玻璃箱，员工们好奇地过去看，原来里面有一只巨大的短吻鳄，重达800磅，身长约4.35米，年龄为150岁。

> “怎么样，这个家伙看起来还好玩吗?”
>
> “好玩。”许多人都说以前从未见到过这么大的短吻鳄。
>
> 海因茨笑呵呵地说：“这个家伙是我佛罗里达之行最难忘的记忆，也令我激动万分。请大家休息的时候一起来分享这份快乐吧!”
>
> 原来，这是海因茨特意为员工们买回来的。
>
> 海因茨非常善于管理企业，老板与员工之间建立融洽的劳资关系是他的经营秘诀，他身材短小，可员工们都认为他很高大，因为他十分容易让人接近，和员工打成一片。他还特别善于用自己的热情来打动员工，使大家非常激动和振奋。
>
> 亨利公司的劳资关系被认为是美国企业的楷模，被誉为“员工的乐园”。
>
> 资料来源：李健. 人力资源管理——理论·案例·实训［M］. 北京：清华大学出版社，2017：283.

正确处理与不断改善劳动关系，加强企业劳动关系管理，对保障企业与职工的互择权，实现生产要素优化配置，保障企业内各方面的正当权益，调动员工的积极性，改善企业内部劳动关系，维护安定团结都具有重要意义。那么，什么是劳动关系？劳动关系管理包括哪些内容？企业如何进行劳动关系管理？这正是本章所要讲述的内容。

## 第一节　劳动关系管理概述

劳动关系是最基本、最重要的社会关系之一。劳动关系是否稳定与协调，不仅影响劳动者的生活水平、身心健康、个人尊严和职业发展，还影响经济、社会的进步、和谐与稳定。

### 一、劳动关系概述

#### （一）劳动关系的概念

劳动是人们为创造社会财富所进行的有意识、有目的的活动。在劳动过程中，人们不仅与自然界发生关系，人们彼此之间也会发生一定的社会关系。人们在社会劳动过程中彼此之间发生的关系称为社会劳动关系。

劳动关系是指企业所有者、经营管理者、普通职工及工会组织在企业的生产经营活动中形成的各种关于权、责、利的关系。劳动关系的含义可以从广义和狭义两方面来理解。广义的劳动关系是指人们在社会劳动过程中发生的一切关系，包括劳动力的使用关系、劳动管理关系、劳动服务关系等。其主体由政府、劳动者及劳动者团体、用人单位和管理方构成。狭义的劳动关系仅指劳动者与用人单位在劳动过程中发生的关系。劳动关系的主体即用人单位和劳动者。

#### （二）劳动关系的法律特征

1.劳动关系的主体具有特定性

劳动关系是劳动力提供者与劳动力使用者之间的社会关系，因此劳动关系的主体具有特定性，一方是劳动者（劳动力提供者），另一方是用人单位（劳动力使用者）。劳动者的劳动力与用人单位提供的生产资料相结合，完成劳动的过程，是劳动关系产生的条件。

2.劳动关系必须产生于劳动过程中

劳动关系是在劳动过程中产生的关系，与劳动者有直接的联系。劳动过程是劳动关系产生的前提和基础，没有劳动过程，便不可能产生劳动关系。

3.劳动关系兼具人身性与财产性

劳动关系与人身具有密切联系，二者不可分离。劳动者必须亲自劳动而不能委托其他人来完成，劳动关系具有人身属性。同时，劳动关系双方通过劳动者提供劳动可以获得各自的经济利益，一方面劳动者提供劳动的主要目的是获取劳动报酬，用人单位向劳动者支付的劳动报酬成为劳动者的主要收入来源；另一方面，用人单位通过劳动者的劳动又获得了经济效益，实现了财富的增值。劳动关系又具有财产属性。

4.劳动关系兼具平等性与隶属性

在劳动力市场中，劳动者和用人单位是自主的独立主体，劳动者有自主择业权，用人单位有用人自主权，双方在平等、自愿、协商一致的基础上订立劳动合同，因此劳动关系具有平等性。

因为劳动者一旦成为用人单位的员工，就必须服从用人单位的管理，接受用人单位的指挥，遵守用人单位制定的各项劳动规章制度，因此劳动关系又具有隶属性。

**（三）劳动关系与劳务关系的区别**

劳动关系的法律特征使其与劳务关系区分开，这二者是实践中最容易混淆的概念。劳务关系是平等主体的公民、法人、其他组织之间，以提供劳务和支付报酬为主要内容的民事关系。二者的区别主要体现在以下几个方面：

（1）劳动关系的主体是特定的，一方是用人单位，另一方是劳动者；劳务关系则无此限制。

（2）劳动关系兼具人身性和财产性、平等性和隶属性，劳动者与用人单位一旦建立劳动关系，即形成管理与被管理的关系；劳务关系是相互独立的平等主体之间的财产关系，属于典型的债权关系。

（3）劳动关系注重劳动过程，报酬以工资的形式定期支付，在支付形式、期限、最低标准方面受法律规定的限制；劳务关系注重提供劳务的结果，报酬的数额由双方约定。

（4）因劳动关系产生的纠纷受劳动法的调整；劳务关系涉及平等主体之间的关系，所以属于民法的调整范围。

## 二、劳动法律关系的构成要素

劳动关系经劳动法律规范确认和调整，形成劳动法律关系。所谓劳动法律关系，是指劳动者与用人单位依据劳动法律规范，在实现社会劳动过程中形成的权利义务关系。它是劳动关系在法律上的表现，是劳动关系为劳动法律规范调整的结果。任何一种劳动法律关系，都是由劳动法律关系主体、劳动法律关系客体和劳动法律关系内容这三个基本要素构成的。

**（一）劳动法律关系的主体**

劳动法律关系的主体，是指在实现社会劳动过程中依照劳动法律规范享有权利并承担义务的当事人。它是劳动法律关系的参与者，具有特定性。从狭义上来讲，劳动法律关系的主体包括双方：一方是员工及以工会为主要形式的员工团体，另一方是管理方以及雇主协会组织。从广义上来讲，劳动法律关系的主体还包括政府。在劳动法律关系的发展过程中，政府通过立法介入和影响劳动法律关系，调整、监督和干预作用不断增强，因而政府也是广义的劳动法律关系主体。劳动法律关系的主体如图9-1所示。

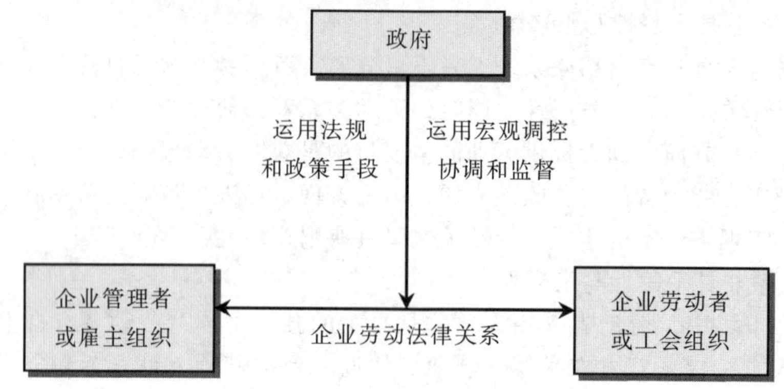


**图9-1 劳动法律关系的主体构成**

### （二）劳动法律关系的客体

劳动法律关系的客体，是指劳动法律关系主体双方的权利义务共同指向的对象，如劳动时间、劳动报酬、安全卫生、劳动纪律、福利保险、教育培训、劳动环境等。主体双方的权利义务必须共同指向同一对象才能形成劳动法律关系。在我国，劳动法律关系的客体只能是劳动者的劳动行为，劳动者的人格和人身不能作为劳动法律关系的客体。

### （三）劳动法律关系的内容

劳动法律关系的内容，是指劳动法律关系主体双方依法享有的权利和承担的义务。劳动法律关系主体的权利与义务具有统一性和对应性。劳动法律关系主体的权利与义务是相辅相成、密切联系的，存在于同一劳动法律关系之中，是统一、不可分割的整体。没有只享有权利而不承担义务的主体，也没有只承担义务而不享受权利的主体。劳动法律关系主体双方的权利与义务具有对应性：一方的权利是另一方的义务，一方的义务也是另一方的权利。

1.劳动者的权利和义务

《劳动法》第三条规定，劳动者依法享有的主要权利有：劳动权、民主管理权、休息权、劳动报酬权、劳动保护权、职业培训权、社会保险权、劳动争议提请处理权等。

劳动者承担的主要义务有：按质、按量完成生产任务和工作任务；学习政治、文化、科学、技术和业务知识；遵守劳动纪律和规章制度；保守国家和企业的秘密。

2.用人单位的权利和义务

用人单位的主要权利有：依法录用、调动和辞退员工；决定企业的机构配置；任免企业的行政干部；制订工资、报酬和福利方案；依法奖惩员工。

用人单位承担的主要义务有：依法录用、分配、安排职工的工作；保障工会和职工代表大会行使其职权；按职工的劳动质量、数量支付劳动报酬；加强对职工思想、文化和业务的教育、培训；改善劳动关系；搞好劳动保护和环境保护。

## 三、劳动关系管理

劳动关系管理是指以促进组织经营活动的正常开展为前提，以缓和、协调组织劳动关系的冲突为基础，通过规范化、制度化的管理，使劳动关系双方（企业与员工）的行为得到规范，权益得到保障，维护稳定和谐的劳动关系，促使企业经营稳定运行。

劳动关系管理的基础领域主要有两个方面：一是促进劳动关系的合作；二是缓和、解决劳动关系的冲突。具体来说，劳动关系管理的对象主要包括五个方面：员工的罢工、怠工和抵制等问题，因用人单位处分、排斥或侵犯员工的权利而引发的劳动争议、仲裁、诉讼等劳动关系问题，员工参与管理问题，双方协商制度，集体谈判制度。其基本框架如图9-2所示。

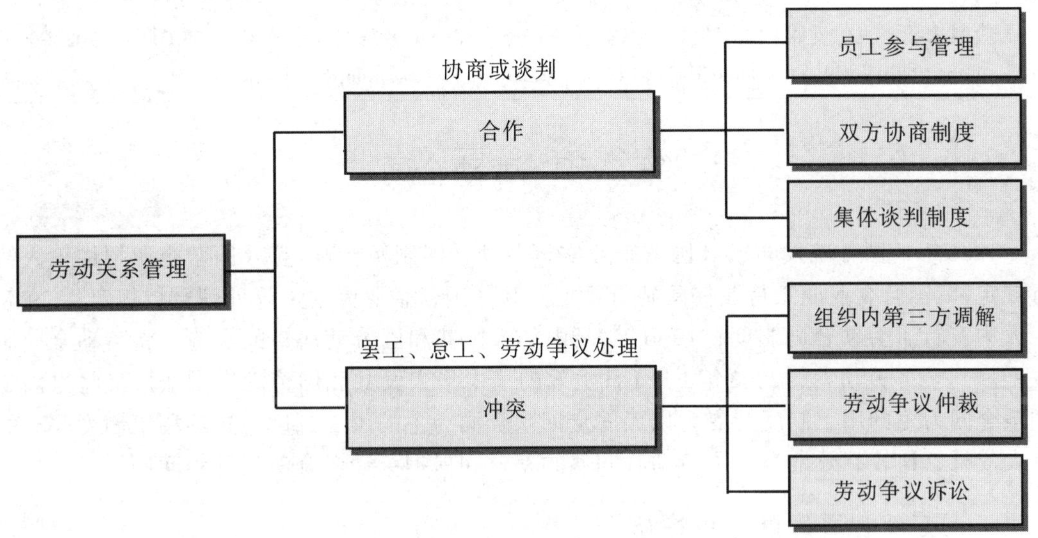


**图9-2　劳动关系管理的基本框架**

资料来源：张小兵，孔凡柱．人力资源管理［M］．2版．北京：机械工业出版社，2013：169.

**文化故事9-1**

**一代圣主和一位名臣的故事**

“夫以铜为镜，可以正衣冠；以古为镜，可以知兴替；以人为镜，可以明得失。今魏徵已去，吾失一镜矣。”此话是唐太宗李世民对魏徵的评价，可以说真正是高度评价。

魏徵是一名谏官，不仅有才，敢言他人之不敢言，不怎么给李世民面子，当然这并非羞辱，只是他盼李世民做一代明主，李世民也知晓魏徵之忠心，可他毕竟一国之主，这样被臣子顶撞，李世民心中很是不快。

有一天，唐太宗玩鹞子，他让鹞子在手臂上跳来跳去，玩得正高兴，魏徵进来了，太宗怕魏徵唠叨他，避之不及，就将鹞子藏在怀中。魏徵早就看到了，他禀报公事时故意说个不停，太宗不敢拿出鹞子，等到魏徵离开，鹞子就这样被生生地闷死了。李世民这个生气啊，回去与自己的长孙皇后抱怨：魏徵这个乡巴佬，我早晚要了他的命！长孙皇后没有应和自己的丈夫，而是换了一套盛装，唐太宗很是疑惑。长孙皇后温柔地回答：我听说上行下效，君主英明，臣子也英明，而现在魏徵如此正直，正说明陛下的正直影响了他，我如何不向您祝贺呢？太宗听了这话，也不生气了，暗暗点头，同意了皇后的话，日后更开明大度，爱民利民，君臣一心，开创了贞观之治。

唐太宗李世民与贤臣魏徵，一代名君和一位名臣，各有各自的才能，李世民是文武双全，以民为本的明君，而魏徵是刚正不阿，一心为主为百姓的大臣，这二人共事，亦存在矛盾，但可贵的是，李世民不若其他朝代的君主，他听得进建议，再生气，也是大骂魏徵乡巴佬，而并未处罚他，可见李世民的肚量。再说魏徵，也是可贵地忠诚，冒死进谏，敢作敢当，这二人凑一起，如何成不了大事？

放到现在，在职场中，若是老板与员工也可以互相理解，一个肯容，一个敢说，办事效率定会大大提高，所以说，唐太宗与魏徵的关系放到今天，同样有借鉴意义。

资料来源：豆姐爱娱乐. 李世民与魏徵，一代圣主和一位名臣的大小故事［EB/OL］.［2022-06-10］. https://baijiahao.baidu.com/s?id=1601494277802263435&wfr=spider&for=pc.

## 第二节 劳动合同

1986年，国务院发布了《国营企业实行劳动合同制暂行规定》《国营企业招用工人暂行规定》《国营企业职工待业保险暂行规定》和《国营企业劳动争议处理暂行规定》，在新工人中实行了劳动合同制度；1996年，《中华人民共和国劳动法》的实施，将劳动合同制度推广到全部劳动者；2008年1月1日生效的《中华人民共和国劳动合同法》又将以固定期限合同为主的用工制度转变为以无固定期限合同为主的用工制度。这项用工制度改革的巨大成果，比较有效地解决了劳动合同签约率低和保护劳动者合法权益等问题。

### 一、劳动合同的概念和特征

#### （一）劳动合同的概念

劳动合同是指劳动者与用人单位之间为确立劳动关系，依法协商达成的明确双方权利和义务的协议，劳动合同是确立劳动关系的法律形式。劳动合同与每一个劳动者息息相关，是每一个劳动者与用人单位发生劳动关系时都必须签署的协议。

《劳动法》规定，建立劳动关系应当订立劳动合同。根据劳动合同，劳动者加入到用人单位中去，成为用人单位的成员，在用人单位的指挥下从事劳动，并遵守单位内部的劳动规则和其他规章制度；而用人单位必须依照劳动合同的规定支付劳动报酬，提供各种必要的劳动条件，保障劳动者依法享有的劳动保护和社会保险等合法权利。

#### （二）劳动合同的特征

1.劳动合同主体的特定性

劳动合同的主体一方必须是企业、事业单位、国家机关、社会团体或个体经济组织，另一方必须是劳动者本人，只有上述双方主体签订的合同才是劳动合同。

2.劳动合同属于双务合同

劳动合同主体既是权利主体，又是义务主体，任何一方在自己未履行义务的条件下，无权要求对方履行义务。劳动合同一经签订，劳动者有合法的权利也必须承担相应的义务，服从用人单位的领导和工作安排；同时用人单位也有权利和义务对劳动者进行管理。劳动合同主体这种职责上的隶属关系是在双方当事人权利、义务关系对等的基础上形成的。

3.劳动合同属于法定要式合同

法定要式合同是指必须具备特定的形式或履行一定手续才具有法律效力的合同，由法律直接规定的要式合同则是法定要式合同。根据《劳动法》和《劳动合同法》的规定，劳动合同应当以书面形式订立、劳动合同必须具备法定条款等。上述法律规定使劳动合同成为法定要式合同。

### （三）劳动合同的种类

按照不同的标准，可以将劳动合同分为不同的类型。劳动合同的具体分类见表9-1。

表9-1　**劳动合同的分类**

| 分类标志 | 合同类型 | 合同特征 | 合同形式 |
|---|---|---|---|
| 合同期限 | 固定期限劳动合同 | 约定了劳动合同终止时间 | 书面 |
| | 无固定期限劳动合同 | 未约定劳动合同终止时间 | 书面 |
| | 以完成一定工作任务为期限的劳动合同 | 以完成约定工作任务为期限 | 书面 |
| 签约主体 | 个人合同 | 劳动者个人与用人单位签订 | 书面/口头 |
| | 集体合同 | 劳动者组织与用人单位签订 | 书面 |
| | 劳务派遣协议 | 劳务派遣单位与用人单位签订 | 书面 |
| 用工形式 | 全日制劳动合同 | 工作时间为每天8小时、每周40小时 | 书面 |
| | 非全日制劳动合同 | 工作时间为每天4小时、每周24小时以内 | 口头 |

1.按照劳动合同期限分类

（1）固定期限劳动合同，是指用人单位与劳动者约定了合同终止时间的劳动合同。合同到期时，双方可以续签合同，也可以解除合同。

（2）无固定期限劳动合同，是指用人单位与劳动者约定无确定终止时间的劳动合同。无固定期限劳动合同，可以由双方自愿签订，也存在法律强制签订的情形。《劳动合同法》规定，出现下列情形之一，劳动者提出或同意续订、订立劳动合同的，除劳动者提出订立固定期限劳动合同外，应当订立无固定期限劳动合同：

① 劳动者在该单位连续工作满10年的情形。

② 用人单位初次实行劳动合同制度或者国有企业改制重新订立劳动合同时，劳动者在该用人单位连续工作满10年且距法定退休年龄不足10年的情形。

③ 连续订立两次固定期限劳动合同，且没有出现《劳动合同法》第三十九条、第四十条规定的由于劳动者的原因或过错导致用人单位可以单方解除劳动合同的情形。

（3）以完成一定工作任务为期限的劳动合同，是指用人单位与劳动者约定以某项工作的完成时间为合同期限的劳动合同。例如，培训讲师完成一个周期的培训任务；专业技术人员完成某项目的研究与开发等。

2.按照劳动合同签约主体分类

（1）个人合同，指劳动者个人与用人单位签订的劳动合同。

（2）集体合同，指由工会、劳动者代表与用人单位或用人单位代表签订的劳动合同。它可以是综合性的劳动合同，也可以是劳动安全卫生、女职工权益保护、工资调整机制等专项合同；它可以由单位内部的工会与用人单位签订，也可以由整个行业、区域的工会与行业、区域用人单位代表签订。集体合同的草案应提交职工代表大会或全体职工讨论通过。

（3）劳务派遣协议，指劳务派遣单位与接受劳务派遣形式用工的单位订立的协议。协议应当约定派遣岗位、人员数量、派遣期限、劳动报酬、社会保险费数额及支付方式、违约责任等内容。

3.按照用工形式分类

（1）全日制劳动合同，是指劳动者与用人单位约定劳动时间为每天工作8小时，每周工作40小时的劳动合同。

（2）非全日制劳动合同，是劳动者与用人单位约定的以小时作为工作时间单位确立劳动关系的协议。

非全日制用工，是指劳动者在同一用人单位平均每日工作时间不超过4小时，每周工作时间累计不超过24小时的用工形式。

## 二、劳动合同的内容

劳动合同的内容是指劳动者和用人单位之间确立劳动权利和义务的具体规定，具体表现为合同条款。根据《劳动法》的相关规定，劳动合同应当以书面形式订立，劳动合同的条款分为两类：一类是法定条款，另一类是约定条款。

### （一）法定条款

劳动合同的法定条款又称必备条款，是指法律规定的劳动合同必须具备的内容。缺少法定条款，劳动合同就不能成立。劳动合同应当具备以下条款：

1.劳动合同期限

劳动合同期限是指劳动合同的有效时间，是劳动关系双方当事人行使权利和履行义务的时间。《劳动法》规定，劳动合同的期限分为有固定期限、无固定期限和以完成一定工作为期限三种。员工在同一个单位连续工作满10年以上，当事人双方同意续延劳动合同的，如果员工提出订立无固定期限的劳动合同，应当订立无固定期限的劳动合同。

**走进管理9-1**

**无固定期限劳动合同不等于“铁饭碗”**

案例——伤好了不去上班，被解除劳动合同

2013年10月，忠县某建筑公司与陈某签订无固定期限劳动合同。2014年4月，陈某在该公司承建的一个工地工作时不慎受伤，后治愈出院。同年7月，劳动能力鉴定委员会鉴定陈某未达到劳动功能障碍程度（即未达到伤残等级）。陈某对鉴定结论表示异议，并向公司提出休养1个月再上班的请求，公司表示同意。

休假结束后，公司多次以书面形式通知陈某上班，否则按旷工处理，陈某以伤势未愈为由拒绝上班。其间，陈某没有向公司请假。两周后，公司将该情况通知工会后，以陈某无故旷工，严重违反公司规章制度为由，做出单方解除劳动合同的处理决定，并出具了解除劳动合同的证明。

陈某认为双方订立的是无固定期限劳动合同，公司不能单方解除劳动合同，希望公司继续履行劳动合同，遂申请劳动争议仲裁，劳动争议仲裁机构驳回了陈某的请求。

**律师说法——违反管理规定，解除劳动合同合法**

无固定期限劳动合同不是“不能解除”的劳动合同，在符合法定条件时，用人单位或劳动者都享有单方解除劳动合同的权利。《劳动合同法》第三十八条规定，当用人单位有“未按照劳动合同约定提供劳动保护或者劳动条件”、“未及时足额支付劳动报酬”或“未依法为劳动者缴纳社会保险费”等情形时，劳动者有权解除无固定期限劳动合同；该法第三十九条规定，当劳动者存在严重违反用人单位的规章制度或严重失职、营私舞弊，给用人单位造成重大损害等情形时，用人单位有权解除无固定期限劳动合同。

陈某虽然受了工伤，但在痊愈后无故不回公司上班，也不办理请假手续，其行为严重违反公司的规章制度，公司解除劳动合同的行为合法，劳动争议仲裁机构的裁决符合法律规定。

**律师提醒——无固定期限劳动关系不是“铁饭碗”**

由于缺乏对无固定期限劳动合同的正确认识，有些劳动者认为无固定期限劳动合同一经签订就不能解除，误把无固定期限劳动关系当成“铁饭碗”，有的用人单位则将它视为“包袱”，这都是不正确的。只要出现了法律规定的情形或者双方约定的情形，无固定期限劳动合同与固定期限劳动合同一样，是能够解除的。

资料来源：佚名. 你知道吗？无固定期限劳动合同不等于“铁饭碗”[EB/OL]. [2022-06-10]. http：//www.zzxw.net/2015/0528/14888.shtml.

2.工作内容

工作内容是指劳动者为用人单位提供的劳动，是劳动者应履行的主要义务。劳动者被录用到用人单位后，应在什么岗位上担任何种工作或职务，工作上应该达到什么样的要求等，都应在劳动合同中加以明确。劳动者只有按合同约定完成了工作任务后，才能享有劳动合同约定的劳动报酬。

3.劳动保护和劳动条件

劳动保护和劳动条件是指劳动者在工作中所应享受的基本生产、工作条件。为了保护劳动者在劳动过程中的安全、卫生以及其他劳动条件，用人单位应该根据国家有关法律、法规，积极采取各项劳动保护措施，提供劳动者正常生产或工作所需要的基本条件，严格遵守国家规定的作息时间，遵守国家关于劳动安全与卫生方面的相关规定，保证劳动者能在安全的环境下工作。

4.劳动报酬

劳动报酬是指用人单位应该向劳动者支付的工资收入等。劳动报酬的主要支付形式是工资，此外还有津贴、奖金等。在劳动合同中应明确工资的数额，工资发放的日期、形式以及获得奖金、津贴的条件等。

5.劳动纪律

劳动纪律是指人们在劳动过程中必须遵守的劳动规则和工作秩序。企业制定的规章制度，只要合法、公示、走民主程序，就具备约束力。

6.劳动合同终止的条件

劳动合同的终止是指劳动合同期限届满或者劳动合同履行中发生某些特定情况，使劳动合同双方当事人的权利和义务自行终止。劳动合同终止的条件可以由当事人双方约定，也有法律、行政法规规定的合同终止的条件。一般而言，订立劳动合同时，合同终止的条件应作为合同内容之一加以规定。

7.违反劳动合同的责任

违反劳动合同的责任是指在劳动合同条款中规定，劳动合同的当事人一方故意或过失违反劳动合同，导致劳动合同不能履行或不能完全履行时所应承担的责任。劳动合同一经订立后，对用人单位和劳动者都有约束力，任何一方都必须遵循合同的规定，如有违反劳动合同的，根据权利义务相一致的原则，要求违约方承担相应的违约责任。

**（二）约定条款**

约定条款即劳动合同当事人在法定条款之外，根据具体情况，经协商可以另行约定的条款。缺乏约定条款，并不影响劳动合同的效力。

1.试用期条款

试用期是用人单位和劳动者为相互了解、选择而约定的一定期限的考查期，在试用期间，双方的劳动关系处于不确定的状态。《劳动法》对合同双方当事人是否要约定试用期作选择性规定。《劳动法》第二十一条规定，劳动合同可以约定试用期。试用期最长不得超过6个月。

另外，《劳动合同法》明确规定，试用期包含在劳动合同期限内，劳动合同仅约定试用期的，试用期不成立，该期限为劳动合同期限；同一用人单位与同一劳动者只能约定一次试用期；劳动合同期限在3个月以上不满1年的，试用期不得超过1个月；劳动合同期限在1年以上不满3年的，试用期不得超过2个月；3年以上固定期限和无固定期限的劳动合同，试用期不得超过6个月；劳动者在试用期的工资不得低于本单位相同岗位最低档工资或者劳动合同约定工资的80%，并不得低于用人单位所在地的最低工资标准；用人单位违反约定试用期已经履行的，由用人单位以劳动者试用期满月工资为标准，按已经履行的超过法定试用期的期间向劳动者支付赔偿金。

2.培训条款

用人单位为劳动者提供专项培训费用，对其进行专业技术培训的，可以与该劳动者订立协议，约定服务期。

3.保守商业秘密条款

《劳动法》第二十二条规定，劳动合同当事人可以在劳动合同中约定保守用人单位商业秘密的有关事项。商业秘密是指不为公众所知悉，能为权利人带来经济利益，具有实用性并经权利人采取保密措施的技术信息和经营信息。用人单位与掌握商业秘密的职工在劳动合同中约定保守商业秘密有关条款事项时，可以约定在劳动合同终止前或该职工提出解除劳动合同后的一定时间内（不超过6个月），调整其工作岗位，变更劳动合同中相关内容。

4.竞业限制条款

竞业限制条款是用人单位用来保护商业秘密的重要手段。我国立法规定，用人单位可以在劳动合同中约定或者由用人单位规定掌握商业秘密的职工在终止或解除劳动合同后的一定期限内（不超过3年），不得到与原用人单位生产同类产品或经营同类业务且有竞争关系的其他用人单位任职，也不得自己生产或经营与原用人单位有竞争关系的同类产品或同类业务，但用人单位应当给予职工一定数额的经济补偿。

拓展阅读9-1：劳动法中关于工作时间和休息休假的规定

**走进管理9-2**

**80后女经理跳槽违反竞业限制被判赔偿**

泰州中院对一起80后银行客户女经理跳槽到另一家银行工作引发的竞业限制纠纷一案，做出终审判决，驳回原告杨琳（化名）的上诉，维持靖江法院的一审判决。杨琳除继续履行在离职后两年内不得在银行业或准银行机构任职的竞业限制义务外，还须向靖江某商业银行支付违约金10万元，承担诉讼费用。

**签订竞业限制协议**

80后女青年杨琳，2009年7月到靖江某商业银行工作，因业绩较好，后任该行金融部客户经理。因杨琳在单位有条件接触到工作秘密，银行在2011年3月底与她签订了《保密与竞业限制协议》。该协议特别约定：杨琳在与单位解除或终止劳动合同两年内不得在银行机构或准银行业务机构任职，如杨琳履约，将从她与单位解除或终止劳动合同后两年内按月支付竞业限制补偿金，年补偿额为她离开单位前一年从单位获得的薪酬总额的1/3，在她离职后，按月支付给她。如单位违反该协议不支付竞业限制补偿金，竞业限制协议对她没有约束力；如杨琳违反该协议，单位有权要求她继续履行竞业限制的约定，从银行或准银行机构离职，并支付违约金10万元。

**跳槽到其他银行**

2012年8月，杨琳以家庭及身体原因向单位提交了离职申请。同年9月26日，靖江某商业银行与她解除劳动合同关系，并从2012年10月起，按每月1 720.96元向她支付竞业限制补偿金。

杨琳辞职后不久即应聘到某银行泰州分行工作，并在2012年11月，将自己的社会保险关系转移到该银行。

靖江市某商业银行发现杨琳跳槽到某银行泰州分行后，通知她履行《保密与竞业限制协议》确定的义务，从某银行泰州分行离职，但遭到杨琳拒绝。2013年3月，靖江市某商业银行向仲裁委申请仲裁，2013年4月26日，靖江市劳动人事争议仲裁委员做出裁决：杨琳于裁决生效后10日内支付靖江某商业银行违约金10万元；竞业限制协议继续履行，杨琳在裁决生效之日起从某银行泰州分行离职。

一审判决后，杨琳不服提出上诉，泰州市中级人民法院审理后驳回上诉，维持原判。

资料来源：张东东．80后女经理跳槽违反竞业限制被判赔偿［EB/OL］．(2014-04-05)［2022-06-10］．https://lawyer.110.com/548004/article/show/type/2/aid/490300/.

5.违约金和赔偿金条款

违约金和赔偿金条款即不履行劳动合同而应支付违约金或赔偿金的合同条款，它包括对违约金或赔偿金的支付条件、项目、范围和数额等内容的约定。鉴于实践中劳动者在用人单位出资培训后违约的现象比较突出，我国劳动法规定，可以在劳动合同中就用人单位为劳动者支付培训费用和劳动者违约时赔偿培训费用做出约定，但约定的赔偿标准不得违反国家有关规定。

除以上约定条款以外，劳动合同当事人还可以就双方的具体情况进行其他方面的约定。但是，约定条款不得违反法律、法规的规定。

**应用实例9-1**

劳动合同书样本见表9-2。

表9-2　　劳动合同书样本

甲方（用人单位）　　乙方（劳动者）
单位名称：　　姓名：
法定代表人：
或委托代理人：　　身份证号码：
甲方（盖章）　　乙方（签字）
年　月　日　　年　月　日

根据《劳动法》，经甲乙双方平等协商同意，自愿签订本合同，共同遵守本合同所列条款。

**一、劳动合同期限**

第一条　本合同期限为________年。本合同生效日期为______年__月__日，终止日期为________年月__日，其中试用期________。

**二、工作内容和义务**

第二条　乙方同意根据甲方工作需要，担任________岗位工作。甲方可依照有关规定，经与乙方协商，对乙方的工作职务和岗位进行调整。

第三条　乙方应按照甲方的要求，按时完成规定的工作数量，达到规定的质量标准，并履行下列义务：

⋮

**三、劳动保护和劳动条件**

第四条　甲乙双方执行国家劳动安全卫生法律、法规、规程和标准。甲方负责对乙方进行政治思想、职业道德、业务技术、劳动安全卫生及有关规章制度的教育和培训。

第五条　乙方在劳动过程中应严格遵守操作规程。对甲方违章指挥、强令冒险的作业，有权拒绝执行。

**四、劳动报酬**

第六条　甲方的工资分配应遵循按劳分配原则，实行同工同酬。

第七条　在法定工作时间内，乙方完成规定的工作任务，甲方应以货币形式按月支付乙方工资。

第八条　甲方安排乙方加班或延长工作时间的，按《劳动法》第四十四条和国家有关规定支付工资报酬。

**五、保险福利待遇**

第九条　甲乙双方都必须执行国家有关社会保险和福利的规定。

第十条　甲方努力创造条件，改善集体福利，提高乙方的福利待遇。

**六、劳动纪律**

第十一条　乙方应遵守甲方依法规定的规章制度、劳动纪律，服从安排，保质保量完成各项任务。

第十二条　因乙方违章作业造成甲方财产损失，按甲方有关制度予以赔偿或处理，对自己或他人造成人身伤害，按甲方有关制度处理。

续表

**七、劳动合同的变更、解除、终止、续订**

第十三条 订立本合同所依据的法律、行政法规、规章发生变化，本合同应变更相关内容。

⋮

第十七条 乙方有下列情形之一，甲方可以解除本合同：

1.在试用期间，被证明不符合录用条件的；

⋮

第二十一条 有下列情形之一，乙方可以随时通知甲方解除本合同。

1.在试用期内的；

⋮

第二十三条 订立无固定期限劳动合同的，乙方达到法定退休年龄或甲乙双方约定的其他终止条件出现，本合同终止。

**八、其他**

第三十四条 本合同未尽事宜，按国家、当地人民政府有关规定执行。

第三十五条 本合同一式两份，甲乙双方各执一份。合同自签订之日起生效，具有同等法律效力。

甲方（盖章）　　　　　　　　　　乙方（签字）

法定代表人（签章）或委托代理人

## 三、劳动合同的订立和变更

### （一）劳动合同的订立

1.劳动合同订立的含义

劳动合同的订立，是指劳动者与用人单位之间为建立劳动关系，依法就双方的权利和义务协商一致，设立劳动合同关系的法律行为。

2.劳动合同订立的原则

（1）平等自愿原则。平等自愿原则是指劳动者和用人单位在法律上处于平等地位，平等地决定是否签订劳动合同，决定合同的内容。任何一方都可以拒绝与对方签订合同，任何一方都不得强迫对方与自己签订合同。当事人地位的平等性，要求双方订立劳动合同时不得享有任何特权，只能出于其内心意愿。

（2）协商一致原则。协商一致原则要求当事人双方就劳动合同主要条款达成一致意见，只有这样劳动合同才能成立。也就是说，关于劳动合同的内容，任何一方不得自己擅自修改，不能有弄虚作假的欺骗行为，否则合同无效。

（3）符合法律原则。符合法律原则是指劳动合同的订立不得违反法律、法规的规定。这里所说的法律法规，既包括现行法律法规，也包括以后颁布实行的法律、法规；既包括劳动法律法规，也包括民事经济方面的法律法规。这是劳动合同受到法律保护的基本条件，也是把劳动关系纳入法制轨道的根本途径。

### （二）劳动合同的变更

劳动合同依法签订后，其内容条款立即生效，当事人不得擅自变更；如果当事人双方都愿意调整合同条款，可以按照法定程序进行合同变更。

1.劳动合同变更的含义

劳动合同变更，是指当事人双方对依法成立、尚未履行或尚未完全履行的劳动合同条款所做的修改或增减。劳动合同的变更只限于劳动合同条款内容的变更，不包括当事人的变更。

2.劳动合同变更的条件

劳动合同依法订立后，当事人双方必须全面履行合同规定的义务，任何一方不得擅自变更劳动合同。但是，在履行劳动合同的过程中，由于主客观情况发生变化，也可以变更劳动合同。根据劳动法律、法规的有关规定和劳动合同的实践，允许变更劳动合同的条件是：第一，订立劳动合同时所依据的法律、法规已经修改或废止；第二，企业经有关部门批准转产、调整生产任务，或者由于上级主管机关决定改变单位的工作任务；第三，企业严重亏损或发生自然灾害，确实无法履行劳动合同规定的义务；第四，当事人双方协商同意；第五，法律允许的其他情况。

在劳动合同没有变更的情况下，用人单位不得安排职工从事合同规定以外的工作，但下列情况除外：第一，发生事故或灾害，需要及时抢修或救灾；第二，因工作需要而临时调动工作；第三，发生短期停工；第四，单位行政依法任命、调动职工工作；第五，法律允许的其他情况。

## 四、劳动合同的解除

劳动合同的解除，是指当事人双方提前终止劳动合同的法律效力，解除双方的权利义务关系。劳动合同解除与劳动合同的订立或变更不同。订立或变更劳动合同是当事人双方的法律行为，必须经双方协商一致才能成立。劳动合同的解除可以是双方的法律行为，也可以是单方的法律行为，既可以由当事人双方协商一致而解除劳动合同，也可以由当事人一方提出解除劳动合同。劳动合同的解除包括法定解除和协商解除两种情况。劳动合同解除的情况比较复杂，如图9-3所示。

### （一）双方协商解除劳动合同

《劳动法》第二十四条和《劳动合同法》第三十六条规定，用人单位与劳动者协商一致，可以解除劳动合同。当事人双方协商解除劳动合同必须符合下列条件：一是双方自愿；二是平等协商；三是不得损害一方利益。

### （二）用人单位单方解除劳动合同

用人单位单方解除劳动合同，又称为辞退或解雇。根据《劳动法》的规定，用人单位解除劳动合同分为以下三种情况：

1.过失性辞退

过失性辞退即劳动关系一方当事人存在主观过错行为，用人单位有权解除劳动合同，而无须征得他人意见，也不必履行特别程序，更不存在经济补偿问题。《劳动合同法》第三十九条规定，劳动者有下列情形之一的，用人单位可以解除劳动合同：

第一，在试用期间被证明不符合录用条件的；

第二，严重违反用人单位的规章制度的；

第三，严重失职，营私舞弊，给用人单位造成重大损失的；

第四，劳动者同时与其他用人单位建立劳动关系，对完成本单位的工作任务造成严重影响，或者经用人单位提出，拒不改正的；

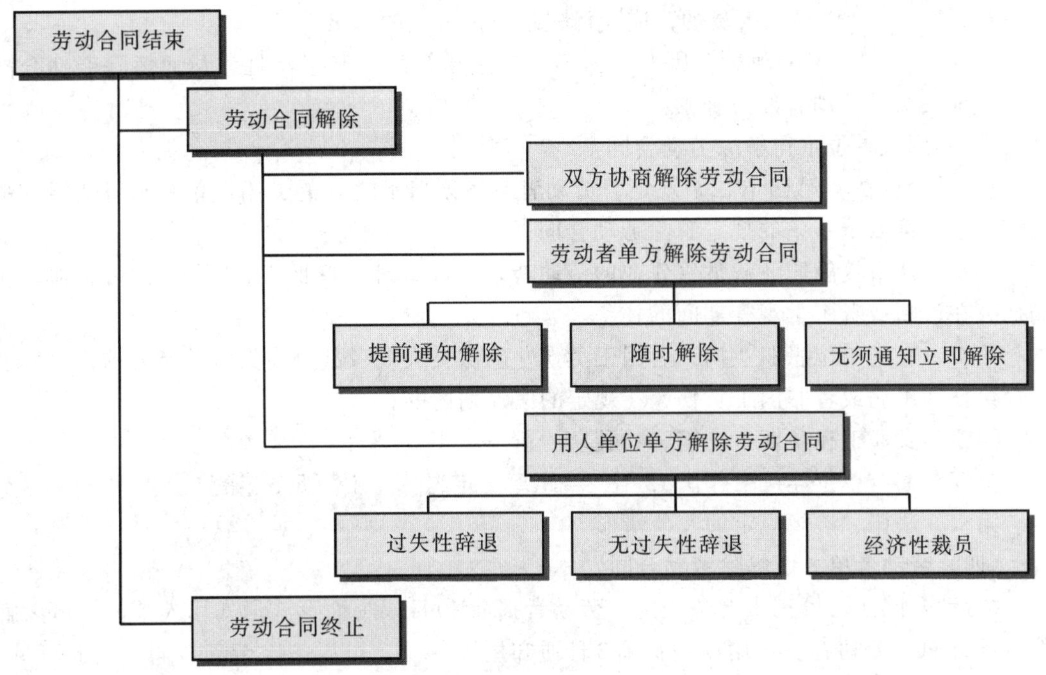


**图9-3　劳动合同解除示意图**

第五，因本法第二十六条第一款第一项规定的情形致使劳动合同无效的；

第六，被依法追究刑事责任的。

拓展阅读9-2："严重违反用人单位的规章制度"情节的认定

2.无过失性辞退

无过失性辞退即用人单位有权解除劳动合同，但必须提前30日以书面形式通知劳动者本人。《劳动合同法》第四十条规定，劳动者有下列情形之一的，用人单位提前30日以书面形式通知劳动者本人或者额外支付一个月工资后，可以解除劳动合同：

第一，劳动者患病或者非因工负伤，在规定的医疗期满后不能从事原工作，也不能从事由用人单位另行安排的工作的；

第二，劳动者不能胜任工作，经过培训或者调整工作岗位，仍不能胜任工作的；

第三，劳动合同订立时所依据的客观情况发生重大变化，致使劳动合同无法履行，经用人单位与劳动者协商，未能就变更劳动合同内容达成协议的。

上述三种情况并非劳动者过错所致，但用人单位可以从组织角度解除合同。在这种情况下，劳动者的生存条件可由社会保障制度予以解决，如失业保险和残疾保险等。

3.经济性裁员

《劳动法》第二十七条规定，用人单位濒临破产进行法定整顿期间或者生产经营发生严重困难，确需裁减人员的，应当提前30日向工会或者全体职工说明情况，听取工会或者职工的意见，向劳动行政部门报告后，可以裁减人员。但是，用人单位依据本条规定裁减人员，在6个月内录用人员的，应当优先录用被裁减的人员。

用人单位依据《劳动法》因双方协商、非过错性辞退和经济性裁员而解除劳动合同的，应依法给予劳动者经济补偿。

### （三）用人单位不得解除劳动合同

《劳动合同法》第四十二条规定，劳动者有下列情形之一的，用人单位不得依照本法第四十条、第四十一条的规定解除劳动合同：

第一，从事接触职业病危害作业的劳动者未进行离岗前职业健康检查，或者疑似职业病病人在诊断或者医学观察期间的；

第二，在本单位患职业病或者因工负伤并确认丧失或者部分丧失劳动能力的；

第三，患病或者非因工负伤，在规定的医疗期内的；

第四，女职工在孕期、产期、哺乳期的；

第五，在本单位连续工作满15年，且距离法定退休年龄不足5年的；

第六，法律、法规规定的其他情形。

### （四）劳动者单方面解除劳动合同

《劳动合同法》第三十七条规定，劳动者提前30日以书面形式通知用人单位，可以解除劳动合同；劳动者在试用期内提前3日通知用人单位，可以解除劳动合同。由此可见，劳动法律保护劳动者辞职的权利，同时规定了劳动者提前通知的义务。

《劳动合同法》第三十八条规定，用人单位有下列情形之一的，劳动者可以随时解除劳动合同：

第一，未按照劳动合同约定提供劳动保护或者劳动条件的；

第二，未及时足额支付劳动报酬的；

第三，未依法为劳动者缴纳社会保险费的；

第四，用人单位的规章制度违反法律、法规，损害劳动者权益的；

第五，因本法第二十六条第一款规定的情形致使劳动合同无效的；

第六，法律、法规规定劳动者可以解除劳动合同的其他情形。

用人单位以暴力、威胁或者非法限制人身自由的手段强迫劳动者劳动的，或者用人单位违章指挥、强令冒险作业危及劳动者人身安全的，劳动者可以立即解除劳动合同，不需事先告知用人单位。

表9-3和表9-4是企业解除劳动合同通知书和解除劳动合同证明书的示例。

表9-3 **企业解除劳动合同通知书示例**

解除劳动合同通知书

________：

我们双方于________年____月____日签订的劳动合同，因______________________________________________原因而无法继续履行，现根据《劳动法》和《劳动合同法》的规定，决定从________年____月____日起与你解除劳动合同，并根据规定发给你经济补偿金________元。

请你于________年____月____日前到________部门办理解除劳动合同手续。

特此通知。

单位（签名或盖章）

年 月 日

### （五）劳动合同解除的经济补偿

1.劳动合同解除的经济补偿的含义

劳动合同解除的经济补偿是指用人单位在协议解除劳动合同或者无过失性辞退、经济性裁员情况下，依法向劳动者支付一定数额的经济补偿，以帮助劳动者解决生活困难。实行解除劳动合同经济补偿制度，是为了使劳动者在被解除劳动合同之后、寻找到新的工作之前，维持其基本生活开支的保障，使患病者有能力继续医治疾病。

2.劳动合同解除的经济补偿办法

经济补偿一般包括两方面：一是生活补助费；二是医疗补助费。具体补偿办法如下：

表9-4　**企业解除劳动合同证明书示例**

<table>
<tr><th colspan="2">解除（终止）劳动合同证明书（第　号）</th></tr>
<tr><td colspan="2">兹有________同志（劳动合同期：________年____月____日至________年____月____日）在我单位________岗位工作，工作年限____年，现因以下第　项原因，</td></tr>
<tr><td>01.用人单位停业<br>02.劳动者死亡或失踪<br>03.劳动者开始享受养老保险待遇<br>04.用人单位裁员<br>05.劳动者按《劳动合同法》第三十八条规定解除<br>06.劳动者单方解除<br>07.用人单位破产和生产经营严重困难</td><td>08.用人单位按《劳动合同法》第四十条规定解除<br>09.用人单位按《劳动合同法》第三十九条规定解除<br>10.劳动者试用期内解除<br>11.协商一致解除（个人原因）<br>12.协商一致解除（单位原因）<br>13.劳动合同期满<br>14.法律、行政法规规定的其他情形</td></tr>
<tr><td colspan="2">根据______________有关规定，决定从________年____月____日解除（终止）劳动关系。并在接到此证明之日起15日内办理档案和社会保险转移手续。<br>特此证明。<br>法定代表人签名：　　　　单位盖章：<br>________年____月____日</td></tr>
</table>

（1）经双方当事人协商一致、由用人单位解除劳动合同的，用人单位应根据劳动者在本单位的劳动年限，每满1年发给相当于1个月工资的经济补偿金，最多不超过12个月。工作时间不满1年的按1年的标准发给经济补偿金。

（2）劳动者患病或者非因工负伤，经劳动鉴定委员会确认不能从事原工作，也不能从事用人单位另行安排的工作而解除劳动合同的，用人单位应根据劳动者在本单位的劳动年限，每满1年发给相当于1个月工资的经济补偿金，同时还应发给不低于6个月工资的医疗补助费；患重病或绝症的，还应增加医疗补助费。患重病的增加部分不低于医疗补助费的50%；患绝症的增加部分不低于医疗补助费的100%。

（3）劳动者不能胜任工作，经过培训或者调整工作岗位仍不能胜任工作，由用人单位解除劳动合同的，用人单位应按其在本单位工作的年限，工作时间每满1年发给相当于1个月工资的经济补偿金，最多不超过12个月。

（4）劳动合同订立时所依据的客观情况发生重大变化，致使原劳动合同无法履行，经当事人协商不能就变更劳动合同达成协议，由用人单位解除劳动合同的，用人单位按劳动者在本单位的工作年限、工作时间每满1年发给相当于1个月工资的经济补偿金。

（5）用人单位濒临破产进行法定整顿期间，或者生产经营状况发生严重困难，必须裁减人员的，由用人单位按被裁减人员在本单位工作的年限支付经济补偿金，在本单位工作的时间每满1年发给相当于1个月工资的经济补偿金。6个月以上不满1年的，按1年计算；不满6个月的，向劳动者支付半个月工资的经济补偿。劳动者月工资高于用人单位所在直辖市、设区的市级人民政府公布的本地区上年度职工月平均工资3倍的，向其支付经济补偿的标准按职工月平均工资3倍的数额支付，向其支付经济补偿的年限最高不超过12年。

上述经济补偿金的工资计算标准，是企业正常生产情况下劳动者解除合同前12个月的月平均工资。除双方协商，因劳动者不能胜任工作而解除劳动合同者外，劳动者的月平均工资低于企业月平均工资的，按企业月平均工资的标准支付。用人单位解除劳动合同后，未按规定给予劳动者经济补偿的，除足额发给经济补偿金外，还必须按该经济补偿金数额的50%支付额外经济补偿。

企业解除劳动合同或终止劳动合同，具体需要支付的赔偿金情况见表9-5和表9-6。

表9-5 **解除劳动合同赔偿情况表**

| 解除形式 | | 条　件 | 期　限 | 经济补偿金 |
|---|---|---|---|---|
| 协商解除 | 单位提出 | 不论何种类型的劳动合同，也不需要任何条件，都可以协商解除 | 无要求 | 需要支付 |
| | 员工提出 | | 无要求 | 无须支付 |
| 单位解除的情形 | 即时通知解除劳动合同（过失性解除劳动合同） | 试用期内不符合录用条件 | 随时 | 无须支付 |
| | | 严重违纪 | 随时 | 无须支付 |
| | | 造成重大损害 | 随时 | 无须支付 |
| | | 兼职，对本职工作有严重影响或经提出而拒不改正的 | 随时 | 无须支付 |
| | | 以欺诈、胁迫的手段或乘人之危订立劳动合同的 | 随时 | 无须支付 |
| | | 被追究刑事责任 | 随时 | 无须支付 |
| | 预告通知解除劳动合同（非过失性解除劳动合同） | 患病或因工负伤医疗期满后不能从事原工作，也不能从事另行安排的工作 | 提前30天或支付1个月工资 | 需要支付 |
| | | 不能胜任工作，经培训或调岗后仍无法胜任的 | 提前30天或支付1个月工资 | 需要支付 |
| | | 劳动合同无法履行且无法达成变更劳动合同协议的 | 提前30天或支付1个月工资 | 需要支付 |
| | 经济性裁员 | 破产；经营困难；转产；重大技术革新或者经营方式调整；客观情况发生重大变化 | 履行法定程序后可以裁员 | 需要支付 |

续表

| 解除形式 | | 条件 | 期限 | 经济补偿金 |
| --- | --- | --- | --- | --- |
| 员工解除的情形 | 提前30天通知解除 | 不论何种类型的劳动合同，也不需要任何条件，劳动者都可以提前30天通知解除劳动合同 | 提前30天通知 | 需要支付 |
| | 提前3天通知解除 | 在试用期内 | 提前3天通知 | 需要支付 |
| | 随时通知解除 | 未提供约定的劳动保护和条件 | 随时通知 | 需要支付 |
| | | 未按时足额支付劳动报酬 | 随时通知 | 需要支付 |
| | | 未缴纳社会保险费 | 随时通知 | 需要支付 |
| | | 规章制度违法，损害劳动者利益 | 随时通知 | 需要支付 |
| | | 以欺诈、胁迫手段或乘人之危订立劳动合同的 | 随时通知 | 需要支付 |
| | | 法律、法规规定的其他情况 | 随时通知 | 需要支付 |
| | 无须通知立即解除 | 暴力等手段强迫劳动 | 立即解除，无须通知 | 需要支付 |
| | | 违规违章强令冒险作业 | 立即解除，无须通知 | 需要支付 |

表9-6 **终止劳动合同赔偿情况表**

| 终止形式 | 条件及期限 | 经济补偿金 |
| --- | --- | --- |
| 劳动合同终止 | 劳动合同期满的 | 有条件支付 |
| | 劳动者享受基本养老保险待遇的 | 无须支付 |
| | 劳动者死亡，被法院宣告死亡或失踪的 | 无须支付 |
| | 单位被宣告破产 | 需要支付 |
| | 单位被吊销营业执照，责令关闭，撤销或者用人单位决定提前解散的 | 需要支付 |
| | 法律、法规规定的其他情形 | 无须支付 |
| 不得解除或需逾期终止的情形 | 从事接触职业病危害作业的劳动者未进行离岗前职业健康检查，或者疑似职业病病人在诊断或观察期间的 | — |
| | 患职业病或者因负工伤并被确认丧失或者部分丧失劳动能力的 | — |
| | 患病或者负伤，在规定的医疗期内的 | — |
| | 女职工在孕期、产期、哺乳期的 | — |
| | 在本单位连续工作满15年的，且距法定退休年龄不足5年的 | — |

## 五、劳动合同的续订和终止

### （一）劳动合同的续订

1.劳动合同续订的含义

劳动合同的续订是指有固定期限的劳动合同到期后，双方当事人就劳动合同的有效期限进行商谈，经平等协商一致而延续劳动合同期限的法律行为。

2.劳动合同续订的法律规定

根据现行的劳动法律、法规，劳动合同的续订主要规定有以下几方面：

（1）续订劳动合同不得约定试用期。《劳动合同法》第十九条规定，同一用人单位与同一劳动者只能约定一次试用期。

（2）如果劳动者在同一用人单位工作满10年，双方同意延续劳动合同的，劳动者提出订立无固定期限劳动合同的，用人单位应当与之订立无固定期限的劳动合同。

（3）期限届满既未终止又未续订，劳动者与用人单位仍存在劳动关系的，视为延续劳动合同，用人单位应与劳动者续订劳动合同。当事人就延续劳动合同的期限达不成一致意见的，其期限不得少于1年，或者按原条件履行。

在实际操作中，用人单位一般在劳动合同期满前30天向劳动者发出续订劳动合同通知书，劳动者应在规定的时间给予答复。

表9-7是企业与员工签订劳动合同续订书的示例。

表9-7 企业劳动合同续订书示例

劳动合同续订书 №：

甲方（用人单位）名称：

地址：

乙方（劳动者）姓名： 身份证号码：

经甲乙双方协商一致，同意续签________年____月____日双方签订的劳动合同（№： ）。

续签合同期限从________年____月____日至________年____月____日止。

甲乙双方协商一致，同意对原劳动合同内容作如下变更，并同意补充如下事项：

原劳动合同未变更部分的内容，双方仍继续遵照执行。

本劳动合同续订书一式两份，双方各执一份，与劳动合同具有同等法律效力，自双方签字之日起生效。

甲方（公章）： 乙方（签字或指印）：

委托代理人（签字或盖章）：

签字日期： 年 月 日 签字日期： 年 月 日

### （二）劳动合同的终止

《劳动合同法》第四十四条规定，有下列情形之一的，劳动合同终止：

第一，劳动合同期满的；

第二，劳动者开始依法享有基本养老保险待遇的；

第三，劳动者死亡，或者被人民法院宣告死亡或者宣告失踪的；

第四，用人单位被依法宣告破产的；

第五，用人单位被吊销营业执照、责令关闭、撤销或者用人单位决定提前解散的；

第六，法律、法规规定的其他情形。

《劳动合同法》第四十五条规定，劳动合同期满，有本法第四十二条规定情形之一的，劳动合同应当延续至相应的情形消失时终止。但是，第四十二条第二项规定丧失或者部分丧失劳动能力劳动者的劳动合同的终止，按照国家有关工伤保险的规定执行。

表9-8是终止劳动合同通知书示例。

表9-8　**终止劳动合同通知书示例**

终止劳动合同通知书第（　　）号

本通知送达单位：　　　　　　　　　劳动合同当事人姓名：

您于________年____月起就职于本公司，目前的工作岗位是________。

现因下列第____项情形，本公司决定于________年____月____日与您终止劳动合同。

1.劳动合同期满。

2.您已经开始依法享受基本养老保险。

3.您已达到法定退休年龄。

4.公司被依法宣告破产。

5.公司被吊销营业执照、责令关门、撤销或者公司决定提前解散。

6.法律、行政法规规定的其他情形。

请您于________年____月____日前到您所在的单位（给予）办理离职交接手续。

特此通知。

联系电话：　　　　　　　　　　　　联系人：

公司名称（公章）

年　　月　　日

## 六、劳动合同管理

劳动合同的日常管理包括两项主要工作，即劳动合同鉴证制度和劳动合同履行情况检查制度。

### （一）劳动合同鉴证制度

劳动合同鉴证是指劳动行政机关对劳动合同的签订、变更程序及其内容的合法性、真实性、完备性、可行性进行全面审查、核实、确认的法律行为。

在我国，鉴证是对劳动合同确立的劳动关系合法性的证明，是国家对劳动合同实施有效管理的一种方法。目前，我国除针对私营企业签订劳动合同规定必须鉴证外，对其他劳动关系尚未做出必须鉴证的规定，一般采取自愿原则。为了保证劳动合同的合法有效，劳动合同签订后，应当到当地劳动行政机关办理鉴证劳动合同的手续。

### （二）劳动合同履行情况检查制度

劳动合同履行情况检查制度包括三个方面，即经常性检查、定期检查和总结性检查。检查制度一般应根据劳动合同管理机关的职责有重点地进行。企业劳动合同的管理机构和工会组织要建立经常性的劳动合同检查制度，从而及时发现和解决合同履行过程中产生的问题，提高合同履约率，避免发生劳动合同纠纷，并及时向主管部门报告检查和处理的结果。

## 七、集体合同

### （一）集体合同的概念

根据《劳动法》《集体合同规定》《劳动合同法》的规定，集体合同是指工会代表劳动者与企业之间就劳动报酬、工作时间、休息休假、劳动安全卫生和保险福利等事项订立的协议。

### （二）集体合同的特征

1.主体具有特定性

集体合同的主体一方为工会或者职工代表，另一方为用人单位。从我国现行的法律、法规来看，只有企业中的职工团体才能与企业集体协商、签订集体合同。国家机关和社会团体等用人单位中订立劳动合同的职工团体不能签订集体合同。

2.目的具有特定性

集体合同订立的目的就是规范当事人之间具体的劳动关系，从而协调企业内部劳动关系。

3.特殊的双务合同

集体合同当事人之间互相承担一定的义务和职责，用人单位一方违背了义务，责任人要承担相应的法律责任；而工会一方若违背了义务，一般不承担法律责任和经济责任，只承担道义和政治责任。

### （三）集体合同的内容

集体合同的内容主要包括以下四部分：

1.劳动条件标准部分

劳动条件标准部分包括报酬、工作时间以及保险福利等。其在集体合同中处于核心地位，不得低于法律、法规规定的最低标准。

2.一般性履行规则

一般性履行规则包括录用、劳动合同的变更、续订、辞职辞退、有效期限、条款的解释、变更、解除和终止等项。

3.过渡性规定

过渡性规定主要包括集体合同的监督检查、争议处理和违约责任。

4.其他规定

如规定建成某项劳动安全卫生保护工程或设施，建设、改善或完成某些福利设施等。

### （四）集体合同的形式和期限

根据《集体合同规定》的规定，集体合同为法定要式合同，应当以书面形式订立，口头形式的集体合同不具有法律效力。

集体合同的形式可分为主件和附件。主件是综合性集体合同，其内容涵盖劳动关系的各个方面。附件是专项集体合同，是就劳动关系的某一特定方面的事项签订的专项协议。现阶段，我国法定集体合同的附件主要是工资协议：专门就工资事项签订的集体合同。

《工资集体协商试行办法》规定，企业依法开展工资集体协商，签订工资协议；已订立集体合同的，工资协议作为集体合同的附件，并与集体合同具有同等效力。

集体合同均为定期集体合同，我国劳动立法规定集体合同的期限为1～3年。

## 第三节　劳动争议及处理

劳动争议是现实中较为常见的纠纷，企业用工过程中，如果有劳动争议而未能很好地解决，不仅正常的劳动关系得不到维护，还会使劳动者的合法利益受到损害，不利于社会的稳定。因此，企业应当正确把握劳动争议的特点，积极预防劳动争议的发生。

### 一、劳动争议的概念

劳动争议又称劳动纠纷或人事纠纷，是指劳动法律关系双方当事人即劳动者和用人单位，在执行劳动法律、法规或履行劳动合同过程中，就劳动权利和劳动义务关系所产生的争议。劳动争议的概念包括以下主要内容：

（1）劳动争议的实质是基于劳动关系发生的、有关劳动权利和劳动义务方面的冲突，它不包括由于观念、信仰和理论等分歧引起的争执。

（2）劳动争议是发生在劳动法律关系当事人——用工方和职工之间的争议。

（3）当事人争议的标的必须是劳动关系中的权利和义务，而不包括双方以其他主体资格、在其他法律关系中发生的权利和义务争议。

### 二、劳动争议的类型

#### （一）按劳动争议的主体划分

1.个人劳动争议

个人劳动争议是劳动者个人与用人单位发生的劳动争议，即职工一方当事人人数为2人以下、有共同争议理由的劳动争议。

2.集体劳动争议

集体劳动争议是指发生劳动争议的职工一方当事人达到法定的人数并且具有共同的争议理由。《中华人民共和国企业劳动争议处理条例》规定，发生劳动争议的职工一方在3人以上，并有共同理由的，应当推举代表参加调解或者仲裁活动。

3.团体劳动争议

团体劳动争议是指以工会组织为一方，代表职工与企业、事业单位因签订和执行集体合同而发生的争议。这类争议目前在我国劳动争议处理程序的立法中尚未涉及。

#### （二）按劳动争议的性质划分

1.劳动权利争议

劳动权利争议是指关于运用法律规定和劳动标准性条件方面的矛盾，劳动者与用人单位因既定权利发生的争议。

2.劳动利益争议

劳动利益争议是指因劳动者与用人单位的利益发生冲突而产生的争议，即要求新的权利方面的争执。

## 三、劳动争议的内容和特点

### （一）劳动争议的内容

1.因开除、除名、辞退、辞职和自动离职发生的争议

（1）开除。开除是用人单位对严重违反劳动纪律、屡教不改、不适合在单位继续工作的劳动者，依法令其脱离本单位的一种最严厉的行政处分。

（2）除名。除名是用人单位对无正当理由经常旷工，经批评教育无效，连续旷工超过15天或者1年以内累计旷工超过30天的劳动者，依法解除其与本单位劳动关系的一种行政处分。

（3）辞退。辞退是用人单位对严重违反劳动纪律、规章、规程或严重扰乱社会秩序但又不符合开除、除名条件的劳动者，经教育或行政处分仍然无效后，依法与其解除劳动关系的一种行政处分。

（4）辞职。辞职是劳动者辞去原职务，离开原用人单位的一种行为。

（5）自动离职。自动离职是劳动者自行离开原工作岗位，并自行脱离原工作单位的一种行为。

上述情况均导致劳动关系终止，也是产生劳动纠纷的重要因素。

2.因执行国家有关工资、保险、福利、培训、劳动保护的规定发生的争议

（1）工资。工资是劳动者付出劳动后应得的劳动报酬。

（2）保险。保险主要是指工伤、生育、失业、养老、医疗等社会保险。

（3）福利。福利是指用人单位用于补助职工及其家属和举办集体福利事业的费用。

（4）培训。培训是指职工在职期间的职业技术培训。

（5）劳动保护。劳动保护是指为保障劳动者在劳动过程中获得适宜的劳动条件而采取的各种保护措施。

上述规定较为繁杂，又涉及劳动者切身利益，不仅容易发生纠纷，而且容易导致矛盾激化。

3.因履行劳动合同发生的争议

劳动合同是用人单位与劳动者为确立劳动权利义务关系而达成的意思表示一致的协议。劳动合同纠纷在劳动合同的订立、履行、变更和解除过程中，都可能发生。

4.法律、法规规定应当依法处理的其他劳动争议

此外，根据劳动争议当事人是否为多数和争议内容是否具有共性来划分，劳动争议争议还可以分为集体劳动争议和人事劳动争议等。

### （二）劳动争议的特点

劳动争议是发生在企业内部的劳动者与管理者之间的利益矛盾、利益争端或纠纷。它与一般的民事纠纷或民事争议相比，具有以下几方面明显的特点：

1.有特定的争议内容

只有围绕经济利益而发生的企业劳动权利和劳动义务的争议，才是企业劳动争议；凡是在企业劳动权利和劳动义务范围之外的争议，都不属于企业劳动争议。

2.有特定的争议当事人

企业劳动争议的当事人即企业劳动关系的双方主体，即一方是企业管理者及其代表，另一方是企业劳动者及其代表。只有劳动者及其代表与企业管理者及其代表之间通过集体合同或劳动合同建立了劳动关系，他们才有可能成为企业劳动争议的双方当事人。

3.有特定的争议手段

争议手段是指争议双方当事人坚持自己主张和要求的外在表达方式。企业劳动争议的手段不仅包括劳动者的怠工和联合抵制等方式，也包括企业劳动关系双方主体经常使用的抱怨、旷工、工作转换、限制产量、意外事故以及破坏活动等方式。

**红色力量9-1**

**各自检讨，不得影响工作**

在延安召开的一次会议上，有些同志对彭德怀搞“百团大战”提出了不公正的、过火的批评，彭德怀十分恼火，他决心和毛泽东同志交换一下意见，并要求周恩来做中间人。

谈话开始时，毛泽东首先开门见山地说：“咱们定下个君子协定：第一，把话讲透。第二，可以骂娘。第三，各自检讨，不准记仇，不得影响工作。”

接着，毛泽东平静地对彭德怀说：“我先给你作检讨。造成这样子的后果，责任全在我，事先没得向你通气，事后又没得向你作解释，这也是老同乡我的不对。……‘百团大战’是无可非议的。……若说有错，首先错误在我，我不但同意了，给你发了电报，还向你提出这样的大战役是否可以多搞几次。”

听了毛泽东的这番话，彭德怀积在心里的不解及埋怨顿时消失了。他感激地抬起头来，轻声地说：“同志间的了解、信任胜过最高奖赏……你还是了解我的，倒是我对你有误会，甚至有埋怨情绪，还要请你原谅，我是个粗人呀!”

“不！你是个有勇有谋，智勇双全的将领，在革命处在危难关头，你都是站在正确路线一边，这不仅是对我个人的支持，是帮助了革命。好吧，请你多给我提点意见吧。”毛泽东接着说。

这时，周恩来笑着说：“君子协定的第一条是把话说透，不要错过这个机会哟。”

“那好，”彭德怀紧接着说：“言不透，意不明，话不说完，心不静……对你，我只有一条意见，会前应该给我老彭打个招呼，叫我也有点思想准备。”

资料来源：钟祖英. 老一辈革命家的“批评与自我批评”[J]. 新湘评论，2017（04）：34-35.

## 四、劳动争议的解决

劳动争议解决机制是由劳动争议处理机构和相互衔接的争议处理程序共同构成的解决劳动争议的制度体系。我国现行的劳动争议解决体制大致概括为“一调一裁二审”，对部分劳动争议案件实行有限制的“一裁终局”。企业发生劳动争议的处理程序如图9-4所示。

### （一）协商和解

发生劳动争议后，劳动者可以与用人单位自行协商和解，也可以请工会或者第三方共同与用人单位协商，达成和解协议。如果协商不成，则可以直接进入劳动争议的法定解决

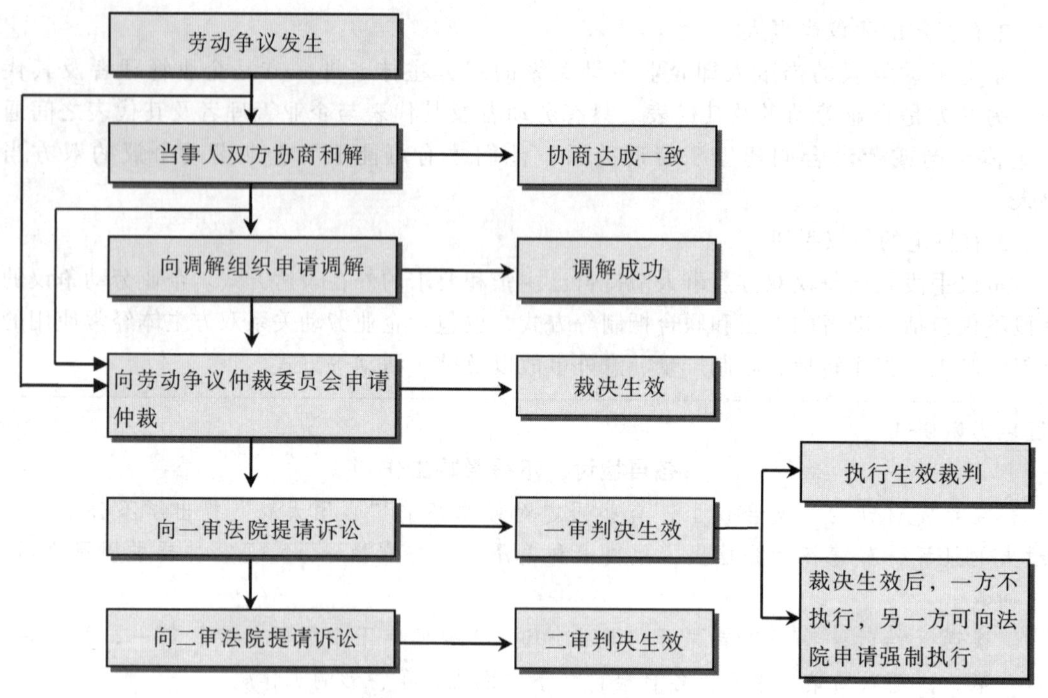


图9-4 劳动争议处理程序图

程序。和解协议不具备法律约束力，但对支付工资报酬、加班费、经济补偿或赔偿金等特定事项达成的协议具有法律效力。

**（二）调解**

劳动争议调解是指基层群众组织对发生的劳动争议以协商方式，使劳动者和用人单位达成协议，从而解决纠纷。劳动争议调解由基层群众性组织承担。

劳动争议双方经调解达成协议后，调解协议书对双方当事人具有约束力，当事人应当履行。一方当事人在协议约定期限内不履行调解协议的，另一方当事人可以依法申请仲裁。因支付拖欠劳动报酬、工伤医疗费、经济补偿或者赔偿金事项达成调解协议，用人单位在协议约定期限内不履行的，劳动者可以持调解协议书依法向人民法院申请支付令。

自劳动争议调解组织收到调解申请之日起15日内未达成调解协议的，当事人可以依法申请仲裁。

**（三）仲裁**

劳动争议仲裁是指当事人将劳动争议提交劳动争议仲裁委员会，由其对双方的争议进行处理，并做出具有约束力的裁决，从而解决劳动争议。

按规定，劳动争议的任何一方不愿调解、劳动争议经调解未达成协议时，均可向劳动争议仲裁委员会提出仲裁申请，并提交书面申请书。劳动争议仲裁是人民法院受理劳动争议案件的前提条件，如果未经过劳动争议仲裁委员会的仲裁，法院不予受理。

**（四）诉讼**

劳动争议诉讼是指劳动争议当事人不服劳动争议仲裁委员会的裁决，在规定的期限内向人民法院起诉，人民法院依照民事诉讼程序，依法对劳动争议案件进行审理的活动。劳动争议诉讼是解决劳动争议的最终程序。

我国劳动争议实行的是“一调一裁两审”的处理体制。在我国，劳动争议的诉讼程序遵循《中华人民共和国民事诉讼法》的有关规定，一般案件适用普通一审程序审理，实行二审终审制。诉讼的程序如图9-5所示。

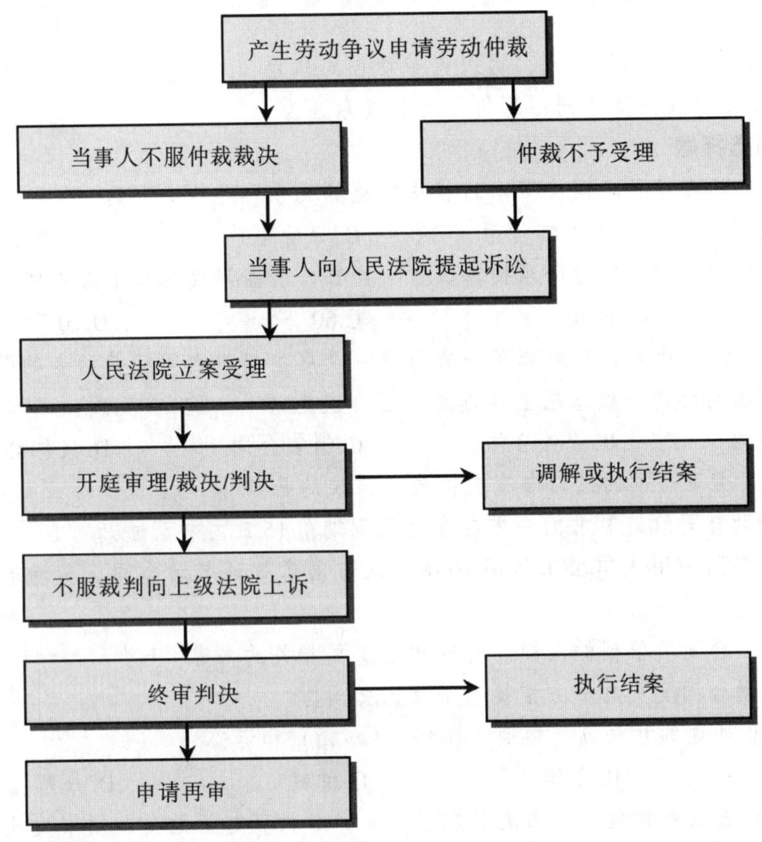


图9-5 劳动争议诉讼程序图

## 【知识巩固训练】

### 一、填空题

1.劳动者与所在单位之间在劳动过程中发生的关系称为________。

2.劳动关系主要是指________、________、________及其________在企业的生产经营活动中形成的各种权、责、利关系。

3.任何一种劳动法律关系，都是由________、________和________这三个基本要素构成的。

4.________是由职工自愿结合的工人阶级的群众性组织。

5.________是指劳动者与用人单位之间为确立劳动关系，依法协商达成的双方权利和义务的协议。

6.用人单位单方解除劳动合同，分为________、________和________三种情况。

7.劳动合同期限在三个月以上不满一年的，试用期不得超过________；劳动合同期限在一年以上不满三年的，试用期不得超过________；三年以上固定期限和无固定期限的劳动合同，试用期不得超过________。

8.经双方当事人协商一致、由用人单位解除劳动合同的，用人单位应根据劳动者在本单位劳动年限，每满________年发给相当于________个月工资的经济补偿金，最多不超过________个月。

9.按照劳动合同的期限不同，可以将劳动合同分为________、________和________。

10.按劳动争议的主体不同，可将劳动争议划分为________、________和________。

## 二、单项选择题

1.劳动者与所在单位之间在劳动过程中发生的关系称为（　　）。

A.双务关系　　B.双方行为　　C.劳动关系　　D.劳务关系

2.劳动者解除劳动合同时必须提前（　　）日以书面形式通知用人单位。

A.20　　B.30　　C.60　　D.10

3.由工会（工人代表）代表职工一方与雇主及雇主组织之间就劳动者的劳动条件和劳动标准问题在谈判协商一致基础上签订的书面协议是（　　）。

A.劳动合同　　B.劳务合同　　C.销售合同　　D.集体合同

4.下列关于劳动合同的续订与变更，表述错误的是（　　）。

A.提出劳动合同续订要求的一方应在合同到期前15日内书面通知对方

B.劳动者在同一用人单位工作满10年，双方同意续延劳动合同，劳动者有权提出订立无固定期限劳动合同

C.订立劳动合同所依据的法规发生变化应变更相关的内容

D.提出劳动合同变更的一方应提前书面通知对方

5.劳动争议处理的程序包括协商、调解、（　　）和诉讼。

A.强制　　B.合作　　C.仲裁　　D.分解

6.劳动争议自收到仲裁裁决书之日起（　　）日内不起诉的，裁决书发生法律效力。

A.7　　B.15　　C.30　　D.60

7.同一用人单位与同一劳动者可以约定（　　）试用期。

A.一次　　B.两次　　C.三次　　D.四次

8.出现下列选项中（　　）情况时，用人单位提前30日以书面形式通知劳动者本人或者额外支付一个月工资后，可以解除劳动合同。

A.在试用期间被证明不符合录用条件的

B.严重违反用人单位的规章制度的

C.严重失职，营私舞弊，给用人单位造成重大损失的

D.劳动者不能胜任工作，经过培训或者调整工作岗位，仍不能胜任工作的

9.下列选项中属于劳动法律关系主体的是（　　）。

A.劳动纪律　　B.劳动权利　　C.工会　　D.劳动报酬

10.（　　）指由工会、劳动者代表与用人单位或用人单位代表签订的劳动合同。

A.个人合同　　B.全日制合同　　C.集体合同　　D.固定期限劳动合同

## 三、判断题

1.劳动关系与劳务关系并无本质的区别。（　　）

2.劳动法律关系的主体，是指劳动法律关系主体双方的权利义务共同指向的对象。（　　）

3.劳动合同属于双务合同。（　　）

4.劳动合同的法定条款包含培训条款和保守商业秘密条款。（　　）

5.用人单位不得辞退孕期、产期的女工，但可以辞退哺乳期的女工。（　　）

6.用人单位未及时足额支付劳动报酬，劳动者可以单方面解除劳动合同。（　　）

7.用人单位解除劳动合同，补偿金最多不超过12个月。（　　）

8.集体合同的主体一方为工会或者职工代表，另一方为用人单位。（　　）

9.我国劳动争议实行的是“一调一裁两审”的处理体制。（　　）

10.我国劳动立法规定集体合同的期限为5年。（　　）

**四、思考题**

1.什么是劳动关系？劳动关系与劳务关系有什么区别？

2.简述劳动法律关系的构成要素。

3.劳动合同包含哪些条款？

4.什么情况下用人单位可以单方面解除劳动合同？

5.什么情况下劳动者可以单方面解除劳动合同？

## 【技能强化训练】

**一、讨论交流**

李某等七名职工向区劳动监察大队投诉，反映A公司安排全厂职工超时加班。经查，A公司一直执行标准工时制度，近期由于产品需求大增，企业为按时交货，安排职工加班加点，并征得了职工的同意，不愿意的可不加班。职工平均每天加班3～4小时，周六、周日也不休息，职工每月加班60～200小时不等。A公司辩称：职工为提高工资收入愿意加班，公司也已按照法律规定的标准向职工支付了奖金。因此，公司的做法并无不妥之处。

要求：请对上述任务情境中用人单位申辩的观点进行评价。

**二、应用设计**

1.解除和续订劳动合同书起草

姚琪自2018年7月与江苏飞达机械有限公司签订了5年的劳动合同，2020年12月发现患有心脏病，按规定进行治疗。治疗期过后，仍然不能工作。针对姚琪的情况，根据《劳动法》和《劳动合同法》的有关规定，企业职工患病或非因工负伤，医疗期满后不能从事原工作，也不能从事由用人单位另行安排的工作的，单位可以解除劳动合同。公司准备和姚琪解除劳动合同。

要求：

（1）假如你是该公司劳动关系主管庄小明，请你设计一个解除劳动合同的具体步骤，并起草一份“解除劳动合同通知书”；

（2）若江苏飞达机械有限公司另有一批员工的劳动合同即将到期，请你起草一份“续订劳动合同意向通知书”。

2.劳动合同变更通知书起草

林兴公司近期有一批员工的劳动合同即将到期，需要续订劳动合同。此外，公司生产部调度员张奇，在该企业已经工作多年，平时工作表现不错，但由于身体原因不能值夜班，影响了工作。根据张奇的实际情况和工作需要，生产部决定给张奇调整工作，改作记录员。

要求：

（1）请你针对劳动合同即将到期的员工，起草一份“续订劳动合同意向通知书”；

（2）请你依照劳动合同变更程序，为张奇工作调整起草一份“劳动合同变更通知书”。

3.劳动合同办理

假设你公司有10人的劳动合同将于1个月后到期，有5人将被终止劳动合同，有5人将续订劳动合同，公司安排你分别为他们办理相关手续。请你提出此项工作的推进方案。

**三、数据分析与材料解析**

1.服务期限违约金

红源公司招录员工王某，并将王某派到美国接受为期6个月的专业技术培训，培训费用为8.8万元。红源公司和王某签订了服务期协议，要求王某接受培训后必须为公司服务4年，否则，要向公司支付违约金。

要求：如果王某培训后在公司工作满2年后想解除合同，那么王某应该支付红源公司多少违约金？

2.核算经济补偿金

贺元公司有三名职工均为前年2月入职公司，现由于各种原因即将于今年10月离开公司。又知：当地前年的社会平均工资为3204元；王某今年10月劳动合同到期终止，公司不再续订劳动合同，其终止之前12个月的月平均工资为4 850元；李某为公司的部门经理，其解除劳动合同前12个月的平均工资为12 000元，因经济性裁员被公司解除劳动合同；张某因医疗期满不能从事原工作和单位另行安排的工作而解除劳动合同，其合同解除前月平均工资为5 200元。

要求：

（1）分别为三人核算经济补偿。

（2）为张某核算医疗补助费。

3.经济补偿金计算

甲已经在乙公司工作了11年，第10年的时候，甲与公司签订了无固定期限劳动合同。可是现在乙公司出现了经营危机，要裁掉一部分员工，甲就在被裁员之列。

要求：

像甲这种签订了无固定期限劳动合同的员工被裁员的话，用人单位是否要支付经济补偿金？如果需要支付，甲能得到多少经济补偿金？请说明推理过程，并写出计算结果。

4.劳动合同条款分析

下面是甲方和乙方（员工）签订的劳动合同的内容。

（1）乙方的职务为内部网络维护工程师，主要负责公司内部网数据规划和建设；负责内部网的安全和维护。

（2）乙方的正常工作时间为每日8小时。

（3）甲方根据工作需要要求乙方加班时，乙方除不可抗拒的原因外，应予配合。

（4）乙方须遵守《员工手册》中规定的各项劳动纪律。

（5）甲方应按月支付乙方报酬，乙方的工资待遇为2 500元/月。

（6）本合同一式两份，甲、乙双方各执一份，经双方签字后自2019年8月1日起生效。

（7）本合同为长期合同，甲、乙双方若不特别声明，本合同持续有效。

（8）甲、乙双方在履行本合同的过程中发生争议，同意以人力资源和社会保障局为第一审理机关。要求：指出以上条款中缺少哪些法定条款。

5.竞业限制

某新能源科技公司与技术部员工张英在劳动合同中约定了竞业限制条款，即张英在离职后两年内不得到具有竞争关系的公司从事相关技术工作，若违反约定，张英将赔偿10万元的违约金，但并未约定离职补偿金等相关事宜。在双方劳动合同到期后，张英离开公司。由于竞业限制条款的存在，就业范围受限的他一直未找到新的工作，在家待了3个月。他认为，原公司应支付一定的竞业限制补偿金，随后多次与公司经进行沟通，但公司都以竞业限制条款中没有约定为由拒绝。张英见公司不予支付补偿金，认为竞业限制条款对自己也不具备约束力，便到竞争对手公司求职并继续从事相关技术工作。该新能源科技公司得知后，认为张英违反了劳动合同中约定的竞业限制条款，要求她支付违约金。张英则表示竞业限制条款不合理，拒不支付违约金。

要求：

根据我国相关法律法规的规定，分析应当如何处理这起劳动争议。

6.加班与带薪休假

2021年12月，劳动关系协调员齐宁到某企业开展咨询服务，企业职工向她咨询了两个问题：

一是职工田斌自2021年1月入职，订立的劳动合同约定实行标准工时制，每周工作5天，每天工作8小时，现在自己想辞职，向公司索要加班费时才知道，自2021年7月1日起包括自己所在岗位的十多个岗位已经劳动行政部门批准实行不定时工作制，田斌反映对此事无论事先和事后，自己均毫不知情，现在想知道自己是否有权获得加班费；

二是职工石丽反映单位休假制度规定，如果职工当年度12月15日之前未提出带薪年休假申请，即视为自愿放弃当年度年休假，年终奖可增加30%；年内包括年休假在内的各种休假达到一定天数的，本年度不得评为优秀员工，年终奖也要降低等次。而优秀员工有一定奖励，并且连续三年被评为优秀员工，工资可以提升一档。石丽想知道休假制度的规定是否合法。要求：

（1）如果田斌反映的情况属实，用人单位应当向田斌支付加班费吗？为什么？

（2）假设你是协调员，结合田斌反映的情况，请告知企业实行特殊工时制度应当履行的程序。

（3）如果石丽反映情况的情况属实，你认为用人单位休假制度有没有违法违规之处？如果没有，请说明理由。如果有，请指出。

（4）如果石丽认为休假制度不合法、不适当，可以通过哪些途径主张自己的权利？

# 参考文献


[1] 吴少华. 人力资源管理［M］. 2版. 北京：人民邮电出版社，2016.

[2] 李健. 人力资源管理——理论 · 案例 · 实训［M］. 北京：清华大学出版社，2017.

[3] 陈葆华，任广新，张建国. 现代人力资源管理［M］. 北京：北京理工大学出版社，2017.

[4] 卢海萍，王俊峰，李贺. 企业人力资源管理［M］. 上海：上海财经大学出版社，2015.

[5] 姚裕群. 人力资源开发与管理通论［M］. 北京：清华大学出版社，2016.

[6] 刘昕. 人力资源管理［M］. 3版. 北京：中国人民大学出版社，2018.

[7] 杨河清. 人力资源管理［M］. 大连：东北财经大学出版社，2017.

[8] 葛红岩，冯江华. 人力资源管理［M］. 3版. 上海：上海财经大学出版社，2015.

[9] 林红，陈晖. 人力资源管理实务［M］. 北京：中国人民大学出版社，2015.

[10] 彭绪梅，王诺斯. 人力资源管理［M］. 北京：中国铁道出版社，2015.

[11] 高毅蓉，崔沪. 绩效管理［M］. 2版. 大连：东北财经大学出版社，2019.

[12] 董克用. 人力资源管理概论［M］. 4版. 北京：中国人民大学出版社，2015.

[13] 邵冲，陈剑. 人力资源管理［M］. 4版. 北京：中国人民大学出版社，2017.

[14] 方振邦. 战略性绩效管理［M］. 4版. 北京：中国人民大学出版社，2014.